UTB

UTB **2692**

W0371767

Eine Arbeitsgemeinschaft der Verlage

Beltz Verlag Weinheim · Basel
Böhlau Verlag Köln · Weimar · Wien
Wilhelm Fink Verlag München
A. Francke Verlag Tübingen und Basel
Haupt Verlag Bern · Stuttgart · Wien
Lucius & Lucius Verlagsgesellschaft Stuttgart
Mohr Siebeck Tübingen
C. F. Müller Verlag Heidelberg
Ernst Reinhardt Verlag München und Basel
Ferdinand Schöningh Verlag Paderborn · München · Wien · Zürich
Eugen Ulmer Verlag Stuttgart
UVK Verlagsgesellschaft Konstanz
Vandenhoeck & Ruprecht Göttingen
vdf Hochschulverlag AG an der ETH Zürich
Verlag Barbara Budrich Opladen · Farmington Hills
Verlag Recht und Wirtschaft Frankfurt am Main
WUV Facultas Wien

Markus Völkel

Geschichtsschreibung

Eine Einführung in globaler Perspektive

BÖHLAU VERLAG KÖLN WEIMAR WIEN · 2006

Bibliografische Information der Deutschen Nationalbibliothek

Die Deutsche Nationalbibliothek verzeichnet diese Publikation in der Deutschen Nationalbibliografie; detaillierte bibliografische Daten sind im Internet über http://dnb.d-nb.de abrufbar.

ISBN 978-3-8252-2692-3 ISBN-10 3-8252-2692-1 (UTB)
ISBN 978-3-412-18605-0 ISBN-10 3-412-18605-8 (Böhlau)

Ursulaplatz 1, D-50668 Köln
Tel. (0221) 9 13 90-0, Fax (0221) 9 13 90-11
info@boehlau.de

Einbandgestaltung: Atelier Reichert, Stuttgart
Satz und Reproduktion: Peter Kniesche Mediendesign, Tönisvorst
Druck und Verarbeitung: AALEXX Druck GmbH, Großburgwedel
Gedruckt auf chlor- und säurefreiem Papier.
Printed in Germany.

ISBN 978-3-8252-2692-3

Inhalt

Vorwort

Der Versuch, in ein so großes Thema einzuführen, wie es die Geschichtsschreibung in ihrem Verhältnis zu Wissenschaft und Literatur ist, führte beim Verfasser regelmäßig zu längeren Phasen von Desorientierung und Unwissenheit. Das gilt sowohl für das gesamte Projekt als auch für einzelne Kapitel, vor allem die außereuropäischen. Um so wichtiger war für ihn der wissenschaftliche wie auch psychologische Beistand, der ihm von nicht wenigen Kolleginnen und Kollegen auf dem langen Weg zuteil wurde. Nicht verschwiegen sollte freilich werden, daß das intuitive Interesse bei Nichthistorikern zu Beginn weitaus stärker ausgeprägt war als bei den eigentlichen Fachkollegen. Der Verfasser hofft, daß der interdisziplinäre Vorschuß, der ihm reichlich zuteil wurde, ihm nun auch in der Lehre von den Historikern zurückgezahlt wird, denn diese Einführung ist in besonderem Maße für den Gebrauch im historischen Seminar bestimmt.

Daniel Woolf, University of Alberta, selbst ein Kenner und Koordinator der weltweiten Forschung zur Geschichte der Geschichtsschreibung, war so großzügig, mir seinen gewichtigen Artikel *Historiography* für das *New Dictionary of the History of Ideas* noch vor der Drucklegung zu überlassen. Helwig Schmidt-Glintzer, Wolfenbüttel, und Achim Mittag, Tübingen, haben sich der Mühe unterzogen, die Ansichten eines Nichtsinologen zur chinesischen historischen Literatur wohlwollend zu überprüfen. William Driscoll, Xaghra/Gozo, tat das gleiche beim arabischen Kapitel. Eric-Wolfgang Wagner, Rostock, hellte das Bild der mittelalterlichen Historiographie für mich nicht unwesentlich auf. Gespräche, die ich mit Nicole Reinhardt, Paris/Lyon, während ihrer Rostocker Zeit über die *Annales* und die *Nouvelle Histoire* führen konnte, haben dieses Kapitel erheblich beeinflußt.

Wenn diese Einführung nunmehr als UTB-Taschenbuch erscheint, dann verdankt sich dies einer spontanen Anfrage Harald Liehrs, Böhlau/Weimar, beim Verfasser. Ihm gefiel vor allem das Neue des hier vertretenen Ansatzes. Mit seinem nie erlahmenden Enthusiasmus hat er den Autor schnell auf die Ziellinie geführt. Anne Blaudzun (Rostock) und Daniel Heythausen haben sich mit großem Einsatz dem Lektorat des Textes gewidmet. Gregor Thomsen (Rostock) übernahm die mehrfache Kontrolle der Indizes.

Das Buch ist meiner Frau Michaela Völkel gewidmet. Mit ihr habe ich viele Abschnitte intensiv diskutiert. Sie hat dafür gesorgt, daß nicht wenige komplexe Zusammenhänge, die ich für selbstverständlich hielt, nochmals reflektiert und vereinfacht wurden. Sie schritt auch dann ein, wenn die ‚Totengespräche' mit den Historikerkollegen aus allen Ländern und Zeiten den Autor völlig zu absorbieren drohten. Mit ebenso zarter wie energischer Hand wies sie darauf hin, daß die Gegenwart von allen drei Erscheinungsformen der Zeit die wichtigste bleiben muß, selbst für einen Historiker.

1. Einleitung

Anybody can make history. Only a great man can write it.
Oscar Wilde (1854–1900). The Critic as Artist. 1891.

Historiographiegeschichte als Lehr- und Forschungsgebiet

Die Geschichte der Geschichtsschreibung hat sich bis heute nicht als universitäres ‚Fach' wie Alte Geschichte, Mediävistik und Zeitgeschichte oder als unverzichtbarer Teilbereich wie ‚Literaturgeschichte' innerhalb der Germanistik oder Romanistik etablieren können. Im Grunde ist die Situation dieser Disziplin mit der an den Universitäten des 16. und 17. Jh. vergleichbar. Damals gab es in der Regel keinen *Professor historiarum,* vielmehr lehrten die Theologen, Juristen und Philosophen historisches Wissen innerhalb ihrer Fachgebiete gemäß ihren speziellen Bedürfnissen und methodischen Ausrichtungen. Auch heute findet man die Historiographiegeschichte in zahlreichen Fächern mehr oder weniger stark vertreten. Für Althistoriker und Mediävisten sind die Geschichtsschreiber zentrale Quellen und somit auch mentale Zeugen. In der Regel sind sie als Fachvertreter aber froh, der Fixierung auf die geschriebenen und bewußt überlieferten Quellen entkommen zu sein. Bereits bei den Historikern der Frühen Neuzeit sieht man das Interesse stark abnehmen. Als Quellen zur Wissenschafts- und Ideengeschichte sind die alten Historien aber immerhin geduldet. Dagegen werden die Historiographien des Aufklärungszeitalters und die Heroen des 19. Jh. stark diskutiert. Sie stehen für die Paradigmen der ‚Verwissenschaftlichung' und des ‚nationalen Diskurses', d.h. für die leibhaftigen Gründerväter, von deren Glanz man sich heute noch beschienen sieht. Schließlich hat sich die Geschichtsschreibung des 20. Jh. dem Diskursbegriff in seiner modernsten Fassung unterworfen, d.h., sie ist unverzichtbarer Teil bewußter und noch mehr unter- und vorbewußter Formationsprozesse aller Gesellschaftstypen und -gruppen geworden. Freilich wird diese Zentralität innerhalb der postmodernen Diskussion teuer bezahlt. Nur wenige, theoretisch ausgerichtete Historiker engagieren sich in diesen Debatten, die dem ‚normalen' Sozial-, Politik- und Wirtschaftshistoriker schlicht esoterisch und irrelevant erscheinen.

Dieser gedrängte Überblick macht deutlich: Historiographiegeschichte ist einem Archipel von beträchtlichen Ausmaßen zu vergleichen, der sich über viele Fächer der Philosophischen Fakultät erstreckt, wobei sich für das ‚große Ganze' jedoch niemand zuständig fühlt. Die meisten Historiker räumen willig ein, daß sie von der größeren Fachgeschichte und ihren ‚vorwissenschaftlichen' Erzeugnissen kaum etwas wissen, bestehen aber darauf, daß sie das in ihrer aktuellen Forschung nicht einschränke. Schließlich sei die Blüte der heutigen Fächer der beste Beweis dafür, daß es sich bestenfalls um ein subsidiäres, d.h. ein Hilfswissen handeln könne, von dem ein systematisch begründeter Wissenschaftstyp nicht zu erwarten sei. Ehrlichen Handwerkern, die sich nicht aus ihrem schmalen Zeithorizont hervorwagen, mag diese Naivität verziehen werden, allen, die vergleichend arbeiten und besonders denjenigen, die meinen, der Reflexionsraum heutiger Geschichtstheorie müßte nicht ernsthaft hinter das späte 18. Jh. zurückreichen, kann man nur zu einem Überdenken ihrer Position raten. Die genaue Kenntnis der fundamentalen Brüche und Paradigmenwechsel in der eigenen Wissenschaftstradition ist eine unverzichtbare Voraussetzung, um mit wirklich fremden Wissensformationen, die z.B. in Indien oder China entstanden sind, Kontakt aufnehmen zu können.

Die hier vorliegende Einführung in die Historiographiegeschichte möchte mit ihren bescheidenen Mitteln gegen dieses ahistorische Verdikt Einspruch erheben und geht dabei von drei Voraussetzungen aus: 1. Ein Gesamtzusammenhang der bisher weltweit erzeugten Historiographie läßt sich begründet herstellen, d.h. mit klaren Kriterien äußerlich abgrenzen wie auch intern organisieren. 2. Jeder Historiker und vor allem jeder Spezialist in einer historischen Disziplin sollte über Grundkenntnisse seiner Fachgeschichte verfügen und gerade auch ihrer älteren Abteilung, in der eindeutig die Geschichtsschreibung dominiert. Im Augenblick ergibt sich das Paradoxon, daß ausgerechnet die historischen Fächer in ihren Studiengängen ohne systematische Fachgeschichte auskommen. Die heutigen Absolventen der Geschichtswissenschaft beenden ihr Studium sowohl als Generalisten (Lehrer) wie auch Spezialisten mit minimalen Kenntnissen der Methodenlehre. Von den 200 Jahren Fachgeschichte und den 2300 Jahren, in denen es Geschichtsschreibung, aber kein ‚Fach' gab, erfahren sie in der Regel überhaupt nichts. 3. Angesichts der aktuellen Theoriemüdigkeit in den Geschichtswissenschaften sollte man nach einem effektiven Ansatz suchen, um das Methodenbewußtsein zu schulen. Für diese Aufgabe drängt sich eine reformierte Historiographiegeschichte geradezu auf. In ihrer gegenwärtigen Gestalt vermag sie eine unverzichtbare Doppelfunktion zu erfüllen: Die historische Darstellung hat sich trotz heftiger Bemühungen nicht von den literarischen Praktiken trennen können. Vor allem die ältere Geschichte der Geschichtsschreibung deckt die Kontinuität und die fortwirkenden Potentiale der historischen Erzählung auf. Wer die alten Autoren kennt und schätzt, der wird vor keinem *linguistic turn* erschrecken. Historische Arbeit sollte heute wissenschaftliche Ergebnisse hervorbringen. Eine moderne Historiographiegeschichte entwickelt Konzepte für das ‚Schreiben der Geschichte' in engem Kontakt mit der Geschichte der Wissenschaften und gerade auch der Naturwissenschaften.

In dieser Perspektive betrachtet, ist die Geschichte der Geschichtsschreibung weit mehr als nur eine neue schmale Spezialität, sie ist eine interdisziplinäre Brücke ins literarische Feld und in die Wissenschaftsgeschichte. In beiden Feldern sollte ein Student der Geschichte über Grundkenntnisse verfügen, wobei es die Historiographiegeschichte ist, die ihm dieses Wissen in einer besonders schmackhaften Form anbietet. Historiographisches Wissen ist immer zugleich auch soziales, politisches und theoretisches Wissen, fertig präpariert, um in die klassischen Disziplinen integriert zu werden.

Das Feld der Historiographiegeschichte

Diese Einführung geht davon aus, daß das Wissen über die vergangene Geschichtsschreibung ein materialer, methodischer und funktionaler Zusammenhang ist, der sich in der Auswertung der Forschungslage klar abgrenzen läßt. Wesentliche Teile der älteren europäischen, chinesischen, japanischen und lateinamerikanischen Geschichtsschreibung liegen in Korpuswerken vor. Vor allem im angelsächsischen Bereich enthalten die weitverbreiteten Anthologien von ‚Weltliteratur' (China, Japan, Lateinamerika, etc.) in der Regel auch historiographische Beispiele. Wie die jedes Kapitel abschließenden Bibliographien dieser Einführung zeigen, sind erstaunlich viele Hauptwerke der nichteuropäischen Geschichtsschreibung ins Englische übersetzt worden und nicht wenige davon auch ins Deutsche. Vor 50 Jahren hätte man einem Interessenten, der nicht Altchinesisch beherrschte, energisch abgeraten, sich mit den klassischen chinesischen Historien zu beschäftigen. Heute gilt dieses Verdikt nur noch eingeschränkt und muß den Anfänger nicht mehr beeindrucken.

Darüber hinaus ruft jeder Versuch, einen Überblick über das Ganze der Produktion zu gewinnen, beim Betrachter einen nachhaltigen Eindruck hervor. Es gibt in der Tat geschlossene ‚Großformationen', die sich wie paßgenaue Bauelemente bei der Konstruktion einer globalen Historiographiegeschichte verwenden lassen. Dazu gehören die antike Historiographie, die chinesischen ‚Standardgeschichten', die frühe spanische und portugiesische Kolonialhistoriographie, das byzantinische und in Teilen das arabische und japanische Korpus. Gelingt der Übergang von einem Großbereich zum anderen, etwa von der byzantinischen zur arabischen Geschichtsschreibung, dann besteht die begründete Hoffnung, daß Experten die Linie bis in den Iran, nach Indien und Indonesien weiterziehen können.

Das moderne Forschungsparadigma der *Area Studies* bietet sich ebenfalls für die Historiographieforschung an. Ganz gleich ob man z.B. die *Atlantic History* ‚weiß' vom Nord- oder ‚schwarz' vom Südatlantik her konstruiert, immer ist damit schon ein Zusammenhang zwischen scheinbar isolierten Weltgegenden hergestellt, der auch die Produktion und Verteilung von historischem Wissen von der Mündlichkeit bis zum fachwissenschaftlichen Werk umgreift.

Wen materiale und räumliche Argumente nicht überzeugen, der muß spätestens bei den Methodenfragen einräumen, daß es einen sowohl zeitlich wie räumlich universalen Zusammenhang zwischen den auf der Welt vorhandenen Historiographien gibt. Hier seien nur einige wenige Aspekte berührt. Jeder Erzähler und Historiker muß sich mit Techniken der ‚Beglaubigung' abmühen. Der europäische ‚historische Glaube' (*fides historica*) hängt in irgendeiner Form mit den arabischen *hadith*, d.h. beglaubigten Anfangsberichten der Prophetenzeit zusammen, und von hier aus sollte sich auch ein Weg zu der Autorität finden lassen, mit der die chinesischen Geschichtsbüros ihre Produkte ausstatten. Fast überall erscheint im historiographischen Raum das Problem des Übergangs von der Mündlichkeit zur Schriftlichkeit und weiter zum Buchdruck und Internetzeitalter. Es wäre fahrlässig, die Idee der strukturellen Vergleichbarkeit solcher Prozesse von vorneherein auszuschließen.

Eine möglicherweise ebenfalls universale Reichweite weisen die Unterscheidungen ‚öffentlich' und ‚privat', ‚kollektives Gedächtnis' und professionell erzeugte ‚Erinnerung' auf. Ebenso trifft man in den sogenannten Hochkulturen nur wenige Zonen, in denen sich nicht irgendwann das Problem des Verhältnisses von Bild/Illustration und historiographischem Text stellt. Warum sollte man nicht illustrierte Geschichtswerke aus China und Japan mit ihren europäischen Parallelen konfrontieren?

Vergleichen lassen sich schließlich auch die Interpretationsmethoden, die auf die Geschichtsschreibung Anwendung finden. Wo es Sammlungen von Klassikern und somit eine ‚klassische Philologie' gibt, gibt es oft eine gemeinsame Auffassung von historischer Information, ihrer Form und Bedeutung. Weiterhin ergeben sich universale Perspektiven bei den Funktionen von Geschichtsschreibung, ihren Orten bzw. Institutionen und nicht zuletzt auch bei den Ergebnissen, sprich historiographischen ‚Gattungen'. Gibt es eine literarische Kultur, die den Typ der ‚Chronik' nicht kennt?

Schließlich haben die verschiedenen Etappen der Entdeckung, Kolonisierung und Industrialisierung, die aus den vielen Welten faktisch bereits ‚eine' gemacht haben, auch auf die Geschichtsschreibung gewirkt. Die europäische wissenschaftliche Geschichtsmethode, ungeachtet der oft vernichtenden Kritik, der man sie z.B. in Afrika oder Indien unterzieht, hat inzwischen fast alle Bildungsanstalten der Welt erobert. Wurde diese Methode auch als imperialistisch angeklagt, zur Anfertigung der nationalen Geschichtsbilder der neuen Nationen wurde sie stets in Dienst genommen. Auf der anderen Seite trägt die gleiche wissenschaftliche Methode, die so viele ‚Differenzen' und historische Subjekte geschaffen hat, unaufhaltsam dazu bei, den Strom umzukehren, d.h. zum Vergleich und letztlich zur Globalgeschichte durchzudringen. Die Entdeckung und Darstellung individueller historiographischer Traditionen spielt in diesem Ausgleichsprozeß eine bedeutende Rolle.

Es ist also mehr als eine bloße Schutzbehauptung, wenn man die Historiographiegeschichte als ein in Forschung und Lehre funktionsfähiges Wissensfeld bezeichnet. Dazu gehört dann auch die Antwort auf die Frage, was ihr spezifischer Beitrag für die historischen Wissenschaften, aber auch die heute so wichtige interdisziplinäre Arbeit sein kann. Vier Positionen seien dazu vorgestellt:

Erstens: Historiographiegeschichte eröffnet die Perspektive auf epochen- und kulturspezifische Methoden und Darstellungsformen. Diese sind ausnahmslos geeignet, in zeitgenössischen Begriffen reformuliert zu werden. Auf diese Weise können sie unmittelbar zur methodischen Schulung des Historikers beitragen.

Zweitens: Davon abgeleitet ist die zweite Position. Historiographiegeschichte ist konkurrenzlos in ihrer Fähigkeit, die Produktion geschichtlichen Wissens zu historisieren, d.h. in seinen jeweils ‚andersartigen' Stufen, Modellen und Ausprägungsformen anzusprechen und präsent zu halten. Historiker ohne fachliches, d.h. vor allem ‚vorwissenschaftliches' Gedächtnis laufen Gefahr, beständig Neuentdeckungen zu machen, die keine sind. Das beste Beispiel dafür ist der sogenannte *linguistic turn.*

Drittens: Die Historiographiegeschichte gibt den Blick frei auf die epochenspezifischen Vorstellungen von Wissenschaft im allgemeinen und legt den Zusammenhang ihrer Entwicklung offen. Historiographiegeschichte trägt als strukturelles Rückgrat auch ein Inventar von Begriffen der allgemeinen Wissenschaftstheorie in sich. Dieses Inventar will sie fachspezifisch, d.h. in seiner Bedeutung für die Tätigkeit des Historikers auslegen.

Viertens: Allein die Historiographiegeschichte kann die Frage stellen und beantworten, was eine Geschichte neben der Anwendung kritischer Methoden und passender Theorien im Resultat noch zu einer gelungenen macht. Die Geschichte der Geschichtsschreibung reflektiert 2500 Jahre sprachlicher Arbeit an der Geschichte. Deshalb kann sie es sich nicht leisten, die klassischen rhetorischen Maßstäbe auszuklammern, welche die Herstellung von Historien so lange geleitet haben. Somit stellt die Geschichte der Historiographie diese Maßstäbe auch dem heutigen Studenten zur Verfügung und ermutigt zu ihrer Anwendung.

Zum Aufbau und Gebrauch dieser Einführung

Die ältere Historiographiegeschichte hat die Erzeugnisse der Geschichtsschreibung als eine Art von Literaturgeschichte, die jüngere hat sie als Wissenschaftsgeschichte dargestellt. Dabei ist vor allem der wissenschaftsgeschichtliche Ansatz mit einem großen Nachteil behaftet: Er muß fast alles, was vor dem 18. Jh. erzeugt wurde, als ‚vorwissenschaftlich' behandeln, d.h. als in wesentlichen Punkten ‚unzulänglich'. Darüber hinaus sind beide Ansätze bisher fast ausschließlich auf Nordamerika und Europa begrenzt gewesen. Obwohl sich in den letzten 50

Jahren eine weltweite Forschung zum Thema ‚Geschichtsschreibung' entwickelt hat, sind deren Ergebnisse bislang noch in keinem Kompendium zusammengefaßt worden.

Die hier vorgelegte Einführung bemüht sich, die Grenzen der bisherigen Ansätze zu überwinden. Sie behandelt die Geschichte der Historiographie aus der Perspektive von Wissenschaft und Literatur zugleich und vollzieht dies in einem globalen Rahmen. ‚Wissenschaft' und ‚Literatur' treten dabei in doppelten Rollen auf: als epochenspezifische Konzepte und als gegenwärtige theoretische Paradigmen. Um ein Beispiel zu geben: Der aristotelische Wissenschaftsbegriff mit seinem Verhältnis zur *historia* ist genauso präsent wie das aktuelle physikalische Zeit- und Ursachenkonzept und Luhmanns evolutionäre Deutung historiographischer Arbeit.

Es versteht sich von selbst, daß keiner der drei Bezugspunkte Wissenschaft, Literatur und Weltgeschehen vollständig abgebildet werden kann. Es handelt sich um eine Einführung und nicht um eine Enzyklopädie.

Nicht selten fehlen schlicht die Vorarbeiten, die von anderen Disziplinen geleistet werden müßten. So sucht man zum Beispiel vergeblich nach einer Untersuchung der deutschen historiographischen Prosa der Frühen Neuzeit. Es treten also Lücken auf, die nicht nur im geographischen Bereich schmerzlich sind. Der Verfasser ist sich bewußt, daß weitere Großregionen wie Südostasien, die Karibik oder das südliche Afrika das Bild bereichert hätten. Damit wäre aber der Rahmen einer Einleitung in das Thema gesprengt worden, ohne daß sich gleichzeitig eine konzeptuelle Erweiterung ergeben hätte.

Jedes Kapitel befaßt sich mit einer historiographischen ‚Großformation', die räumlich, zeitlich und funktional zusammenhängend entworfen ist. Für den inneren Aufbau sind zehn Leitfragen konstitutiv, die gemeinsam ein Repertoire von Antworten ergeben, die für den Studenten der Historiographiegeschichte von zentralem Interesse sind:

1. Welche Informationen liefern Historiker in/zu ihrer Epoche? Gemeint ist sowohl der qualitative wie der quantitative Informationsanteil.
2. Welche unter heutigen historischen Interessen besonders verwertbaren Informationen liefert die jeweilige historiographische Epoche (Mentalitätsfrage, etc.)?
3. Wie sind diejenigen Strukturen der Erinnerung (*memoria*) einer Epoche ausgebildet, die nicht historiographischer Natur sind, und wie wirken sie auf die Geschichtsschreibung ein, bzw. diese zurück? Wozu und wie gebraucht diese Epoche historisches Wissen?
4. Welche besonderen methodischen Leistungen bzw. Defizite lassen sich erkennen?
5. Welche stützenden Institutionen kann man für die Geschichtsschreibung aufzeigen?
6. Welche historiographischen Gattungen herrschen vor, wie funktionieren sie, bzw. welche Wechsel werden vollzogen?
7. Mit welchen ‚Ordnungen' arbeitet diese Geschichtsschreibung? Damit stellen sich die Fragen nach ihrer Zeitvorstellung, Anthropologie, Religion, etc.
8. Welche ‚geschichtsphilosophischen Ansätze' gibt es, bzw. kann es überhaupt geben?
9. Wann tritt ‚Geschichte' als ‚Leitwissenschaft' auf und wie wirkt sich diese Tatsache im literarischen und wissenschaftlichen Feld aus?
10. Wie wird in den jeweiligen Epochen selbst historiographiegeschichtlich gedacht, bzw. das Konzept einer fach- oder praxisbestimmten Reflexion behandelt?

Dieser Schlüssel wird in jedem Abschnitt, wenngleich nicht stets in der gleichen Reihenfolge und manchmal wegen Lücken im Kontext nur unvollständig, zur Anwendung kommen. Er zeigt auf, welche Ergebnisse die Kenntnis der Historiographiegeschichte bereits in einer frühen Phase des historischen Studiums zur Verfügung zu stellen vermag. Die in den darstellenden Teilen gegebenen Hinweise zur Lektüre ausgewählter Historiker sowie zur Sekundärliteratur folgen ebenfalls diesen Fragestellungen und gestatten problemlos ihre Vertiefung.

Als optimale Form des Gebrauchs dieser Einführung empfiehlt sich die vollständige Lektüre in der Reihenfolge der Kapitel. Wer sich nur gezielt zu einer einzelnen Großformation informieren will, der kann auch Einzelkapitel durchgehen, wobei aber gewisse Reihenfolgen empfohlen seien. Es macht wenig Sinn, sich mit Byzanz ohne die vorausgehende Antike zu beschäftigen; man sollte sich zuerst das Kapitel über Süd- und dann erst das über Nordamerika vornehmen; auch sollte China stets Japan vorgeschaltet bleiben.

Jedem thematischen Abschnitt folgt eine Bibliographie. In der Regel umfaßt sie drei Teile: Primärtexte, allgemeine und spezielle Literatur. Zur allgemeinen Literatur rechnen auch Werke zur Literatur- und Wissenschaftsgeschichte. Wo es vertretbar schien, wurden auch wichtige spezielle Studien aus diesen Gebieten aufgenommen. Zentrale Autoren, besonders solche im Kanon, wurden nicht nach den besten philologischen Ausgaben, sondern nach den am leichtesten greifbaren deutschen Übersetzungen bibliographiert. Wo es keine deutschen Versionen gibt, dort wird auf die entsprechende englische oder französische Fassung verwiesen. In Teilen ist die Bibliographie auch mit knappen Hinweisen kommentiert, um die erste Orientierung zu erleichtern. Eine systematische Gesamtbibliographie zur Historiographiegeschichte möchte diese Einführung nicht geben, dazu sind die Enzyklopädien von Boyd und Woolf (vgl. S. 23) sehr viel besser geeignet. Das abschließende Begriffsregister erlaubt eine systematische Suche nach historisch und methodisch wichtigen Begriffen, zumal es auch Elemente eines Glossars umfaßt.

Kein Kapitel kommt ohne politische, sprachliche und kulturelle Hintergrundsinformationen aus. Wichtige Autoren geben in der Regel auch Anlaß zur Diskussion der strukturellen Grundfragen. Für manche Großformationen versucht diese Einführung eine ‚Kanonbildung'. Sie stellt also eine Liste vorbildlicher Historiker auf. Dies ist freilich nur für die literarischen Traditionen möglich, in denen bestimmten historiographischen Autoren Schlüsselfunktionen für die Bildung zugedacht waren. Dazu gehören selbstverständlich die Antike, Byzanz und China. Für andere Abschnitte wie das Mittelalter, Arabien oder die Frühe Neuzeit versucht sich die Einführung selbst an der Kanonbildung. Dies geschieht nicht in der Absicht, zu ersetzen, was einstmals versäumt wurde, sondern beruht auf der Überzeugung, daß diese Literaturen einige Autoren aufweisen, deren Kenntnis und Lektüre für den Gesamtzusammenhang der Geschichte der Historiographie unverzichtbar sind. Eine solche ‚nachholende Kanonbildung' bleibt naturgemäß fragwürdig, aber stets nur aus Gründen der Vollständigkeit, niemals, weil sich die überragende Bedeutung eines Autors nicht rechtfertigen ließe.

Sinn und Zweck einer Geschichte der Geschichtsschreibung

Ein zentrales Anliegen dieser Einführung in die Historiographiegeschichte ist es, an die Zugänglichkeit und Lesbarkeit vieler bedeutender Autoren zu erinnern. Man muß nicht in jedem Fall der Meinung sein, daß das Nachleben eines historiographischen Werks ausschließlich auf seinen literarischen Qualitäten beruht, aber in den meisten Fällen sind solche Qualitäten vorhanden. Was in den Hunderten von Literaturhinweisen aufscheint, ist also kein abschreckender Wust von Informationen, sondern das Gedächtnis der Menschheit in seiner lebendigsten Form. Näher als bei Tacitus und Sueton wird man an die römischen Kaiser nicht heranrücken können, näher als bei Poma de Ayala und Garcilaso de la Vega nicht an die Vorstellungswelt der Inka.

Mit dieser These soll keine Allzuständigkeit historiographischer Texte behauptet werden. Es führt kein Weg in jene Epoche zurück, in der sich ‚historische Forschung' auf das Lesen und Interpretieren von Klassikern beschränkte. Als intentionale Quellen beantworten sie nicht alle Fragen, die heute gestellt werden können. Tacitus erwähnt Neros Palast zwar, überliefert aber keinen Grundriß von ihm. Diesen müssen die Archäologen ergraben, ohne freilich an den Angaben des antiken Historikers vorübergehen zu können.

Bei nicht wenigen der älteren Autoren, einschließlich der bedeutendsten, kann man sogar zu einer naiven Lektüre ohne viel Vorwissen und komplexe Fragestellungen raten. Diese Texte verwandeln sich durch das Lesen in Lehrer, die immer genauere und anspruchsvollere Fragen stellen und somit ganz von selbst in die Felder von Produktion, Rezeption und Wissen führen. Wer, ausgerüstet mit nachhaltigen Eindrücken bei der Lektüre, den Bereich der disziplinären Diskussion betritt, der ist den richtigen Weg gegangen. Für ihn kann das moderne Theorieangebot die

Funktion eines Spiegels übernehmen, der neue Facetten und Zusammenhänge sichtbar macht, ohne mit ihnen die individuelle Anfangserfahrung auszulöschen. Diese lebendige Anfangserfahrung vermag jeder durch intensive Lektüre jederzeit für sich erneuern.

Obwohl es gegenwärtig keinem einzelnen Forscher mehr möglich ist, das Feld der historiographischen Produktion vollständig zu überblicken, gründet diese Einführung auf der Überzeugung, daß auch ein fragmentarisches Wissen Zusammenhänge abbildet und daß die großen Autoren auch über große Zeitabstände und kulturelle Differenzen hinweg miteinander kommunizieren. Jedes historiographische Werk umfaßt in sich Erzähltes und Erforschtes, erschafft sich also bereits während seiner Genese einen ausgebreiteten Kommunikationszusammenhang. Wer sich auch nur in ein einziges Werk vertieft, nimmt bereits an diesem Zusammenhang teil. Unter heutigen Bedingungen kann er diese Kommunikation zwar nicht ohne Anstrengung, aber mit guten Erfolgsaussichten auf ganz Europa und schließlich die ganze Welt ausweiten.

Das Zukunftsträchtige an dem gegenwärtig entstehenden historiographischen Wissen ist, daß solche Expeditionen der Erkenntnis längst nicht mehr nur von Europa oder Amerika aus unternommen werden können. Inzwischen erfolgen sie auch aus China, Japan, Lateinamerika und Afrika. Auf diese Weise könnte sich die Geschichte der Geschichtsschreibung als eine Art Brückenbaukunst, d.h. Kommunikationswissenschaft erweisen, die von dem ausgeht, worüber fast jede menschliche Gruppe verfügt, nämlich erzählte und erforschte Vergangenheit. Angesichts der Tatsache, daß ein künftiger ‚Weltdiskurs' unausweichlich auch ein beständiges Gespräch über die Vergangenheit sein wird, könnte der bislang sehr unscheinbaren historischen Teildisziplin ‚Historiographiegeschichte' bald eine ungeahnte Bedeutung zuwachsen.

2. Über das Studium der Historiographiegeschichte

Wovon handelt die Historiographiegeschichte?

Der weiteste Begriff von Historiographie umfaßt alle menschlichen Anstrengungen, das Wissen über bzw. die Erinnerung an historische Erfahrungen, Geschehnisse, Zustände und Erwartungen in dauerhafter, verständlicher und z.T. auch ästhetisch wirksamer Form niederzulegen. Die für uns heute nächstliegende Anwendung besteht darin, all dies aufzuschreiben. Schrift gehört unabdingbar zur Wesensdefinition von Geschichtsschreibung. Was aber Schrift ist und wo sie beginnt, das sind für den Kulturanthropologen wichtigere Fragen als für den Historiker der Geschichtsschreibung. Im Grunde genügt irgendein Zeichensystem auf irgendeinem Material, um Geschichte aufzunehmen oder zu erzählen.

Vor allem im 19. Jh. wurde vor dem Hintergrund der ‚Verwissenschaftlichung' (vgl. Kap. 12.1) ein sehr enger Begriff von Historiographie verwendet. Strikter Vergangenheitsbezug war gefordert, kritische Quellenarbeit, deutliche Interpretationsmuster, Erzählabsichten und Adressaten; erst alle zusammen ergaben Geschichtsschreibung im Vollsinn. Zentral war vor allem auch die Gattungsfrage (vgl. Kapitel 6.2), d.h., ob es sich um Chroniken, Annalen, Historien, Anekdoten, historische Romane oder eine andere Darstellungsform handelte. Im Grunde wurde hier das kulturell-wissenschaftliche Repertoire der Epoche zum Maßstab erhoben. Behielte man alle diese Kriterien bei, dann hätten viele Völker, Kulturen und Epochen keine oder nur eine sehr geschmälerte Historiographie. Dagegen ist das 20. Jh. von einer radikalen Ausweitung der Frage nach den Bedingungen und Funktionen historischen Wissens in möglichst allen Kulturen und Zeitschichten ausgegangen. Diese Universalisierung ermöglicht heute einen sehr weiten Begriff von Geschichtsschreibung: Er reicht inzwischen weit in die Kulturen des Gedächtnisses, der sozialen Praktiken und die Erforschung von Zeichensystemen hinein.

Zwar stehen im Mittelpunkt der modernen Historiographiegeschichte in der Regel immer noch Texte, aber sie behält auch alle ihre genetischen Bedingungen, z.B. die Mündlichkeit, alle Systeme ihrer sprachlichen Prägung, z.B. die Rhetorik und ebenso alle möglichen Formen der Weiterverarbeitung in anderen kulturellen Teilsystemen im Auge. Manchmal sind historiographische Texte Ausgangsformen von Prozessen, manchmal Transformationsstufen, relativ selten sind sie Endformationen kultureller Produktion. Aus diesem Grund versucht die methodisch fortgeschrittene Historiographiegeschichte, sich ein möglichst breites Spektrum von Interpretationsansätzen zu sichern, welche die aktuellen Humanwissenschaften zur Verfügung stellen. Und manchmal muß die Historiographiegeschichte ihren Ansatz noch mehr ausweiten, indem sie ganz bewußt die Methoden und Ziele der Naturwissenschaften heranzieht.

Vor dem Hintergrund eines ebenso großen wie flüssigen Gegenstandes und der zur Zeit zur Verfügung stehenden Arbeitsmethoden hängt es anfangs ganz vom Forscher, aber auch schon vom Studenten der Historiographiegeschichte ab, wo er seinen persönlichen Schwerpunkt setzen will. Trotzdem können einige allgemeine Richtlinien schon heute eine gewisse Verbindlichkeit beanspruchen.

Das Studium der Historiographiegeschichte steht auf drei Hauptsäulen. 1. Es verlangt ein Grundwissen der politischen, sozialen und wirtschaftlichen Geschichte der jeweiligen Erzeugerkultur. 2. Man sollte praktikable Vorstellungen von der Wissenschaft oder analogen Formen des Weltverständnisses einer Kultur besitzen. Hierzu kann z.T. erhebliches religiöses Wissen notwendig sein. 3. Man sollte das literarische System oder Feld kennen, in dem Historiographie zustande kommt. Alle diese drei Säulen kann man in der heutigen Wissenschaftslandschaft beliebig ausdifferenzieren. So lassen sich z. B. immer mehr Träger historischen Handelns oder historischer Erinnerung auffinden. Wissenschaftsbegriffe können kulturell und zeitlich pluralisiert werden. Auch die literarischen Phänomene gestatten heute zu weit mehr Zugang als nur zu Texten, so z.B. zum Un- und Unterbewußten.

Ganz gleich, ob man sich noch im einfachen Dreisäulenmodell oder schon im Bereich postmoderner, vernetzter Wissenschaftslandschaften bewegt, auf jeder Stufe setzt die Historiographiegeschichte interdisziplinäres Lernen und Arbeiten voraus. Welche Schwerpunkte der Student wie der Forscher setzen, dies sei nochmals wiederholt, wird von ihrem Wissen und ihren Interessen bestimmt, wobei es allerdings heute keinen Sinn mehr ergibt, auf eine der genannten Säulen ganz zu verzichten. Geschichtsschreibung ist eine literarische wie wissenschaftliche Praxis, die unter konkreten

Bedingungen sozialer Gruppen geschieht. Wer somit auf eine Säule verzichtet, denkt schlicht unterkomplex und wird den Phänomenen nicht gerecht.

Ein unverzeihlicher Fehler wäre es, die Herausforderung der heute möglichen Weltperspektive einer Geschichte der Geschichtsschreibung nicht zu anzunehmen. Fast jedes Volk, fast jede Kultur und Sprachgruppe verfügt über ein ihr eigentümliches historisches Bewußtsein und diesem entsprechende Aufzeichnungen. Dazu hat Europa im Verlauf seiner globalen Expansion sein Modell historiographischer Darstellung fast überall hin exportiert. Seit gut 500 Jahren vermischen, überlagern und beeinflussen sich universale und regionale Diskurse und repräsentieren damit im Grunde ein einzigartiges Kommunikations- und Transfersystem, das man ohne Übertreibung als Vorgriff auf ein künftiges ‚Weltbewußtsein' bezeichnen darf. Ist zur Zeit auch nur ein beschränkter Zugriff auf diesen universalen Zusammenhang möglich, so darf er doch als Horizont von Historiographiegeschichte niemals vergessen werden.

Damit stellt sich am Ende mit aller Schärfe die Frage nach der ‚Ökonomie des Wissens', der auch ein fleißiger Historiker unterliegt. Um sich das Gebiet der Historiographiegeschichte zu erobern, genügt es am Anfang, sich mit einer Säule zu beschäftigen und dann, angeleitet von den Perspektiven der jeweiligen Texte, die anderen zwei Säulen und später auch ihre erweiterten Fragestellungen einzubeziehen. So werden dann praktische Arbeiten von begrenzter Dauer, aber auch angemessenem Horizont möglich. An Hilfsmitteln dazu fehlt es heute nicht mehr, obwohl in der Präsentation der Quellen wie auch ihrer Methoden die Historiographiegeschichte zukünftig noch viel zu leisten hat.

Die Hilfsmittel

Enzyklopädien und Lexika

Das umfangsreichste Nachschlagewerk zur Geschichte der Geschichtsschreibung ist die zweibändige *Encyclopedia of Historians and Historical Writing*, die Kelly Boyd 1999 herausgegeben hat, gefolgt von der ebenfalls zweibändigen *Global Encyclopedia of Historical Writing* von Daniel R. Woolf aus dem Jahr 1998. Beide Enzyklopädien verfolgen einen universalen Ansatz, vernachlässigen die außereuropäischen Kulturen nicht und bedienen in Teilen auch begriffsgeschichtliche Stichwörter. Hunderte sonst unbekannter Historiker können hier nachgeschlagen werden, teilweise auch mit ihrem vollständigen Werkkatalog.

Die Grenzen dieser Werke bestehen darin, daß sie die ältere Begrifflichkeit (Gattungsnamen, Methodenbezeichnungen, etc.) nur in kleinen Ausschnitten bieten und gegenüber Übergangsphänomenen (Epos, historischer Roman) naturgemäß indifferent bleiben. Auch daß die Nomenklatur ausschließlich eine englische ist, ebenso wie die aufgelistete Sekundärliteratur, schmälert ihren universalen Anspruch beträchtlich. Allerdings sind in anderen Sprachen derartige Überblickswerke bisher noch nicht erschienen.

In deutscher Sprache finden sich hingegen hervorragende Hilfswerke zur Wissenschafts-, Literatur- und Rhetorikgeschichte. Jürgen Mittelstraß' vierbändige *Enzyklopädie Philosophie und Wissenschaftstheorie* (1995 u. 2004) erlaubt es in zuverlässiger Weise, sich einen wissenschaftstheoretischen Standort vergangener wie gegenwärtiger Historiographie zu erarbeiten. Als Ergänzung mag das inzwischen vollendete *Historische Wörterbuch der Philosophie* in zwölf Bänden (1971–2004) dienen. Ein literaturhistorisches Universallexikon ist *Kindlers Neues Literatur-Lexikon* in 23 Bänden, in dem der Geschichtsschreibung durchaus Platz eingeräumt wird. Bei den außereuropäischen Literaturen findet sie sogar systematisch Erwähnung.

Wer sich über die rhetorischen Grundlagen der Geschichtsschreibung informieren will, hat dafür in deutscher Sprache Werke zur Verfügung, die konkurrenzlos sind. Gerd Uedings auf acht Bände geplantes *Historisches Wörterbuch der Rhetorik* (1992) zeigt die entwicklungsgeschichtliche Dimension der Rhetorik auf, und Heinrich Lausbergs *Handbuch der literarischen Rhetorik* (1973^3) stellt die gesamte Begrifflichkeit der klassischen Rhetorik in ihren griechischen, lateinischen und französischen Fassungen vor. Für den Kenner wird auf dieser Ebene die historiographische Produktionsweise mit anderen literarischen Gattungen und Mustern vergleichbar.

Michael Bentleys umfangreicher *Companion to Historiography* (2002) versucht, ähnlich den erwähnten Enzyklopädien, ein Gleichgewicht zwischen der Darstellung vergangener und gegenwärtiger Geschichtswissenschaft. In seinem zweiten Teil ähnelt er freilich eher einer thematischen Bibliographie, die kaum noch historiographiegeschichtliche Fragestellungen berührt. Eine unterschätzte Enzyklopädie von handlichem Format, die leider außerhalb Italiens so gut wie keine Aufmerksamkeit erregt hat, ist das universal angelegte *Dizionario di Storiografia*, das 1996 im Verlag Mondadori in Mailand erschienen ist. Der stets wichtige Standpunkt der italienischen Historiker wird in ihm in prägnanten Beiträgen greifbar; die Bibliographie für die Historiographie der Halbinsel ist mit keinem anderen Nachschlagewerk vergleichbar.

Preiswert, informativ und sehr eurozentrisch ist das *Historikerlexikon* von Rüdiger vom Bruch und Rainer A. Müller, das 2002 in zweiter Auflage erschienen ist. Einen alternativen Weg über bedeutende Darstellungen geht Volker Reinhardts *Hauptwerke der Geschichtsschreibung* von 1997. Er bietet zwar kaum mehr als 250 Werke europäischer Provenienz, doch liefern seine Autoren oft komplexe Werkbeschreibungen auf knappstem Raum zusammen mit literaturtheoretischen Überlegungen.

Gesamtdarstellungen der Historiographiegeschichte

Alle bisher erschienenen Synthesen zur Geschichte der Geschichtsschreibung leiden an den gleichen, freilich kaum zu vermeidenden Fehlern: Sie sind nicht universal und global ausgerichtet, d.h., sie urteilen ‚eurozentrisch' und gehen von heute nicht mehr akzeptablen Vorbegriffen von Historiographie aus. In der Regel können sie sich vom Schema herkömmlicher Literaturgeschichtsschreibung, d.h. dem Autoren- und Bücherkatalog, nicht lösen, und sie unterlassen es, die relevanten Kontexte von Wissenschaft und Literatur für dieses Phänomen herauszuarbeiten. Trotzdem seien die wichtigsten hier kurz vorgestellt, nicht um unmittelbar zur Lektüre empfohlen zu werden, sondern vielmehr um zu zeigen, welche Stationen diese Form von Wissensgeschichte bisher zurückgelegt hat.

In Ludwig Wachlers *Geschichte der historischen Forschung und Kunst* (1812–1820) darf man den Urahn der heutigen Historiographiegeschichte erkennen. Wachler (1768–1838), der in Marburg und Breslau lehrte, arbeitet sich durch 500 Jahre hindurch, die er in fünf Perioden einteilt, in denen wiederum ‚nationale Schulen' thematische Kerne bilden. Wie bereits der Titel mit dem Begriff ‚Kunst' ankündigt, plaziert Wachler die Geschichtsschreibung noch im literarisch dominierten Wissenschaftssystem der Aufklärung. Die beste Geschichte ist die bürgerlich-emanzipatorische seiner eigenen Zeit: auch die Geschichte der Geschichtsschreibung wird zu einer Entwicklungsgeschichte.

Es war kein Zufall, daß Wachlers Überblick als Teil einer großangelegten *Geschichte der Künste und Wissenschaften in Europa* (50 Bde., 1796–1820) publiziert wurde. In der ersten Hälfte des 19. Jh. schien Geschichtsschreibung nur als Teil eines aufeinander bezogenen Zivilisations- und Wissenschaftsprozesses deutbar. So war denn auch das folgende Werk, Franz Xaver Wegeles (1823–1897) *Geschichte der deutschen Historiographie* (1885), von seinem Anreger Leopold v. Ranke zunächst als logische Fortsetzung einer übernationalen Geschichte der Wissenschaften seit der Antike gedacht. Auf der Grundlage universaler Wissenschaft sollte später eine ‚nationale Fachdisziplin' aufbauen. In Wegeles Darstellung konnte sich die deutsche Geschichtswissenschaft jedoch nicht wiedererkennen: Mit knapp 90 Prozent wird die ältere Literatur bis 1800 behandelt, sie galt als überholt. Für die neueste Zeit ist der Überblick lückenhaft und spiegelt das theoretische Selbstverständnis des Historismus nur unzureichend wider. In der Folgezeit richtete sich die etablierte Geschichtswissenschaft, und nicht nur in Deutschland, ohne eigentliche Fachgeschichte ein. Daran änderte auch der nächste, sehr viel besser gelungene Versuch wenig.

Die *Geschichte der Neueren Historiographie* (1936[3]) des Schweizer Historikers Eduard Fueter (1876–1928) ist noch heute ein lesenswertes Buch. Auf 670 Seiten behandelt es die gesamte europäische Historiographie von Petrarca bis Burckhardt. Fueter gliedert nicht nach Nationen, sondern nach ‚Strömungen' wie Humanismus, Aufklärung, Romantik und Realismus. Vereinzelt werden auch Gattungen wie Biographie und Memoiren untersucht. Ideen steuern in nicht geringem Maße die Geschichte der Historiographie, der eine eindeutig freiheitliche Tendenz unterlegt wird. Kein Wunder, daß Benedetto Croce (1866–1952), Hauptvertreter einer ‚Geschichte der Freiheit', das Buch positiv besprach und die konservativen deutschen Historiker es heftig ablehnten. Der ‚Fueter' ist inzwischen ein Monument der Wissenschaftsgeschichtsschreibung. Für heutige Verhältnisse unbefriedigend bleibt sein Verhältnis zur sprachlichen Genese von Historiographie und deren Beziehung zur Naturwissenschaft.

Nach ihrer ‚deutschen Phase' emigriert die Geschichte der Geschichtsschreibung in die angelsächsischen Länder. Wo es ein Programm von *Western Civilization* an den Colleges gibt, dort muß auch die historiographische Produktion ihren Platz in der ‚großen Ordnung' finden. Hier ersetzt der Raum einer transatlantischen Freiheitskultur die auf Deutschland als Ort idealer Geschichtsschreibung gerichtete Perspektive. James W. Thompsons († 1941) *A History of Historical Writing* (1942), Harry E. Barnes' (1889–1968) *History of Historical Writing* (1962) und Ernest Breisachs *Historiography: Ancient, Medieval and Modern* (1994[2]) folgen sämtlich dem gleichen Modell: kulturelle Abhängigkeit der Historiker, Beginn in der Antike, Abschluß bei den Angelsachsen, Wechsel vom chronologischen Modell zum thematischen bei Annäherung an die Gegenwart. Zentral ist die Frage, was historisches Bewußtsein für die westliche Gesellschaft bislang geleistet hat und welche Rolle es in ihrer stärksten Verkörperung, den USA, zukünftig spielen wird. Man kann voraussehen, daß das Interesse an diesem teleologischen Modell im Zeichen der Globalisierung und kollektiven Fragmentierung der historischen Wissenschaft eher ab- als zunehmen wird.

Erste Zeichen einer Antwort auf diese neuen Anforderungen setzen die Lehrbücher von Charles-Olivier Carbonell und Christian Simon. Beide tragen den Titel *L'Historiographie* (2002) bzw. *Historiographie* (1996). Carbonell eilt auf nur 120 Seiten von der Vorgeschichte bis zur zeitgenössischen *Nouvelle Histoire*, berücksichtigt einige außereuropäische Kulturen und bezieht die historische Produktion auf eine Totalität kollektiver Praktiken, wodurch sie aufhört, bloße Wissenschaft zu sein. Simons sympathischer Versuch einer zeitgemäßen Darstellung folgt im Grunde dem *Western Civilization*-Ansatz, konzentriert sich auf das 19. und 20. Jh. und mündet dann unaufhaltsam in eine Geschichte der Geschichtswissenschaft bzw. ihrer Modellvorstellungen. Beide Versuche, der Carbonells sowie der Simons, können mit Gewinn gelesen werden, die heute geforderte integrale Sicht auf die Geschichte des historischen Schreibens bieten sie nicht. Dies gilt auch für Mirjana Gross' umfangreiches Werk *Von der Antike bis zur Postmoderne. Die zeitgenössische Geschichtsschreibung und ihre Wurzeln* von 1998. Zwar vertieft sie in hilfreicher Weise die Frage: Was heißt Geschichtswissenschaft heute?, aber die Rückprojektion der aktuellen Fachstruktur zerstört die zeitgebundenen Kontexte, in denen allein die ältere Geschichtsschreibung autonomen Aussagewert erhält.

Universal angelegt sind zwei jüngere Einführungen eines amerikanischen Vertreters der *Intellectual History*, Donald R. Kelley. Freilich verzichten sie auf die Darstellung des 19. und 20. Jh. 1991 ist von ihm eine Anthologie vorwiegend methodenbezogener Texte erschienen, *Visions of History from Antiquity to the Enlightenment*, die er dann 1998 mit einer parallellaufenden Interpretation, *Faces of History from Herodotus to Herder*, abgerundet hat. Sein Organisationsschema erinnert noch an Fueter, auch hält er sich gänzlich im bewährten Bereich der *Western Civilization* auf.

Um zumindest Globalität im Sinn einer internationalen Organisation, etwa der UNO oder UNICEF zu erreichen, hat der rumänische Historiker Lucian Boja im Auftrag der *Commission internationale de l'histoire de l'historiographie* ein zweibändiges Historikerlexikon herausgegeben: die *Great Historians [...] An International Dictionary* (1989 u. 1991). Über 1000 Historiker aller Zeiten sind tatsächlich modernen Nationen, oder wenn es nicht anders geht, Kontinenten, wie Afrika, zugeordnet. Josephus wird so zu einem Historiker des Staates Israel, Plutarch zu einem des heutigen Griechenlands. Jeder historisch übergreifende Zusammenhang ist so zerstört. Natürlich finden sich auch in diesem Werk wertvolle Informationen, aber es unterliegt dem absurden Mißverständnis, Historiker vornehmlich in ihrer Funktion für die moderne Nationalstaatsbildung zu würdigen. Hier wird der größere Teil der älteren Historiographiegeschichte schlicht ausgeklammert und mit einiger Gewißheit auch der größte Teil einer Weltgeschichtsschreibung, wie sie die Menschheit dringend benötigt.

Bedeutende Historiker der Geschichtsschreibung

Die bisher vorgestellten Werke eignen sich fast alle für die Anfangs- und Grundinformation. Erwähnenswert sind aber auch Werke spezielleren Zuschnitts, die dem fortgeschrittenen Studium dienen können. Nicht selten stammen sie von Vertretern benachbarter Fächer, die sich in Ergänzung ihrer andersgearteten Themenschwerpunkte wie Theologie, Recht oder Naturwissenschaften mit der Geschichte der Geschichtsschreibung beschäftigt haben.

Die zentrale Stellung der Historiographie in der Alten Geschichte belegt die kolossale zweibändige *Tacitus*-Monographie von Roland Syme (1903-1989). Hier wird ein Historiker zum Schlüssel für eine ganze Epoche, wobei Sprache und Stil herausragende Bedeutung erhalten. Stilistisch geradezu ein Antipode zu Syme ist Arnaldo Momigliano (1908–1987). Er verfaßte keine umfangreichen Monographien, sondern zahlreiche Einzelaufsätze, die er zu Themenbänden zu vereinigen pflegte. 704 Beiträge sind von ihm bibliographiert, welche die gesamte Bandbreite der Historiographiegeschichte von der Antike bis ins 20. Jh. umfassen. Momigliano ist der einzige, der den Titel eines Universalgelehrten auf diesem Gebiet wirklich verdient. Seine Werke sind in zahlreiche Sprachen übersetzt. Auf Deutsch ist von ihm eine dreibändige Ausgabe *Ausgewählte Schriften* (1998–2000) erschienen, die einen Einstieg in sein Werk erlaubt. Der Löwenanteil seiner Arbeiten lagert freilich in den neun *Contributi alla Storia degli studi classici e del mondo antico* (Beiträge zur Geschichte der klassischen Studien und der Alten Welt, 1979–1987). Etwa die Hälfte dieser Beiträge ist auf Italienisch verfaßt, der Rest auf Englisch.

Zu den herausragenden Erforschern der mittelalterlichen Historiographie gehören Bernard Guenée in Frankreich und Hans-Werner Goetz in Deutschland. Neben zahlreichen Einzelstudien schrieb Guenée sein Hauptwerk *Histoire et culture historique dans l'Occident médiéval* (1980/1991), das eine wahrhaft europäische Dimension aufweist und in glänzender Weise Kontextphänomene einbindet. Von ähnlich komplexem Zugriff sind die Arbeiten des Hamburger Mediävisten Hans-Werner Goetz, etwa zu *Geschichtsschreibung und Geschichtsbewußtsein im hohen Mittelalter* (1999).

Welches Potential die mittelalterliche Geschichtsschreibung für moderne Diskurse bietet, hatte zuvor schon der tschechische Exilhistoriker František Graus gezeigt, als er in seinem Werk *Lebendige Vergangenheit* (1975) nationale mittelalterliche Entstehungsmythen entzauberte.

Eine eigene, mehr politikwissenschaftliche Tradition der Historiographiegeschichte hat die Renaissanceforschung herausgebildet. Zu ihr gehört der deutsch-amerikanische Historiker Felix Gilbert (1905–1991) mit seiner Arbeit über *Machiavelli and Guicciardini* (1965) sowie John G. A. Pocock mit seiner bislang vierbändigen Studie *Barbarism and Religion* (1999–2005). In diesem monumentalen Werk entwirft Pocock anhand einer Quellenanalyse von Edward Gibbons *Decline and Fall* eine Universalgeschichte der Aufklärungshistoriographie.

Einen ganz anderen Ansatz wählte Blandine Barret-Kriegel in ihrem vierbändigen Werk *Les Historiens et la Monarchie* (1988). Ausgehend von der Kirchengeschichte der Mauriner, spannt sie einen entwicklungsgeschichtlichen Bogen der staatsnahen Institutionen französischer Geschichtsforschung bis zum Vorabend der Revolution. Was sich dagegen mit einem ganz schmalen thematischen Ansatz, der Diskussion der römischen Frühgeschichte in Frankreich, bewerkstelligen läßt, zeigt die früh verstorbene Mouza Raskolnikoff in *Histoire romaine et critique historique dans l'Europe des Lumières* (1992). Die Frage nach der Sicherheit der Anfänge Roms wird zu einem Panorama der Selbsteinschätzung der Aufklärung zwischen Wissenschaft und Literatur.

Das 19. Jh. hat große Historiker hervorgebracht, aber nur zu einer geringen Anzahl von exemplarischen Arbeiten über sie angeregt. Zu ihnen könnte man den siebenbändigen *Jacob Burckhardt. Eine Biographie* (1947–1982) von Werner Kaegi rechnen oder die chronologische Lebensübersicht von *Michelet, les travaux et les jours, 1794–1874* Paul Viallaneix' von 1998. Beide Verfahren, sich über alles auszulassen wie Kaegi oder nur ein dürres Protokoll zu liefern wie Viallaneix, haben ihren Reiz, verlieren aber oft die Geschichtsschreibung selbst aus dem Blick. Aus diesem Grund ist die längst überholte Gesamtdarstellung des historiographischen 19. Jh. von George Peabody Gooch (1873–1968), *History and Historians in the Nineteenth Century* (1913, dt. 1964), immer noch ein höchst ergiebiges Werk von erstaunlicher Breite und liberaler Gesinnung. Heute liegen zahllose Einzelstudien zu Goochs Themen vor, als Synthese ist er erstaunlicherweise immer noch nicht überboten worden.

Das 20. Jahrhundert, überreich an historiographischer Produktion und noch reicher an historischer Theorie und Dokumentation dieser Leistung, hat bislang noch keine angemessene Form für die eigene Selbstdarstellung gefunden. Die deutsche Historiographie während des Nationalsozialismus, die Entstehung der *Annales*-Schule, das Drama der osteuropäischen Historiker während des Stalinismus, der Aufstieg der *Black History* in den USA, all das wären Themen von epischer Größe, die bisher nur in Teilaspekten erforscht und für Spezialisten dargestellt wurden. Für zukünftige Historiker der Geschichtsschreibung liegt ein weites Arbeitsfeld bereit, das von größtem öffentlichen Interesse ist. Voraussetzung für ein Gelingen wäre freilich ein starker Bezug zur Genealogie der Texte, zu den Techniken der Erzählung sowie zum bisherigen Verlauf der Wissenschaftsgeschichte. Eine zukünftige Geschichte der Geschichtsschreibung sollte stets mehr sein wollen als nur eine Sozialgeschichte von Geschichtswissenschaft.

Zeitschriften und Internet

Bis zu diesem Punkt des Literaturüberblicks bestätigt sich der Verdacht, daß es viel historiographiegeschichtliches Wissen in konventioneller, aber verstreuter Form gibt. Einen nicht mehr ganz frischen Überblick über dieses Terrain bietet die zweibändige Spezialbibliographie von Susan Kinnell *Historiography: An Annotated Bibliography* von 1987. Woran Mangel herrscht, das sind Synthesen, die den globalen Aspekt mit der Wissenschaftsgeschichte sowie der Literaturtheorie und -geschichte verbinden. Deshalb läßt sich gegenwärtig noch nicht sagen, ob es einmal ein auf Dauer etabliertes und spezialisiertes Fach ‚Historiographiegeschichte' innerhalb der historischen Wissenschaften geben wird. Die Versuche der letzten Jahre, eine Komparatistik aller in der Welt erforschbaren Historiographien zu schaffen, gibt Anlaß zu einer gewissen Hoffnung. Dieser Stoff ist so groß und zugleich so bedeutend, daß zumindest eine überschaubare Gruppe von Historikern sich ausschließlich mit ihm beschäftigen sollte.

Gegenwärtig haben zwei internationale Zeitschriften die Historiographiegeschichte in den Mittelpunkt ihrer Veröffentlichungen gestellt: *History and Theory* (seit 1960) und *Storia della Storiografia* (seit 1982). Hier finden sich regelmäßig Beiträge zur Geschichte der Geschichtsschreibung, wobei besonders *History and Theory* sich in den letzten Jahren zunehmend auf reine Theoriefragen in zeitgenössischer Formulierung konzentriert. Von den 43 zwischenzeitlich publizierten *Beiheften* (*Theme Issues*) beschäftigt sich nur eine geringe Anzahl mit ‚vergangener Geschichtsschreibung'. *Storia della Storiografia* ist stärker auf die ältere Historiographie ausgerichtet und hat überdies den Vorteil, viersprachig zu erscheinen, also etwas von der tatsächlichen Vielsprachigkeit ihres Gegenstandes auch abzubilden.

Den größten Teil seiner Recherchetätigkeit muß der Historiographieforscher aber weiterhin in Eigenverantwortung im Bereich der internationalen historischen Zeitschriftenliteratur leisten. Im sonst ausgezeichneten *Topical Index* von Stefan Blaschkes *The History Journals Guide* (www.history-journals.de) finden sich zwar 138 Kategorien, aber eine für ‚Historiographie' sucht man vergeblich. Dabei sei der Interessent an der Geschichtsschreibung nachdrücklich darauf verwiesen, daß er die philologischen, literaturtheoretischen und wissenschaftsgeschichtlichen Periodika nicht vernachlässigen sollte.

Als unverzichtbar erweist sich seit einem Jahrzehnt das Internet. Fast jedes Jahr kommt ein neuer Internetführer für Historiker auf den Markt und längst auch spezialisierte für den Althistoriker, den Literaturhistoriker etc. Auch ein Internetführer für Historiographiehistoriker wäre möglich, aber nur für kurze Zeit eine verläßliche Informationsquelle. Internettexte wandern, werden verändert, umbenannt und kopiert, bis sie z.T. recht schnell wieder aus dem Netz verschwinden. Bei vielen Dateien, besonders bei Quelleneditionen, ist nicht sichtbar, welches ihre Bezugsbasis ist, ob sie vollständig und unmanipuliert dargeboten werden. Das direkte Zitieren solcher Texte in zentralen argumentativen Abschnitten sollte niemals ohne Überprüfung an gedruckten Ausgaben erfolgen.

Auf der anderen Seite bietet das Internet für den Historiographieforscher gewaltige Vorteile, ja eine seiner Hauptaufgaben, die weltweite Vernetzung historiographischer Texte, wird oft nur durch dieses elektronische Medium möglich. Heute darf man guten Gewissens behaupten, daß so gut wie jeder Historiker der graeco-römisch-jüdischen Epoche in der Originalsprache oder Übersetzung im Netz ganz oder in großen Teilen greifbar ist. Dies gilt auch für abgelegene oder fast vergessene Figuren, so daß sich mit einfachen Mitteln ein Vielfaches an komparatistischen Ressourcen erschließen läßt.

Was aber für den westlichen Kulturkreis gilt, das gilt zum großen Teil auch schon für andere Historiographien. Noch vor wenigen Jahren wäre mühseliges Suchen in seltenen Spezialbibliotheken nötig gewesen, um z.B. einen chinesischen Geschichtstheoretiker des 12. Jh. zu finden. Heute kann man Auszüge solcher Texte blitzschnell im Internet aufspüren. Hinzu kommt, daß im Netz heute bedeutende inner- und zwischenkulturelle Diskussionen stattfinden. Wer z.B. islamische Websites aufsucht, wird unweigerlich mit historiographischen Informationen und Argumentationen überschüttet. So wird sichtbar, welche ungeheuere Bedeutung vor allem die geschriebene Geschichte für die Muslime hat. Ganz nebenbei kann der Leser dabei auch neue Quellen entdecken.

Obwohl es selbstverständlich ist, sei an dieser Stelle nochmals betont: Der Historiographiehistoriker sollte das Internet vorwiegend als Informationsmedium nutzen. Forschung an kritisch edierten Texten ist nur in Ausnahmefällen möglich. Außerdem stößt auch der, der einige europäische Hauptsprachen lesen kann, linguistisch schnell an Grenzen. Die Unkenntnis außereuropäischer Sprachen und Schriften sperrt ihn dauerhaft in sein ‚eurozentrisches Denkschema' ein. Englisch ist zwar die Lingua franca der meisten Übersetzungen aus exotischen Sprachen, aber zugleich ein Medium, in dem zentrale Informationen performativer, lexikalischer und semantischer Art unweigerlich verloren gegangen sind.

Der schnelle Zugriff auf Sekundärliteratur und dezentral verstreute Informationen erlaubt jedoch auch dem Anfänger einen Überblick, der vor kurzem noch unvorstellbar gewesen wäre. Mit diesem Wissen heißt es freilich vorsichtig zu operieren. Historiographiegeschichte kommt ohne intensives Studium der Texte nicht aus. Dafür wird auch in Zukunft das Internet nicht der geeignete Raum sein.

Enzyklopädien und Sachlexika

Bentley, Michael (Hrsg.): Companion to Historiography. London 2002.

Boja, Lucian: Great Historians from Antiquity to 1800. An International Dictionary. New York 1989.

– Great Historians of the Modern Age. An International Dictionary. New York 1991.

Boyd, Kelly (Hrsg.): Encyclopedia of Historians and Historical Writing. 2 Bde. Chicago 1999.

Bruch, Rüdiger vom u. Müller, Rainer A. (Hrsg.): Historiker Lexikon. Von der Antike bis zum 20. Jahrhundert. München 2002².

Carbonell, Charles-Olivier: L'Historiographie. Paris 2002.

Dizionario di Storiografia. Mailand 1996.

Jens, Walter (Hrsg.): Kindlers Neues Literatur – Lexikon. 23 Bde. Hamburg 1996.

Kinnel, Susan K.: Historiography: An Annotated Bibliography of Journal Articles, Books and Dissertations (Clio Bibliography Series, 26-1). 2 Bde. Santa Barbara/California 1987.

Lausberg, Heinrich: Handbuch der literarischen Rhetorik. München 1973².

Mittelstraß, Jürgen (Hrsg.): Enzyklopädie Philosophie und Wissenschaftstheorie. 4 Bde. Stuttgart/Weimar 1995 u. 2004.

Reinhardt, Volker (Hrsg.): Hauptwerke der Geschichtsschreibung. Stuttgart 1997.

Ritter, Joachim u.a. (Hrsg.): Historisches Wörterbuch der Philosophie. 12 Bde. Darmstadt 1971–2004.
Rüsen, Jörn, Gottlob, Michael u. Mittag, Achim (Hrsg.): Die Vielfalt der Kulturen (Erinnerung, Geschichte, Identität, 4). Frankfurt a. M. 1998. *Ein erster Versuch zu einer Komparatistik der Historiographien.*
Ueding, Gert (Hrsg.): Historisches Wörterbuch der Rhetorik. Bislang 7 Bde. Tübingen 1992–2005.
Woolf, Daniel R. (Hrsg.): Global Encyclopedia of Historical Writing. 2 Bde. New York/London 1998.

Darstellungen der Historiographiegeschichte

Barnes, Harry Elmer: History of Historical Writing. New York 1962.
Blanke, Horst Walter: Historiographiegeschichte als Historik. Stuttgart 1991. *Schwer lesbarer Überblick über die methodische Funktion von Historiographiegeschichte in Deutschland seit 1500.*
Breisach, Ernest: Historiography: Ancient, Medieval and Modern. Chicago/London 1994[2].
Fueter, Eduard: Geschichte der neueren Historiographie. München 1936[3].
Groß, Mirjana: Von der Antike bis zur Postmoderne. Die zeitgenössische Geschichtsschreibung und ihre Wurzeln. Wien/Köln/Weimar 1998.
Kelley, Donald R.: Versions of History from Antiquity to the Enlightenment. New Haven/London 1991.
– Faces of History from Herodot to Herder. New Haven/London 1998.
Maurer, Michael (Hrsg.): Mündliche Überlieferung und Geschichtsschreibung (Aufriß der Historischen Wissenschaften, 5). Stuttgart 2003. *Großflächiger Überblick über Antike, Mittelalter u. Neuzeit.*
Simon, Christian: Historiographie. Stuttgart 1996.
Thompson, James Westfall: A History of Historical Writing. New York 1942.
Wachler, Ludwig: Geschichte der historischen Forschung und Kunst seit der Wiederherstellung der litterärischen Cultur in Europa. 2 Bde. [in 5 Teilen]. Göttingen 1812/1813 u. 1816/1818/1820.
Wegele, Franz Xaver: Geschichte der Deutschen Historiographie seit dem Auftreten des Humanismus. München/Leipzig 1885.

Historiker der Historiographiegeschichte

Barret-Kriegel, Blandine: Les Historiens et la Monarchie. 4 Bde. Paris 1988.
Gilbert, Felix: Machiavelli and Guicciardini. Politics and History in Sixteenth-Century Florence. Princeton 1965.

Goetz, Hans-Werner: Geschichtsschreibung und Geschichtsbewußtsein im hohen Mittelalter. Berlin 1999. *Untersucht nachdrücklich die modernsten Fragestellungen.*

Gooch, George Peabody: History and Historians in the Nineteenth Century. London 1913 (Dt. Frankfurt a. M. 1964). *Immer noch lesenswerte Synthese aus der Perspektive eines englischen Gentlemen-Historian.*

Guenée, Bernard: Histoire et culture historique dans l'Occident médiéval. Paris 1991[2]. *Klassiker von beispielhafter thematischer Spannweite.*

Kaegi, Werner: Jacob Burckhardt. Eine Biographie. 7 Bde. Basel 1947–1982.

Momigliano, Arnaldo: Contributi alla storia degli studi classici. 8 Bde. Rom 1979–1987. *Bibliographische Indizes in Contributo 4, S. 669–719, Contributo 6, S. 845–857 u. Contributo 8, S. 435–446 erschließen das Gesamtwerk von 704 Aufsätzen.*

– Ausgewählte Schriften. 3 Bde. Stuttgart 1998–2000. *Insgesamt 49 Beiträge, die auch Momiglianos Bezüge zur deutschen Historiographie vorführen.*

Pocock, John G. A.: Barbarism and Religion. 4 Bde. Cambridge 1999–2005.

Raskolnikoff, Mouza: Histoire romaine et critique historique dans l'Europe des Lumières. Rom 1992.

Syme, Roland: Tacitus. 2 Bde. Oxford 1958.

– Ten Studies in Tacitus. Oxford 1970.

Viallaneix, Paul: Michelet, les travaux et les jours. Paris 1998.

3. Antike Geschichtsschreibung

3.1 Äußere Bedingungen

Die antike Geschichtsschreibung weist die politische, soziale, religiöse und technische Prägung ihrer Ursprungsgesellschaft auf. Dieses vielseitige Abhängigkeitsverhältnis zwischen literarischem Erzeugnis und erzeugender Gruppe bestimmt die Anfangszeit des 6. Jh. v.Chr. genauso wie die Endzeit des 5. Jh. n. Chr. und läßt zwischen Griechenland und Rom, Israel wie Ägypten keinen Unterschied erkennen. Alle antiken Gesellschaften arbeiten mit einem ‚Geschichtsbegriff', der an der Wurzel des griechischen Verbs ἱστορέω ansetzt. Seine Bedeutungsbreite erweist sich als dekkungsgleich mit den vielfältigen Methoden empirischer ‚Forschung', also ‚fragen, erkunden, in Erfahrung bringen, besuchen und bereisen'. Der Gesamtbegriff ‚Forschung', ἱστορία, fällt zudem mit der Bezeichnung für ihr Ergebnis zusammen, d.h. umfaßt aufsteigend ‚Kunde, Kenntnis, Erzählung und geschichtliche Darstellung'. So sehr sich seit dem 4. Jh. v.Chr. auch alle Teile der literarischen Geschichte, Erzählung, Rede, Beschreibung, in der Rhetorik als leitender Praxis (τέχνη) verankerten, den Bezug zur empirisch-naturkundlichen Forschung hat die antike *historia* niemals aufgegeben. Durch diese Gründung hat sich die antike Geschichtsschreibung eine bis heute nicht überbotene Fülle von anthropologischer Information gesichert. Weil aber das bloß erfahrene empirische Wissen nach den Begriffen der entscheidenden griechischen Erkenntnistheoretiker vorläufig, ungenau und unsicher blieb, solange es nicht intuitiv und intellektuell strukturiert war, handelte es sich beim historischen Wissen um ein Wissen ‚zweiter Ordnung'. Damit galt den Menschen der Antike die Geschichte nicht generell als das ‚schlechtere Wissen', nur war es ein Wissen, das sich in der Regel den Anforderungen der philosophischen Theorie zu beugen hatte. Als in der Spätantike die christliche Theologie die heidnische Philosophie ablöste, übernahm sie auch deren Forderungskatalog an die *historia*. Geistesgeschichtlich handelt es sich also um ein Phänomen von langer Dauer (*longue durée*). Obwohl einzelne Historiker immer wieder beanspruchten, selbständig Theorien aufgestellt, Begriffe gebildet und kausale Erklärungen geliefert zu haben, wurden diese Bemühungen bis ins 17. Jh. niemals der historischen Tätigkeit als solcher zugerechnet. Der Aufstieg der Geschichte zur allseits anerkannten Wissenschaft wird ein Phänomen des 18. und 19. Jh. sein.

Urzelle der antiken Historiographie ist die Stadt (πόλις), die zugleich Staat (πολιτεία) ist. Idealerweise soll dieser Staat aus Bürgern bestehen, die frei sind und gleich, gleich aber in einer Weise, die die materiellen, sozialen und intellektuellen Unterschiede nicht unterschlägt, sondern für das Gemeinwesen fruchtbar macht. Hier reichen die Modelle von der radikalen Demokratie bis zur Tyrannis oder dem Philosophenkönig. Wenn die antiken Historiker bis heute eine ungebrochene Faszination hervorrufen, dann liegt das gerade daran, daß sie sich immer auf ihre Stadt beziehen, selten aber ihre offiziellen Beauftragten sind. In der Regel wählt sich der griechische oder römische Geschichtsschreiber seine Aufgabe, sein Thema und seine Methode selbst und bietet sie seiner Gemeinde, seiner Gruppe an. Er tritt also als ‚Individuum' an und bildet sich, auch vor den Augen des heutigen Lesers, während seines Schreibens als solches heraus. Umgekehrt verwerfen oder akzeptieren die antiken Lesergruppen das historiographische Angebot, ohne die Gattung jemals mit einer allzu großen Autorität in Sinnfragen auszustatten. Zwischen Historiker und Adressat bleibt in der Antike eine stetige Dialektik erhalten, weil sich beide Teile niemals ganz miteinander identifizieren.

Für dieses Abstandhalten lassen sich Gründe nennen: das Fortbestehen mündlicher und sozialer Erinnerung unabhängig von individueller Formung, der oppositionelle Ansatz mancher Historiker, die ihrem Publikum ein kritisches Selbstbild vermitteln, die gewollte Pluralität an historischer Information, wobei die Widersprüche gerade nicht als störend empfunden werden. Auch das Prinzip der Nachahmung (μιμησις, *imitatio*), das alle antiken Historiker leitet, betont bei aller Nähe zum Vorbild – schreibend wie politisch handelnd – immer auch den Unterschied zwischen beiden. Kein Individuum kann den Staat ausdrücken, kein Staat soll es wagen, grenzenlos über das Individuum zu herrschen.

Der Dialektik von Einzelnem und Polis entspricht in der Antike die gesicherte Vielfalt in den Quellen der historischen Erfahrung. Die frühen griechischen Historiker sind alle Reisende oder Exilanten gewesen. Sie haben es festgeschrieben, daß persönliche Erfahrung, Selbstwahrnehmung (αυτόψία) und Selbsterleiden (αυτόπαδια) die Grundlage jedes überzeugenden Berichts abgeben sollen. Zu den unverzichtbaren Quellen gehören weiter der Mythos als Niederschlag des kulturellen Gedächtnisses sowie das kommunikative Gedächtnis, die ‚Dreigenerationengeschichte' als Kenntnis der Zeitzone, über die eine Gesellschaft unter sich reden kann. Es bleibt eine zentrale Errungenschaft antiker Geschichtsschreibung, zwar mit allen diesen Quellen gearbeitet, gleichzeitig aber auch auf ihrer immer deutlicheren Trennung bestanden zu haben. Hier sind die Ursprünge und das Potential jeglicher historischer Kritik angesiedelt.

Andererseits war die alte Historiographie niemals in der Lage, die Struktur des kulturellen Gedächtnisses gänzlich im Sinn einer kritischen Forschung zu verändern. Eine begriffliche Trennung von Gedächtnis und Geschichte, wie von Maurice Halbwachs vorgeschlagen (*La Mémoire collective*, 1950), lag außerhalb ihres Horizontes. Dazu hätte man eine Geschichte aus ‚reiner theoretischer Neugierde' konstruieren und sie ganz von ihrer Ursprungsgruppe und ihrem Zeiterleben ablösen müssen. Jedoch lebten der Mythos und seine rituelle Bewältigung in der Religion fort, und das kommunikative Gedächtnis widersetzte sich – aus Gründen die noch gezeigt werden sollen – der völligen Überführung in Erzählung. In ihrem Kern blieb die antike Gesellschaft doch eine mündliche (orale), d.h. sich im Sprechen erinnernde Gruppe. Das persönliche Gedächtnis und seine Übung blieben der Fokus jeder Erziehung, d.h., man war vor allem daran interessiert, die nötigen Erinnerungszeichen aus dem reinen Verlauf von Zeit herauszulösen und als stehende Bilder zu organisieren.

In ihren Bemühungen, historische Informationen zu speichern, waren der antiken Gesellschaft enge technische Grenzen gesetzt. Papyrus und Pergament, steinerne Inschriften, Tontafeln und Metallprägungen blieben die einzigen dauerhaften Informationsträger. Dabei kennt die Antike nur eine ‚Medienrevolution', nämlich den Übergang von der Papyrusrolle zum Pergamentkodex im 4. Jh. n.Chr.. Zwar wurden damals viele Klassiker durch Umschrift gerettet, aber das junge Christentum verweigerte durch seine rigorose Auswahl der heidnischen Literatur von nun an jede gleichberechtigte Mitsprache im Traditionsprozeß. Zweifellos verfügte jede voll entwickelte Polis über religiöse und politische Archive sowie über öffentliche und private Bibliotheken, aber irgendwann in der Spätantike ging auch fast alles verloren.

Athen muß vom 5. Jh. vor bis ins 5. Jh. n. Chr. ein Zentrum historischer Kenntnisse gewesen sein, ebenso wie Rhodos, Alexandria, Antiochia und Pergamon in hellenistischer Zeit. Trotzdem war die alte mittelmeerische Zivilisation in einem heute unvorstellbaren Ausmaß in ihren historischen Kenntnissen bedroht. Der Brand Roms 390/387 v.Chr. schnitt die Römer fast ganz von ihrer, wahrscheinlich ohnehin nur schwach dokumentierten, lokalen Vorgeschichte ab. Die berühmte Bibliothek von Alexandria ist stufenweise untergegangen und mit ihr viele Zeugnisse der hellenistischen philologischen Arbeit, u.a. auch die an der attischen historischen Prosa. Bei dem großen Brand der kaiserlichen Büchersammlung in Konstantinopel 475 n. Chr. sollen 120 000 Kodizes verlorengegangen sein. Diese an sich schon gewaltigen Verluste wären gewiß noch größer ausgefallen, wäre die antike Welt überlieferungsmäßig nicht dezentral organisiert gewesen und hätten nicht immer neue Wellen philologischen Interesses an den kanonischen Texten zur Bewahrung eines Kernbestandes geführt.

Die stets gefährdete Überlieferung der antiken Klassiker setzt im Grunde bereits beim ‚fertigen' Werk an. In sehr vielen Fällen läßt sich nicht mit Gewißheit sagen, was ein Text eigentlich darstellt: ein vollendetes, ‚ausgeliefertes' Werk für einen ausgewählten Kreis (ἔκδοσις), ein unterschiedslos ‚verteiltes' Buch (διάδοσις) oder gar ein bloß über die Generationen ‚überliefertes' Buch (παράδοσις)? Oft zirkulierten unfertige, unautorisierte, fortgeschriebene oder gar mit falschen Verfassernamen versehene Texte. Was wir heute ‚Publikation' nennen, bedeutet in der Regel nur, daß der Autor in irgendeinem Stadium der Produktion die Kontrolle über den Text verloren hatte. Schon jede Papyrusausgabe war einmalig und noch jeder byzantinischer Kodex, der erhalten geblieben ist, gilt als einmalig.

In diesem Kontrollverlust spiegelt sich die soziale Stellung des antiken Historikers. Seinem idealen Profil entsprechen erstaunlich viele Geschichtsschreiber: ein älterer Staatsmann bzw. Militär, der sich nach dem Rückzug von den Geschäften in Muße (σχολή, *otium*) und unter Einhaltung strikter literarischer Standards um die Auswertung seiner Erfahrungen müht. In der Regel handelt es sich um ausgesprochen konservative Persönlichkeiten, die bei ihrer Quellenforschung zwar auch die Archive besuchten, die mündliche Information jedoch meistens bevorzugten. Reine ‚Stubengelehrte' wie Timaios von Tauromenion oder Titus Livius können zwar als Schriftsteller überzeugen, aber ohne persönliche ‚Mühe und Leiden', wie Polybios meint (12,27,4), gelangt niemand zum Kern der politischen Erfahrung. Diese Kenntnisse haben zunächst die eigene politische Klasse als Adressaten, sie zirkulieren nur in kleinen Kreisen. Sucht der Historiker aber das große Publikum und liest wie Herodot und Ammianus Marcellinus öffentlich aus seinen Werken, so stellt sich erst recht die Frage nach der Stufe der Ausarbeitung, die hier zu Gehör kam. In der Spätantike erschwerte dann der neue absolutistische Regierungsstil den Zugang zu politischen Informationen erheblich. Der Wert möglicher Eigenerfahrung nahm ebenso ab wie die Zahl der außerhalb des engsten Führungskreises am kaiserlichen Hof und seinen provinziellen Ablegern politisch interessierten Menschen. Nun konnten die ohnehin fließenden literarischen Anforderungen an einen historischen Text nicht weiter durch deutliche Maßstäbe einer politischen ‚Öffentlichkeit' präzisiert werden. Cicero meint zwar, daß zu seiner Zeit selbst die einfache *plebs* sich an historischen Werken erfreue, auch erfährt ein Historiker wie Herodot als Schulautor hohe Wertschätzung, an den gesellschaftlichen Voraussetzungen der Geschichtsschreibung ändert dies nichts: Die Historiographie erreicht kein Massenpublikum und sucht es auch nicht. Sie bleibt in Produktion und Rezeption eine elitäre Veranstaltung, die, von heute aus gesehen, den Schwerpunkt der Selbstreflexion in die literarische Gestaltung verlegt.

3.2 Innere Bedingungen

Die quellenkritische Methode benutzen die antiken Historiker nur teilweise und implizit, erhoben sie nicht zum expliziten gedanklichen System. Dabei ist das Ausbleiben eines ‚antiken Ranke', wahrlich kein großes Rätsel. Kulturelles und kommunikatives Gedächtnis verbürgten die Geschichten auf ihre Weise. Im 19. und 20. Jh. gaben diese Garantien den Historikern noch reichlich Anlaß, ihr Überlegenheitsgefühl gegenüber den alten Autoren zu äußern. Inzwischen läßt sich die Einsicht in den prinzipiell konstruierten Charakter historischen Wissens nicht mehr verdrängen, und die Kritik am ‚unwissenschaftlichen Charakter' der antiken Historiographie ist leiser geworden.

Als Folge dieser entspannteren Sicht können die drei inneren, dem Wissens- und Ausdruckssystem geschuldeten Bedingungen der historischen Arbeit im Altertum umfassend beschrieben werden, ohne damit sofort ihre Methoden und Ergebnisse grundsätzlich in Frage zu stellen: Der historische Text steht in gleichmäßigen Spannungsverhältnissen zu Wissenschaft, Kunst und Praxis. Wissenschaft zerfällt dabei in theoretisch und empirisch orientierte. Über den Erfahrungsbegriff schlägt sie eine Brücke zur Praxis, die ihrerseits die aktive Seite des in der Theorie sichtbaren Schönen und Richtigen in der Kunst beschreibt. Die empirische Seite der Wissenschaft tritt als ‚Kunde vom Altertum' (Antiquarismus) hervor und teilt sich in ‚Forschungsrichtungen' wie Geographie und Ethnologie, Genealogie und Chronologie. Kunst wird für die Geschichte als Literatur definiert und von der Rhetorik und in geringerem Maße auch von der Dialektik/Topik gesteuert. Praxis zielt ihrerseits auf politisch-moralische Nützlichkeit.

Altertumskunde
(Geographie-Ethnologie-Genealogie-Chronologie)
↑
Theorie Empirie
Wissenschaft
↓
HISTORIA

↕ ↕

Rhetorik / Dialektik
Kunst
Literatur

Praxis
Politik-Moral

Schon ein flüchtiger Blick auf dieses Dreieck macht deutlich: Die historische Erzählung im Altertum ist überdeterminiert, sie bezieht ihre Begriffe und Werkzeuge weitgehend von außen. Von heute aus gesehen dominiert sie ihre eigene Theorie nicht! Dies ist der Grund, weshalb es wahrscheinlich nur wenige reine Theorieschriften über Geschichte gegeben hat, und weshalb uns nur eine einzige voll erhalten ist: Lukians „Wie man Geschichte schreiben soll" (2. Jh. n. Chr.) Und dies ist eine vorwiegend literaturtheoretische Abhandlung.

In welcher Weise definiert nun das Kräftedreieck die historische Tätigkeit? Wissenschaft vollendet sich für die Griechen als Theorie. Gemäß der klassischen Vorstellung von Theorie erzeugt die historische Forschung (ἱστορία), weil sie weder Allgemeinbegriffe noch logische Ableitbarkeit erreicht, bloßes Wissen vom ‚Einzelnen'. Dieses Einzelne betrifft vor allem die Sphäre menschlichen Handelns, das ohnehin als weitgehend zufällig, als ‚immer anders' (kontingent) erscheint. Deshalb liefern die Historiker nur Vorstufen zum wahren Wissen, sie produzieren vor allem Ähnlichkeiten. Blieben die historischen Vorgänge unvergleichbar, dann könnten sie keine Beispiele (*exempla*) abgeben, wären sie hingegen völlig vergleichbar, dann könnte man die Sphäre menschlichen Handelns ganz unhistorisch, d.h. theoretisch regeln. Letzteres gilt als wünschenswert, aber unerreichbar.

Erreichbar sind der empirischen Forschung dafür ungeheure Datenmengen, die sie durch Beschreibung, Klassifikation und den Vergleich strukturiert. Geographie und Ethnologie, Genealogie und Chronologie stehen somit in einem natürlichen Ergänzungsverhältnis zur Untersuchung von Ereignissen. Der antike Historiker ist in der Regel auch Geograph, Völkerkundler, Zeit- und Sippenforscher, und oft liegen hier sogar seine wahren Interessen.

Die Wurzeln eines historischen Textes sind mündliche. Mündliche Überlieferung soll schriftlich bewahrt werden, ebenso wie die Reden, die Politiker tatsächlich gehalten haben. Erst das Wort motiviert Handeln. Menschen, die nicht reden, können historisch nicht wirklich verstanden werden. Dieser Grundsatz hat die Antike überlebt und war noch im 18. Jh. lebendig. Es ist daher einsichtig, daß das Regelwerk, das öffentliche Rede anleitet, die Rhetorik, auch für die Geschichten zuständig ist. Öffnet man aber eine Rhetorik, sei es eine alte oder neue, so stellt man mit Befremden fest, daß in ihrer riesigen Systematik die Erzählung (λογος, διήγησις, *narratio*) nur eine winzige Stelle innerhalb des Abschnitts Findung des Stoffes (*inventio*) einnimmt. Der überwältigende Rest der rhetorischen Mühen zielt auf Glaubwürdigkeit, Schönheit und möglichst rationale Konstruierbarkeit des Ausdrucks. Da jede Aussage mit den sachlich passenden und logisch stimmigen Argumenten zusammengehen muß, ist der Übergang der Rhetorik zur Dialektik, der Lehre vom richtigen Argumentieren, fließend. Überdies sind in der voll entfalteten Rhetorik auch noch alle Bausteine für die Lehre von den literarischen Gattungen enthalten. Die antiken Poetiken führen diese Anforderungen nur in besonderen Ausprägungen für das Epos, die Lyrik, die Tragödie und Komödie zusammen.

Für einen vollständig rhetorisch ausgebildeten Mann war es zwar mühsam, aber nicht unmöglich, klare Standpunkte für den historischen Text zu finden, d.h. für den Stoff, seine Anordnung und seinen Ausdruck. Gleichzeitig konnte historisches Schreiben stets nur ein kleiner Spezialfall innerhalb des Riesenspektrums literarischer Aufgaben sein. Hieraus ergaben sich für die antiken Historiker zwei Konsequenzen. Erstens: Wer als Rhetor Geschichte schrieb, sah sich eigentlich verpflichtet, über diesen kleinen Spezialfall möglichst hinauszugehen und alle Möglichkeiten seiner Riesenorgel zu nutzen. Dies erklärt, warum viele Historiker sich so sehr auf die allgemeine Rede konzentrierten und warum sie auch epische, lyrische und tragödienhafte Züge in ihre Erzählungen hineintrugen. Oft waren sie eben mehr Redner, Tragöden und Dichter als ‚Historiker'. Zweitens: Die vollkommene Ausbildung zum Redner war so anspruchsvoll und nahm so viel Zeit in Anspruch, daß die kritische Sichtung der Sachen (*res*) im Prestige kaum jemals mit dem rhetorischen Feilen am Wort (*verba*) konkurrieren konnte. Die Quellenforscher des 19. Jh., die mit dem ‚reinen Faktenbericht' liebäugelten, übten an dieser literarisch-rhetorischen Überdeterminiertheit von Geschichte harte Kritik. Sie übersahen dabei zwei Umstände. Erstens: Es bleibt unverzichtbar, auch die Ausdrucksseite von Quellenkritik bewußt zu gestalten. Zweitens: Das antike rhetorisch-dialektische Lehrgebäude enthält, oft zwar nur unterschwellig und unsystematisch, doch die meisten Grundsätze der sogenannten ‚kritischen Methode'. Anders wäre es auch nicht erklärlich, daß die rhetorisch geformten Geschichten der Alten auch heute noch als ‚Tatsachenzusammenhänge' gelesen werden.

Als Leser antiker Historiker muß man sich stets darüber im klaren sein, daß jeder Gebrauch, den sie von Quellen machten, einer zweifachen Selektion, argumentativ wie auch rhetorisch unterlag. Tatsachen können verschwiegen bzw. abgeschwächt werden, weil sie nicht ins inhaltliche Konzept des Schreibenden passen. Sie können aber auch ebensogut unterdrückt werden, weil sie als ‚barbarischer' Begriff und Name, als bloße Zahl die Länge eines Satzes, seinen Rhythmus bzw. die Stilebene stören. Selektiv wirkte auch das jede Auswahl durchdringende Prinzip der inhaltlichen wie stilistischen Nachahmung (*imitatio*). Alle großen antiken Historiker haben nachgeahmt und sind nachgeahmt worden. So ahmte nach der Ansicht vieler Zeitgenossen Herodot den Homer nach und fand seinerseits Nachahmer. Der Pestbericht des Thukydides war bis zum Ende der byzantinischen Zeit ein bewundertes Modell. Antike Historiker lassen sich somit eigentlich nicht isoliert lesen. Sie wetteifern miteinander, sie knüpfen aneinander an bzw. entlehnen entscheidende Ordnungselemente. Herodot schloß an die „Genealogien" (Γενεαλογίαι) des Geographen und Mythenforschers Hekataios von Milet an. Thukydides begann sein Werk mit dem Kriegsbeginn 430 v.Chr. und berichtete über die 50 Jahre zuvor eigentlich nur, um die Lücke zu Herodot zu schließen. Somit wird der Leser einer Geschichte dazu aufgefordert, bei einem anderen Autor weiterzulesen und als Schiedsrichter in ihrem Wettkampf (ἀγών) um die beste Geschichte zu fungieren. Indem die Geschichten so ineinandergreifen, erinnern sie an die frühen griechischen Epen, deren anonyme Verfasser sie zu einem Ring (κύκλος) zusammenschlossen.

Ausschlaggebend für ein tieferes Verständnis der antiken Historiographie bleibt ihr auf Dauer gleichmäßiger Abstand zu den drei sie bedingenden Faktoren Wissenschaft, Kunst und Praxis. Gewiß, einzelne Werke konnten sich ausschließlich an einem Pol orientieren, dann sanken sie zu bloßer Panegyrik oder reiner Sachbeschreibung herab. Theoretisch wie praktisch bewahrte sich die Geschichtsschreibung ihren Charakter als schwebende, nicht zur Gänze durchdefinierte Praxis. Die Freiheit, sich zum Leben in der Polis offen verhalten zu können und diese Differenzen auch auszudrücken zu dürfen, findet in den Historikern ihre wohl bedeutendsten Repräsentanten.

3.3 Ein Kanon antiker Historiker

Das erste Geschichtswerk der antiken Literatur ist der „Forschungsbericht“ (ἱστορίης ἀποδεξις) des **Herodotos aus Halikarnassos** (ca. 484–430 v.Chr.). Es handelt sich um eines der ersten großen griechischen Prosawerke überhaupt und zugleich um das älteste vollständig überlieferte Werk dieser Gattung. Seine Erhaltung grenzt an ein Wunder, denn umfangreiche Texte pflegten in gekürzte Abrisse (ἐπιτομή) gegossen zu werden, während man die Originale vernachlässigte. Der Herodot-Auszug des 4. Jh. ist jedoch untergegangen, während die Ursprungsfassung weiter überliefert wurde. Über Herodot ist nicht viel bekannt. Er war dorischer und karischer Abstammung, in seiner Bildung aber ionisch geprägt. Er war Mitbegründer der süditalischen Koloniestadt Thurioi, gehörte in Athen zum Kreis um Perikles und war wohlhabend genug, in alle drei damals bekannten Kontinente reisen zu können.

Der „Forschungsbericht“ war ursprünglich ein durchlaufender Text, geschrieben auch für den mündlichen Vortrag, etwa bei den Olympischen Spielen. Die heute übliche Einteilung in neun Bücher, benannt nach den Musen, angefangen von Klio (Geschichte) bis Kalliope (schöne Rede), stammt von den alexandrinischen Philologen. Sie haben Herodot, als wohl frühesten Prosaautor überhaupt, schon im 3. Jh. v.Chr. kommentiert. In seinen ersten fünf Büchern beschreibt Herodot die damals bekannten Völker und Reiche. Er hält dabei die Reihenfolge ein, in der sie mit dem persischen Großreich in Berührung kamen. Im sechsten Buch wendet er sich Griechenland selbst und dem ionischen Aufstand zu. Die abschließenden Bücher sieben bis neun erzählen vom Feldzug des Xerxes, den großen Siegen im Mutterland und enden mit den griechischen Angriffsvorbereitungen auf Persien.

Bis heute glänzt Herodots Werk durch die Vielzahl der möglichen Ansätze, mit denen es sich interpretieren läßt. Es scheint zunächst aus einer Verschmelzung zweier älterer Darstellungsformen hervorzugehen, der genealogischen Rückschau auf die Vergangenheit und dem großen Reisebericht (περιήγησις). Außerdem findet sich bei Herodot eine große Menge von ‚Erzählgut‘. Zu dieser Fülle gelangt er durch sein Auswahlkriterium, nicht nur das faktisch Wahre berichten zu wollen, sondern überhaupt zu erzählen, was man erzählt (λέγειν τά λεγομενα). Mit dieser scheinbar unfokussierten Überlieferungsabsicht ist Herodot zur idealen Quelle für die Erforschung griechischer und orientalischer Märchen geworden. Im Umfang und der Vielseitigkeit will der Bericht aber gerade die gesamte bewohnte Welt, die von Griechen u n d Barbaren bewohnte Welt (οικομένη) vorführen. Die Weltgeschichte, dargestellt als Kampf zwischen Griechen und Barbaren, gehört ihnen beiden. Herodot hat stets dadurch Bewunderung erweckt, daß er die Selbstdefinition der Griechen vermittels einer erstaunlich ‚objektiven' Darstellung des Fremden, der Barbaren, vollzieht. Die zeitgenössische wissenschaftliche Literatur ist dabei intensiv herangezogen worden, etwa das hippokratische Werk „Über Luft, Wasser und Orte". Herodot gilt deshalb als ein Mitbegründer eines geographisch und klimatisch gesteuerten ‚ethnographischen Diskurses', der kulturelle Differenzen und Alternativen fast wertneutral verzeichnet.

Die Aussagen des Historikers zu seiner eigenen Epoche sind inzwischen durch Archäologen in vielen Fällen bestätigt worden. Während Plutarch in der Schrift „Über die Böswilligkeit Herodots" wegen des Fehlens klarer Auswahlkriterien Herodot der Lüge bezichtigte, sah Cicero in ihm den „Vater der Geschichtsschreibung" (*De legibus I, 5*). Heute gilt der „Forschungsbericht" geradezu als Musterbeispiel eines Textes, den man mentalitätsgeschichtlich dekonstruieren kann. Dabei ist Herodot durchaus in der Lage, die Herstellungsstufen seiner Erkundung zu reflektieren: persönlicher Augenschein, Forschung am Ort oder auch nur theoretische Ableitung. Irrtum bleibt aber insofern ‚menschlich', als die Götter auch gegen menschliche Absicht und Wissen immer wieder eine sinnvolle Welt bewahren. Die literarische Nachwirkung Herodots in Geschichten und Motiven ist enorm. Sein Werk ist das einzig überlebende der großen Tradition der antiken Kulturgeschichtsschreibung (Hekataios, Berossos, Hieronymus von Kardia, Poseidonios). Im 16. Jh., im Zeitalter der Entdeckungen und des konfessionellen Streits, kam es zu einer Herodotrenaissance. Der Entdecker der kulturellen und religiösen Differenz schien immer wieder auch Wege zur ihrer Überwindung aufzuweisen.

Herodot brachte seine Forschungen gerade zu Ende, als Athen und Sparta einen Krieg begannen, der mit einer fünfjährigen Unterbrechung von 431 bis 404 v.Chr. dauerte. Zum Chronisten und Analytiker der Auseinandersetzung wurde der athenische Feldherr **Thukydides** (ca. 460–400 v.Chr.). Beim Entsatz der Stadt Amphipolis gescheitert, wurde er verbannt und hatte als Gutsbesitzer in Thrakien genug Zeit, beide Kriegsparteien zu beobachten und Zeitzeugen zu befragen. Der „Krieg zwischen Peleponnesiern und Athenern" (ο πολεμος τον πελοπόννησιον καί αδήναιον) besteht aus acht Büchern, von denen das letzte unvollendet scheint. Seine Absicht, den Krieg ‚ganz' darzustellen, konnte der Verfasser nicht verwirklichen; sein Werk bricht 411 v.Chr. ab.

Mit Recht wird Thukydides in vielen Punkten zum bewußten Opponenten des Herodot erklärt, obwohl er auch Tendenzen, die dem älteren

Autor zu eigen sind, aufgreift und in der Isolation verschärft. Statt Welt- und Kulturgeschichte schreibt er Zeit- und Kriegsgeschichte. Von der ‚langen Dauer' und dem Mythos wendet er sich zur Gegenwart und zum Eigenerleben (αυτοψία). Das gefällig fließende Ionisch Herodots ersetzt Thukydides durch ein gedrängtes und oft an Dunkelheit streifendes Attisch. Geographie und Ethnologie verblassen, stattdessen konzentriert sich die Geschichte auf die Beziehungen zwischen den Stadtstaaten und die Verfassungskonflikte zwischen Demokraten und Oligarchen. Die ‚Barbaren' treten nur noch als Vertragspartner im Konflikt in Erscheinung. Herodots kausale Erklärung durch menschliche Hybris nimmt Thukydides jedoch auf und verschärft sie durch Konzentration auf den Gegensatz zwischen Macht und Gesetz. Dabei folgt das menschliche Machtstreben der negativen Anthropologie der Sophisten und wird literarisch überhöht. Die jetzt voll entwickelte Rhetorik liefert die Anleitung zu großartigen Redepaaren, mit denen Standpunkte ‚kriegsmäßig' durchgefochten werden. Die Tragödie stellt den Chor als historischen Sprecher bereit, eine Rolle, welche die Melier in ihrem berühmten Dialog übernehmen.

Thukydides' Beschreibung der Pest in Athen (430 v.Chr.) läßt die bewußte Anwendung empirischen ärztlichen Wissens erkennen. Auch sonst läßt er durchblicken, daß ihm die zeitgenössischen Diskussionen um Religion, Staatsbürgerrechte, Naturrecht und -forschung vertraut waren. Oft genug vertritt er die kritische Auffassung, daß die Dinge eben nicht sind, was sie scheinen. Andererseits bestätigen archäologische Funde, daß der Verfasser, aus schwer faßbaren Gründen, manche öffentlichen Urkunden entweder nicht kannte oder nicht verwerten wollte. Daß Thukydides ‚Realist und Rationalist' sei, ist eine eher paradoxe Aussage, weil sie das Ergebnis einer höchst künstlerischen Gestaltung und den Erfahrungssatz einer ‚gesetzbrechenden Natur' (III, 84) für auf rationalem Weg gefundene Einsichten hält.

Da es zum „Peloponnesischen Krieg" keine Gegenüberlieferung gibt, ist er auch heute noch für die Ereignisgeschichte unersetzlich. Ohne Thukydides hätten wir nur Fragmente der Epoche in den Händen. Was die innere Verfassung Athens betrifft, so läßt er uns in vielen Punkten im Stich. Dennoch würde auch heute kein Kritiker, der seine Verzerrungen und Auslassungen rügt, den Melierdialog gegen die genaue Abschrift eines Staatshaushaltes eintauschen. Verglichen mit Herodot beobachtet Thukydides nur wenig, dafür führt er die politisch-psychologische Analyse in die Geschichtsschreibung ein. Herodot erweist sich als ‚Erklärungspluralist', Thukydides als Monist, d.h., er möchte das jeweils entscheidende Motiv, die zentrale Handlung in ihrem Zusammenhang erfassen. Daß

Thukydides diese Erklärungsart so glänzend gelungen ist, hat zum Entsetzen der modernen Kritiker viel mit dem Einsatz ‚unhistorischer' Stilmittel aus Dichtung, Rhetorik und Philosophie zu tun. Da man die Ergebnisse nur loben konnte, die Mittel jedoch für verwerflich hielt, galt der Historiker schon in der Antike als kaum imitierbarer Autor. Rezeptionsgeschichtlich tritt Thukydides gern zusammen mit Tacitus auf. Sie gelten als elitäre Historiker, die ihre Einsichten verschlüsseln und deshalb dem wirklichen Machthaber vorbehalten. Mit Thukydides beginnt die Geschichtsschreibung des Machtstaates und der Staatsräson.

Die Erzählung des „Peloponnesischen Krieges" endet abrupt mit dem Seesieg der Athener bei Kynos Sema 411 n.Chr. **Xenophon aus Athen** (430–350 n.Chr.) übernahm es, die Geschichte bis zum Kriegsende 404 v.Chr. weiterzuführen. Diesen zwei Büchern folgten weitere zur ‚Tyrannis der Dreißig' in Athen, der spartanischen und thebanischen Hegemonie bis zu deren Zusammenbruch in der Schlacht bei Mantineia 362 v.Chr., so daß am Ende sieben Bücher „Griechische Geschichte" (Ἑλλήνικά) vorlagen. Parallele Ἑλλήνικά wie die von Theopomp von Chios (ca. 378/377–nach 324) oder des anonymen Verfassers von Oxyrhynchos (Papyrusfund in Mittelägypten, 2. Jh. v.Chr.) sind verlorengegangen.

Xenophon ist der erste Historiker, von dessen Persönlichkeit man viel weiß. Er hat auch eine Tradition eröffnet, die für das Altertum weitgehend bindend war: Ein Historiker schreibt in aller Regel auch nichthistorische Werke, die in Stil, Methode und Zielsetzung gemeinsam mit seiner Geschichtsschreibung beurteilt werden müssen. Das Korpus der xenophontischen Schriften zerfällt sogar in drei Gruppen: die im strikten Sinn historischen Arbeiten, Griechische Geschichte und *Anabasis* (ανάβασις: ‚Marsch' bzw. ‚Hinaufsteigen'), die erzieherischen Schriften, allen voran die Biographie des älteren Perserkönigs Kyros oder die Lobschrift auf den Spartanerkönigs Agesilaos, schließlich die Fachschriften zu Ökonomie und Jagd. Die biographischen Werke Xenophons sind zusammen mit den Ansprachen des athenischen Redners Isokrates (436–338 v.Chr.) die einzigen Zeugnisse dieser in Griechenland weit verbreiteten Literaturgattung vor der römischen Kaiserzeit.

Als Soldat geriet Xenophon noch als junger Mann auf die spartanische Seite und wurde aus Athen verbannt. Seine Geschichtsschreibung ist vor allem von persönlicher Erfahrung geprägt und zeigt alle Vor- und Nachteile dieses Ansatzes. Da er in der „Griechischen Geschichte" direkt an Thukydides anknüpft und auch über präzise athenische Quellen verfügt, beginnt seine Erzählung auf hohem Niveau. Mit dem dritten Buch endet jedoch auch die stilistische Thukydidesnachahmung, und Xenophon verläßt sich von nun an auf den eigenen, deutlich parteiischen Informationsstand. In der „Erziehung des Kyros" (κυρυ παιδεια), einer Art frühem Erziehungsroman, übernimmt er sogar das Erzählgut der Perser und unterwirft es dem griechischen Darstellungsmuster von Herkunft, Anlage und Erziehung. Am stärksten von der Person des Autors ist die *Anabasis* geprägt. Diese Darstellung eines politisch folgenlosen Vorstoßes der Griechen ins Zweistromland hat sich zwar als Verteidigungsschrift erwiesen, ist aber in ihrer Mischung aus Militärtagebuch, ethischem Traktat und ethnographisch-geographischem Bericht einzigartig. Caesars *Commentarii* knüpfen deutlich an sie an.

Als größte Errungenschaft Xenophons gelten seine ‚Charakterporträts', etwa von Alkibiades, Kyros oder Agesilaos. Hinter ihnen scheint Sokrates zu stehen, den er persönlich kannte und der ihm vorlebte, was ein moralisch gefestigter Mensch ist. Züge des nüchtern planenden, anpassungsfähigen Handelnden, der sich an öffentlichen Tugenden orientiert, finden sich in allen seinen Werken. Xenophon trägt viel zur Entstehung einer ‚exemplarischen Geschichtsauffassung' bei. Diese löst sich von der Komplexität des Geschehens und bringt die Erzählung in ein eindeutiges Verhältnis zu funktionaler Handlung und Charakter. Gegenüber Thukydides' analytischer Sicht, die menschliches Tun in seiner ‚wirklichen Unübersichtlichkeit' zeigt, scheint hier ein Rückschritt vollzogen. Rezeptionsgeschichtlich hat sich jedoch Xenophon durchgesetzt. Die Geschichtspädagogik von zwei Jahrtausenden hat zu seinem ‚einfachen Modell' von Charakter, Erziehung und Erfolg, Mißerfolg gegriffen und mit ihm die Fürsten erzogen.

Xenophon, der Soldat, Gutsherr und Politiker hat trotz seiner Verbannung in erstaunlichem Maß am intellektuellen Leben Athens teilgenommen. Er konzentriert dieses widersprüchlich gewordene Wissen jedoch nicht in einem einzigen historischen Werk, wo es die offen zutage getretenen Gegensätze von Wissen und Glauben, Gemeinschaft und Individuum reflektiert hätte. Stattdessen isoliert er es in einer Vielzahl von literarischen Gattungen, die bereits auf die Bildungsansprüche des Hellenismus verweisen. Im sprachlichen Attizismus der Kaiserzeit erlebte Xenophon eine Renaissance und mit dem „Alexanderzug" (ανάβασις αλεξάνδρου) von Arrian (80/90–ca. 170 n.Chr.) eine bewußte Nachahmung.

Im 4. Jh. v. Christus wurden die Grundlagen dafür gelegt, daß die griechische Kultur den Übergang von der Stadt- (πολις) zur Weltkultur fast der gesamten bekannten Ökumene vollziehen konnte. Die Historiker sahen sich gleichzeitig mit einer Überfülle von Materialien und theoretischen Modellen für ihre Forschungen und Erzählungen konfrontiert. Vergleichbar den modernen Gesellschaften der Neuzeit wurde dieser komplexe Zustand gemeinsam von sozialer Differenzierung und wissenschaftlicher Spezialisierung erzeugt. Die Wissenschaft konzentrierte sich in leistungsfähigen Philosophenschulen, die Macht konzentrierte sich in Bündnissystemen bzw. Großstaaten. Politik wurde Weltpolitik, da jede, auch jede barbarische Macht, nun auf Griechenland zurückwirkte. Von der Steigerung der Möglichkeiten konnte die Geschichtsschreibung auf den Ebenen des Materials, der Form und der Theorie nur beschränkt profitieren, denn auch die Zahl der im griechischen Denken wirksamen Widersprüche wuchs, und wenn schon die Philosophen unfähig waren, sie aufzulösen, so erst recht die Historiker.

Die ohnehin schon starke Überdeterminierung, d.h. ‚Fremdbestimmung' des historischen Gegenstandes, macht ihn im Zeitraum vom 3. Jh. vom bis zum 3. Jh. n. Chr. für den heutigen Beobachter fast unsichtbar. Neue Gattungen an Literatur, hervorgebracht von neuen Lebensformen, erfuhren besonders im Osten (Alexandria, Pergamon) Konkurrenz durch eine philologische Schule, die auch die alten Prosatexte kommentierte und damit zur Nachahmung (*imitatio*) empfahl. In der Philosophie dominierten jetzt ethisch orientierte Schulen. Sie verbanden das Streben nach Glück mit den Erkenntnissen einer empirisch verfahrenden Medizin. Mehr denn je wurde die Achse des griechischen Denkens, die harmonische Verbindung von ‚Handeln' und ‚Wissen', belastet. Ohne den direkten Zugriff des Weisen auf die verschiedenen Formen von Lebenspraktiken (τέχνη) war dieser nicht länger ein Weiser, vor allem aber kein Lehrer, der über eine Lehre verfügte.

Eine kleine, aber einflußreiche Gruppe von Philosophen (Skeptiker) machte genau diese Zweifel sogar zu ihrem Hauptanliegen: Der Weise kann die Praktiken nicht mehr sichern! Der philosophische Zweifel brachte alle Erkenntnisgrundlagen, die den historischen Gegenstand bisher gesichert hatten, zum Einsturz. Die sinnlichen Zeichen (σημηαία), die historisch Gegebenes anzeigten, wurden als trügerisch entlarvt, ebenso ihre logischen und verbalen Verbindungen. Gleichsam in Notwehr führten die Akademiker, Platons Nachfolger in Athen, dagegen das ‚wahrscheinliche Zeichen' ein. Dieses der ‚Wahrheit ähnliche' Zeichen für den historischen Gegenstand hatte seine einzige Bewährungsprobe bislang in der Rhetorik erfahren. Wahrähnliches darf dort des Überzeugens halber erzählt werden. Somit war das Problem an die Sprachtechniker überwiesen. Dem Philologen, genauer dem ‚Grammatiker', fiel nunmehr die Aufgabe zu, zwischen wahrer (*historia*), falscher (*fabula*) und wahrscheinlicher (*argumentum, story*) Geschichte zu unterscheiden.

Die Skeptiker waren einhellig der Meinung, daß dies den Philologen niemals gelungen sei. Daraus läßt sich aber nicht folgern, die Mehrzahl der antiken Autoren hätte an einer konsequenten Trennung von Fakten und Fiktion kein Interesse gehabt. Sie mußte nur damit leben, daß weder die philosophischen Kritiker von Erkenntnis noch die philologischen Bearbeiter von Texten ihnen den eindeutigen Referenzpunkt für historische Aussagen zur Verfügung stellten. Es waren drei Faktoren, die langfristig zur Resignation in der Wahrheitsfrage führten: erstens der ungenierte Gebrauch des Mythos, d.h. der ‚Geschichten von Göttern und Heroen' im Zusammenhang mit menschlicher Realgeschichte; zweitens die rhetorische Einsicht, daß das wahrscheinliche Falsche immer noch überzeugender sei als das unwahrscheinliche Wahre; drittens, daß die Natur (*physis*) und somit das dem Einzelnen ‚zustoßende' Historische unbeherrschbar sei. Die Erkenntnisprobleme der Geschichte konnte man in der Antike nicht lösen, man konnte sie nur innerhalb der Sprache und der literarischen Tradition bewältigen. Anstelle der Wahrheitsfrage trat gewissermaßen das Problem: Welchen Autor soll man nachahmen? Vergessen war die Erkenntnisfrage damit aber nicht, denn die jeweiligen Modellautoren bezogen ihren Ruf oft gerade aus ihrer vorbildlichen bzw. tadelswürdigen Einstellung zur ‚historischen Wahrheit'.

Schon die Überlieferungsgeschichte der mit Xenophon noch zeitgleichen Historiker bestätigt diesen Befund. **Ephoros von Kyme** in Kleinasien (um 400–330 v.Chr.) und **Theopomp von Chios** (378/7– nach 320 v.Chr.) waren noch in der augusteischen Zeit vieldiskutierte Autoren. Ihre Werke waren jedoch sehr umfangreich, galten bald als im Stil veraltet sowie im Zuschnitt von Thema und Material als zu heterogen. So haben sie nur in Fragmenten überlebt oder sind, mit Umarbeitungen, im großen „Friedhof der hellenistischen Geschichtsschreibung" enthalten, als den man die „Bibliothek" des Sizilianers Diodoros von Agyrion (1. Jh. v.Chr.) bezeichnen kann. Ephoros und Theopomp wurden im 19. Jh. mit anderen Autoren zu einer ‚rhetorischen Schule' zusammengefaßt, obwohl ihre Auffassungen von Rhetorik keineswegs übereinstimmten. Ephoros schrieb trocken, moralisierend und umschweifig, Theopomp lebhaft, prunkvoll und polemisch. Zusammen eröffnen sie die lange Reihe der griechischen Universalhistoriker, die über Polybios bis Nikolaos von Damaskos, Timagenes, Diodor und Strabon (alle 1. Jh. v.Chr.) reicht. Während Ephoros als reiner Schreibtischgelehrter kritisiert wurde, ist Theopomp wohl gerade in Makedonien einer großen Zahl der von ihm beschriebenen Personen selbst begegnet.

Insgesamt brachte die Konzeption einer ‚Universalgeschichte' aber eine erhebliche Reduktion der klassischen historischen ‚Forschung' durch Selbstwahrnehmung (αυτόψία) und Selbsterleiden (αυότόπαδια) mir sich. Ephoros führt seine „Geschichten" (ιστορίαι) in 30 Büchern von der Rückkehr der sagenhaften Herakliden bis zum Heiligen Krieg 356 v.Chr. und gibt die ganze griechische Geschichte einschließlich der Lydiens und Persiens. Dabei geht er nicht annalistisch, sondern nach Schauplätzen und Sachgebieten (κατα γένος) vor. Die „Geschichte Philipps" (φιλιππικά) des Theopomp kreist zwar um die Gestalt des Makedonenkönigs Philipp II. (359–336 v.Chr.), hat aber mit 58 Büchern alle Taten der Griechen und Barbaren zum Inhalt.

In der Folge dieser ‚einschließenden' Materialauffassung schlagen bei beiden Historikern die Erzählgattungen ihrer Quellen oft unmittelbar in Exkursen durch: Bei Theopomp finden sich beispielsweise Mythen- und Wundererzählungen, politische Abhandlungen, andere Autoren dieser Schule scheinen vollständig ausgearbeitete Kunstreden in ihre Texte übernommen zu haben. Die Kombination von Universalgeschichte und rhetorischer Schreibart führt oft zu oberflächlichen stilistischen Effekten und gestattet es nicht, einen Ereigniszusammenhang zu einem strukturierten künstlerischen Ganzen zu gestalten. Rhetorik und Poetik streben zu kleinen Einheiten, die jeweils für sich dem Leser das moralisches Urteil überlassen. Antiquarische Gelehrsamkeit und Universalgeschichte führen zur Anhäufung heterogener Stoffe und schreiten zum expliziten moralischen Urteil. In gleicher Weise behindert die Universalgeschichte die von den Griechen in immer neuen Anläufen versuchte Entmythologisierung ihrer Geschichte. Ephoros kann die Heroen ausklammern und das Göttliche in der Geschichte als das Schicksal (τυχη) bestimmen. Über die Fremderzählungen kehrt der Mythos wieder, doch kann an seine Stelle auch die Typik oder der Parallelismus treten: Da die Schlachten von Himera auf Sizilien und Salamis vor Athen 480 v.Chr. zeitgleich stattfanden, muß es auch ein paralleles Bündnis zwischen Karthagern und Persern gegeben haben. Wenn antike Schlachten sich so sehr gleichen, genügt es dann nicht, einmal eine ‚richtige Schlacht' (τύπος) zu entwerfen, um sie später in verschiedenen Zusammenhängen der Universalgeschichte verwenden zu können? Das wiederholende Verfahren des Ephoros gleicht den illustrierten Geschichten des frühen Buchdrucks, deren Drucker nur einen einzigen Holzschnitt für ‚die Schlacht' besitzt, den er dann ohne Scheu für König David oder Richard III. einsetzt.

Die antiken Bücherkataloge überliefern nicht wenige Werktitel, hinter denen man eine hellenistische Theorie der Geschichtsschreibung vermuten darf. Genannt werden Theophrast der Peripatetiker, Praxiphanes, Metrodoros von Skepsis, Kaikilios von Kaleakte und Theodoros von Gadara. Von ihnen allen hat sich nicht ein einziges aussagekräftiges Fragment erhalten. Diese unbefriedigende Situation hat dazu geführt, die Theorie der Geschichtsschreibung bei dem zu suchen, der den Wissensbegriff dieser Epoche sowieso dominiert, bei Aristoteles. Im Eingangsatz des neunten Buchs seiner *Poetik* meint der Philosoph, „ ... daß es nicht Aufgabe des Dichters ist mitzuteilen, was wirklich geschehen ist, sondern vielmehr, was geschehen könnte, d.h. das nach den Regeln der Wahrscheinlichkeit oder Notwendigkeit Mögliche. Denn der Geschichtsschreiber und der Dichter unterscheiden sich nicht dadurch, daß sich der eine in Versen und der andere in Prosa mitteilt – man könnte ja auch das Werk des Herodot in Verse kleiden, und es wäre in Versen um nichts weniger ein Geschichtswerk als ohne Verse –, sie unterscheiden sich vielmehr dadurch, daß der eine das wirklich Geschehene mitteilt, der andere, was geschehen könnte. Daher ist Dichtung etwas Philosophischeres und Ernsthafteres als Geschichtsschreibung, denn die Dichtung teilt mehr das Allgemeine, die Geschichtsschreibung mehr das Besondere mit."

Mit diesen Überlegungen, die klar von der Theorie der Tragödie gesteuert werden und deshalb zugleich die Gleichgültigkeit des historischen Stoffes gegenüber der Form behaupten, wird die historische Darstellung auf das Wirkliche, Einzelne und Unphilosophische verwiesen. Wenn Historiker, wie es im 4. und 3. Jh. v.Chr. nicht selten geschah, offen gegen diese Bestimmungen verstoßen, dann liegt der Gedanke nahe, daß sie gerade die verlockenden Eigenschaften der Tragödie auf die Geschichte übertragen wollten. In den Werken des Tyrannen **Duris von Samos** (ca. 340–270 v.Chr.) und des Atheners **Phylarchos** (2. Hälfte 3. Jh.) schien die Forschung derartige ‚tragische Historien' vor sich zu haben. Duris' „Geschichte des Agathokles", seine „Makedonengeschichte" oder die „Diadochengeschichte" des Phylarchos passen jedoch nicht zu den Kategorien der aristotelischen Tragödie. In dieser wird nun allerdings nachgeahmt (μίμησις), und zwar der Wirklichkeitsgehalt des Mythos, wie ihn die Handelnden auf der Bühne vorführen. Dabei soll das Vergnügen (ἡδονή), das sie erzeugt, befreiend (κάδαρσις) wirken. Duris und Phylarchos ahmen in ihren Geschichten aber nicht nach, was ‚wirklich' (allgemein, zwingend) ist, sondern sie konzentrieren sich auf Sensationen, d.h. Randerscheinungen. Damit lösen sie nicht Lust am Wiedererkennen des Wirklichen aus, sondern am bloß Schreckenerregenden (τό τέρατοδης). Man hat eine Sensationshistorie vor sich, welche die aristotelischen Bedingungen gerade nicht erfüllt, sich aber mit ihnen genau erklären läßt. In der Phase der klassizistischen Sichtung der Historiographie in der frühen Kaiserzeit wurde diese Art von Zeitgeschichtsschreibung verdammt. Sie muß sich aber beträchtlicher Beliebtheit bei den Lesern erfreut haben und zeigt, daß das Publikum auf die politischen Wirren der Diadochenzeit vor allem mit emotionalen Bedürfnissen reagierte und einer rational-pragmatischen Historiographie eher ablehnend gegenüberstand.

Die überlebensgroße Figur Alexanders d. Gr. (356–323 v.Chr.) und seine ganz Griechenland und den Orient umstürzende Politik lassen eine Geschichtsschreibung auf höchstem Niveau erwarten. Tatsächlich führte der König eine Gruppe von Sekretären mit sich, die Tagebuch (ἐφημεριδες) über den Feldzug führten und Aufzeichnungen (υπομνηματα) für ihn anfertigten. Wegmesser (βηματισταί) hielten Entfernungen fest und ergänzten sie durch Angaben zur Flora, Fauna und Geschichte. An ehrgeizigen Militärs und Höflingen, die auch auf ihren eigenen Nachruhm bedacht waren, mangelte es in Alexanders Umgebung keineswegs. Trotzdem hat er keinen kongenialen Historiker gefunden. Während sonst alle Umstände dem Makedonenkönig in die Hände spielten, trifft das für die zeitgenössische Geschichtsschreibung, die politische Struktur seines Erbes und letztlich auf die Darstellbarkeit seiner Leistung selbst nicht zu. Über die Heeres- und Verwaltungsorganisation des neuen Reiches, die Finanzen und die Städtegründungen, über die Verschmelzung von West und Ost und die Konzeption der Weltherrschaft bleiben die Historiker in der Regel stumm. Für die Griechen war Alexander leichter mit dem Mythos als mit der Geschichte beizukommen, d.h., seine Persönlichkeit interessierte sie stärker als die penible Registratur seiner Regierung. Die dafür vorgesehene Gattung der Biographie galt zwar als „wahre Geschichte“ (Sextus Empiricus, *Ad. Mathem. I, 253*), zeigte aber schon seit Xenophon eine klare Hinwendung zu philosophischen Konzepten über einen vorbildlichen Lebenslauf (βίος) und zur Panegyrik. Biographie und Politikgeschichte unterlagen verschiedenen Gesetzen.

Vom ägyptischen Reich der Ptolomäer abgesehen, blieben die Nachfolgestaaten des Alexanderreiches labile Militärmonarchien. Das historische Gedächtnis im hellenistischen Raum wurde von mehreren Zentren aus gesteuert und mußte weniger auf die politische Vorstellungswelt des griechischen Staatstaates Rücksicht nehmen als auf die lokalen orientalischen Traditionen. Zwar lag in Xenophons *Anabasis* ein nützliches Modell für einen Marsch nach Osten vor, zum Muster der Beschreibung einer Großstaatsbildung taugte sie aber keineswegs. Die Unfähigkeit der Alexanderhistoriker, ihren historischen Gegenstand gemäß den Interessen des 19. und 20. Jh. zu bearbeiten, wird vor diesen Einschränkungen ebenso begreifbar wie ihre positiven Leistungen.

Kallisthenes von Olynth (370–327 v.Chr.) beschrieb die „Taten Alexanders" als einen panhellenischen Rachefeldzug gegen die Perser. Er sah im König einen Heroen, der sich göttliche Ehren verdient hatte und eröffnete damit die offizielle Sicht auf Alexander. **Onesikritos von Astypalaia**, Steuermann der Indusflotte (ca. 375–320 v.Chr.) stellte Alexander hingegen in die Perspektive der kynischen Philosophenschule. Die Schrift „Wie Alexander erzogen wurde" macht aus ihm einen ‚Philosophen in Waffen', der Ost und West im Geist des Hellenentums versöhnt. Hier setzt die romanhafte Version dieser Geschichtsschreibung ein. Um ihr entgegenzutreten und auch die eigene Rolle gegen den Rivalen aufzuwerten, schrieb Alexanders Admiral **Nearchos von Kreta** (360– nach 315 v.Chr.) seine „Überfahrt nach Indien". Dieses Werk umfaßte eine Landesbeschreibung Indiens sowie, als umgearbeitetes Schiffstagebuch, auch den genauen Bericht über die Indusfahrt der Flotte. Alle bisher genannten Texte enthalten einen hohen Anteil an mythologischen, ethnologischen, geographischen und naturkundlichen Exkursen. Die griechischen Eroberer beobachteten ihre neue Umwelt genau, aber doch noch häufig durch die Brille Herodots: Sie ‚erzählten das Erzählte' und übernahmen oft seine ‚Orientalismus-Konzeption'. So wurde das Unvertraute verständlich, war aber nicht mehr in der Lage, die alte Ordnung des Wissens zu stören.

Rein politische Geschichte schrieb **Ptolemaios Lagos** (367–283 v.Chr.), der erste Diadochenherrscher in Ägypten. Er verknüpfte seine persönlichen Erinnerungen mit den Aufzeichnungen der Sekretäre des Königs und feierte ihn als großen Feldherren. Mit ihm enden die Geschichten der Augenzeugen und die volkstümliche Überlieferung setzt sich langsam durch. Die „Alexandergeschichte" des **Kleitarchos** (ca. 300 in Alexandria verfaßt) zeichnete mit großem rhetorischen Aufwand einen unpolitischen Helden, der als Vorstufe zum spätantiken „Alexanderroman" gelten kann. Der Verlust dieses Werkes ist leichter zu verschmerzen als die auf nur 18 Fragmente geschrumpften „Ereignisse nach Alexander" des **Hieronymus v. Kardia** (360–260 v.Chr.). Hieronymus muß ein militärisch und politisch sehr gut informierter Historiker aus der Schule des Thukydides gewesen sein. Im Zusammenhang mit den Kriegen des König Pyrrhos in Italien schreib er die erste „Vorgeschichte" der Stadt Rom (ἀρχαιολογια) für ein griechisches Publikum. Obwohl sie als Quellen nicht ersetzbar waren, hat kein Alexander- aber auch kein Diadochenhistoriker dem literarischen Geschmack der attizistischen Kritik im 1. Jh. v.Chr. standgehalten. Nur über die „Bibliothek“ Diodors, die „Viten“ Plutarchs und die fast systematische Auswertung in Arrianus Flavius (95–175 n.Chr.) „Anabasis Alexanders“ und seiner „Indienbeschreibung“ lassen sie sich bruchstückhaft rekonstruieren.

Den allmählichen Niedergang der hellenistischen Staaten begleitete der langsame Aufstieg Roms im Westen, seit dem letzten Viertel des 3. Jh. v.Chr. aber auch unaufhaltsam im Osten. **Polybios von Megalopolis** (ca. 200–118 v.Chr.) in Achaia ist der Historiker Roms auf dem Weg zur Alleinherrschaft in der Mittelmeerwelt. Er verdankt sein Werk der Niederlage der eigenen Vaterstadt, für die er 16 Jahre lang als Geisel in Rom bleiben mußte. Sein Hauptwerk, 40 Bücher Zeitgeschichte universalen Zuschnitts mit politisch-militärischem Schwerpunkt, ist nur in Teilen überliefert. In mehreren Abschnitten entstanden, enthalten die *Historiai* auch heterogene, jedoch stets aufschlußreiche Materialien. Buch XII umfaßt die einzig erhaltene Abhandlung über historische Kritik vor Lukian. Buch XXXIV gibt Rechenschaft über eigene Entdeckungsfahrten nach Gallien und entlang der afrikanischen Küste. Buch VI ist keine Erzählung, sondern eigentlich eine theoretische Abhandlung über die angeblich ‚gemischte Verfassung‘ der Römer, deren Stabilität Polybios zum Garanten ihres Erfolges erklärt. Gegen alle rhetorischen und dramatischen Einflüsse in der Geschichtsschreibung greift Polybios auf den Nutzenbegriff des Thukydides zurück, weitet ihn aber ins Universale aus: Nur wer die Totalität des politischen Zusammenhang begreift, kann auch die Gründe für die einzelnen Erscheinungen finden. Akten- und Quellenstudium setzt Polybios voraus, aber viel wichtiger erscheinen ihm gediegene Orts- und vor allem politische Kenntnisse, die freilich ausschließlich aus eigener Praxis stammen dürfen. Hier greift der eigentlich gegen die Rhetorik eingestellte Historiker sogar auf ein Grundprinzip gelingender Redekunst zurück: Ein großer Historiker vermittelt das Bild der Handlungen so genau und bildkräftig, daß sich ihr Impuls (*energaia*) direkt auf den Lesenden überträgt (XII, 25i).

Um die Eigenart der Geschichte als Wissen genau zu bestimmen, vergleicht Polybios sie mit den zeitgenössischen medizinischen Schulen. So, wie er hier nicht die bloßen Theoretiker anerkennt, sondern nur die Empiriker mit praktischen Kenntnissen, so stammt auch das wahre historische Wissen nur aus der Eigenerfahrung, nicht aus philosophischen Vorurteilen (XII, 25d). Die *Historiai* sind für Griechen geschrieben, um ihnen das römische politische System zu erklären und für Römer, um ihnen die stoische Tugend der Mäßigung gegenüber den lokalen griechischen Partnern nahezulegen. Auf die Spannungen innerhalb der römischen Eliten ging der Historiker ebensowenig ein wie auf die kriegstreibende Struktur des italischen Bündnersystems, dessen Truppen beständig beschäftigt werden mußten. Polybios weigerte sich, den griechischen ethnographischen Blick auf die kulturellen Differenzen zu richten, die die Römer außerhalb griechischer Begriffe rückten. Für die ‚barbarischen' Gallier und Spanier hat Polybios solche Beschreibungen geliefert und den Römern damit ihre eigenen Eroberungen legitimiert.

Als die achäischen Geiseln 167 v.Chr. in Rom eintrafen, gab es dort bereits eine entwickelte Memorialkultur, öffentliche Archive und eine, wenngleich noch in den Anfängen steckende, Historiographie. Die römischen Militär- und Magistratshandbücher hat Polybios benutzt, die lokalen Historiker gewiß nur in Auswahl. In der senatorischen Klasse, der er im Scipionenkreis begegnete, konnte er sodann die lebensweltlichen Gedächtnisformen der herrschenden Geschlechter (*gentes*) kennenlernen: die Ahnenbilder (*imagines maiorum*), der Leichenzug (*pompa funebris*), die Totenrede (*laudatio funebris*). Dem Familiengedächtnis entsprach ein öffentliches: die sagenumwobenen Priesterannalen (*annales pontificales*) und die Schlachten- und Personengemälde in Regierungsbauten (*tabulae pictae*). Zusätzlich hatten die römischen Dichter erste Syntheseleistungen vollbracht: Cn. Naevius aus Campanien erzählte in seinem Epos *Bellum Poenicum* den ersten Punierkrieg, d.h. Zeitgeschichte, zusammen mit der mythischen Gründungsgeschichte Roms. Dazu hatten griechische Historiker die Erzählstoffe geliefert. Quintus Ennius (239–169 v.Chr.) lieferte ein langes Geschichtsgedicht, die *Annales*, das die großen Helden der Vorzeit und Gegenwart mit vorbildlichen Taten (*exempla*) und Worten (*sententiae*) in das Schema des Staatskalenders einfügte.

Diese Fülle von Materialien und Gesichtpunkten zu einer Erzählung zu verarbeiten, war nicht einfach, zumal auch in Rom die literarische Gattung der Geschichtsschreibung als von den Griechen vorgeprägt empfunden wurde. Noch mußte das Latein als nicht völlig ausgereifte Literatursprache gelten, sollten auch die Griechen als Zielgruppe römischer Geschichte erfaßt werden. Diesen Bedingungen ist es geschuldet, daß die erste römische Gesamtgeschichte, die *Annales* des **Fabius Pictor** (ca. 215–210 v.Chr. entstanden) griechisch geschrieben wurde. Sie erläuterte den Griechen die Rechtmäßigkeit römischer Expansion und gab den Römern den Glauben an die eigenen Werte nach den Niederlagen gegen Hannibal historisch überhöht zurück. Die wenigen überlieferten Fragmente des Fabius lassen eine Dreiteiligkeit des Werkes erahnen, die das ihm in der römischen Geschichte mögliche ‚Wissen' getreu wiedergibt: Einer langen Gründungsgeschichte (κτίσις), die am Heraklesmythos anknüpft, folgt der summarische Bericht (κεφαλαιωδώς) über die frühe Republik (von ca. 450–272 v.Chr.), für die auch sonst extreme Quellenarmut besteht, bis mit dem dritten Teil, der Zeitgeschichte seit dem 1. Punischen Krieg, wieder ausführlich (ἀκριβῶς) erzählt wird. Fabius eröffnet die lange Reihe der senatorischen Geschichtsschreiber, in die auch der ältere **Cato Censorius** (234–149 v.Chr.) gehört. Seine *Origines* sind das älteste auf Latein geschriebene Geschichtswerk und weisen nicht nur die gleiche Lücke zwischen Gründungsmythen und Zeitgeschichte sondern auch den gleichen annalistischen Ansatz (Kalenderschema, wiederkehrende Textbausteine) wie bei Fabius auf. Cato lehnte den Einfluß der hellenistischen Kultur als korrumpierend ab; die erhaltenen Fragmente seiner Geschichte zeigen aber, daß er in seinen Reden durchaus von den Griechen beeinflußt war. Rom konnte Griechenland zwar unterwerfen, mußte aber seine besten Geschichtswerke imitieren, um der eigenen Historiographie zum Durchbruch zu verhelfen.

Das erste uns vollständig überlieferte lateinische Geschichtswerk sind die *Commentarii de bello Gallico* von **Gaius Julius Caesar** (100–44 v.Chr.). Ihren literarischen Rang haben sie auch deshalb erlangt, weil sie auf eine Gattung zurückgreifen, die die Griechen zwar auch gepflegt, aber, abgesehen von Xenophons *Anabasis*, nicht mit stilistischem Ehrgeiz geschrieben hatten: die Militär- bzw. Amtstagebücher vom Schlage der *hypomnemata.* Als Caesar den endgültigen Sieg über die transalpinen Gallier absehen konnte, schrieb er die sieben Bücher wohl in einem Zug im Winter 52/53 v.Chr. nieder. Ein achtes Buch, das die Lücke zum zweiten *Commentarius* Caesars, dem *Bellum civile* in drei Büchern, schließt, wurde von seinem Vertrauten Aulus Hirtius († 43 v.Chr.) hinzugefügt. Bei der Abfassung des „Gallischen Krieges" setzte Caesar keineswegs Autopsie in Text um, sondern verwendete dazu auch eigene Berichte an den Senat, Legatenberichte und ethnographisches Material ungeklärter Herkunft. Die weiteren Kriege des Diktators, *Bellum Alexandrinum, Africum* und *Hispaniense,* verfaßten Offiziere und Augenzeugen in seinem Sinn; zusammen ergeben diese *Commentarii* das sogenannte ‚Corpus Caesarianum', das in einer eigenen Manuskripttradition auf uns gekommen ist.

Als bloßer, schmuckloser Bericht über das eigene Prokonsulat gilt ein *Commentarius* nur als Vorstufe zur eigentlichen, rhetorisch ausgearbeiteten Geschichte (*historia*). Indem er zu dieser unspektakulären Form griff, sicherte sich Caesar viele Vorteile: Er konnte seine in der eloquenten Historie unangebrachte Täterperspektive nicht nur durchhalten, sondern noch betonen. Er vermied einerseits literarische Kritik, indem er das hohe Genus mied und gewann andererseits literarischen Ruhm, indem er die einfache Form komplex erweiterte. Mit dem Kommentar verhüllte und bekräftigte Caesar in literarischer Absicht zugleich seine politischen Ansprüche, indem er hier wie dort einen neuen Inhalt in neue Formen goß.

Daß eine epochale Persönlichkeit und ein genialer Feldherr die eigenen Taten literarisch adäquat beschreibt, stellt den Idealfall antiker historischer Autorenschaft dar. Caesar umreißt aber auch umbarmherzig die Grenzen dieser Konzeption. Seine Auswahl der Fakten ist rigoros, ihre Anordnung entspricht der eines geschickten Anwaltes. Seine Gegner haben nicht nur stets unrecht, sie handeln auch völlig realitätsfern (*amens*). Grausamkeit beschönigt er, und die berühmte Milde (*clementia*) entlarvt er selbst als Teil notwendiger Stilisierung seiner Politik.

Stilistisch bezeichnet Caesar einen Höhepunkt lateinischer Prosa. Niemand hat die klassischen Erfordernisse Kürze (*brevitas*), Klarheit (*claritas*) und Bildhaftigkeit (*energeia*) im Bereich der militärischen Schilderung (*ratio belli*) so gut erfüllt wie er. An Caesar zeigt sich die Verknappung des lateinischen Wortschatzes zugleich mit einem immer komplexeren Satzbau. Gegenstand und Erzählabsicht der *Commentarii* sind zu Recht als unpassend für den heutigen Schulunterricht kritisiert worden. Das Mittelalter hat Caesar überliefert, aber erst die Humanisten haben ihn als Autor gewürdigt, wobei nur wenige ihn zur Nachahmung empfahlen und noch wenigere ihn erreichten. Auf Napoleon als Feldherren mag das zutreffen, doch sollte sein Lob des großen Römers uns gegenüber Geistesverwandten solcher Art eher mißtrauisch stimmen. Ohne Caesar wären jedoch unsere Kenntnisse über die Topographie des antiken Westeuropa und das römische Heer sehr eingeschränkt; dies zeigt vor allem der Vergleich mit der Überlieferung zum makedonischen Heer.

Ein in seiner politischen Laufbahn ehrenvoll gescheiterter Caesarianer, **Gaius Sallustius Crispus** (86–35/34 v.Chr.), hat die ersten lateinischen, vollständig erhaltenen historischen Monographien hinterlassen. Bei seinem *Bellum Catilinae* und dem *Bellum Iugurthinum* handelt es sich um personenzentrierte Zeitgeschichte, dabei nicht einmal um epochale Vorgänge. Die in vier Reden, zwei Briefen und gut 500 Fragmenten erhaltenen *Historiae* sind ein zeitgeschichtlicher Versuch, der mit Sullas Tod 78 v.Chr. beginnt und im Jahr 67 v.Chr. abbricht. Plutarch hat sie später für seine „Lebensbeschreibungen" genutzt. Sallust gehört zum nicht seltenen Typ des politischen Aufsteigers, der als Konservativer endet. Tatsächlich stellt er sich mit seinen Werken dezidiert gegen die in Rom dominierende hellenistische Geschichtsschreibung. In der Textdisposition und der Motivierung seiner Helden schließt er sich dem eben neu entdeckten Thukydides an, den Wortschatz erarbeitet er sich aus den *Origines* des älteren Cato. Zum ersten Mal versucht ein römischer Historiker, zumindest in Teilen, eine archaisierende Stilnachahmung. Mit den alten Worten (*verba prisca*) Catos will Sallust auch ein politisches Programm vorführen: Alle Schwierigkeiten der römischen Republik stammen aus dem Bruch mit den Sitten der Alten (*mos maiorum*). Die verschwundene Tugend der Römer (*virtus*) können nur Worte ausdrücken, die das Ethos (Cato 52,11, *vera vocabula rerum*) noch unmittelbar mit sich führen. Gleichwohl ist Sallust kein römischer Thukydides, sondern eher ein Neuerer, der sprachliche Rückgriffe (Attizismus) mit hellenistischen, d.h. dramatischen Darstellungsformen verbindet und die politische Analyse oft durch bloßen Verweis auf charakterliche Eigenschaften ersetzt. Es ist der Geist (*animus*), der Inbegriff der seelischen Kräfte im Gegensatz zum Körper, der auf dem Weg der Tugend zum Ruhm (*gloria*) vordringt. Mit dieser letztlich psychologisierenden Erklärung von historischer Handlung wurde Sallust seit dem 2. Jh. n.Chr. zu einem anerkannten Stilmodell (kurz, schnell und variabel), als das er zu seinen Lebzeiten keineswegs gegolten hatte. Im Mittelalter las man Sallust als Schulautor, in der Renaissance trug er mit seinen Gespür für die dramatische Szene dazu bei, daß die pragmatisch-politische Analyse sich hier nie ganz durchsetzen konnte.

Die Festigung der Alleinherrschaft des Augustus nach seinem Sieg im Osten (29 v.Chr.) machte eine konservative Neuformulierung der römischen Geschichtsauffassung unausweichlich. Cicero hatte die historische Arbeit dem Redner überwiesen (*De legibus* 1,2,5), und zwei Redner waren es auch, ein Grieche und ein Römer, die derartige Entwürfe vorlegten. Von **Dionysios von Halikarnassos** stammt eine „Römische Archäologie" (ρωμαϊκε αχαιολογια) in 20 Büchern, von denen uns nur die ersten zehn vollständig, der Rest in Exzerpten erhalten sind. Den Griechen will Dionysios vor Augen führen, daß sie als Verlierer der Geschichte sich doch mit der unübertrefflichen Tugend (*virtus*) ihrer Herren und mit der Erklärung trösten dürfen, daß Rom in Wirklichkeit eine griechische Gründung sei. Unter Verzicht auf eigene Quellenforschung schreibt er die jüngere römische Annalistik um, d.h. er gießt dieses Material vor allem in lehrbuchmäßige Reden. Dionysios glaubt eine Lücke in der griechischen Literatur schließen zu müssen und möchte sich außerdem als rhetorischer Lehrmeister profilieren; dafür wird er als lobredender Langweiler in den

Literaturgeschichten abgetan. Ganz anders lautet das Urteil der Nachwelt über Dionysios als literarischen Kritiker. Seine Abhandlungen „Über die Sprache des Demosthenes“, „Über die Wortfügung“ und vor allem „Über Thukydides“ geben die klarsten Hinweise zum Aufbau und zur funktionalen Bewertung historischer Prosa, die überhaupt aus der Antike überliefert sind.

Titus Livius (59 v.–16/17 n.Chr.) aus Padua bildet das römische Gegenstück zu Dionysios. Auch er beginnt als Redner, widmet sich dann aber ausschließlich der Geschichtsschreibung. Von den 142 Büchern seiner römischen ‚Universalgeschichte‘ (*Ab urbe condita libri CXLII*) sind nur die Teile 1–10 (Gründung–293 v.Chr.), 21–45 (219–167 v.Chr.) erhalten; der Rest kann aus zeitgenössischen Inhaltsangaben (*periochae*) grob erschlossen werden. Livius benutzt zum großen Teil die gleichen Quellen wie Dionysios, kann also als Parallelüberlieferung gelten. Er übertrifft den Griechen aber als Erzähler und bleibt dichter an seinen Vorlagen, die oft deutlich in seinem Stil durchschlagen. Schon Quintilian (*Institutio* 10,1,32) sah in Livius den Vollstrecker von Ciceros Ideal einer historischen Prosa: breit, aber gezähmt dahinfließend, angenehm zu lesen, vor allem aber durchtränkt vom wahren Ethos römischer Taten, der Strenge (*gravitas*) und Würde (*dignitas*). Die Geschichte Roms steht bei Livius für die Überlegenheit einer konsequent militaristischen Moral, deren Verfall im Bürgerkrieg er nur sehr unwillig beschreibt. Er verschont sein kriegsmüdes Publikum deshalb mit der realitätsnahen Darstellung römischer Brutalität und gibt lieber moralisch beispielhafte Szenen, die dem augusteischen Decorum, d.h. einem Verhüllen der Macht entsprechen. Kritische Quellenforschung unternimmt Livius nicht. Dafür waren allgemein in der frühen Kaiserzeit die Anforderungen gesunken, während gleichzeitig ein entpolitisiertes Publikum die schriftstellerischen Anforderungen gesteigert hatte. Dementsprechend fand Livius als Ausmaler (*exornator*) von Geschichten großen Anklang. Man verzieh ihm, daß er als Erzähler (*narrator*) von Geschichten innerhalb eines pragmatischen Zusammenhanges nicht mit seiner Quelle Polybios konkurrieren konnte.

Der literarische Ruhm, den Livius allseitig in der Kaiserzeit genoß, konnte nicht verhindern, daß sein Werk bald als zu lang galt und in Auszüge (*epitomae*) gebracht wurde. So könnte auch der Verlust vor allem der späten Bücher verursacht worden sein. Im Mittelalter wird Livius kommentiert, Petrarca baut sein Epos *Africa* (1338–1343) um den livianischen Scipio herum, und seit Machiavellis *Discorsi sopra la prima deca di Tito Livio* (1531) dient er als Fundament aller politischen Diskurse, die von Grotius bis zu Montesquieu und Rousseau ihre Theorien vom römischen Staat ausgehend entwickeln.

Der Vormarsch der Griechen und Makedonen in den Orient stieß zwei parallel verlaufende kulturelle Evolutionen an. Die griechische Kultur orientalisierte sich, schuf aber gleichzeitig einen Einheitsklassizismus (Homer, altes Hellas), den sie, wohl beeinflußt von östlichen Schriftgelehrten, philologisch ausprägte. Umgekehrt hellenisierten sich die semitischen Völker auch in der Religion, während der Makkabäerzeit sogar ein beträchtlicher Teil der jüdischen Gemeinden. Dabei übernahmen sie die griechische Sprache und deren literarische Modelle, um sich mit diesen Mitteln jedoch vor allem ihrer eigenen nationalen Vergangenheit zu vergewissern. Identität wurde also jeweils mit den Methoden des ‚Anderen' hergestellt.

In einer ersten Welle schrieben also Nichtgriechen nach 300 v.Chr. die Geschichte ihrer Völker für Griechen: der Serapispriester **Manethon** die Ägyptens im Auftrag Ptolemaios' II.; der Belpriester **Berossos** die Babyloniens, der Grieche **Megasthenes** die Indiens. Seit dem späten dritten Jh. v.Chr. hielten sich ‚Barbaren' griechische Historiker, um von ihnen nach griechischer Manier verherrlicht zu werden: Hannibal den Sosylos von Lakedaimon, Mithridates VI. von Pontos den Metrodoros von Skepsis. Von all diesen Werken sind nur wenige Fragmente überliefert. Wirklich greifbar ist von den hellenisierten Historikern des Ostens nur **Flavius Josephus** (Joseph ben Mathijahu, 37– ca. 100 n.Chr.). Er vertritt bereits ihre letzte Generation, denn nach dem 1. Jh. n.Chr. zog sich das in die Diaspora zerstreute Judentum aus der griechischen Sprache, d.h. ihrer Philosophie und Historiographie, zurück.

Josephus, der aus dem jüdischen Priesteradel stammte, war Teilnehmer am 1. Aufstand gegen Rom (66–74 n.Chr.), geriet in Gefangenschaft, wurde begnadigt und daraufhin römischer Bürger. Seine großen Werke Über den Jüdischen Krieg (περί του Ιουδαϊκου ρολέμου) und die Jüdischen Altertümer (Ιουδαϊκή αρχαιολογία) hat er als Pensionär in Rom geschrieben. Der „Jüdische Krieg", zuerst aramäisch entworfen, dann von Sekretären ins Griechische übersetzt und mit kunstgerechten Reden aufgeputzt, ist eine Verteidigung von Josephus' eigenem Verhalten und eine Schuldzuweisung an die jüdischen Extremisten. Roms imperiale Sendung wird als Prophezeiung für die Juden bejaht, die apokalyptischen Strömungen in Israel dagegen ausgeklammert. Dabei bleibt Josephus auch im römischen Exil bekennender Jude, der den Römern die Überlegenheit der wahren jüdischen Religion und Sitten vor Augen führen will. Die „Jüdischen Altertümer", eigentlich eine große, kompilierte ethnographische Monographie, sollen den im Osten grassierenden Antijudaismus bekämpfen und die Unwissenheit der Griechen gegenüber Israel beseitigen. Erfolglos: Die Glaubensgenossen verschmähten Josephus als Renegaten, allein die Christen überlieferten ihn als unabhängige Quelle für die Strafe Gottes an seinem ungetreuen Volk. In vieler Hinsicht tendenziös, ist er als Quelle für die Topographie Palästinas und die Geschichte des Aufstandes unersetzbar geblieben. Josephus ist der einzige Historiker, der uns für einen römischen Triumphzug als Augenzeuge greifbar ist (Jüdischer Krieg 7, 3-7).

Zu den Juden und zwar keineswegs fair hat sich auch der größte römische Historiker des ersten Jahrhunderts geäußert, **Publius Cornelius Tacitus** (ca. 55– ca. 125 n.Chr.). Er stammt aus einem senatorischen Geschlecht provinzieller Herkunft und bringt in seinen Werken die ganze Empfindlichkeit dieser entmachteten Klasse zum Ausdruck. Tacitus verschärft die moralistische Auffassung der römischen Geschichte seit Sallust und Livius, verzichtet also auf die Analyse der Krise der politischen Institutionen. Momigliano beobachtet treffend, daß die ‚Freiheit von Rede und Denken' der rote Faden seiner Werke sei (*Nono Contributo*, 1992, S. 515). Ihre Reihenfolge erlaubt es, die gedankliche und stilistische Entwicklung des Schriftstellers nachzuvollziehen: Die Biographie seines Schwiegervaters Cn. Julius Agricola (40–93 n.Chr.), vereint Züge der Leichenrede, der Kriegsgeschichte und Ethnographie zu einer historischen Monographie. Der *Dialogus de oratoribus* (Dialog über die Redner) wägt den Verlust der politischen Grundlagen der Redekunst gegen die Friedenssicherung durch die Kaiser ab; im Stil ahmt er Cicero nach. Von den 14 Büchern selbsterlebter „Zeitgeschichte" (69–96 n.Chr.), den *Historiae*, sind nur die ersten vier, einschließlich der Anfang von Buch fünf, erhalten. Auch von dem Schlußwerk *Annales*, der Geschichte Roms unter den iulisch-claudischen Kaisern, kennen wir nur knapp zehn von ursprünglich 16 Büchern.

Tacitus verhilft seiner pessimistischen Menschen- und Geschichtssicht durch sehr komplexe Darstellungsmittel zum Ausdruck. Da er mehr die Fehler (*vitia*) und weniger die Tugend (*virtus*) schildern muß und die Diskontinuität der Handlungen in ihren unvorhersehbaren Konsequenzen betont, ist sein Stil ‚verhüllend', dunkel, dabei voller szenischer Überraschungen. Wie die meisten seiner Vorgänger verzichtet auch Tacitus in hohem Grad auf eigene Quellenforschung, d.h., er komponiert mündlichen und schriftlichen Bericht um. Statt der allgemeinen politischen steht die psychische Entwicklung der Mächtigen im Mittelpunkt. Niemand unter den antiken Historikern schildert den Politikstil absoluter, von keiner

Öffentlichkeit wirksam kontrollierter Herrscher so eindringlich wie Tacitus. Die bewußt ‚moralisch' ausgerichtete Regierung der Adoptivkaiser ließ ihn deshalb rasch in Vergessenheit geraten. Das junge Christentum verargte ihm die eindringliche Darstellung des Bösen, weil sie dadurch dessen Nachahmung fürchtete. Erst der gelehrte Späthumanismus zur Zeit der Religionskriege und der Staatsgeheimnisse (*arcana rerum*) feierte ihn als den einzigen Realisten der Politik. Das psychologische Bild des Tyrannen in der Literatur der Neuzeit ist ohne Tacitus nicht vorstellbar und hat die Aufklärer zu ihrer stärksten Fürsten- und Hofkritik angeregt.

Das antike Literatursystem hält Geschichtsschreibung und Biographie in der Regel strikt getrennt. Da die Lebensbeschreibung auf eine eigene Tradition von Lobrede, Spruchüberlieferung und philosophischen Mustern zurückgreifen kann, wird sie zum bevorzugten Feld von Antiquaren und philologisch begeisterten Moralisten. Ihrem Kreis entstammen auch die beiden großen Vitensammlungen der frühen Kaiserzeit, die fast unversehrt auf uns gekommen sind. **Plutarch aus Chaironaia** (ca. 46–120 n.Chr.) in Boiotien, Priester in Delphi und Freund hoher Funktionäre in Rom, schrieb 22 Paare von Biographien über die berühmtesten Griechen und Römer (βιοι παραλλέλοι). Er versöhnt die beiden im Reich führenden Völker dadurch, daß er ihre Helden zu Vorbildern richtiger, manchmal auch verfehlter Lebensführung macht und so auf ein übergreifendes Ethos bezieht. Der jeweilige Charakter wird dabei zwar in seiner chronologischen Entwicklung geschildert und dem Leser plastisch vor Augen geführt, doch bleibt der historische Kontext und der pragmatische Zusammenhang der Taten außerhalb der Biographie. Obwohl Plutarch also kein Historiker ist, bleibt er den Althistorikern doch unentbehrlich. Über 500 Quellenautoren haben direkt oder indirekt bei ihm ihre Spuren hinterlassen. Von vielen Autoren überliefert nur er ein Fragment und von vielen Persönlichkeiten, besonders der Diadochenzeit, zeichnet nur er ein Porträt. Die „Parallelbiographien" müssen vor dem Hintergrund des umfangreichen Gesamtwerks Plutarchs gelesen werden. Insgesamt 78 Abhandlungen moralischen, religiösen und sogar medizinischen Inhalts sind von ihm unter dem Sammeltitel *Moralia* erhalten. Empirische Materialien und theoretische Lehrsätze dieses hellenistisch-enzyklopädischen Wissens prägen auch die Lebensbeschreibungen.

Auch **Gaius Suetonius Tranquillus** (ca. 70–140 n.Chr.) gehört zur Gruppe der Archivare und Vielschreiber. Er war römischer Ritter afrikanischer Herkunft, wurde in Rom zum Klienten des jüngeren Plinius und bekleidete unter Trajan wichtige Hofämter in der kaiserlichen Bibliothek und Kanzlei. Von seinen zahlreichen Werken ist *De viris illustribus* (*Von berühmten Männern*), d.h. Dichter, Redner, Historiker, Philosophen und Grammatiker, nur in Fragmenten erhalten. Von den acht Büchern *De vita Caesarum* (Caesarenleben) fehlt nur die Jugenderzählung Caesars. Insgesamt schildert Sueton das Leben aller zwölf römischen Kaiser bis auf Domitian (ermordet 96 n.Chr.). Anders als Plutarch folgt Sueton nicht der Chronologie, sondern erzählt seine Biographien innerhalb eines elastischen Rasters von Gesichtspunkten (τοποι): öffentliches – privates Leben, Familie – Jugend, rhetorische Fähigkeiten – sexuelle Einstellung (*physis*), Schlußporträt. Moralische Überlegungen erscheinen nur kurz; Klatsch, Gerüchte und Anekdoten sorgen für viel Unterhaltung. Sueton hat in manchen Viten viele Fakten selbständig erarbeitet, in anderen mehr nachgeschrieben. Was man über den römischen Kaiserhof neben Tacitus weiß, das stammt von ihm, ebenso ein erheblicher Teil der biographischen Daten zu den römischen Autoren. Plutarch wie Sueton gelten als Autoren minderer literarischer Qualität, der eine als weitschweifig und zerfahren, der andere als trokken und monoton, beide eher Fachschriftsteller als Könner in den hohen Gattungen der Literatur. Ihre langandauernde Rezeption, vor allem in der frühen Neuzeit, hat ihre Unfähigkeit, Muster der Nachahmung zu sein, nicht behindert. Ohne die *Moralia* und die „Parallelbiographien“ sind die *Essais* (1580–1588) von Michel de Montaigne nicht vorstellbar, ohne Sueton gäbe es nicht die Tradition der ‚Berühmten Männer und Frauen‘, die in der Kunst der Renaissance eine große Wirkung entfaltet hat.

Politische Geschichtsschreibung im Vollsinn, d.h. als pragmatischer Zusammenhang von Handlungen, die auch theoretisch diskutierbar sind, weil man ihre Ursachen als Wirkungen fester anthropologischer Größen innerhalb fast unbegrenzt veränderbarer politischer Ordnungen begreifen darf, ist eine griechische Erfindung, die in Rom nicht wirklich Fuß fassen konnte. Für die geschichtsschreibende Schicht, die Senatoren, blieben die republikanische Verfassung und die altrömischen Tugenden noch im späten 1. Jh. n.Chr. die alleinigen Fixpunkte ihrer auf Beispiele (*exempla*) gegründeten Standeskultur. Der Wandel des Prinzipats zur bürokratischen Alleinherrschaft der Kaiser und der Umbau des Senats zum Sammelpunkt einer Reichsaristokratie beendeten diesen nostalgischen Geschichtsdiskurs. Späte heidnische Autoren maßen die Kaiser zwar auch an ihrem Respekt gegenüber dem Senat, erhoben aber keinen Anspruch auf gleichberechtigte Zusammenarbeit.

Die Geschichte Roms im 2. und 3. Jh. n.Chr. wurde von Griechen geschrieben: zunächst Griechisch, später auch Lateinisch. Dagegen begnügten sich die Römer mit Geschichtskompendien und Kaiserporträts, d.h., sie vermittelten den neuen Führungsgruppen Reichsgeschichte als Schnellkurs. **Appianos aus Alexandreia** (ca. 95–165 n.Chr.) machte in Rom Karriere und verfaßte als Alterswerk 24 Bücher „Römische Geschichte" (Ρωηαϊκή ἱστορία). Ungewöhnlicherweise behandelt er den diplomatisch-militärischen Aufstieg Roms nach Ethnien, verknüpft also Ländererzählungen in der Folge ihres Zusammentreffens mit den Römern. Etwa die Hälfte des Werkes ist erhalten. Für die Zeit von den Gracchen bis zum Bundesgenossenkrieg (130–90 v.Chr.) ist Appianos sogar die einzige ausführlich erzählende Quelle geblieben.

Auch **Cassius Dio Cocceianus** (ca. 155–235 n.Chr.) aus Nikaia (Bithynien) gelangte in den Senat, wurde Praetor und Konsul und war damit befähigt, römische Geschichte aus der Sicht der Zentrale zu schreiben. Seine „Römische Geschichte" in 80 Büchern (Ρωμαϊκά) erörtert in ihren erhaltenen Teilen (68 v.– 47 n.Chr.) das Ende der Republik und den Anfang des Prinzipates. Dio benutzt für die frühe Zeit heute verlorene annalistische Quellen und bringt für den Prinzipat Informationen, die unabhängig von Livius und Tacitus sind. Seine Zeitgeschichtsschreibung, etwa das Ende des Commodus, ist nur noch in Resten greifbar. Ein Rededuell zwischen Agrippa und Maecenas (52,2-40) dient dem Historiker dazu, das ideale Regierungsprogramm einer zwischen Kaiser, Senat und Rittern geteilten Herrschaft zu entwerfen.

Kaiser, die in grenznahen Residenzen weilten, um dort aus ihrem Kronrat Geheimpolitik zu treiben, instabile Eliten und beständig verschobene religiöse Koordinaten, all das waren ungünstige Voraussetzungen dafür, das römische Reich in seiner spätantiken Phase historiographisch zu erfassen. So wurde die Tradition der Herrscherviten von Sueton zwar weitergeführt, aber die in der **Historia Augusta** zusammengefaßten 30 Biographien von Hadrian bis Numerianus (117–285 n.Chr.) lassen die Althistoriker nur als stilistisch unbedeutende Parallelüberlieferung von geringem Quellenwert zu. Dennoch ist ein spätantikes Geschichtswerk entstanden, das die traditionellen Ansätze der Gattung auf die Zeitsituation anwendet. Es verdankt sich freilich einer untypischen Kombination günstiger Umstände. **Ammianus Marcellinus** aus Antiochia (ca. 330–395 n.Chr.) wurde, obwohl aus guter griechischer Familie, römischer Soldat und gelangte in militärischem Auftrag bis nach Armenien und Gallien. Von seiner Vaterstadt aus reiste er auch nach Ägypten und Griechenland, um sich dann nach 380 n.Chr. in Rom niederzulassen. Hier lebte er in lockerem Kontakt mit der heidnischen Senatsaristokratie und hielt vor ihr Lesungen aus seinem Geschichtswerk. Ammians *Res gestae* (Tatenbericht) behandeln in

31 Büchern die römische Reichsgeschichte von Nerva bis Valens (96–378 n.Chr.), wobei wir ausschließlich über den breiten zeitgeschichtlichen Teil der Jahre 353–378 (Buch 14–31) verfügen. Schon die Wahl des Lateinischen verrät konservative Gesinnung, ebenso der Versuch, Livius, Sallust und Tacitus nachzuahmen und sich beständig in der Gedankenwelt Ciceros zu bewegen. Obwohl Heide, vermeidet Ammian Angriffe auf das Christentum. Dem bildungsbewußten Konvertiten Julian Apostata setzt er freilich ein Denkmal, das diesem Kaiser zu einem bis in die Gegenwart reichenden Nachleben in der psychologisierenden Literatur verholfen hat. Ammian bringt in sein Werk beträchtliche militärische und politische Eigenerfahrung ein, kann ihm damit aber nicht zu literarischer Geschlossenheit verhelfen: Es finden sich neben Merkmalen der Geschichtsschreibung solche der Biographie, der Memoiren und der Enzyklopädie sowie technische und naturwissenschaftliche Exkurse. Für seine Schlachtenschilderungen greift er entschieden auf das epische Muster Homers zurück. Sein Bericht über die Belagerung der armenischen Stadt Amida kann noch heute überzeugen. Die anspruchsvollen Techniken der antiken Geschichtsschreibung, von der Autopsie bis hin zur literarischen Nachahmung bei Prosarhythmus und Reden, einschließlich der Bestätigung der egoistischen Polisideologie, sind bei Ammian ein letztes Mal vollzählig versammelt.

Der Zusammenbruch des weströmischen Reiches im 5. Jh. n.Chr. konnte auch als Ende der antiken Historiographie begriffen werden. Germanische Stammeskönigreiche hatten sich jetzt auf der Grundlage mündlicher Traditionen eigenständige ‚Volksgeschichten' gegeben. Freilich unterschätzt diese Auffassung das kontinuierliche Fortwirken von Antrieben und Gattungen spätantiker Geschichtsschreibung. Schon Flavius Josephus zeigte, daß Juden, Griechen und Römer als *nationes* gedacht werden konnten. Ebenso ist die Kirchengeschichtsschreibung (*historia ecclesiastica*) eine spätantike Erfindung, in der die Christen als eigene *natio* auftreten. Als deren eigentliche Repräsentanten gelten die Heiligen, deren Lebensbeschreibungen zumindest in Teilen auf klassische Vorbilder zurückgehen. Kurzum, es macht mehr Sinn, die wenigen großen Historiker der Epoche von 550–800 n.Chr. der Spätantike zuzurechnen als dem Mittelalter.

Jordanes (1. Hälfte 6. Jh. n.Chr.), wohl gotischer Herkunft, schrieb 550/551 in Konstantinopel *De origine actibusque Getarum* (Ursprung und Taten der Goten). Als zweiter Teil einer *Historia romana* (Römische Geschichte) entworfen, ist das Werk eine Apologie der byzantinischen Rückeroberung Italiens und der Verschmelzung von germanischer und römischer Elite. Die skandinavische Abstammungstheorie für Goten und Langobarden geht auf Jordanes zurück. Reine Zeitgeschichte schrieb dagegen am Ende seines Lebens **Bischof Gregor von Tours** (538/539 n.Chr.) aus gallorömischem Adel (*Historiarum libri decem*, 573/574–593/594 n.Chr.). Die Wunder der Heiligen heben sich bei ihm strahlend von den Sünden der weltlichen Herrscher ab. Zurecht ist Gregors satirische und didaktische Schreibart betont worden: Gegen den christlichen Glauben muß die heidnische Vernunft immer unterliegen. Es ist Gott, der stets durch die Menschen handelt, auch durch die Franken, die dadurch aber nicht zu einem auserwählten Volk werden. **Beda Venerabilis** (672/673–735), Zeit seines Lebens Mönch im nordenglischen Kloster Jarrow, läßt in seiner *Historia ecclesiastica gentis Anglorum* (Kirchengeschichte der Angeln, 709–731 n.Chr.) die Geschichte der Christianisierung der britischen Inseln in den Konflikt zwischen irischer und römischer Kirchenorganisation einmünden. Er imitiert spätantike Prosa, überliefert aber auch mündliche angelsächsische Traditionen. **Paulus Diaconus** (720/730– ca. 799 n.Chr.) schließt die Reihe mit seiner *Historia langobardorum* ab (Langobardengeschichte, nach 787 n.Chr.). Ähnlich wie Jordanes will auch er die besiegten Langobarden zugleich in die römische Geschichte und in eine fränkisch dominierte Zukunft einordnen. Gleichzeitig erfolgt der Einbau dieses germanischen Stammes in die christliche Heilsökonomie. Der Fiktionsgehalt von Paulus' fragmentarischer und legendenhafter Erzählweise ist hoch, was aber die außerordentliche Beliebtheit seiner Geschichte im Mittelalter keineswegs gemindert hat.

Bis auf Jordanes waren alle bislang erwähnten Historiker Geistliche. Bischof war auch **Isidor von Sevilla** (ca. 560–636), dessen *Historia Gothorum* (Gotengeschichte) den Ruhm dieses Volks, seine Bekehrung zur katholischen Kirche und Verschmelzung mit den Römern preist. Indem diese geistlichen Historiker traditionelle Formen der Geschichte fortschreiben, plazieren sie ihre Werke freilich auch in einem gänzlich veränderten Raum von Wissen. Gregor von Tours hebt die antirationalen Züge christlichen Glaubens hervor. Isidor von Sevilla systematisiert zwar nochmals die antike Wissenschaft, legt sie zugleich aber in grammatikalischen Typen still. An die Stelle neuer politischer Erfahrung tritt die Auslegung (Exegese) eines biblisch dominierten Schriftkanons, und die Zeiterfahrung wird von heiligen Ereignissen strukturiert und von heiligen Menschen erfüllt.

3.4 Exkurs zur biblischen und christlichen Historiographie

Die bronzezeitlichen Kulturen des Nahen und Mittleren Ostens können nach heutiger Einschätzung als die ‚Erfinder' eines historisch-kulturellen Gedächtnisses gelten. Ägypten, die Monarchien des Zweistromlandes, die Hethiter wie frühen Phönizier entwickelten eine Fülle von vergangenheitsbezogenen Textformen: Inschriften, Königslisten, Omen, Prophezeiungen bis hin zu Chroniken, historischen Epen und Novellen, ja Biographien. Erzählende Geschichtsschreibung in strengem Sinn ist nicht darunter. Um zu ihr zu gelangen, mußte man zunächst eine zusammenhängende Chronologie erstellen und danach auf dieser Grundlage viele der erwähnten Gattungen vereinigen. Das unbezweifelbar vorhandene und geschätzte historische Wissen der östlichen Hochkulturen zirkulierte vorwiegend in einem geschlossenen rituellen Gedächtnis. Erinnert wurde, was Gleichgewicht und Kontinuität einer Gesellschaft garantierte. Geschichtsschreibung hingegen wurde erst möglich, als Veränderung positiv erlebt und Geschichte als Motor einer angestrebten Entwicklung begriffen werden konnte. Dazu bedurfte es der Wende zu einer breit angewandten Schriftkultur, welche die vorhandene mündliche Überlieferung in Texte umsetzte, die sich von nun an ohne Ende kritisieren und autorisieren. Mit knappem zeitlichen Vorsprung vor den Griechen hat zuerst Israel eine Geschichtskultur dieses Typs hervorgebracht.

Im Kanon der hebräischen Bibel finden sich zwei Werkgruppen, die in besonderem Maße den Namen ‚Geschichtsbücher' verdienen: Die sogenannten ‚Vorderen Propheten' mit den Büchern *Josua*, *Richter*, *Samuel* und *Könige* sowie in den ‚Schriften' die Bücher *Chronik*, *Esra* und *Nehemia* und das schon hellenistisch beeinflußte *Buch Daniel*. Da die erste Werkgruppe sich an der Theologie des 5. Buches Mose, des *Deuteronomiums* (zweites Gesetz) orientiert, trägt sie heute den Namen ‚deuteronomistisches Geschichtswerk'. Es behandelt die Ereignisse vom Tod Moses' bis zum vorläufigen Ende des davidischen Königshauses. Der zweite Block historischer Schriften heißt dagegen ‚chronistisches Geschichtswerk' und stellt im Grunde eine Neuerzählung der deuteronomistischen Arbeit und ihre Fortsetzung bis etwa 350 v.Chr. dar.

Wer die jüdischen Verfasser waren, ist unbekannt geblieben. In der modernen Forschung werden ihnen unterschiedliche Aufgaben zugewiesen: entweder die des ‚Redakteurs', wobei der Akzent auf Sammlung und Umformung bereits vorbereiteter Quellen, vielleicht sogar Quellensammlungen, liegt, oder die des ‚Historikers', der kreativ gestaltend mit noch weitgehend unstrukturiertem Wissen verfährt. Als ‚Historiker' verstanden, läßt sich z.B. der Deuteronomist einer narrativen Analyse unterziehen, die Erzähltechniken aufdeckt, die ihn dem Herodot durchaus vergleichbar machen (Bildung von Erzähleinheiten, Reden, Personencharakteristiken, etc.). Der ‚Chronist' hingegen, der den alten Stoff modernisierte, läßt sich mit einem hellenistischen Historiker vergleichen, der Thukydides oder Herodot aufarbeitete.

Sachlicher Kern jüdischer Geschichtsschreibung ist der ‚Bund', den Jahwe mit seinem Volk geschlossen hat und dessen Bewahrung oder Verletzung negativ wie positiv die Auserwähltheit Israels demonstriert. Es ist das erste Mal, daß ein Volk, eine Nation zum alleinigen Subjekt von Geschichte wird. Den Heiden waren die biblischen Historien in der Form der griechischen Bibelübersetzung (*Septuaginta*) seit dem späten 2. Jh. v.Chr. zugänglich. Ihr Interesse daran blieb freilich begrenzt, zumal die Juden im hellenisierten Orient es ablehnten, sich den griechischen Anforderungen zur Selbstdarstellung von ‚Barbaren' zu unterwerfen. Das *Buch Daniel* zeigt vielmehr, daß sie griechische Periodisierungen (Vierreiche-Lehre) übernahmen und mit eigenen Endzeitvorstellungen verbanden (Eschatologie). Der gesamte biblische Zweig der Geschichtsschreibung, einschließlich der ausdrücklich für ein heidnisches Publikum geschriebenen Arbeiten des Flavius Josephus (vgl. S. 60), blieb somit unbeachtet, bis er im 2. nachchristlichen Jahrhundert für den Selbstentwurf des jungen Christentums von zentraler Bedeutung wurde.

Zur jüdischen Geschichte konnte man als Heide allein durch Konversion zum Christentum kommen. Dieses war als neue Lehre einerseits darauf angewiesen, sich ein hohes Alter zuzuweisen, andererseits wollte es eine eigene, womöglich von irdischer Politik ganz unabhängige Geschichte erringen. Dafür war zunächst einmal ein Gerüst zu erarbeiten, bei dem heidnische Historiker unbeabsichtigt mithalfen. Zunächst zogen Heiden wie Eutrop und Festus die römische Geschichte zu Kurzfassungen (*breviaria*) zusammen. Bischof **Eusebius von Caesarea** (ca. 260–339 n.Chr.) kombinierte parallel dazu – ein revolutionärer Vorgang – erstmals die biblische mit der heidnischen Chronologie. Anders als die pagane Zeitvorstellung weist die christliche Chronologie einen einzigen Anfang und ein – ebenfalls revolutionär – klar sichtbares Ende auf. Freilich zertrennten die Christen das neuentstandene Geschichtskontinuum von Heiden- und Judentum augenblicklich. Neben das einzige Imperium traten schon bei Eusebius die einzelnen *nationes* und, den Rahmen gänzlich sprengend, die Kirche (*ecclesia*). Der Weg der Kirche begann und endete keineswegs in der politischen Sphäre. Auf deren Darstellung verzichteten die Christen zunächst ganz. Politische Historiographie nach der Schule von Herodot und Thukydides blieb somit weiterhin den Heiden überlassen. Für diese Art historischen Schreibens hat das spätantike Christentum dem Mittelalter kein Modell überliefert. Stattdessen entwarf es eine neue Gattung: die Kirchengeschichte. Eusebius' *Historia ekklésiastiké* (Chronik) steht am Anfang einer ganzen Reihe von Werken, die von seinem Fortsetzer Hieronymus über Sokrates, Sozomenos bis zur *Historia ecclesiastica tripartita* von **Cassiodor** (ca. 490–583 n.Chr.) reicht. Daß alle diese Geschichten sich aneinander anschlossen und gegenseitig kommentierten, entsprach antikem Standard, neu war aber ihre bewußt antirhetorische Einstellung. Dokumente wurden ausführlich im Wortlaut zitiert, auch als Waffe gegen innerkirchliche Gegner. Zentral war der – im Heidentum unmögliche – Gedanke religiöser Orthodoxie als Kontinuität von Glaubensüberlieferung seit der Schöpfung. Kritische Forschung trat gegenüber den Äußerungen von geistlicher wie weltlicher Authorität zurück. Als der Repräsentant der Kirche galt der Heilige, für den Bischof **Athanasios von Alexandreia** (ca. 295–373 n.Chr.) mit dem „Leben des Wüstenheiligen Antonios" (*Ho bios kai he politeia ... Antoniu*, ca. 357 n.Chr.) das literarische Modell geliefert hatte. Damit war der heidnische Philosoph, der seine eigene Vernunft anbetete, genauso wie der antike Herrscher mit seiner eigenen Heilssphäre als politische Führungsfigur ausgeschieden. Obwohl sie überall ihre Alleinherrschaft durchsetzte, ließ die junge Kirche doch das Feld der politischen Geschichte unbestellt. Als Einhard (um 770–840 n.Chr.) eine *Vita Caroli Magni* schreiben wollte, konnte ihm nur der Heide Sueton zum Modell dienen.

3.5 Der Traditionsprozeß antiker Historiographie und seine Resultate

Die Erhaltung antiker Geschichtsschreibung war eine Funktion von Gebrauch und technischer Reproduktion der Texte. Textgebrauch bedeutete dabei stets Variation der Ausgangsgestalt und oft zugleich Fortsetzung der Gattung. Reproduktion bedeutet physisches Abschreiben nach Autopsie oder Gehör. Obwohl im antiken Stadtstaat der Prozentsatz potentieller Leser kleiner ausfällt als in der gegenwärtigen Industrie- und Informationsgesellschaft, wäre es falsch, ihr ein geringes Interesse an Literatur und Nutzung geschriebenen Wissens zu unterstellen. Wie die Moderne kennt auch die Antike kulturelle Institutionen, die Texte erzeugen, erhalten, umformen, aber auch untergehen lassen. Athen sorgte für eine Staatsausgabe seiner Tragödiendichter, die Philosophenschulen für die Texte ihrer

Gründer und die Philologen von Alexandria und Pergamon für die Kommentierung und Kanonbildung der Literatur. Mit den wenigen Archiven und den Bibliotheken kannte die Antike zwar allgemeine Orte zur Speicherung von historischem Wissen, aber keinerlei Institution zu seiner gezielten Erzeugung.

Neben die Geschichte der Bildungsträger tritt die der Buchproduktion und -verteilung sowie des literarischen Geschmacks. Setzt man die optimale Lebensdauer eine Papyrusrolle auf 200 Jahre an, dann müßte ein Text des 5. Jh. v.Chr. bis zum 4. Jh. n.Chr., dem Zeitraum der Umformung in den Pergamentkodex, mindestens drei Mal kopiert worden sein. Gelten Autoren, wie es vielen hellenistischen widerfuhr, zum Zeitpunkt der notwendig gewordenen Kodifizierung als normwidrig, dann sinkt die Bereitschaft, sie erneut abzuschreiben. Die dazu zur Verfügung stehende Kapazität war knapp, und ihr stand ohnehin eine in der späten Kaiserzeit sehr angeschwollene Masse von Literatur gegenüber. Anders als beim Epos, der Tragödie und der Lyrik ist der Geschichtsschreibung im Altertum keine straffe Kanonbildung gelungen. Folgt man den Hinweisen von Dionysios v. Halikarnassos und Quintilian (*Institutio* X, 1,75), dann hätten die Alten nicht einmal die Mehrzahl der eigenen Musterautoren überliefert. Zwang zur Erhaltung bestand aber nur für Werke, die fortlaufend nachgeahmt werden sollten. Freilich sind selbst Livius und Sallust, über lange Perioden stilistisch unangefochten, von Verlusten betroffen. Sehr umfangreiche Werke – und das waren historiographische in der Regel – waren eben im Überlieferungsprozeß besonders gefährdet: Für die Reduktion von Textmassen hatten sich nämlich seit der Epoche der alexandrinischen Philologen spezielle Techniken eingebürgert: Lexikographie, Anthologie und Auszug (*epitome*). Bezieht man sie ein, dann ergeben sich für die antike Geschichtsschreibung folgende Überlieferungsmöglichkeiten: Totalerhalt, Teilverlust, Epitomisierung, Fragmente, d.h. direktes oder verstecktes Zitat, paraphrasierender Quellengebrauch, bloße Erwähnung des Werktitels, Totalverlust.

Kein altes Geschichtswerk, das mehr als neun Bücher (*libri*) zählt, ist uns ganz erhalten geblieben. Herodot mit neun unversehrten Büchern ist ein Glücksfall. Vor allem die hellenistischen Autoren kamen ursprünglich auf wesentlich mehr Bücher: Theopomp, *Philippika* – 58, Ephoros, *Historien* – 30, Livius, *Ab urbe condita* – 142, Nikolaos von Damaskos, „Weltgeschichte" – sogar 144. Bis auf Teile des Livius ist von ihnen allen kein zusammenhängender Text überliefert. Von Caesar und Sallust gibt es vollständige Werke, aber die gesamte altrömische Historiographie ist auf wenige Fragmente geschrumpft, während die Höhepunkte, Polybios, Tacitus, Cassius Dio, Ammianus Marcellinus, nur in Teilen gerettet sind. Vergleichsweise sehr gut steht es dagegen um den Erhaltungszustand der spätantiken Kirchengeschichte.

Hermann Strasburger hat 1977 den Versuch einer quantitativen Totalrekonstruktion nur der griechischen Historiker unternommen (*Festschrift W. Peremans*, Löwen 1977, S. 3–52). Er kommt für die 1000 Jahre vom 5. Jh. v.Chr. bis 5. Jh. n.Chr. auf 16.700 Teubnerseiten und 10–11.500 Seiten Fragmente jeglicher Art. Nun finden sich allein in den Fragmentensammlungen griechischer Historiker von Carl Müller und Felix Jacoby mehr als 1000 Namen erwähnt. Bei vorsichtiger Schätzung des *liber* auf 50 Seiten und des Werkumfanges auf acht Bücher gelangt Strasburger so zu einem Gesamtumfang verlorener Historiographie von 400.000 Seiten. Untergegangen sind die ungeheuer zahlreichen Stadt- und Lokalgeschichten, fast alle historisch-ethnographischen Berichte einschließlich der Expeditionsliteratur, die politikgeschichtlichen Sammlungen des Aristoteles ebenso wie die Literaturgeschichten der Alexandriner, alle großen kulturhistorischen Werke (Dikaiarchos, Poseidonios, Varro), endlich fast alles von der riesigen biographischen und autobiographischen Produktion. Die Jahrhunderte von Alexander dem Großen bis zur Ankunft der Römer im Osten waren ursprünglich hervorragend dokumentiert. Heute sind sie eine der großen Dunkelzonen erzählender Geschichtsschreibung.

Dieser ungeheuere Verlust weist keine strikte Logik auf: Die zentralen Bildungsinstitutionen werden an Pflege und Reproduktion lokalen, teilweise oppositionellen oder an ältere Eliten gebundenen Wissens kaum interessiert gewesen sein. Daß in Rom im 1. Jh. vor und nach Christus die nach Alexandria größte griechische Büchersammlung angesiedelt war, hat die vollkommene Vernichtung der dort gespeicherten lokalen griechischen Literatur nicht verhindert und auch die Rückkehr der Hauptautoren via Byzanz in den Westen nicht unnötig gemacht. Vollständige Exemplare umfangreicher Geschichten waren stets selten. Livius wird schon am Ende des 1. Jh. n.Chr. kaum anders als im Auszug verwertet; im Kreis der heidnischen Adelsopposition um Symmachus findet sich im Jahr 401 der letzte Hinweis auf ein vollständiges Exemplar. Die Überlieferung selbst stets geschätzter Autoren wie Herodot und Thukydides hing im frühen Mittelalter an einem einzigen Kodex (Archetyp). Diodor, Dionysios von Halikarnass, Appian, Cassius Dio, Priskos und Menandros standen den Byzantinern letztmals ganz zur Verfügung. Daraus fertigte Patriarch Photios (ca. 820–891 n.Chr.) das Exzerptwerk der „Bibliothek“ (Μυριόβιβλον) und Kaiser Konstantin VII. (905/913–959) seine Materialsammlung (*Excerpta*) in 53 Teilen. Wo immer Exzerptoren und Epitomatoren auftraten, schwächten sie den Überlieferungszwang.

Selbst der typische Schreibprozeß des antiken Historikers stört die genaue, an Werk und Autor gebundene Überlieferung. Es bestand für ihn kein Zwang, Zitate und Entlehnungen auch auszuweisen. Kein Grieche hat jemals lateinisch zitiert. Wir wissen, daß die Universalhistorien von Diodor und Dionysios umgeschriebene Quellensammlungen sind, können aber deren ursprüngliche Verfasser kaum verifizieren. Zitiert wird nur bei polemischem, offenen Widerspruch, niemals, um ein Exempel vorbildlicher Methode oder Stils zu geben. Überlieferer von Fragmenten sind meistens die Nichthistoriker wie Rhetoren, Mythographen oder Unterhaltungsschriftsteller, die ihre Autoren zu oft ganz obskuren Zwecken ausbeuten. Das macht es auch heute noch fast unmöglich, Wortlaut, Funktion und Kontext der Historikerfragmente präzise zu erfassen.

Dieser eigentlich katastrophale Überlieferungszustand der antiken historischen Literatur sollte nicht dazu verleiten, ihren Ursprungsgesellschaften ein geringes historisches Bewußtsein bzw. einen schwachen Willen zur Überlieferung zu unterstellen. Im Kreis von Aristoteles, Cicero und Symmachus wurde Geschichtsschreibung auf hohem philosophischen, politischen, rhetorischen und philologischem Niveau und auch unter fach- und gattungsgeschichtlichen Aspekten diskutiert. Caligula, ein Kaiser von dem man dies kaum erwarten würde, wollte zwar Livius wegen ‚Geschwätzigkeit' (Sueton, *Caligula 16, 1*) abschaffen, aber die regimefeindlichen Historiker der tiberianischen Zeit ließ er wieder in Umlauf bringen. Wenn es ein unüberwindliches Hindernis zur dauerhaften Etablierung historischer Texte in den Bildungsschichten gab, dann den Lehrplan der antiken Schule. Dort wurde die historische Prosa zwar mit Respekt, weil als höchst schwierig geltend, doch nur als letzte Stufe im Unterricht behandelt. Die Texte selbst wurden in der Regel als Steinbrüche für Kommentare oder Lexika anderer Literaturgattungen benutzt. Aktive Geschichtsschreibung blieb im Altertum, trotz zeitweise breiterer Leserschaft, den politischen Eliten überlassen. Deshalb setzte aber auch der kollektive Bezug der Autoren aufeinander über 1000 Jahre niemals aus, so daß wir heute zwar vor Trümmern und Resten, gleichzeitig jedoch vor einem Korpus von einzigartiger Kohärenz und Vielfalt stehen.

3.6 Bibliographie

Antike Autoren

Ammianus Marcellinus: Das römische Weltreich vor dem Untergang. Übersetzt von Otto Veh. Eingeleitet u. erläutert von Gerhard Wirth. Zürich 1974.

– Ammiani Marcellini Rerum gestarum libri qui supersunt. Hrsg. von Wolfgang Seyfarth. 2 Bde. Leipzig 1978.

Appian von Alexandria: Römische Geschichte. Übersetzt von Otto Veh (Bibliothek der griechischen Literatur, 23). 2 Bde. Stuttgart 1987/97.

– Appiani Historia Romana. Leipzig 1905 (ND 1986).

Caesar, Gaius Julius: De bello Gallico. Der Gallische Krieg. Übersetzt u. hrsg. von Marieluise Deißmann. Stuttgart 1991.

Cassius Dio: Römische Geschichte. Übersetzt von Otto Veh, eingeleitet von Gerhard Wirth. 5 Bde. Zürich 1985/87.

– Dio's Roman history. With an English Translation by Earnest Cary. 9 Bde. Cambridge/Mass. 1954.

Dionysios von Halikarnassos: Urgeschichten der Römer. Übersetzt von Gottfried Jakob Schaller. 12 Bde. Stuttgart 1827–50.

– On Thukydides. English Translation based on the Greek Text of Usener-Radermacher with Commentary by W. Kendrick Pritchett. Berkeley/Los Angeles/London 1975.

Flavius Josephus: De bello Judaico. Übersetzt von Otto Michel u. Otto Bauernfeind. 3 Bde. Darmstadt 1963-1982.

Hellenikà von Oxyrhynchus: Hrsg. von Vittorio Bartoletti. Leipzig 1959.

Herodot: Historien. Griechisch-deutsch. Hrsg. von Josef Feix. 2 Bde. München 1963 [u.ö.].

Historia Augusta. Römische Herrschergestalten. Eingeleitet u. übersetzt von Ernst Hohl. 2 Bde. Zürich/München 1976/85.

– Scriptores Historiae Augustae. Hrsg. von Ernst Hohl. 2 Bde. Leipzig 1971.

Livius: Römische Geschichte. Buch XXIV–XXVI. Lateinisch-deutsch von Josef Feix. Darmstadt 1977.

Lukian: Wie man Geschichte schreiben soll. Hrsg., übersetzt u. erläutert von Helene Homeyer. München 1965.

Plutarch: Große Griechen und Römer. Übersetzt von Karl Ziegler. 6 Bde. Zürich 1954/65.

– Vitae parallelae. Hrsg. von Claes Lindskog u. Karl Ziegler. 6 Bde. Leipzig 1957/59.

Polybios: Geschichte. Übersetzt von Hans Drexler. 2. Bde. Zürich/Stuttgart 1961–63.

– The Histories. With an English Translation by William Roger Paton. 6 Bde. Cambridge/Mass. 1922–27.
Sallust: Werke. Lateinisch-deutsch. Hrsg. Werner Eisenhut u. Josef Lindauer. Zürich 1994.
Suetonius, Gaius Tranquillus: Die Kaiserviten. De Vita Caesareum. Berühmte Männer. De Viris Illustribus. Lateinisch-deutsch. Hrsg. u. übersetzt von Hans Martinet. Düsseldorf/Zürich 1997.
Tacitus, Publius Cornelius: Historiae. Lateinisch-deutsch. Hrsg. von Joseph Borst. München/Zürich 1984[5].
– Annalen. Lateinisch-deutsch: Hrsg. von Erich Heller. Düsseldorf/Zürich 1997[3].
– Agricola/Germania. Lateinisch-deutsch. Hrsg u.. übersetzt von Alfons Städele. Darmstadt 1991.
Thukydides: Geschichte des Peloponnesischen Krieges. Übersetzt von Georg Peter Landmann. Zürich/München 1976[2].
Xenophon: Anabasis. Der Zug der Zehntausend. Griechisch-deutsch. Hrsg. von Walter Müri. Düsseldorf/Zürich 1992[2].
– Hellenikà. Griechische Geschichte. Griechisch-deutsch. Hrsg. von Gisela Strasburger. München 1970.

Spätantike und kirchliche Autoren

Athanasius von Alexandria: The Life of Antony. The Greek Life of Antony. Translated by Tim Vivian. Kalamazoo/Michigan 2003.
Beda Venerabilis: Kirchengeschichte des Englischen Volkes. Übersetzt von Günter Spitzbart. Darmstadt 1982.
– Histoire ecclésiastique du peuple anglais. Französisch u. lateinisch. Bd. 1. Paris 2005.
– The Reckoning of Time / De temporum ratione. Hrsg. u. übersetzt von Faith Wallis (Translated Texts for Historians, 29). Liverpool 1999.
Cassiodorus, Magnus Aurelius: Historia ecclesiastica tripartita. In Leopold Stainreuter's German. Hrsg. von Christine Boot. Amsterdam 1977.
– Cassiodori – Epiphanii Historia ecclesiastica tripartita: historiae ecclesiasticae ex Socrate, Sozomeno et Theodorito in unum collectae et nuper de Graeco in Latinum translatae (Corpus scriptorum ecclesiasticorum). Hrsg. von Rudolf Hanslik. Regensburg 1952.
Einhard: Vita Karoli Magni. Latein und deutsche Übersetzung. Hrsg. von Evelyn Scherabon Coleman. Stuttgart 1969.
Eusebius von Caesarea: Kirchengeschichte. Hrsg. von Heinrich Kraft, übersetzt von Philipp Haeuser. Darmstadt 1997[3].

– The Ecclesiastical History. With an English Translation by Kirsopp Lake. 2 Bde. London 1965.
Isidor von Sevilla: Geschichte der Goten, Vandalen, Sueven ... nebst Auszügen aus der Kirchengeschichte des Beda Venerabilis. Übersetzt von David Coste. Leipzig 1909[3].
Paulus Diaconus: Geschichte der Langobarden (Historia Langobardorum). Essen 1986.
– Historia Romana. Hrsg. von Hans Droysen (Monumenta Germaniae Historica, Scriptores 49). Berlin 1878 (ND 1978).
Jordanes: Gotengeschichte nebst Auszügen aus der Römischen Geschichte. Übersetzt von Wilhelm Martens. Leipzig 1913[3].
– De origine actibusque Getarum. Hrsg. von Francesco Giunta (Fonti per la Storia d'Italia, 117). Rom 1991.

Sammelausgaben

Beck, Hans u. Walter, Uwe (Hrsg.): Die Frühen Römischen Historiker I. Von Fabius Pictor bis Gnaeus Gellius. Darmstadt 2001.
– Die Frühen Römischen Historiker II. Von Coelius Antipater bis Pomponius Atticus. Darmstadt 2004. *Die übersetzten und kommentierten Fragmente von 19 frühen römischen Historikern.*
Jacoby, Felix: Die Fragmente der griechischen Historiker. 15 Bde. [Leiden 1923ff.] CD-Rom-Ausgabe. Leiden. Brill Academic Publishers 2005. *Hier die kommentierten Fragmente von: Ephoros von Kyme, Theopomp von Chios, Duris von Samos; die ‚Alexanderhistoriker' Kallisthenes von Olynth, Onesikritos von Astypalaia, Nearchos von Kreta, Ptolemaios Lagos, Kleitarchos und Hieronymus von Kardia. Eine Neubearbeitung des gesamten Materials ist in Vorbereitung: Brill's New Jacoby.*
Glassner, Jean-Jacques: Mesopotamian Chronicles. Leiden 2004. *Texte mesopotamischer Geschichtsschreibung im Zeitraum 2200–140 v. Chr. in englischer Übersetzung.*
Peter, Hermann: Historicorum Romanorum Reliquiae. Bd. 1. Leipzig 1914[2], Bd. 2. Leipzig 1906.

Einführungen

Albrecht, Michael von: Geschichte der römischen Literatur von Andronicus bis Boëthius. Mit Berücksichtigung ihrer Bedeutung für die Neuzeit. 2 Bde. München 1994[2].

Assmann, Jan: Das kulturelle Gedächtnis. Schrift, Erinnerung und politische Identität in den frühen Hochkulturen. München 1992. *Inzwischen klassisches Werk zur Einbettung der Historiographie Griechenlands in den orientalischen Kontext.*

Flach, Dieter: Römische Geschichtsschreibung. Darmstadt 1998.

Finley, Moses I.: Quellen und Modelle in der Alten Geschichte. Frankfurt a. M. 1987.

Kennedy, George A.: A New History of Classical Rhetoric. Princeton 1994.

Historisches Wörterbuch der Rhetorik. Hrsg. von Gert Ueding. 8 Bde. Bisher 6 Bde. Tübingen 1992ff.

Irby-Massie, Georgia L. u. Keyser, Paul T.: Greek Science of the Hellenistic Era: a Sourcebook. London 2002.

Lendle, Otto: Einführung in die griechische Geschichtsschreibung. Von Hekataios bis Zosimos. Darmstadt 1992.

Marrou, Henri Irénée: Geschichte der Erziehung im klassischen Altertum. München 1977 (frz. 1948).

Meister, Klaus: Die Griechische Geschichtsschreibung. Von den Anfängen bis zum Ende des Hellenismus. Stuttgart/Berlin/Köln 1990.

Müller, Klaus E.: Geschichte der antiken Ethnologie. Hamburg 1997.

Nippel, Wilfried (Hrsg:): Über das Studium der Alten Geschichte. München 1993. *Gute Einführung über den Wandel der Einstellungen zur Alten Geschichte.*

Pfeiffer, Rudolf: Geschichte der Klassischen Philologie. Von den Anfängen bis zum Ende des Hellenismus. München 1978 (engl. 1968).

Rohrbacher, David: The Historians of Late Antiquity. New York 2002. *Einführung zu Ammianus, Aurelius Victor, etc. bis Orosius.*

Walter, Uwe: *Memoria* und *res publica*. Zur Geschichtskultur im republikanischen Rom. Frankfurt a. M. 2005. *Vorbildliches Inventar des Kontextes von Historiographie in der römischen Republik.*

Spezielle Probleme

Brunt, P.A.: On Historical Fragments and Epitomes. In: Classical Quarterly 30 (1980). S. 474–494. *Über die Verfahren zur Kürzung und pädagogischen Aufarbeitung alter Geschichte.*

Canfora, Luciano: Il ciclo storico. In: Belfagor 26 (1971), S. 653–670. *Ausgezeichnete Einführung zum Prinzip des ‚Fortschreibens' antiker Historiker.*

Dover, K.J.: Thukydides ‚as History' and ‚as Literature'. In: History and Theory 22 (1983). S. 54–63.

Flaig, Egon: Die Pompa funebris. Adelige Konkurrenz und annalistische Erinnerung in der römischen Republik. In: Memoria als Kultur. Hrsg. von Otto G. Oexle. Göttingen 1995. S. 115–148.

Fritz, Kurt von: Die Bedeutung des Aristoteles für die Geschichtsschreibung. In: Histoire et Historiens dans l'Antiquité (Entretiens sur l'Antiquité Classique, 4), Genf 1956. S. 85–128.

Grube, G. M.: Educational, Rhetorical, and Literary Theory in Cicero. In: Phoenix 16 (1962), S. 234–257. *Zeigt den Hintergrund von Ciceros rhetorischer Position, die für die Geschichtsschreibung so wichtig wurde.*

Hölkeskamp, Karl-Joachim: *Exempla* und *mos maiorum*. Überlegungen zum kollektiven Gedächtnis der Nobilität. In: Vergangenheit und Lebenswelt. Soziale Kommunikation, Traditionsbildung und historisches Bewußtsein. Hrsg. von Hans-Joachim Gehrke u. Astrid Möller. Tübingen 1996. S. 301–338.

Kullmann, Wolfgang u. Althoff, Jürgen: Vermittlung und Tradierung von Wissen in der griechischen Literatur. Tübingen 1993.

Luschat, Otto: Thukydides der Historiker (Sonderausgaben der Paulyschen Realenzyclopädie der classischen Altertumswissenschaft). München 1978. *Die echte Tiefeninformation zu den antiken Historikern findet der Wißbegierige immer noch im ‚Pauly-Wissowa'.*

Malitz, Jürgen: Das Interesse an der Geschichte. Die griechischen Historiker und ihr Publikum. In: Purposes of History. Studies in Greek Historiography from the 4th to the 2nd Centuries B.C. (Studia Hellenistica 30). Hrsg. von Herman Verdin [u. a.], Leuven 1990, S. 323–349.

Meißner, Burkhard: Historiker zwischen Polis und Königshof (Hypomnemata, 99). Göttingen 1992. *Interessante Aufschlüsse zur Sozialgeschichte griechischer Historiker im 3. Jh. v. Chr.*

Momigliano, Arnaldo: The Development of Greek Biography. Cambridge/Mass. 1993.

– Alien Wisdom. The Limits of Hellenization. Cambridge/Mass. 1993 (1971). *Exzellente Essays über die Beziehungen der Griechen zu ihren Nachbarkulturen.*

Murray, Oswyn: *Geschichte.* In: Brunschwig, Jacques u. Lloyd, Geoffrey (Hrsg.): Das Wissen der Griechen. Eine Enzyklopädie. München 2000. S. 281–289. *Ausgezeichneter Problemaufriß über den Ort der* historia *im griechischen Wissen.*

Potter, David S.: Literary Texts and the Roman Historian. London 1999. *Versuch, die antike Historiographie in den konstruktivistischen literarischen Ansatz einzubeziehen.*

Rechenauer, Georg: Thukydides und die hippokratische Medizin. Naturwissenschaftliche Methodik als Modell für Geschichtsschreibung. Hildesheim [u.a.]1991.

Rüpke, Jörg: Fasti. Quellen oder Produkte römischer Geschichtsschreibung? In: Klio 77 (1995). S. 184–202.

– Geschichtsschreibung in Listenform: Beamtenlisten unter römischen Kalendern. In: Philologus 141 (1977). S. 65–85.

Thomas, Rosalind: Oral Tradition and Written Record in Classical Athens. Cambridge 1989.

van Steters, John: In Search of History. Historiography in the Ancient World and the Origins of Biblical History. Winona Lake/Indiana 1997 (1983). *Gute, wenngleich anspruchsvolle Einführung in die ägyptische, mesopotamische, hethitische und biblisch-israelitische Historiographie.*

Zoepfel, Renate: *Historia* und Geschichte bei Aristoteles (Abhandlungen der Heidelberger Akademie der Wissenschaften. Phil. hist. Klasse 1975, 2). Heidelberg 1975.

4. Byzantinische Geschichtsschreibung

4.1 Staatliche und kulturelle Bedingungen

Das byzantinische Reich spielt als Träger von nationaler, kultureller und religiöser Identität allein für das moderne Griechenland eine zentrale Rolle. Dort sichert es die als unverzichtbar empfundene Kontinuität zum klassischen Hellas. Für alle anderen Staaten im slawischen Bereich und in der Mittelmeerwelt beschränkt sich die Rolle von Byzanz auf eine unter vielen möglichen Elementen der Selbstinterpretation. Es ist deshalb begreifbar, daß ein europäisches oder gar universalhistorisches Interesse an der Geschichte dieses Staates lange Zeit nicht zwingend war. Bis zum 19. Jh. galt Byzanz in der europäischen Geschichtssicht als ‚dekadente Kultur', d.h. als christlich-barbarisches Gegenbild der maßstabsetzenden athenischen Klassik. Nachdem der Klassizismus verabschiedet und die Entartungsthese verworfen wurde, fällt ein unbefangener Zugang zu dieser Kultur leichter. Indem die Byzantinistik ihren Gegenstand als historisch einmaligen abgrenzen konnte, wurde unübersehbar, welche außerordentliche Erklärungskraft ihm zukommt. Der Zugang zur ethnischen Struktur der Balkanhalbinsel, zum alten Rußland, zum Islam und zum Kaukasus sollte über Byzanz führen. Die vergleichende Kulturforschung für Altertum und Mittelalter profitiert vom Einbezug byzantinischer Parallelphänomene: so die Erforschung der griechischen Polis, der römischen Republik, der mittelalterlichen Stadt, des Lehnswesens und der christlichen Mission.

Der ‚byzantinische Raum' reicht von Süditalien bis zum Kaukasus, von der Donau bis zum Euphrat, strahlt aber kulturell im Norden bis zur Halbinsel Krim, im Süden bis zum Nildelta und nach Äthiopien aus. Im Laufe von über 1000 Jahren Geschichte verlagerten sich die wirtschaftlichen, ökonomischen und demographischen Schwerpunkte des Reichs mehrmals. Vom 4. bis zur Mitte des 7. Jh. umklammerte es das östliche Mittelmeer, um im sich Frühmittelalter fast wie eine Landmacht auf dem ‚kleinen Kontinent' Kleinasien zu regenerieren. Nach dem endgültigen Verlust Kleinasiens erlebte Byzanz seinen Untergang als eine Kette zerstreuter Kleinstaaten in der Ägäis und am Schwarzmeerufer.

Ihre staatliche Identität fanden die Byzantiner in der Anknüpfung an das oströmische Reich, ihre religiöse als orthodoxe Christen und ihre kulturelle als Hellenen. Eine ethnische Identität hat Byzanz während seiner ganzen Dauer nicht besessen. Die Ausbildung starker lokaler Kulturen in Armenien, Syrien und Ägypten wurde seit dem 6. Jh. durch vielfältige Einwanderung ‚barbarischer Völker' in den europäischen und kleinasiatischen Reichsteil ergänzt. Massenumsiedlungen und Deportationen sorgten im Hochmittelalter für ethnische Fluktuation an den Grenzen und in den zentralen Landschaften des Reichs. Wer barbarischer Abstammung war, aber doch orthodoxen Glaubens, der konnte durch Übernahme griechischer Sprache und Kultur in der Gesellschaft unbegrenzt aufsteigen, d.h. auch Kaiser werden. Während im lateinischen Europa im Verlauf von fünf Jahrhunderten die Nachfolgestaaten des weströmischen Reichs sich mit den neuen germanischen und slawischen Reichen zu einer Ökumene auf der Grundlage friedlicher Koexistenz zusammenfanden, blieb Byzanz im Osten eine isolierte Größe. Eher vernichtete es Bulgarien, Serbien und Armenien, als daß es sich mit der Existenz gleichberechtigter orthodoxer Gesellschaften abfinden konnte. Anders als der Westen kannte Byzanz keine pluralistische Erweiterung seiner Identität. Es blieb stets seine eigene Grenze und mußte deshalb für die gesamte Dauer seiner staatlichen Existenz einen Zweifrontenkrieg im Osten und Westen führen. In dieser endlosen Auseinandersetzung bereiteten die Siege über die assimilationsbereiten Randgesellschaften die eigene Niederlage vor. Sie verleiteten das Reich schon ab dem 10. Jh. dazu, seinen Charakter als zentralistischer Militärstaat aufzugeben. Den Verlust der Finanzierungsbasis für eine starke Armee und Flotte, auch des Handels an die italienischen Seerepubliken und den eigenen Feudaladel bezahlte das Reich mit seinem allmählichen Untergang. Die gleichzeitige Verteidigung an zwei, teilweise sogar drei weit auseinanderliegenden Fronten war auf der Grundlage partikularer und lokaler Interessen nicht mehr möglich.

Angesichts des dramatischen Verlaufs von Zusammenbruch, Aufstieg und Niedergang bleiben die zentralen Parameter der byzantinischen Kultur zwar erhalten, verschieben sich aber doch in ihrem Verhältnis zueinander. Der ‚römische Staatsbegriff' wird beibehalten, aber in Verwaltung, Sprache und selbst im Recht gräzisiert; die orthodoxe Kirche mit ihrem Patriarchen ist Teil des Reichs, und der Kaiser regiert unangefochten auch in der Kirche. Spätestens im 14. Jh. jedoch beginnt diese sich vom Staat zu lösen, widersetzt sich ihm in der Unionsfrage und verabschiedet sich von Kaisertum und Reich in ein zunehmend autonomes kollektives Gedächtnis.

Die griechische Kultur in ihrer hellenistischen Phase war multipolar aufgebaut, mit Zentren in Antiocheia, Beirut, Jerusalem, Alexandria und Karthago. Seit dem 7. Jh. n.Chr. konzentrierte sie sich auf Konstantinopel und hielt nur noch über die Vermittlung der Kirchenväter Kontakt zum heidnischen Erbe. Während im Westen bis ins 12. Jh. die Kleriker das kulturelle Leben dominierten, blieb die byzantinische Bildungsschicht, zusammen mit dem kaiserlichen Beamtenapparat, von Laien dominiert. Klöster und Patriarchenschulen bildeten keinesfalls das Rückgrat der Bildungstradition, weder in der Sprachpflege, dem Literaturbetrieb noch bei der Erstellung von Handschriften. Alle diese Tätigkeiten blieben wie selbstverständlich den Laien vorbehalten. Deshalb riß die Pflege der späthellenistischen Literaturgattungen, bis auf das Drama, auch niemals ab. Auch der Sprachpluralismus der späthellenistischen Phase (Diglossie) wirkte bis zum Ende des Reichs fort. Niemand wagte es, den Kanon der attischen Literatur anzuzweifeln, aber auch das Neue Testament bot mit der hellenistischen Koiné eine voll entwickelte Literatursprache an. Daneben aber entwickelte sich, kaum sichtbar für den heutigen Linguisten, die Volks- und Alltagssprache, die aber selbst in der Spätphase nicht integral geschrieben wurde. Folglich gründet byzantinische Literatur und damit Geschichtsschreibung auf konsequenter Zweisprachigkeit unter variablem Einbezug der ungeschriebenen Volkssprache: Die ‚höheren Gattungen', also auch die Historiographie, tendieren zur Nachahmung (*mimesis*) der attischen Vorbilder, die niederen, mehr technischen Gattungen und auch die Amtsschriften der Kirche, tendieren zur literarischen Koiné. Beide Linien können in wechselnder Stärke von ‚populären' Elementen durchsetzt werden. Lange Zeit erschien die byzantinische Literatur deshalb in der Aura völliger Gleichförmigkeit: eine Literatur ohne Anfänge (Archaik) und ohne jede Entwicklung. Inzwischen hat man diese starre Betrachtungsweise aufgegeben. Tausend Jahre sprachlicher Klassizismus und Nachahmung lassen sich durchaus zu einem dynamischen Zusammenhang verdichten. Der Gebrauch antiker Wörter und Stilmittel verstellt nicht mehr den Blick auf die zeitspezifische Information und den selbständigen Ausdruck.

Noch stehen die Forschungen zum ‚kollektiven Gedächtnis' oder der ‚Memorialkultur' von Byzanz am Anfang. Zentralistisch definierte kirchliche Riten, ein teilweise wohl sehr bewußter öffentlicher Gebrauch antiker Bildwerke, der mit einem unter schweren inneren Kämpfen entwickelten christlichen Bildbegriff zusammentrifft, legen den Verdacht nahe, daß das ‚byzantinische Gedächtnis' in einer doppelten Idealität verharrte: Transzendenz der christlichen Werte und Geschichtlichkeit und Uneinholbarkeit der griechischen Ursprünge. Für die real erfahrenen sozialen und politischen Veränderungen blieb wenig Beschreibungspotential übrig. Nur selten konnten sich die Geschichtsschreiber von der Auffassung einer oft von Asketen dominierten Kirche lösen, die irdisches Handeln weder als ethisch wertvoll, noch als ‚schön' darstellbar begriff. Der geschichtliche und kontingente Bereich blieb christlich abgewertet bzw. ließ sich nur in einer idealen attischen Perspektive erfassen. Dementsprechend ist die byzantinische Literatur arm an biographischen Werken und reich an Hagiographie. Sie zeichnet einen religiösen Idealmenschen, dem kein Politiker jemals gewachsen sein kann.

4.2 Ein Kanon byzantinischer Historiker

Die byzantinische Geschichtsschreibung ist in aufsteigender Linie überliefert: die frühe, ausgenommen das 6. Jh., nur fragmentarisch, die mittlere bis ins Jahr 1000 in breiten Ausschnitten, die späte bis zum Ende des Reichs in so dichter Folge, daß sie jede vergleichbare nationale Historiographie im lateinischen Westen übertrifft. Freilich gilt diese Aussage nur für die hauptstädtischen Chronisten und Historiker. Von der großen Zahl lokaler Stadt- und Klosterchroniken im byzantinischen Großraum und seinen ausgedehnten Grenzen hat nur wenig überlebt.

Zu Beginn der modernen Byzantinistik unterschied man strikt zwischen Chronistik und Historiographie: Mönche verfaßten universale Chroniken für ein breiteres Publikum und reduzierten deswegen die sprachlichen Anforderungen, Laien dagegen schrieben Zeitgeschichte in hochsprachlicher Ausrichtung. Diese Dichotomie bezeugt sich heute nur noch dadurch, daß byzantinische Chroniken als Typ in einer höheren Anzahl von Manuskripten überliefert sind als die Historiographie. Mit oft nur einem oder zwei Kodizes befand diese sich in einer riskanten Überlieferungslage. Dagegen kann man die Trennung von Laie und Mönch, von hoch- und volkssprachlicher Tendenz, von Historiographie und benachbarten literarischen Gattungen zu Recht als überholt ansehen. Die Typologien von Gattung und Autor innerhalb der byzantinischen Historiographie befinden sich seither in beständigem Übergang.

Die frühbyzantinische Periode (400–650)

Prokopios von Kaisareia in Palästina (490/507– ca. 562) eröffnet die Reihe der frühen byzantinischen Historiker; bis heute ist er der am meisten gelesene überhaupt. Diesen Erfolg verdankt Prokopios dem Glanz der justinianischen Epoche, die er darstellt, und dem Umfang, aber auch den inneren Brüchen seines Werkes. Erhalten sind acht „Bücher über den Krieg“ (*Bella*), die *Anekdota*, auch „Geheimgeschichte“ genannt, und fünf Bücher über die „Bauten“ (*Aedificia*) Kaiser Justinians I. (527–565). Als Rechtsberater und Sekretär des Feldherren Belisarios war Prokopios Augenzeuge der erfolgreichen Vandalen-, Ostgoten- und Perserkriege, hatte Zugang zu geheimer Korrespondenz und Bauakten. Seine Werke sind somit die Hauptquelle zur justinianischen Außenpolitik, liefern aber auch ein farbiges Bild vom byzantinischen Parteiwesen und der Kultur Konstantinopels.

Während die Kriegsbücher Justinian und seinen treuen Feldherren verherrlichen, geben die *Anekdota* in der Form einer Skandalgeschichte den Kommentar zu den niederen Seiten der Kaiserherrschaft. Noch der Erstdruck durch den päpstlichen Archivar Niccolò Alemanni (1583–1626), Lyon 1623, galt für die französischen Behörden als Majestätsbeleidigung. Wozu Prokopios noch zwei Werkgruppen benötigte, eine für Lob, eine für Tadel, bündelte die spätere byzantinische Geschichtsschreibung zu einem konsequenten Ansatz: Kritik am Kaiser, kaum jemals am Kaisertum, übte fast jeder Historiker. Ein Herrscher, der nicht als ‚Wohltäter‘ seines Volkes wahrgenommen wurde, Häretiker war, die Kirche mißhandelte, aus einer eben gestürzten Familie kam oder dem Gott durch offensichtlichen Mißerfolg seine Gnade entzogen hatte, mußte mit schärfsten Angriffen auf seine *memoria* rechnen.

Auch im Bereich des historiographischen Stils setzte Prokopios den Maßstab für die Zukunft. Er ahmte Herodot, Thukydides (vgl. seine Pestbeschreibung 542 n.Chr., 2, 22,9) und Diodor nach, ohne deswegen ein konsequenter Attizist zu sein. Indem er zeitgenössische Begriffe ganz vermied oder umschrieb, Übersetzungen aus dem Lateinischen scheute und mit agnostischen Wendungen göttliches Wirken bezeichnete, gab er seiner Geschichte einen altertümlichen, teilweise sogar heidnischen Anstrich. Das hinderte aber selbst fromme Mönche nicht daran, ihn ihrerseits zu imitieren.

Die byzantinischen Historiker hielten strikt am antiken Fortsetzungsprinzip, dem historischen Zyklus, fest. So fand auch Prokopios in **Agathias aus Myrina** (Kleinasien, ca. 531– ca. 582) seinen Nachfolger. Er beschrieb in fünf Büchern „Geschichten“ die Spätzeit der Regierung Justinians (552–559). Agathias fühlte sich als Dichter wie als Historiker und überlieferte viele persönliche Notizen über sich. Ihm waren wohl Quellen aus dem Sassanidenreich zugänglich, denn ihm verdanken wir einen interessanten Bericht

(II, 30–31) über die Reise der Mitglieder der neuplatonischen Akademie in Athen ins Zweistromland und ihre enttäuschte Rückkehr. In Stil und Wortschatz folgt Agathias den attischen Vorbildern, aber sein Satzbau entspricht bereits der gehobenen Koiné, also dem späthellenistischen Griechisch.

Theophylaktos Simokattes († ca. 628) aus Ägypten wählte sich diese Stilmischung seinerseits zum Vorbild. Er amtierte wohl als Stadtpräfekt von Konstantinopel und war so in der Lage, die Regierung des bedeutenden Kaisers Maurikios (582–602) aus der Sicht hauptstädtischer Behörden zu schildern; für die Grenzkriege ist er ein Kompilator untergegangener Werke. Auch Theophylaktos fühlte sich als Dichter und gab darüber in einem der extrem seltenen Momente byzantinischer Methodenreflexion Auskunft. In die Vorrede zu seinen „Geschichten" setzt er einen Dialog zwischen Philosophie und Geschichtsschreibung, die nun endlich wieder Redefreiheit genieße und ihre ‚Verführungskunst' auf die Zuhörer ausüben könne, und zwar in öffentlichen Vorlesungen, wie wir annehmen dürfen. Die Voraussetzungen für eine derartige Sprechsituation kunstvoller Prosa sind in der sozialen und wirtschaftlichen Krise des 7. Jh. rasch geschwunden. Die gesamte weltliche Literatur der Byzantiner, mithin auch die Geschichtsschreibung, vollzieht die Wende vom lauten öffentlichen zum stillen und isolierten Lesen, die volkstümliche Chronistik ohnehin.

Die mittelbyzantinische Periode I (650–850)

Das 7. und 8. Jh. gelten als ‚dunkles Zeitalter' von Byzanz. Die Zeitgeschichtsschreibung, die von 270 bis 602 n.Chr. in ununterbrochener Folge (*historia perpetua*) betrieben worden war, reißt ab. Über die arabische Eroberung des Ostens und den Bilderstreit, wahrhaft epische Kämpfe, schreibt kein großer Historiker, nicht einmal eine zeitgenössische Chronik hat sich erhalten. Ein ähnliches Bild zeigt die Kirchengeschichtsschreibung. Zwischen dem 7. und dem 14. Jh. wird sie als selbständiges Genus nicht praktiziert, während gleichzeitig ihr Deutungsschema, das das unerklärliche Wirken Gottes betont, sich in der Profangeschichte restlos durchsetzt. Von nun an dominiert die religiöse Sicht auf Staat und Politik die Geschichtsschreibung von Byzanz und schließt damit deren ‚antikklassische' Periode ab. Zwar sind auch für kirchliche Autoren bald wieder Rückgriffe auf die ‚attische Tradition' möglich, aber deren empirische Erklärungsmuster bleiben fortan ein Tabu.

Das erste überlieferte Werk dieses neuen historiographischen Typs geht auf **Theophanes Homologetes** (*Confessor*, der Bekenner) (ca. 760–

12. März 818) zurück, den die orthodoxe Kirche als Heiligen verehrt. Seine *Chronographia* setzt eine ältere Kompilation seines Gönners Georgios Synkellos fort und verwendet wohl auch dessen Materialien für den Zeitraum von 285–813. Die neueste Ausgabe von Mango und Scott (Oxford 1997) rechnet vorsichtig mit der Verwendung von 20 verschiedenen Quellenwerken, aus denen sich Theophanes, ohne große sprachliche Veränderungen, das Passende herausschnitt. Demgemäß liest ihn die heutige Forschung weniger als ‚Autor', denn als Herausgeber einer Enzyklopädie vieler Chroniken, Traktate, Historien und epischer Überlieferungen, von denen wir ohne ihn gar nichts mehr wüßten. So benutzt er fast als einziger syrische Quellen zur frühen arabischen Herrschaft über die Christen im Osten. Auch deutliche Spuren offizieller byzantinischer Heeresberichterstattung lassen sich bei ihm ausmachen.

Bedeutend, wenn auch oft nicht erfolgreich, ist Theophanes als Chronist. Hier steht er als einer der letzten in Byzanz in der Tradition des Eusebius von Caesarea und versucht sich an einer universalen Zeitfolge mit Weltjahr (*annus mundi*), Inkarnationsjahr sowie den Regierungsjahren der römischen und persischen Kaiser und aller vier Patriarchen. Abgesehen von Italien, wo Informationslücken auftreten, verfügte Theophanes über einen wahrhaft welthistorischen Horizont. Da er Freund der Bilderverehrung (Ikonodule) war, kam er als vertrauenswürdiger Anknüpfungspunkt für die nächsten Generationen von Historikern in Frage. Im Gelehrtenkreis um Kaiser Konstantin VII. (944–959) schließt sich eine umfangreiche Chronikengruppe an ihn an, die sogenannten **Scriptores post Theophanem**, die die Zeitgeschichte schrittweise bis 961 hinaufführen. Langsam, im Abstand von fast 200 Jahren, näherte sich die byzantinische Geschichtsschreibung mit ihnen wieder den antiken Modellen an.

Dominiert wird die Epoche jedoch sprachlich von einer Mischung aus literarischer Koiné und gesprochenem Griechisch. Offensichtlich dachte man nicht mehr an Leser mit attizistischen Erwartungen. Zeitweise dominiert tatsächlich die Kultur der Mönche wie in der „Kurzen Chronik" (*Chronikon syntomon*) des **Georgios Monachos** (ca. 850). Zwischen 847–866/867 verfaßt, reicht diese Chronik von Adam bis ins Jahr 842. Georgios interessieren vor allem religiöse Belange, das Leben Christi und das der ersten Mönche, die er kühn in die Zeit des frühen Prinzipats versetzt. Ein solches Werk konnte sich als Überlieferung, vor allem in der slawischen Welt, durchsetzen und fand auch Fortsetzer.

Die mittelbyzantinische Periode II (850–1025)

Noch in der ersten Hälfte des 9. Jh. begann in Byzanz eine philologisch sammelnde Tätigkeit, die zu Recht den Namen einer ‚Renaissance' trägt. Sie ist untrennbar mit den Namen des Patriarchen **Photios** (ca. 820–891), seinem Schüler **Arethas** (ca. 850– nach 932) und Kaiser **Konstantin VII. Porphyrogennetos** (905--959) verbunden. Photios exzerpierte in seiner *Bibliotheca* (Μυριοβιβλον) zahlreiche, auch häretische Autoren von Herodot bis zu eigenen Zeitgenossen und beurteilte sie stilkritisch. Viele Fragmente spätantiker Historiker finden sich allein bei ihm. Auf Arethas geht die Umschrift vieler Klassiker in den Kodex und ihre Kommentierung zurück. Ihm verdanken wir den besten Text der *Ilias* und des Platon. Kaiser Konstantin VII. ließ zum Gebrauch seines Hofes, seiner Diplomaten und Beamten große Exzerptsammlungen anlegen, in denen sonst ganz verlorene frühbyzantinische Historiker wie Eunapios, Priskos, Malchos, Petros Patrikios und Menandros sichtbar werden. Hier herrscht ein praktisches Interesse am Wissen über die Vergangenheit und fremde Völker vor.

Insgesamt fällt der Impuls, die antiken Texte wiederzulesen und zu gebrauchen, beeindruckend aus und erfaßt auch die klassischen Historikertexte mit verbesserten Ausgaben. Deshalb ist es unnötig, mit Jakov Ljubarskij anzunehmen, die byzantinische Zeitgeschichte hätte sich nach einer annalistisch-chronikalen Phase – wie schon in der archaischen Zeit – erneut ‚erfinden' müssen. Wo sofort Stilimitation möglich ist, wird man auch die materiellen Eigenschaften einer Literaturgattung nicht vergessen haben.

Welches Niveau die Zeitgeschichtsschreibung bereits wieder erreicht hatte, beweist die „Geschichte" des **Leon Diaconus** (ca. 950– ca. 1000). Obwohl er im Palastklerus der Hauptstadt diente, nahm er an Feldzügen auf dem Balkan teil und war also durchaus fähig, die kriegerische Epoche zwischen 959 bis 976 vermittels eigener und fremder Augenzeugenschaft darzustellen. Leon setzt nach antiker Manier Reden und Briefe in seine Geschichte, er ahmt die Klassiker ebenso wie Agathias nach, greift aber auch auf Homer und die Sprache der griechischen Bibelübersetzung (*Septuaginta*) zurück. Was umgangssprachlich oder nur technisch ausfällt, bezeichnet Leon ausdrücklich in diesem Sinn. Damit bringt er freilich nur die traditionelle byzantinische Einstellung zur Historiographie zum Ausdruck.

Schon seit der Spätantike dominierte in Byzanz die Rhetorik alle literarischen Gattungen, einschließlich der christlichen. Jeder Gegenstand, auch der historische, hatte ‚schön' behandelt zu werden; jede Prosa, auch die historische, sollte metrisch geschrieben sein. Als Muster solcher Arbeit galten Herodot und Thukydides, aber auch Homer. Dabei wurden nicht alle antiken historiographischen Gattungen gleichmäßig gepflegt: Die Annalistik geriet in Vergessenheit, die Heiligenvita wurde der Biographie vorgezogen. Das Romanschema wurde wohl im 12. Jh. zuerst als Handlungsentwurf für die Geschichtsschreibung aufgegriffen und erst danach in selbständigen Romanen ausgeprägt.

Erstaunlich mutet an, daß die byzantinische Mehrsprachigkeit (Diglossie) die ununterbrochene Mimesis antiker Musterautoren niemals behindert hat. Man konnte eben Herodot, Diodor oder Prokopios imitieren, sich an archaischen, attischen oder hellenistischen Sprachstufen ausrichten: Entscheidend blieb, für die Geschichtsschreibung ein ‚anderes' bzw. ‚älteres' Idiom zu verwenden, also die jeweilige Volkssprache möglichst auszublenden. Die alte Form, an der ‚Vorgeschichte' erprobt, verbürgte die Richtigkeit neuer Darstellung. Hier kam dem Attischen geradezu der Kultstatus einer ‚Wahrheitssprache' zu.

Die spätbyzantinische Periode I (1025–1204)

Das 11. Jh. ist der Anfang intensiver Kontakte von Byzanz mit dem ungeliebten lateinischen Westen. Aus dieser Periode sind nicht wenige Geschichtsschreiber überliefert, die über gründliche Erfahrungen auf dem militärischen, höfischen und kirchlichem Gebiet verfügen. Die Person des historischen Autors drängt sich z.T. dermaßen stark in den Vordergrund, daß sie das Mißtrauen der auf Objektivität fixierten modernen Leser erregt.

Michael Psellos (1018– ca. 1080) ist die erste dieser schillernden Persönlichkeiten. Aus bescheidenen Anfängen stieg er bis zum kaiserlichen Kanzleichef und Leiter einer glänzenden Hofakademie auf. Zehn Wechsel im Kaiseramt überstand er ebenso wie eine Anklage wegen astrologischer Praktiken. Er war Höfling, Philosoph und gleichzeitig ein Mann, der sich für das ‚Volk' interessierte, denn er mischte dessen Sprache mit einem eleganten Attisch. Sein Geschichtswerk mit dem eher unpassenden Titel *Chronographia* behandelt den Zeitraum von 976–1078, also die byzantinische Großmachtzeit und die ersten Phasen des Niederganges. Niemals läßt er den Leser über seine eigene großartige Rolle, sein universales Wissen und seinen Geschmack im Unklaren. Ihn interessiert fast ausschließlich die Innenpolitik und die Intrigen des Hofes, deshalb liefert er auch Meisterstücke der Personenschilderung. Im Übrigen bildet die *Chronographia* nur den kleineren Teil eines umfangreichen Werkes von Reden, Briefen und Urkunden.

Als Parallelüberlieferung zu Psellos kann man **Michael Attaleiates** (ca. 1028– nach 1085) lesen. Er war Jurist, später Militärrichter und nahm an zahlreichen Feldzügen in Kleinasien teil, auch an jenem, der zu der tragischen Niederlage bei Mantzikert 1071 gegen die Seldschuken führte. Seine „Geschichte" umfaßt den Zeitraum von 1034–1079/1080, beschreibt den Verfall der byzantinischen Heeresverfassung und spart nicht mit Kritik an den Fehlentscheidungen der Kaiser. Attaleiates nimmt sich als Autor verglichen mit Psellos sehr zurück, konzentriert sich aber ebenso wie dieser auf archaische Stilisierung und Rhythmisierung seiner historischen Prosa.

Kaiserlicher Richter und Palastfunktionär war auch **Johannes Skylitzes** (ca. 1050–1120). Er versucht sich an einem großen zeitgeschichtlichen Überblick für den Zeitraum von 811 bis 1057. In der Vorrede zu seiner „Zusammenschau der Geschichte" (συνοψις ἱστοριων) setzt er sich kritisch – ein seltener Vorgang in Byzanz – mit einer Vielzahl von Vorgängern und Quellentypen auseinander. Anders als sie möchte er einen breiten, objektiven Überblick geben, neue mündliche Informationen erschließen und bloße Schwarzweißmalerei meiden. Tatsächlich findet sich bei Syklitzes ein ungewöhnlich breites Spektrum an Auskünften zur Außenpolitik, zur Geschichte der aufsteigenden Adelsfamilien, ja selbst vertrauenswürdige Angaben zur Wirtschafts- und Sozialpolitik. So wurde die „Zusammenschau der Geschichte" zu einem Werk, an dem die nächste Historikergeneration gern anknüpfte. Eine Skylitzes-Handschrift in Madrid (Madrit. gr. Vitr. 26-2) ist mit 574 Miniaturen wohl die berühmteste illustrierte Version eines byzantinischen Historikers.

An der Wende zum 12. Jh. finden sich Geschichtsschreiber sogar innerhalb der kaiserlichen Familie der Komnenen. **Anna Komnene**, die Tochter Alexios I., (1083–1153/1154) und ihr aus dem Militäradel stammender Gemahl **Nikephoros Bryennios** (ca. 1060–1136/1137) haben beide sehr persönlich gefärbte Werke hinterlassen. Bryennios lag vor allem an den familiären Traditionen der großen Dynastengeschlechter, der Dukas, Komnenen und Bryennioi. Seine „Geschichten" werten ihre mündliche Tradition für das Jahrzehnt 1070–1079 aus. Mit teilweise fast epischen Mitteln malt er die militärische und ritterliche Lebenswelt und verherrlicht seinen Großvater, den Usurpator Nikephoros Bryennios (Regierungszeit 1077/8). Selbst dieser Aristokrat bevorzugt einen klassizistischen Stil und archaische Begriffe, auch wenn er die Umgangsprache manchmal unbefangen benutzt.

Dem Drängen seiner Frau, den eigenen Schwager Johannes II. (1118–1143) vom Thron zu verdrängen, gab Bryennios nicht nach. Anna Komnene trug ihre Verschwörung gegen den eigenen Bruder die Verbannung ein. So fand sie die Muße für ihr großes Prosaepos über den eigenen Vater, Kaiser Alexios I. (1081–1118). Die *Alexias* deckt den Zeitraum von 1070 bis 1118 ab und benutzt die Vorgängerhistoriker, aber auch viel Selbsterlebtes und die Berichte von Veteranen der väterlichen Armee. Anna sucht den Anschluß an die homerischen Epen und setzt ihre hervorragende Kenntnis der Klassiker, der Geographen und Ärzte in eine anspruchsvolle, oft dunkle Darstellung um. Den archaisierenden Stilanforderungen genügt die Kaisertochter somit, nicht aber dem in der Antike geforderten Ethos für die Geschichtsschreibung, das Frauen als Autoren ausschließt. Dennoch entbehrt ihr in jüngster Zeit auch von der Geschlechterforschung vielbeachtetes Werk nicht der sozialen Logik. Annas Epoche sieht nicht wenige Frauen am kaiserlichen Hof in beachtlichen Machtpositionen. Da sie ihren politischen Ehrgeiz niemals umsetzen konnte, kann man ihr Geschichtswerk als Kompensation deuten, als Protest, den man aus Gründen literarischer Qualität und familiärer Pietas nicht ganz totschweigen konnte.

Neben der Zeitgeschichte aus der Sicht von Beteiligten blühten in Byzanz im 12. Jh. aber auch weitere historiographische Gattungen. Erzbischof **Eustathios von Thessalonike** (ca. 1100–1195/1198) hinterließ eine klassische Ereignismonographie über die Eroberung dieser Stadt durch die Normannen im Jahr 1185. **Johannes Zonaras** (1. Hälfte des 12. Jh.), **Konstantinos Manasses** († ca. 1187) und **Michael Glykas Sikidites** († ca. 1200) schrieben alle Weltchroniken seit Adam und erfreuten sich, wie die große Anzahl von Manuskripten zeigt, unvergleichlich höherer Beliebtheit als die reine Politikgeschichte. Glykas' Werk bietet sogar den seltenen Fall eines Lehrbuches für die Jugend, ist es doch ausdrücklich für den eigenen Sohn entworfen.

Die spätbyzantinische Periode II (1204–1461)

Der umfassende Niedergang ihres Reichs war den byzantinischen Historikern bereits im 12. Jh. deutlich geworden. Mit der Eroberung Konstantinopels durch die Lateiner im Jahr 1204 war er in eine Katastrophe gemündet. Trotzdem fiel es den Byzantinern schwer, dafür klare Gründe anzugeben. Hier kam ihnen weder eine Geschichtsphilosophie noch eine pragmatische Geschichtsauffassung zu Hilfe. Das Kaiserreich war ein idealer Staat ebenso wie die orthodoxe Kirche eine ideale Kirche war. Beide wurden als ungeschichtliche Prototypen begriffen, die der Kritik durch eine unmittelbare historische Erfahrung entrückt waren. Eine eschatologische, d.h. endzeitliche Perspektive, die revolutionär hätte wirken können, fehlte dem Reich völlig. Auch die wenigen Ansätze zur strukturellen Kausalanalyse mündeten ausnahmslos in die Vorstellung von Sünde und der göttlichen Bestrafung von Kaiser und Volk. Deshalb gewann ab dem 13. Jh. auch die kirchliche Orthodoxie an Stärke und schwächte den Staat, indem sie ihn seinen politischen Bündnispartnern entfremdete, und die Gesellschaft, indem sie ihr die Nachahmung des Westens als Aufgabe der eigenen Identität hinstellte.

Den Anfangspunkt für die lange byzantinische Verfallsgeschichte setzt **Niketas Choniates** (ca.1155–1215/1216). An ihn knüpft ein neuer ‚historischer Zyklus' an (vgl. Kap. 3.2), der bis ins 14. Jh. reicht. Choniates „Zeiterzählung" (χρονικὴ διήγησις) umfaßt in 21 Büchern die Zeitspanne von 1118 bis 1206, endet also mit dem Verlust der Heimat und der Ansiedelung in der neuen Hauptstadt Nikaia. Als hoher, wenngleich einflußloser Beamter war er Augenzeuge und mit vielen Politikern persönlich bekannt. Seine Informationen betreffen fast alle Bereiche byzantinischen Lebens und münden oft in prägnante Porträts der Handelnden, etwa der Kaiser Manuel I. (1143–1180) und Andronikos I. (1183–1185). Für ihn wie für die meisten spätbyzantinischen Historiker gilt, daß die Katastrophen ihres Reichs sie in ihrem sprachlichen Klassizismus nur noch bestärken. Anders als in früheren Epochen, blieb das historische Interesse in der zunehmend zersplitterten Staatenwelt der Griechen jedoch nicht statisch: Choniates und manche seiner Fortsetzer erlebten eingreifende Umarbeitungen in die damalige Volkssprache. Erstmals formierte sich ein Lesepublikum, das Antikenkenntnis und politisches Wissen trennte. Der Verlust der staatlichen Selbständigkeit setzte dieser Entwicklung jedoch ein Ende.

Die Nachfolger des Choniates heißen **Georgios Akropolites** (1217–1282), **Georgios Pachymeres** (1242– ca. 1310) und **Nikephoros Gregoras** (ca. 1295–1357). Sie bringen alle den nikäischen, seit der Rückeroberung der Hauptstadt 1261 auch wieder konstantinoplen Standpunkt zum Ausdruck. Auffällig ist, daß die Belange der Kirche in den Vordergrund treten, vor allem die Auseinandersetzungen zwischen den asketischen Mönchen und dem Weltklerus, die das Reich zusätzlich schwächten.

In einer zunehmend lokalen historiographischen Produktion, die von den griechischen Kleinherrschaften in Epiros, Mistra und Trapezunt ausgeht, gewährt Kaiser **Johannes VI. Kantakuzenos** (1295/1296–1383, Kaiser von 1347–1354) nochmals eine Innenansicht der Macht. Nach einer nur kurzen Regierung hatte er als Mönch auf dem Athos genug Muße, eine sprachlich ausgefeilte Apologie zu verfassen. Seine „Geschichten" beginnen im Jahr 1320 und reichen z.T. bis 1362. Der Kaiser war ein extremer Klassizist, was ihn nicht daran hinderte, ein zeitweise enges Bündnis mit dem frühen osmanischen Reich einzugehen. Gut die Hälfte des Werks besteht aus direkten Reden; angesichts der bürgerkriegsähnlichen Zustände fällt ihm die Nachahmung des Thukydides leicht. Daneben finden sich aber auch Briefe, z.B. die des Sultans Nasreddin Hassan an Johannes VI. oder dessen Dialog mit dem päpstlichen Legaten über ein Konzil, die von der Alltagssprache Zeugnis ablegen.

Am Ende des byzantinischen Jahrtausends, bereits vor der Eroberung (*Halosis*) der Hauptstadt 1453, geben die byzantinischen Historiker zuvor unantastbare Dogmen ihrer Arbeit auf. Konstantinopel war nicht länger politisches und literarisches Zentrum der griechischen Diaspora, ja der Begriff von Reich und Herrschaft wurde unverzüglich auf den osmanischen Staat übertragen. Der Untergang des eigenen Staates lockerte bei vielen Gebildeten die Bindung an die Orthodoxie und setzte, oft erst im westlichen Exil, eine erstaunliche intellektuelle Energie frei. Sie wurden zu Vermittlern einer Kultur, deren lähmende Instanzen Kirche und Staat ihr Deutungsmonopol verloren hatten. Der Schwerpunkt historiographischer Tätigkeit verlagerte sich auf den Peloponnes und in die Ägäis; die Volkssprache war, obwohl Thukydides immer noch das Muster abgab, unaufhaltsam im Vormarsch.

Georgios Sphrantzes (1401– nach 1477), ein weitgereister Diplomat im Dienste der Palaiologen, behandelt in seinen tagebuchartigen „Memoiren" die Zeit von 1401 bis 1477. Er wurde zum Augenzeugen der Eroberung Konstantinopels, die er ohne weiteres der Nachgiebigkeit der Byzantiner auf dem Unionskonzil zu Ferrera anlastet. Dagegen war **Michael Dukas** (ca. 1400– nach 1461) ein Befürworter der Kirchenunion und Dienstmann der genuesischen Besitzer (Giustiniani) von Lesbos. Die Eroberung der Metropole erhält in seiner fesselnden „Geschichte" (im Zeitraum 1341 bis 1462) alttestamentarische Züge. Als Schüler des radikalen Platonverehrers Georgios Gemistos Plethon († 1452), der zur Rettung des Staates sogar die Rückkehr zum polytheistischen Heidentum empfahl, gilt **Laonikos Chalkodondyles** (ca.1430– ca. 1490). Seine „Darstellung der Geschichte" (αοδειξις ιστοριων) vollzieht den Umschlag von der byzantinischen zur osmanischen Reichsperspcktive, für die er auch viele türkische Quellen benutzt. Bei ihm heißen die Lateiner erstmals wieder ‚Rhomäer' und die Griechen ‚Hellenen'! Die osmanische Expansion deutet er nach dem Muster des Troja-Mythos als Kampf zwischen Ost und West, wobei er seine ethnographischen Beschreibungen bis nach Spanien ausdehnt. Noch weiter geht **Michael Kritobulos** (ca. 1400–1470), türkischer Gouverneur von Imbros, der seine „Geschichten“ gleich Sultan Mehmed II., dem Eroberer, widmet und türkische Geschichte und Thukydides-Nachfolge miteinander vereint.

Fazit

Nach der *Halosis* war der byzantinischen Historiographie noch eine beträchtliche Nachwirkung beschieden. Viele Intellektuelle gingen ins europäische Exil und exportierten mit ihrem persönlichem Wissen die Texte der altgriechischen Historiker gemeinsam mit denen ihrer byzantinischen Nachfahren. Im Westen wurde die politische Überlegenheit der griechischen Klassiker sogleich empfunden und gab der Ausbildung einer rhetorisch entmoralisierten Geschichtsschreibung starke Impulse. Was der Geschichtsschreibung im Osten nie gelungen war, gelang ihr im Westen durch die Wiederentdeckung von Thukydides und Polybios. Sie wurde zum Bestandteil einer historisch-philologisch-kritischen Leitwissenschaft, die ihrerseits Raum für eine neue Naturwissenschaft eröffnete. Unzweifelhaft war die Praxis der byzantinischen Historiographie durch die zwanghafte Nachahmung der Alten beeinträchtigt. Gewiß hat dies auch die Entwicklung einer Quellenkritik als methodischen Ansatz aufgehalten. Die durch Nachahmung ermöglichte Präsenz der Klassiker wurde aber das Fundament, auf dem die Geschichtsschreibung der europäischen Neuzeit erst entstehen konnte.

4.3. Bibliographie

Autoren

Agathias: Agathiae Myrinaei Historiarum libri quinque (Corpus Fontium Historiae Byzantinae [CFHB], 2). Hrsg von Rudolf Keydell. Berlin 1967.
- dt. Auszüge bei Veh, Otto: Prokop II. Gotenkriege. München 1966. S. 1110–1205.
- Agathias. The Histories translated with an Introduction and short Explanations (CFHB, 2A). Übersetzt von Joseph D. Frendo. Berlin 1975.

Akropolites, Georgios: Opera. Hrsg. von August Heisenberg, korrigiert von Peter Wirth. Bd. 1. Chronik. Stuttgart 1978.

– Die Chronik. Übersetzt u. erläutert von Wilhelm Blum. Stuttgart 1989.
Attaleiates, Michael: Historia (Corpus Scriptorum Historiae Byzantinae [CSHB]). Hrsg. von Immanuel Bekker. Bonn 1853.
Bryennios, Nicephorus: Histoire (CFHB, 9). Text, französische Übersetzung u. Kommentar von Paul Gautier. Brüssel 1975.
Choniates, Nicetas: Historia (CFHB, 11). Hrsg. von Johannes A. van Dieten. 2. Bde. Berlin/New York 1975.
– Historia (Byzantinische Geschichtsschreiber, 7,8,11). Vollständige deutsche Übersetzung von Franz Grabler. Graz [u.a.] 1958.
Chalkokondyles, Laonikos: Laonicae Chalcocandylae Historiarum Demonstrationes. Hrsg. von Eugen Darkó. 2 Bde. Bukarest 1922–1927.
– Europa im XV. Jahrhundert von Byzantinern gesehen. Aus dem Geschichtswerk des Laonikos Chalkokondyles (Byzantinische Geschichtsschreiber, 2). Übersetzt u. erklärt von Franz Grabler. Graz 1954.
Constantinus Porphyrogenitus: De administrando imperio. Hrsg. u. ins Englische übersetzt von Gyula Moravcsik u. Romilly J. H. Jenkins. Washington 1967.
– Three Treatises on Imperial Military Expeditions (CFHB, 28). Hrsg. u. ins Englische übersetzt von John F. Haldon. Wien 1990.
Dukas, Michael: Historia Turcobyzantina. Hrsg. von Vasile Grecu. Bukarest 1958.
– Decline and Fall of Byzantium to the Ottoman Turks by Doukas. Kommentierte Übersetzung von Harry J. Magoulias. Detroit 1975.
Eustathios von Thessalonike: Die Normannen in Thessalonike (Byzantinische Geschichtsschreiber, 3). Deutsche Übersetzung u. Kommentar von Herbert Hunger. Graz 1967².
Georgios Monachos (Hamartolus): Georgii monachi chronicon. Hrsg. von Karl von Boor, korrigiert von Peter Wirth. 2 Bde. Leipzig 1904 (ND 1978).
Glykas, Michael Sikidites: Chronik (CSHB). Hrsg. von Immanuel Bekker. Bonn 1836.
Gregoras, Nikephoros: Opera (CSHB). Hrsg. von Ludwig Schopen u. Immanuel Bekker, 3 Bde. Bonn 1829–1855.
– Rhomäische Geschichte. Übersetzt u. erläutert von Jan-Louis van Dieten, 3 de. Stuttgart 1973–1979.
– Chronographia brevis. Text, Translation and Commentary by Cyril Mango. Dumbarton Oaks 1990.
Kantakuzenos, Johannes VI. (Kaiser): Geschichte. Übersetzt u. erläutert von Georgios Fatouros u. Tilman Krischer (Bibliothek der griechischen Literatur [BGL], 17,21). 2 Bde. Stuttgart 1982–86.
Komnena, Anna: Alexias (CFHB, 40/41). Hrsg. von Diether Roderich Reinsch. 2 Bde. Berlin 2001.
– Alexias. Übersetzt u. kommentiert von Diether Roderich Reinsch. Köln 1996.

Kritobulos, Michael: Critobuli Imbriotae historiae. Hrsg. von Diether Roderich Reinsch (CFHB, 22). Berlin 1983
– History of Mehmed the Conqueror. Aus dem Griechischen übersetzt von Charles T. Rings. Princeton 1954.
Leon Diaconus: Leonis Diaconi Caloensis historiae (CSHB). Hrsg. von Charles-Benoît Hase. Bonn 1828
– Nikephoros Phokas, ‚Der bleiche Tod der Sarazenen' und Johannes Tzimiskes. Die Zeit von 959 bis 976 in der Darstellung des Leon Diaconus. Übersetzt von Franz Loretto (Byzantinische Geschichtsschreiber, 10), Graz 1961.
Manasses, Konstantinos: Chronik (CSHB). Hrsg. von Immanuel Bekker. In: Patrologia Graeca, 127. Paris 1864.
Pachymeres, Georgios. Relations historiques (CFHB, 24). Hrsg. u. kommentiert von Albert Failler, übersetzt ins Französische von Vitalien Laurent. 2 Bde. Paris 1984.
Photios: Bibliothèque (Myriobiblion). Hrsg. u. übersetzt von René Henry. 8 Bde. Paris 1959–78.
Prokopios: Werke I–V (I. Anekdota; II. Gotenkrieg; III. Perserkrieg; IV. Vandalenkrieg; V. Bauten, mit archäologischem Kommentar von Wolfgang Pülhorn). Griechisch u. deutsch. Übersetzt von Otto Veh. München 1961–1977.
Psellos: Michaelis Pselli Historia Syntomos (CFHB, 30). Griechisch-englisch. Hrsg. von Willem Johan Aerts. Berlin/New York 1990.
Skylitzes: Ioannis Scylitzae Synopsis historiarum (CFHB, 5). Hrsg. von Johannes Thurn. Berlin/New York 1973.
Sphrantzes, Georgios: Memorii 1401–1477. Hrsg. u. ins Rumänische übersetzt von Vasili Grecu. Bukarest 1966.
– Die letzten Tage von Konstantinopel (Byzantinische Geschichtsschreiber, 1). Übersetzt von Endre von Ivánka. Graz [u.a.] 1954.
Theophanes (der Bekenner): Chronographia. Hrsg. von Karl von Boor. Leipzig 1883–1885 (ND 1963).
– The Chronicle of Theophanes Confessor. Byzantine and Near Eastern History; AD 284–813. Hrsg. u. übersetzt von Cyril Mango und Robert Scott. Oxford 1997.
– Bilderstreit und Arabersturm in Byzanz. Das 8. Jahrhundert (717–813) aus der Weltchronik des Theophanes (Byzantinische Geschichtsschreiber, 6). Übersetzt von Leopold Breyer. Graz 1957.
Theophanes continuatus (Scriptores post Theophanem): Theophanes continuatus (CSHB). Hrsg. von Immanel Bekker. Bonn 1838.
Theophylaktes Simokates: Theophylacti Simocattae historiae. Hrsg. von Peter Wirth. Stuttgart 1972.
– Geschichte (BGL, 20). Übersetzt von Peter Schreiner. Leipzig 1985.

Zonaras, Johannes: Epitome historiarum. Hrsg. von Ludwig Dindorf. 6 Bde. Leipzig 1868–1875.
– Militärs im Ringen um das Kaisertum: Byzantinische Geschichte von 968 bis 1118 (Byzantinische Geschichtsschreiber, 16). Nach der Chronik des J. Zonaras übersetzt von Erich Trapp. Graz 1986.

Sammelausgaben und Anthologien

Beck, Hans-Georg: Byzantinisches Lesebuch. München 1982.
Geanakoplos, Deno John: Byzantium. Church, Society, and Civilization seen through Contemporary Eyes. Chicago 1984.
Hunger, Herbert (Hrsg:): Byzantinische Geisteswelt. Von Konstantin dem Großen bis zum Fall Konstantinopels. Baden-Baden 1958.
Ivánka, Endre von [u.a.] (Hrsg.): Byzantinische Geschichtsschreiber. Graz 1954 ff (bisher 16 Bde.).
Moravcsik, Gyula: Byzantinoturcica. Berlin 1958^2.
Pertusi, Agostino: La caduta di Constantinopoli. Bd. 1. Le testimonianze dei contemporanei. Bd. 2. L'eco nel mondo. Mailand 1999.
Schreiner, Peter: Die byzantinischen Kleinchroniken (CFHB, 12). 3 Teile. Wien 1975–1979.

Spezielle Literatur

Beck, Hans-Georg: Das byzantinische Jahrtausend. München 1994^2.
Beseliev, Veselin: Die Botschaften der byzantinischen Kaiser aus dem Schlachtfeld. In: Byzantina (Thessalonike) 6 (1974). S. 71–83.
Brodka, Dariusz: Die Geschichtsphilosophie in der spätantiken Historiographie. Studien zu Prokopios von Kaisareia, Agathias von Myrina und Theophylaktos Simokattes. Frankfurt a. M. [u.a.] 2004.
Browning, Robert: The Language of Byzantine Literature. In: Ders.: History, Language and Literacy in the Byzantine World. Northampton 1989. S. 103–133.
– Byzantine Scholarship. In: Past and Present 28 (1964). S. 3–22.
Byron, Robert: The Byzantine Achievement: An Historical Perspective, A.D. 330–1453. London/New York 1987.
Hunger, Herbert: On the Imitation (ΜΙΜΗΣΙΣ) of Antiquity in Byzantine Literature. In: Dumbarton Oaks Papers 23 (1969). S. 17–38.
– Thukydides bei Johannes Kantakuzenos. Beobachtungen zur Mimesis. In: Jahrbuch der Österreichischen Byzantinistik 25 (1976). S. 181–193.

– Stilstufen in der byzantinischen Geschichtsschreibung des 12. Jh. Anna Komnene und Michael Glykas. In: Byzantine Studies/Études Byzantines 5, 1–2 (1978). S. 139–170.
– Die hochsprachliche profane Literatur der Byzantiner (Byzantinisches Handbuch. 5. Teil. 1. Band). 2 Bde. München 1978. *Umfaßt im 2. Bd. auch die naturwissenschaftliche Literatur von Byzanz.*

Kazhdan, Alexander u. Constable, Giles: People and Power in Byzantium. An Introduction to Modern Byzantine Studies. Dumbarton Oaks 1982.

Karayannopulos, Johannes u. Weiss, Günter: Quellenkunde zur Geschichte von Byzanz (324–1453). 2 Teilbde. Wiesbaden 1982. *Unverzichtbarer Überblick über die byzantinischen Historiker, aber auch über die parallele armenische, syrische, arabische und lateinische Geschichtsschreibung.*

Ljubarskij, Jakov N.: Quellenforschung and/or Literary Criticism. Narrative Structures in Byzantine Historical Writings. In: Symbolae Osloenses. Norwegian Journal of Greek and Latin Studies 73 (1998). S. 5–22.
– Why is the *Alexiad* a Masterpiece of Byzantine Literature? In: Thalia Gouma-Peterson (Hrsg.): Anna Komnene and her Times. New York/London 2000. S. 169–186.

Mango, Cyril (Hrsg.): Oxford History of Byzantium. Oxford/New York 2002.
– Artikel ‚Literature'. In: The Oxford Dictionary of Byzantium. 3 Bde. New York/Oxford 1991. Bd. 2. S. 1234-1237.
– Artikel ‚Scientific Tradition'. In: The Oxford Dictionary of Byzantium. 3 Bde. New York/Oxford 1991. Bd. 2. S. 1853–1855.

Meier, Mischa: Prokop, Agathias, die Pest und das ‚Ende' der antiken Historiographie. In: HZ 278 (2004). S. 281–310.

Reinsch, Roderich Diether (Hrsg.): Der Roman in der Komnenenzeit. Frankfurt a. M. 2000.

Schreiner, Peter: Byzanz (Oldenbourg Grundriß der Geschichte, 22). München 1986. *Mit ausführlicher Bibliographie.*

Sevcenko, Igor: Levels of Style in Byzantine Prose. In: Jahrbuch der Österreichischen Byzantinistik 31 (1981). S. 289–312.

Tsamakda, Vasiliki: The Illustrated Chronicle of Sylitzes in Madrid. Leiden 2002.

Weiß, Günter: Byzanz: kritischer Forschungs- und Literaturbericht 1968–1985 (HZ Sonderheft, 14). München 1986. *Äußerst ergiebige und kommentierte Literaturübersicht.*

5. Arabische Geschichtsschreibung

5.1 Weltliche und islamische Wissenschaft

Gattungen, Methoden und Entwicklung der arabischen Geschichtsschreibung und ihrer persischen Schwester können nur im Hinblick auf die Entstehung der islamischen Gemeinschaft, der *umma*, hinlänglich verstanden werden. Im Todesjahr des Propheten Muhammad 632 n.Chr. umfaßte die *umma* nur ein Bündnissystem zerstrittener Stämme auf der arabischen Halbinsel. Hundert Jahre später erstreckte sich das Reich des *khalīfa* (Statthalter des Gesandten Gottes) von den Pyrenäen bis an den Hindukusch. Im neuen Großreich waren Christen, Juden und Parsen anerkannte Vertragspartner, unentbehrliche Mitarbeiter der Verwaltung und Überlieferer eines von den Eroberern hochgeschätzten älteren Wissens. Während die Unterworfenen sich der Entlastung vom religiösen wie steuerlichen Druck der spätantiken Großreiche Byzanz und Persien erfreuten, konzentrierte sich die arabische Elite auf das Kriegswesen und die Schaffung einer neuen Kultur in ihrer eigenen Sprache.

Den Muslimen galt ihr Siegeszug als göttlicher Beweis für die Wahrheit des Korans. Dennoch lag eine sofortige Massenkonversion zum Islam nicht in ihrem Interesse, wurde die frühe *umma* doch weitgehend durch die Kopf- und Bodensteuer der Ungläubigen finanziert. Dagegen wurde das Arabische schon im späten 7. Jh. mit staatlichem Druck zur alleinigen Verwaltungssprache befördert. Als Medium der Einheit begründete es einen Großraum kulturellen Transfers, wie ihn der Orient seit dem frühen Hellenismus nicht mehr gekannt hatte. Griechisch, Aramäisch und Persisch wurden nicht unterdrückt, aber zu Zulieferern eines zwar wichtigen, aber rein säkularen Wissens degradiert.

Die Konsolidierung der arabischen Herrschaft ging in drei Schritten vor sich: Zuerst gewannen die frühen Muslime einen großen Teil der lokalen Eliten für die politische Kooperation mit der *umma*, dann für das Arabische und zuletzt auch für den Islam. Auf vergleichbare Weise entstand auch das, was man als ‚Wissenschaft' der Araber bezeichnet. Wenn eine sowohl in Religions- wie Abstammungsfragen äußerst sensible

Ethnie wie die frühen Araber ohne Bedenken große fremde Wissensbestände übernimmt, dann bedarf dies einer Erklärung. Sie findet sich in einer doppelten Überlieferungstheorie (*translatio*) für das Gesamtwissen. Der Muslim begegnete im Mittelalter zwei Typen von Wissenschaft: der rationalistischen (*al-ulum al-hikmiya al-falsafiya*), mit griechischen (aber auch persischen und indischen) Quellen und der religiösen Wissenschaft der Schriftauslegung gemäß der arabischen Philologie (*al-ulum an-naqliya al-wad'iya*).

Die ‚weltliche Wissenschaft' wurde in zeitlicher Abfolge und enger Kooperation von vielen Völkern – von den alten Ägyptern bis zu den sassanidischen Persern – entwickelt. Dieses Wissen gehört weniger dem, der es entwickelt, als dem, der es ergreift und überliefert. Mit dieser Theorie rechtfertigte bereits der Großkönig Chosrau I. (531–579) die Übersetzung griechischer Werke ins Mittelpersische. Die religiöse Wissenschaft der Schrift- und Gesetzesauslegung war erst mit dem Koran entstanden und somit neu. Muhammad steht zwar in der Kette der Propheten seit dem Alten Testament, aber seine Offenbarung ist die endgültig letzte und beste. Dabei schließt diese Vollkommenheit die sprachliche Form des Korans ein: Nur in seiner arabischen Urgestalt kann er als Offenbarung gelten. Weltliche Wissenschaft kann sprachlich mannigfacher Herkunft sein, religiöse Wissenschaft kann sich ausschließlich in der Sprachsphäre des Koran vollziehen. Die weltliche Wissenschaft der Araber konzentrierte sich auf die Lehrüberlieferung des hellenisierten Ostens und umfaßte Philosophie, Medizin und Naturwissenschaft. Diese historische Stufe spätantiker Wissenschaft wurde in arabischer Sprache fortgeführt und z.T. weiterentwickelt. Als einschneidende Selektion im Weitergabeprozeß erwiesen sich die Übersetzungen ins Syrische, dienten sie doch bei vielen Werken als Zwischenstufe zum Arabischen. Die syrischen Christen waren allerdings an einer Aneignung heidnischer griechischer Epik, Lyrik, Dramen, Romane und rhetorischer Historiographie nicht interessiert. Dichtung und Erzählung gelangten somit nur in wenigen Spuren zu den Arabern. Was sie aufnahmen, war vielmehr ein neuplatonisch interpretierter Aristoteles, in dessen Wissenschaftssystem die *historia* nur eine Randstellung annahm.

Ungeachtet dieser Ferne zur antiken Geschichtspraxis begreifen die Arabisten den frühen Islam einmütig als eine eminent historische Kultur. Ihre historiographische Produktion sei an Umfang und an Qualität ohne Frage zumindest teilweise den gleichzeitigen lateinischen und byzantinischen Erzeugnissen überlegen. Hieraus folgt, daß die Stärke des historischen Impulses im Islam nicht aus seiner Aneignung des antiken Erbes stammen kann, sondern aus der Eigenart seiner religiösen Wissenschaft herrührt.

Koran und hadīth

Der Anfang aller arabischen Gelehrsamkeit liegt im Koran (*al Qur'ān*), der Summe der Offenbarungen des Propheten, deren Sammlung zum Zeitpunkt seines Todes noch längst nicht abgeschlossen war. Neben die Redaktionsarbeit trat in der Frühzeit sofort die Sammlung weiterer Sprüche und überlieferter Handlungen Muhammads, die sogenannte *sunna.* Man benötigte dieses Wissen, um für die riesenhaft angewachsene Gemeinde des Islam neue Gesetze und Verhaltensnormen aufstellen zu können. Ungewohnt für westliches, zugleich aber auch grundlegend für das arabische historische Denken ist der Umstand, daß die neue Schriftlichkeit die Mündlichkeit von Botschaft, Gesetz und beider Überlieferung nicht etwa abschwächte, sondern als einzig gültige Form von Wissen bestätigte. Das Grundprinzip besteht kurzerhand darin, jede Information an Ketten des Sagens und Weitersagens zu binden, die den Anfang ohne Unterbrechung mit der Gegenwart verbinden. So wird etwa ein Ausspruch des Propheten oder eine Handlung von einem Gefährten vernommen und dann mündlich weitergesagt, oft über mehrere Generationen, bis er aufgeschrieben wird. Die Gültigkeit der Endaussage bemißt sich daran, daß man sie auf den Propheten oder Mitglieder der ersten drei Generationen zurückführen kann.

Da Auslegung des Korans und Autorität der *sunna* gemeinsam auf dieser in Tausenden von Berichten und Aussprüchen weitergegebenen Überlieferung beruhten, entwickelte der frühe Islam die Wissenschaft von der Sicherheit des ‚Gesagten', die *hadīth*-Wissenschaft. Zur Kontrolle ihrer Gewährsleute entwarfen die Gelehrten einen Kriterienkatalog für die Belastbarkeit einer Aussage, eine Skala der Glaubwürdigkeit, die aber in jedem Fall an eine ununterbrochene Überlieferungskette (*isnād*) gebunden war. Folglich waren die frühen Araber eben dadurch ein geschichtsbewußtes Volk, daß sie eine genau bestimmbare Epoche als exemplarisch auszeichneten. Vorbildlich war in ihr das Verständnis der Religion, der Sitten und Pflichten eines Muslim, schließlich auch die Sprache, d.h. das historische Arabisch dieser Zeit einschließlich seiner literarischen Gattungen. Heute ist unübersehbar, daß diese Urzeit eine pragmatisch-idealistische Konstruktion der Muslime in der Absicht war, die frühe *umma* zu festigen. Keine spätere Epoche, und sei sie noch so mustergültig, hat bislang die prophetische Zeit als inhaltliches wie formales Modell für die Geschichtsschreibung ablösen können. Damit war vor allem der dauernde Vorrang der Biographie Muhammads (*sīra*) und die Kollektivprosopographie (*tabaqāt*) seiner Gefährten gesichert.

Wie eng der Überlieferungsaufbau der *sunna* und die allgemeine Geschichte zusammenhängen, sieht man an zwei Übernahmen: 1. nach kurzem Zögern benutzten auch die frühen arabischen Historiker die *isnād*-Technik für die Bestätigung von faktischer Wahrheit; 2. der Grundbaustein der Überlieferung, die kurze, monothematische Erzählung (*khabar*), wurde auch zur bestimmenden Erzähleinheit der allgemeinen Geschichten. Mit dem Einbau langer, monotoner Beweisstränge und der Konzentration auf z.T. Tausende kleinteilige, nur referierte Erzählungen wurden auch dem literarischen Charakter zukünftiger Geschichte enge Grenzen gesetzt. Sie blieb in Gestalt und Verfahren zunächst eng an das Rechts- und Auslegungsschrifttum geknüpft.

Arbeitsmethoden der Historiker

Soziale Stellung, Arbeitsethos und Publikationsmethoden der arabischen Historiker fallen mit dem Typ des Religionsgelehrten zusammen. Dieser entstammte in der Regel begüterten Familien in den Städten, die über Generationen hinweg die Koran- und Rechtsauslegung monopolisierten. Dabei war die Geschichtsschreibung ein zwar unverzichtbarer, doch nicht sehr großer Bestandteil einer enzyklopädisch ausgerichteten Schriftkultur. Gerade die besten Historiker in arabischer Sprache waren Universalgelehrte, für die historische Studien oft nur eine nützliche Nebentätigkeit darstellten. Al-Biruni aus Kwarizim in Afghanistan (972/3-1048) hinterließ ein riesiges naturwissenschaftliches Werk mit teilweise erstaunlichen Beobachtungen. Seine historiographische Produktion, darunter eine bahnbrechende Landesbeschreibung Indiens *Tārīkh al-Hind* oder die „Chronologie der alten Nationen" (*Athar al-baqiyah*), eine vergleichende Kalender- und Religionsgeschichte aller nahöstlichen Völker, stellt nur einen kleinen, aber systematisch notwendigen Teil seines Werkes dar. Damit bildet er keine Ausnahme: Schon al-Tabarī (838/839–923), der Hauptvertreter früher islamischer Universalhistorie, war als Koranexeget mindestens so angesehen wie als Historiker.

An die religiöse Wissenschaft angelehnt war auch die Produktion und Publikation historischer Werke. Wiederum dominiert hier die Mündlichkeit. Der Historiker diktierte sein Werk oder las es selbst laut vor bzw.

brachte es durch Schüler zur Verlesung. Nicht selten hinterließ ein Meister nur eine Sammlung von Notizen, die seine Schüler später ergänzten und unter seinem Namen herausgaben. Wer ist hier der Autor und wann war dieses Werk abgeschlossen? Da Geschichtswerke nicht selten zu vielbändigen Reihenwerken anwuchsen, schnitten sie oft schon ihre Verfasser zu Auszügen (*mukhtasar*) zusammen. Nicht selten erscheinen die – dann entrhetorisierten – Kurzfassungen als die einzig für eine Übersetzung geeignete Form, wie z.B. die „Seldschukengeschichte" des Ibn Bibi (13. Jh.) in ihrer deutschen Ausgabe. Diese konnten vom Verfasser selbst oder anderen Autoren fortgesetzt (*dhayl*), umgeformt (*tahdhīb*) und kommentiert werden. Die großen historischen Sammelwerke des 9. und 10. Jh., bzw. was von ihnen überliefert ist, sind bereits auf diese Weise entstanden. Was von den noch dem Anfang (d.h. der Urzeit) nahestehenden Werken bekannt ist, verdanken wir nur den Exzerpten, in denen sie sich noch aufspüren lassen. Aufbewahrt in den autoritativen Werken, wurden deren heute als unersetzlich geltenden Quellen nicht weiter überliefert und gingen als Originale unter.

Angesichts derartiger Voraussetzungen sieht es mit der Überlieferungslage der ältesten arabischen Historiographie schlecht aus. Arabische Zeitgeschichte des 7. und 8. Jh. ist so gut wie nicht erhalten. Chase F. Robinson (*Islamic Historiography*, S. 19 u. 37) wies darauf hin, daß eine frühmittelalterliche Geschichte wie Bedas *Historia Ecclesiastica Gentis Anglorum* (um 731) nicht nur in fast zeitgenössischen Kopien, sondern auch in mehr als 160 Handschriften exakt überliefert ist. Frühe arabische Historiographie läßt sich nur in Teilüberlieferungen und späten Überarbeitungen erahnen. Dazu trugen neben dem erwähnten Bearbeitungsprozeß zwei weitere Faktoren bei: die kurze Überlebensdauer des im Orient benutzten Papiers und die geringe Neigung ganzer Epochen, andere als die maßgeblichen Werke der Urzeit erneut abzuschreiben. Vom Islam aus gesehen konnte späten Geschichtswerken keine exemplarische Wirkung zukommen.

Dennoch muß man den Quellenwert der arabischen Historiographie insgesamt hoch veranschlagen. Ihre Verfasser übernahmen bereitwillig offizielle Materialien wie Briefe, Listen, Dokumente und Verträge in ihre Erzählungen; weder rhetorische noch literarische Maßstäbe hinderten sie daran. Angesichts des großen Urkundenmangels für die arabische Geschichte, der oft nur kurzlebigen Archive, sind die Geschichtswerke nicht selten der einzige Ersatz für die einstmals reiche bürokratische Produktion. Ausnahmen, wie die erhaltenen mamlukischen Urkunden in Kairo und Jerusalem, bestätigen diesen Befund.

Geschichtsbegriff, Gattungen, Sprache

Man kann die arabische Geschichtsschreibung als Kompromiß zwischen den Voraussetzungen der vorislamischen Zeit und den Bedürfnissen der nachprophetischen beschreiben. Das läßt sich an dem Bündel von Begriffen ablesen, die im Arabischen für den westlichen Einheitsbegriff ‚Geschichte' (*historia, history*) stehen. Als Äquivalent für ‚Erzählung' gilt der Begriff *khabar*, ein knapper und realistisch abgefaßter Bericht, der nie mehr als ein oder zwei Ereignisse bzw. Anekdoten umfaßt. Den *khabar* schreibt man Augen- oder Ohrenzeugen zu. Er wurzelt in der Mündlichkeit der vorislamischen Zeit und bildet noch das Material aller späteren historiographischen Gattungen der Araber. Dagegen bezeichnet der Ausdruck *tārīkh* den chronologischen Aspekt einer nach natürlich Zeitmaßen geordneten Abfolge von Ereignissen und fußt somit auf einer postislamischen Voraussetzung für Geschichte. Ohne eine neue Zeitära konnte es keine neue Chronologie geben. Mit der *hijra / higra*, dem Auszug Muhammads von Mekka nach Medina im Jahre 622, begründeten die Muslime diese neue Zeitrechnung, nach der Geburt, Tod, Reisen, Werke, etc. berühmter Männer datiert werden konnten. Indem die *hijra* ein einfaches Datum setzte, war sie gleichzeitig die Grundlage für jede künftige islamische Geschichtsauffassung: Sie trennte einerseits die vor- von der nachislamischen Geschichte und sie schuf andererseits einen einheitlichen Geschichtsraum für den allmächtigen Gott, in dem das Auftreten der einzelnen Propheten die zeitlichen Zäsuren setzte. *Tārīkh* als Chronologie füllte dieses zeitlich unbegrenzte Gerüst beliebig aus: Es konnte bis zu einer Universalgeschichte aller Zeiten und Völker erweitert werden.

Auf der Grundlage dieser drei Konzepte *khabar, higra* und *tārīkh* entwickelte die neue Gemeinde ihre historiographischen Bedürfnisse: Die Chronologie beantwortete die Frage nach dem Rang des Islam im bisherigen Weltverlauf, die Biographie bewahrte das Bild der exemplarischen Männer, vor allem des Propheten, und die Prosopographie archivierte nicht nur das Kollektiv der Schrift- und Rechtsgelehrten, sondern sie gab damit auch die Genealogie des wahren Wissens. Alle anderen Gattungen der arabischen Geschichtsschreibung, die unter eigenen Namen firmieren, wie *futūh* (Geschichte der frühen Eroberungen), *maghāzī* und *sīra* (Unternehmungen und Leben des Propheten), *tabaqāt* und *nasab* (Generationenfolgen und Stammesgenealogie), Lokal- und Universalgeschichte, lassen sich einem der drei Haupttypen zuordnen. Die Modellwerke, die für sie maßgeblich waren, wurden alle zwischen dem 8. und 10. Jh. verfaßt und konnten bis ins Hochmittelalter unmittelbar auf aktuelle Situationen angewendet werden. Muhammads *maghāzī*-Geschichte bestimmte noch im Spanien der Almohaden (1130–1269) das Bild vom eigenen Kampf (*jihād*) gegen die Christen.

Die Konstanz des frühislamischen Schemas der historiographischen Gattungen ist so stark ausgeprägt, daß sie noch einen Großteil der osmanischen Produktion umfaßt und ab dem 12. Jh. vollständig nach Indien importiert wird. Genauso auffällig ist aber auch die Gleichgültigkeit gegenüber fremden Geschichtskonzeptionen. Obwohl Millionen von Christen unter ihnen lebten, wurden die – auf Arabisch geschriebenen – christlichen Chroniken nur selten rezipiert. Auch der Austausch mit der parallelen byzantinischen Historiographie unterblieb.

Wegen dieser Gleichförmigkeit in der Imitation der Anfangsmodelle ist es auch nicht leicht, zu einer angemessenen Periodisierung der arabischen Geschichtsschreibung zu gelangen. Die Ausarbeitung der Anfangsmodelle begann wohl um 730 und war um 830 abgeschlossen, aber aus diesem kreativen Abschnitt ist so gut wie nichts überliefert. Im Zeitraum bis 1050 entstanden die maßgeblichen Universalgeschichten und Enzyklopädien, denen fast alle frühen Monographien und Biographien zum Opfer fielen. Danach setzte die politische Zersplitterung der arabischen Welt ein, auf die sie mit einem erfolgreichen Programm von Dynastie- und Lokalgeschichten und Prosopographien antwortete. Hierbei sollte man nicht vergessen, daß die regionale, dynastische wie kulturelle, Geschichtsschreibung stets auch der Rückbindung lokaler Herrscher und Gelehrter an die exemplarischen Personen und Institutionen der islamischen Urzeit diente. Bis weit in die frühe Neuzeit hinein haben arabische Historiker auf diesen Grundlagen weitergearbeitet. Sucht man nach augenfälligen Veränderungen, dann findet man sie vor allem im Bereich der Sprache und des historischen Stils. Beide unterlagen über so große Zeiträume größerem Zwang zur Anpassung als die Gattungen.

Weil sie sich an der Chronologie (*tārīkh*) und Kurzbericht (*khabar*) orientieren, überliefern die frühen arabischen Historiker inhaltlich wie sprachlich präzise Informationen. Sie schätzen das wörtliche Quellenzitat, und sie lassen ihre Helden so reden, wie man es der Urzeit für angemessen hält. Das Resultat ist ein hochsprachlicher Archaismus, der die Historien bis ins 14. Jahrhundert prägt. Auch viele Reimgeschichten wurden verfaßt, aber nicht so zahlreich wie in der persischen Historiographie, die Einflüssen einer epischen Tradition ausgesetzt war, die in Arabien fehlte.

Mit dem Aufstieg der dynastischen Kanzleien und der panegyrischen Personendarstellung neuer Herrscher entwickelte sich seit der Mitte des 10. Jh. ein ‚geschmückter' Prosastil (*insha*), der manchmal in vollständigen

Geschichtswerken, häufiger aber nur für gewisse Abschnitte wie Einleitungen, Reden oder Schlachtenbeschreibungen zur Anwendung kam. Doch blieb der größte Teil der arabischen Geschichtsschreibung, schon wegen der unauflösbaren Verbindung zum religiösen Überlieferungswissen, unrhetorisch, ja in manchen Regionen, wie im Ägypten des 14. und 15. Jh., hielten populäre Erzählweisen und zeitgenössischer Wortschatz Einzug in die historische Literatur. Und mit einer, allerdings gewichtigen Ausnahme blieb das Arabische für die Muslime das alleinige Idiom der Geschichte. Diese Ausnahme ist Persien, das z.T. schon vor dem Mongoleneinfall von 1258 religiös wie sprachlich einen Sonderweg ging. Hier förderten die mongolischen Il-Khane bewußt die historiographische Produktion in persischer Sprache, mit Wirkungen, die bis weit nach Indien hineinreichten.

5.2 Historiker in arabischer Sprache

Noch niemand hat bisher versucht, einen ‚Kanon' arabischer Geschichtsschreiber aufzustellen, und dies mit gutem Grund. Ein großer Teil der gattungsprägenden Werke der islamischen Urzeit ist verloren, die Rezeptionsgeschichte arabischer Literatur steht erst in den Anfängen und längst ist nicht alles ediert, was in einen hypothetischen Kanon hineingehören müßte. Zwei rein materielle Gründe treten erschwerend hinzu: Viele bedeutende Geschichtswerke sind von riesigem Umfang, die „Geschichte von Damaskus" des Ibn Asakir (1105–1176) umfaßt 80 Bände, zweitens befinden sich unter ihnen viele Kompilationen, die zahlreiche Berichte auch in sich widersprechenden Versionen überliefern. Ihnen fehlt somit die literarische oder thematische Einheit. Es überrascht nicht, daß gerade wegen dieser Struktur der Geschichtswerke eine ausgefeilte Theorie historischer Kunstprosa nicht aufgestellt wurde, und es besteht Grund zu der Annahme, daß berühmte Autoren ihren Ruhm oft Exzerpten und Auszügen von Vorgängerwerken verdankten. Für die heutige quellenkritische Forschung trifft dies in jedem Fall zu.

Als kanonisch darf man im arabischen Raum deshalb eher die Themen, Topoi (Wort- und Sinnfiguren) und Gattungen sehen, wie sie in der Frühzeit entwickelt wurden und seither strukturell das historische Bewußtsein der Muslime geprägt haben. Entscheidend ist hier die mit Muhammad gegebene und somit unauflösbare Einheit von religiöser Rechtgläubigkeit und politisch-rechtlicher Verfassung der *umma*. Als Historiker war nur der groß, der sowohl in der prophetischen Ära verankert war als auch die Zeitgeschichte aus ihr ableiten konnte.

Wenngleich nicht als der erste so doch einmütig als der ehrwürdigste Historiker der Frühzeit gilt noch heute **Ibn Ishāq** (705–767/768). Er soll die erste verläßliche Biographie des Propheten (*sira*) verfaßt haben, außerdem eine Geschichte der frühen Kalifen. Sein Werk ist nicht unmittelbar zugänglich, sondern nur in der Rezension seines Schülers al-Bakkā'i († 800), die ihrerseits durch den Schriftgelehrten **Ibn Hishām** († 835) stark gekürzt und bearbeitet wurde. Seither nennt man dieses Grundlagenwerk traditionell „Die Biographie des Propheten, zusammengestellt von Ibn Hishām". Von den zahlreichen Bearbeitungen dieser Prophetenvita ist die von **Ibn Abd al-Barr** († 1071) folgenreich geworden, denn sie läßt den gesamten Lebensabschnitt vor der Berufung aus und benutzt z.T. andere Quellen als seine Vorgänger.

Die Gattung der Eroberungsgeschichten (*futūh*) wurde von **al-Wāqidī** (747–822/823) mitbegründet. Sein *Kitab al-Maghāzī* versucht möglichst viele Einzelkämpfer und Stämme innerhalb des Gedächtnisses der frühen *umma* zu verankern. Sozialgeschichtlich bedeutender ist aber das Werk seines Nachfolgers **Ahmad ben Yahya Baladhuri** († 892), der *Futūh albuldân* (Die Eroberung der Länder). Er überliefert viele Übergabeverträge der Eroberer mit der einheimischen Bevölkerung und frühe Verwaltungsmaßnahmen.

Mit dem großen Korangelehrten Abū Jafar, genannt **al-Tabarī** (838/839–923), weil aus Tabaristan in Persien stammend, erreicht die berühmte Schule von Historikern in Bagdad einen frühen Höhepunkt. Al-Tabarī dürfte der am meisten zitierte Historiker arabischer Zunge sein. Seine Universalchronik *Tarīkh al-rusul wa'l mulūk* (Annalen der Apostel und Könige) sollte als Teilstück seines juristisch-theologischen Gesamtwerkes begriffen werden, mit dem er dem Islam für alle wichtigen Fragen eine sichere Überlieferungsgrundlage geben wollte. Dabei läßt er die Einheitsmethode der Traditionsweitergabe in Aussageketten (*isnād*) auf die Geschichte übergreifen. Al-Tabarī führt seine Chronik von Adam bis zum Jahr 302 der *hijra* (915). Vor dem Erscheinen Muhammads, der Zeitenwende, verlaufen jüdisch-christliche und arabische Geschichte in einem gleichberechtigten Parallelismus. Auf diese Weise wird auch der vorislamische Iran zu einem Gebiet der Heilsgeschichte, und die Tugenden seiner Herrscher können auf die Kalifen übergehen. Viele verlorene altiranische und altarabische Quellen sind nur durch al-Tabarī überliefert. Er hat zahlreiche Einzeldokumente gesammelt und mit der beharrlichen Überlieferung widersprüchlicher Berichtsvarianten dazu beigetragen, eine ‚dissonante', unliterarische Schreibweise zu kanonisieren. Fast alle bedeutenden Autoren der universalgeschichtlichen Linie wie Ibn Miskawayh, Ibn al-Athīr oder Abū al-Fidā knüpfen an al-Tabarīs Annalen an.

Den mehr weltlich und kulturgeschichtlich geprägten Typ des Universalgelehrten repräsentiert **Abu'l Hasan al-Masūdī** (ca. 890–955). Er bereiste den ganzen Orient und integrierte viel griechisches und indisches Wissen in seine Werke. Den deutschen Titel seiner Chronik *Murūj-al-dhahab*, „Die Goldwäschen und Edelsteinminen", darf man wörtlich nehmen: Das Werk ist topographisch-thematisch organisiert und gilt als Goldmine für viele Details der arabischen Literatur, Kulturgeschichte und Geographie.

Als Philosoph unter den frühen Universalhistorikern gilt der Iraner **Ibn Miskawayh** (932/936–1030). Im ersten Teil seiner Chronik *Tajarib al-Umam wa Ta'aqib al-Himam* (Buch der Erfahrungen der Völker und Ergebnisse der Anstrengungen) hängt er zwar noch von al-Tabarī ab, sobald er aber seine Gegenwart erreicht, kann er auf einen reichen Fundus aus Dokumenten und Augenzeugen zurückgreifen. Damit verengt er zwar seine Geschichte auf Irak und Persien, konstruiert sie aber gleichzeitig als Rahmen für eine weltlich-wissenschaftliche Ethik (*hikmiya al-falsafiya),* die den islamischen Idealstaat am Polisbegriff von Aristoteles ausrichtet.

Eingebunden in eine enzyklopädische Wissensvorstellung sind auch die historischen Werke von **Abu'l Rayhan al-Biruni** (972/973–1048). Sein *Tārīkh al-Hind* (Geschichte Indiens) und sein al-*Athar al-baqiya* (Chronologie der alten Nationen) wurden bereits genannt (vgl. Kap. 5.1). Typisch für ihn, aber auch für viele andere Historiker, ist die Existenz als Hofgelehrter. Ibn Miskawayh genoß die Förderung der Bujiden, einer Dynastie von Hausmeiern des Kalifats, al-Biruni war Klient des großen Feldherrn Mahmoud von Ghasna. Als dieser türkische Emir den Pandschab eroberte, reiste al-Biruni ins Industal, lernte Sanskrit und nahm vor Ort Kontakt mit hinduistischen Gelehrten auf. So kam er dem Pluralismus der Zeitrechnungen der Völker auf die Spur, der auf verschiedenen astronomisch-astrologischen Ansätzen beruht, und versuchte ihn mit einer religionsgeschichtlichen Synthese zu überwinden.

In den arabischen Kernlanden wurde in dieser Epoche die konservative Gattung der Überlieferungsgeschichte gepflegt. Als zentrales Werke gilt hier der *Tārīkh madinat dimashq* (Geschichte von Damaskus) des **Abu l-Qasim Ali ibn Asakir** (1105–1176). Er gehörte einer alten Richter- und Gelehrtenfamilie in Damaskus an, die mit den regierenden Lokalfürsten ein Bündnis zur Verteidigung des sunnitischen Islams geschlossen hatte. Unter dem harmlosen Titel „Geschichte von Damaskus" verbergen sich nicht weniger als 10 226, teilweise sehr lange, Personaleinträge von rechtgläubigen Gelehrten. Dazu kommen vorislamische Prophetengeschichten, topographische Beschreibungen sowie zahlreiche Quellenvarianten, die der Historiker mit vollständigen Überlieferungsketten (*isnād*) aufbietet. Für die muslimische Frühgeschichte stellt Ibn Asakir eine Fundgrube dar, ebenso für die Religionswissenschaft, etwa in seiner umfangreichen Jesusbiographie, die dem Erlösergott der Kreuzfahrer einen exemplarischen vormuslimischen Propheten entgegenstellt.

Alle bislang genannten Historiker stimmen in drei Punkten überein: Sie sind erstens Sunniten und akzeptieren zweitens die Arbeitsteilung, die die Welt der Muslime seit dem späten 9. Jh. prägt, nämlich ein arabisch-abbasidisches Kalifat, beherrscht von türkischstämmigen Sultanen. Drittens begreifen sie sich als Fortsetzer von al-Tabarī. Die vielgelesene Universalchronik des **Ibn al-Athīr** (1160–1233), *Al-Kamil fi'l-Tārīkh* (Die Vollkommenheit der Geschichte), gehört in diese Linie. Obwohl man ihrem Autor mangelnde Kritik vorwirft, ist sie doch eine unentbehrliche Quelle für die Geschichte der Kreuzfahrerzeit und des türkischen Seldschukenstaates (10.–12. Jh.). Als Parallellektüre für die arabische Abwehr der Kreuzzüge wird Ibn al-Athīrs älterer Zeitgenosse **Imād ad-Dīn al-Isfahānī** (1125–1201) empfohlen – allerdings aus ganz anderen Gründen. Seit 1174 Sekretär und Kanzler Saladins in Damaskus, begleitete er seinen Fürsten auf allen Feldzügen bis zu dessen Tod 1193. Auf historischem Gebiet war al-Isfahānī ein Nonkonformist. Er wertete die Rückeroberung Jerusalems von den Franken am 13. März 1187 als ‚zweite *hijra*', folglich sei alles unwichtig, was zuvor geschehen sei. Seine zwei Hauptwerke, die *Fath al-Qussi fi l-fath al-Qudsi* (Eroberung von Jerusalem) und *Al-Barq as-Sami* (Syrischer Blitz) sind Ereignismonographie bzw. eine panegyrische Herrscherbiographie Saladins. Ihre literarische Einschätzung schwankt zwischen unerträglichem Schwulst und perfekter Anwendung arabischer Prosatechnik.

Die Feinde des Königreichs Jerusalem, die Ayyubiden in Syrien und die abbasidischen Kalifen im Irak, überlebten ihren Triumph nicht lange. Schon 1220 überrannten die Mongolen den Iran und damit geriet erstmals ein Kernland des Islam unter nichtmuslimische Herrschaft. Die mongolischen Il-Khane (1256–1353) unterhielten enge Beziehungen zum Großkhan in China und zum christlichen Abendland. Ihr historischer Horizont entsprach ihrem Anspruch auf Weltherrschaft, zugleich formten die neuen Herrscher den Iran erstmals seit 500 Jahren wieder zu einer politischen, sprachlichen und historischen Einheit. Im Rahmen einer mongolischen Geschichte wurde nunmehr die Geschichte des Iran in persischer Sprache geschrieben.

Ala-ad-Din Ata-Malik Juvayni (1226–1282) entstammte einer Dynastie persischer Wesire und Finanzminister. Schon als junger Mann begleitete er zweimal Mongolenfürsten nach Innerasien und war bei der Eroberung der Assassinenfestung Alamut 1256 und von Bagdad 1258 zugegen. Im gleichen Jahr ernannte ihn Il-Khan Hülegü zum Gouverneur des Iraks. Juvaini schrieb seinen *Tārīkh-i-Jahan Gusha* (Geschichte des Welteroberers) zwischen 1252 und seinem Amtsantritt 1260. Sie umfaßt die Zeit vom Aufstieg Dschingis-Khans bis 1256 und beschreibt in gewählter Prosa die mongolische Invasion als Strafe Gottes, die dem Islam doch zum Besten ausschlug.

An Juvayni schloß sich eine Schule persischer Fortsetzer an, die ihren Höhepunkt in **Rashid al-Din** (1247–1318) fand, seit 1298 Wesir des siebten Il-Khan Ghazan (1295–1304). Man sollte sich diesen Mann, der den Iran mit seinem Familienklan zeitweise wie ein Nebenkönig verwaltete, weniger als Historiker, denn als Organisator eines historiographischen Kollektivunternehmens vorstellen. Zunächst erhielt er den Auftrag, eine Mongolengeschichte zusammenzustellen, die er nach 1306/1307 zu einer Weltgeschichte, *Jāmi' al-Tāwārīkh* (Sammlung der Chroniken), erweiterte. An den mongolischen Hauptteil schlossen sich bald eine Indien-, China- und sogar eine Frankengeschichte an. In seinem Testament hatte al-Rashid, der wegen eines angeblichen Giftmordes hingerichtet wurde, bestimmt, daß jedes Jahr eine persische und eine arabische Kopie angefertigt werden sollte. Diese Manuskripte sind teilweise illustriert, wobei eine einzigartige Synthese aus persischer, byzantinischer und chinesischer Buchmalerei gelang. Al-Rashids Kodizes in London und Edinburgh gehören wie die Madrider Handschrift des Skylitzes (vgl. S. 88) zu den Hauptvertretern der seltenen mittelalterlichen illustrierten Chronistik.

Während im Iran die nationale Hofgeschichtsschreibung über alle dynastischen Brüche hinweg bis zum Ende der Safawidenzeit (1502–1736) blühte, konzentrierte sich im Westen die Historiographie im Kairo der Mamlukensultane (1250–1517). Die Höflinge des Ostens bevorzugten die persische Kunstprosa und variierten in oft nur für Eingeweihte verständlicher Form die Berichte ihrer Vorgänger. In Kairo hingegen sammelten sich Historiker aus dem ganzen Maghreb und Spanien, die weiter dem personengeschichtlichen Ansatz muslimischer Lokalgeschichte verpflichtet waren, aber auch Universalgeschichte trieben.

Für die erste dieser Schule steht heute vor allem **Taqi al-Din Ahmad al-Maqrīzī** (1364–1442). Seine „Stadtgeschichte Kairos", abgekürzt der *Kitāb al-Khitat*, ist eine Enzyklopädie des Bauwesens und der Stadtverwaltung während der Fatimiden- und Mamlukenzeit. Die allgemeine Geschichte repräsentiert **Ibn Khaldūn** (1332–1406). In Tunis als Mitglied einer adeligen andalusischen Familie geboren, wird er oft der bedeutendste arabische Historiker genannt. Er war lebenslang ein politischer Karrierist auf der Suche nach einer Machtbasis – für sich persönlich und als Teil der historischer Strukturen. Als Systematiker überzeugt er am meisten, erweiterte er doch die Geschichtsschreibung bis in die Soziologie und Zivilisationskunde hinein. Sein zwischen 1375–1379 entstandenes Hauptwerk, der *Kitab al-ibar* (Buch der Hinweise) besteht aus zwei Teilen: der vielgepriesenen „Einleitung" (*al-Muqaddima*) und der weniger geschätzten Universalchronik, die viele alte Vorgänger ausschreibt, als Quelle zur Geschichte des Maghreb jedoch einzigartig ist.

Der *Muqaddima* erweist sich im Kern als eine Strukturanalyse von 700 Jahren Geschichte der muslimischen Gemeinde: Was bedeutet der Gegensatz von Beduinen und seßhaften Städtern? Wie begründet sich die staatliche Macht im arabischen oder berberischen Klan? Warum behaupten sich arabische Dynastien im Schnitt kaum länger als 200 Jahre? Was sind Geschichtsfabeln und was ist echte Tradition? Warum liefert die prophetische Urzeit auch noch den Maßstab jeder historischen Kritik? Für diese Fragen hält Ibn Khaldūn nicht nur originelle Antworten bereit, wir verdanken ihm auch eine der seltenen arabischen Autobiographien und eine Mongolengeschichte, die auf eine persönliche Begegnung mit Temür-Beg (Tamerlan) zurückgeht.

Mit einem Nachkommen Temür-Begs in der fünften Generation soll dieser Überblick schließen. **Zahiruddin Muhammad Babur** (1483–1530) fand auf seinen zahllosen Feldzügen in Afghanistan und Indien noch Zeit, ein Erinnerungsbuch, das *Babur-nama*, zu schreiben. In Tschagatay, einer Turksprache verfaßt, verbreitete sich das Werk des ersten Großmoguls vor allem in seiner persischen Version. Man findet in ihm die wohl lebendigste Lebensbeschreibung, die von einem muslimischen Herrscher überliefert ist und außerdem die Bestätigung einer Regel: Für legitime Herrscher gab es im islamischen Bereich keinen Bedarf an Biographien, für Usurpatoren dagegen häufig. Babur sah sich zwar als Erbe der Timuriden, wußte aber genau, daß er ohne den Ruf des unbesiegbaren Eroberers nicht überleben konnte. Ein glänzendes literarisches Selbstzeugnis sollte die Nachwelt günstiger stimmen.

Fazit

Den Historiker der Geschichtsschreibung stellt die Hinterlassenschaft der mittelalterlichen Muslime auch heute noch vor viele Probleme. Damit ist nicht allein das Sprachproblem gemeint oder die mangelhafte Edition vieler zentraler Texte. Vor allem sind es die Masse des Stoffes und die Verwurzelung in einer fremden Literatur- und Wissenschaftsauffassung, die dem europäischen Leser den Zugang erschweren. Für den Kulturvergleich eröffnet diese Historiographie dennoch beträchtliche Chancen: Keine der monotheistischen Weltreligionen hat die Mentalität ihrer Ursprungsphase so exakt überliefert wie der Islam. Keine hat dafür eine derart ausgefeilte Überlieferungstechnik (*hadīth*) entwickelt. In Indien ist die Form einer konventionellen Geschichtsschreibung in weiten Zonen ein islamischer Import des Mittelalters. Verglichen mit dem lateinischen Westen des Mittelalters fällt der universalhistorische Horizont des Islam weiter aus, können persönliche Erfahrungen der Historiker leichter integriert werden. Die einzigartigen personengeschichtlichen Darstellungen der Araber finden im Westen keine Parallele. Schließlich erlaubt die muslimische Geschichtsschreibung, wie jede langfristig gepflegte historische Literatur, die Überprüfung von zentralen Merkmalen der Selbstdefinition einer sozialen Gruppe. Hierzu zählen im Falle des Islams besonders die Vorstellungen von Toleranz, der Einheit von Glaube und Gesellschaft, die Rolle der Frau, die Ideen von Wissenschaft und Fortschritt. Das von jeher auch kritische Potential muslimischer Historiographie ist hier noch lange nicht ausgeschöpft.

5.3 Bibliographie

Werke in Übersetzungen

al-Athir: The Annals of the Saljuq Turks. Selections from the al-Kamil fi'l-Ta-rikh of 'Izz al-Din Ibn. Hrsg. u. übersetzt von Donald S. Richards. London 2002.

al-Balādhūrī: El-Balâdorî's Kitâb futûh al-buldân (Buch der Eroberung der Länder). Deutsche Übersetzung von Oskar Rescher. Stuttgart 1923.

– The Origins of the Islamic State [Kitâb futûh al-buldân]. Text and Translation by Philip Khūri Hitti. 2. Bde. New York 1916–24 [ND 1968–69].

al-Isfahani: Der Syrische Blitz. Saladins Sekretär zwischen Selbstdarstellung und Geschichtsschreibung (Beiruter Texte und Studien, 52). Hrsg. u. übersetzt von Lutz Richter-Bernburg. Stuttgart 1998. *Teilausgabe des* Barq as-Sami *von al-Isfahani.*

al-Masudi: Les prairies d'or (Murūj al-dhahab wa'ma'ādin al-jawar). Übersetzt von Charles Adrien Barbier de Meynard u. Abel Jean Baptiste Pavet de Courteille. 6. Bde. Paris 1966–1997. *Zentral zur Geschichte der Abbasidenkalifen.*

al-Maqrizi: Al-Maqrizi's Book of Contention and Strife concerning the Relations between the Banu Umayya and the Banu Hashim (Journal of Semitic Studies, 3). Hrsg. u. übersetzt von Clifford E. Bosworth. Manchester 1980. *Über die Abbasidenrevolution.*

al-Tabarī: The History of al-Tabarī (Tārīkh al-rusul wa'l-muk). Hrsg. von Ehsan Yarshater. 10 Bde. Albany 1985–1999.

– Geschichte der Perser und Araber zur Zeit der Sassaniden. Teilübersetzung und Kommentar der vorislamischen Teile von Theodor Nöldeke. Leiden 1879 [ND Ann Arbor 1980].

Buluggīn, Abd Allāh Ben: The Tibyān. Memoirs of Abd Allāh ben Buluggīn, last Zirid of Granada. Hrsg. u. übersetzt von Amin B. Tibi. Leiden 1982. *Erinnerungen des letzten Ziridenemirs von Granada, ca. 1090 n. Chr.*

Ibn Bibi: Die Seldschukengeschichte des Ibn Bibi. Hrsg. u. übersetzt von Herbert W. Duda. Kopenhagen 1959.

Ibn Ishāq: The Life of Muhammad (al-Sīra al-nabawiyya). Übersetzt von Alfred Guillaume. Karachi/Oxford 1996^{11}.

– Das Leben des Propheten. Hrsg. u. übersetzt von Gernot Rotter. Lenningen 2004.

Ibn Kaldhūn: The Muqaddimah: An Introduction to History (al-Muqaddima). Hrsg. u. übersetzt von Franz Rosenthal. 3 Bde. Princeton 1967^{2}.

Juvaini: Genghis Khan. The History of the World Conqueror by 'Ala-ad-Din 'Ata-Malik Juvaini. Hrsg. u. übersetzt von John Andrew Boyle. Manchester 1997 (1958).

Textsammlungen

Balard, Michel [u.a.] (Hrsg.): Pays d'islam et monde latin. X^{e}–XIIIe siècle (L'Histoire par les sources). Paris 2000.

Gabrieli, Francesco: Arab Historians of the Crusades. Berkeley/Los Angeles 1969 (frz. 1977, 1996, 2001).

Hoyland, Robert G.: Seeing Islam as Others saw it. A Survey and Evaluation of Christian, Jewish and Zoroastrian Writings on Early Islam. Princeton 1997. *Nichtarabische Quellen in englischer Übersetzung.*

Kreutel, Richard F. (Hrsg.): Osmanische Geschichtsschreiber. 10 Bde. Graz/Wien/Köln 1955–1981.

Lewis, Bernard (Hrsg.): Der Islam von den Anfängen bis zur Eroberung von Konstantinopel. 2 Bde. Zürich/München 1981 (engl. 1974).

Allgemeine Werke und Einführungen

Busse, Heribert: Arabische Historiographie und Geographie. In: Fischer, Wolfdietrich. u. Gätje, Helmut (Hrsg.): Grundriß der Arabischen Philologie. Bd. 2. Wiesbaden 1987. S. 264–297.

Crone, Patricia: Slaves on Horses. The Evolution of the Islamic Polity. Cambridge 1980. *Glänzende, aber auch umstrittene Studie zum frühen Islam.*

Djebbar, Ahmed, Savoie, Denis [u.a.] (Hrsg.): L'Age d'or des sciences arabes. Paris 2005.

Duri, Abdal Aziz: The Rise of Historical Writing among the Arabs. Hrsg. u. übersetzt von Lawrence I. Conrad. Princeton 1983.

Endress, Gerhard: Die wissenschaftliche Literatur. In: Fischer, Wolfdietrich u. Gätje, Helmut (Hrsg.): Grundriß der Arabischen Philologie. Bd. 2. Wiesbaden 1987. S. 400–506.

Gutas, Dimitri: Greek Thought. Arabic Culture: The Graeco-Arabic Translation Movement in Baghdad and Early Abbasi Society. London 1998.

Khalidi, Tarif: Arabic historical Thought in the Classical Period. Cambridge/New York 1994. *Arabische Sicht auf die eigene frühe Geschichtsschreibung.*

King, David A.: The sacred Dimension in Islam. A Study of the Interaction of Religion and Science in the Middle Ages. In: Interdisciplinary Studies Review 10 (1985). S. 315–328.

Haarmann, Ulrich (Hrsg.): Geschichte der arabischen Welt. München 2001[4]. *Mit Hinweisen zu den Übersetzungen der wichtigsten historiographischen Quellen in den Anhängen.*

Hodgson, Marshall G.: The Venture of Islam. 3 Bde. Chicago 1974. *Klassiker für den gesamtarabischen Kulturraum.*

Huff, Toby: The Rise of Early Modern Science. Islam, China and the West. Cambridge /New York 2003[2]. *Stellt die islamische Wissenschaft in einen globalen Kontext.*

Kennedy, Hugh: Muslim Spain and Portugal. London 1996. *Mit Bibliographie von ins Spanische übersetzter arabischer Geschichtsschreibung aus Andalusien und dem Maghreb.*

Lewis, Bernard u. Holt, Peter M. (Hrsg.): Historians of the Middle East. London 1962. *Behandelt auch die europäische Geschichtsschreibung dieses Raums.*

Meisami, Julie Scott: Persian Historiography to the End of the Twelfth Century. Edinburgh 1999.

Nagel, Tilman: Die islamische Welt bis 1500. München 1998. *Auf S. 235–247 eine Bibliographie übersetzter arabischer und persischer Werke.*

Noth, Albrecht: The Early Arabic Historical Traditions. Princeton 1994. *Vereinigt den religions- mit dem historiographiegeschichtlichem Ansatz.*

Radke, Bernd: Weltgeschichte und Weltbeschreibung im mittelalterlichen Islam. Beirut/Stuttgart 1992.

Robinson, Chase F.: Islamic Historiography. Cambridge 2003. *Moderne Einführung bis etwa 1200 mit ausgezeichneter Bibliographie.*
Rosenthal, Franz: A History of Muslim Historiography. Leiden 1968².
– Knowledge Triumphant. The Concept of Knowledge in Medieval Islam. Leiden 1970.
Rubin, Uri: The Eye of the Beholder. The Life of Muhammad as viewed by the Early Muslims. Princeton 1995. *Die frühe islamische historische Sicht auf den Propheten.*
Walker, Paul E.: Exploring an Islamic Empire: Fatimid History and its Sources. London 2002. *Quellenkunde zum fatimidischen Nordafrika.*

Werke zu Autoren und Spezialproblemen

Arkoun, Mohammed: L'humanisme arabe au IVe/Xe siècle: Miskawayh, philosophe et historien. Paris 1982².
Brett, Michael: Fatimid Historiography – the Quarrel with the Zirids, 1048–58. In: Morgan, David (Hrsg.): Medieval Historical Writing in the Christian and Islamic Worlds. London 1982. S. 47–59.
– Ibn Khaldun and the medieval Maghrib. Aldershot 1999.
Conrad. Lawrence I.: Theophanes and the Arabic Historical Tradition: Some Indications of Intercultural Transmission. In: Byzantinische Forschungen 15 (1990). S. 1–44.
Farah, Caesar: The Dhayl in Medieval Arabic Historiography. New Haven 1967.
Franz, Kurt: Kompilation in arabischen Chroniken. Die Überlieferung zum Aufstand der Zang zwischen Geschichtlichkeit und Intertextualität vom 9. bis zum 15. Jahrhundert (Studien zur Geschichte und Kultur des islamischen Orients, 15). Berlin 2004. *Anregende Studie zur Technik der Kompilation im ‚arabischen Mittelalter'.*
Guichard, Pierre: L'Espagne et la Sicile muselmanes aux XIe et XIIIe siècles. Lyon 1991.
Guo, Li: Mamluk Historiographic Studies: The State of the Art. In: Mamluk Studies Review 1 (1997). S. 15–62.
Khalidi, Tarif: Islamic Bibliographical Dictionaries. A Preliminary Assessment. In: Muslim World 63 (1973). S. 53–65.
Lewis, Bernard: Reflections on Islamic Historiography. In: Middle Eastern Lectures (Tel Aviv) 2 (1997). S. 69–80.
Lindsay, James E. (Hrsg.): Ibn Asakir and Early Islamic History (Studies in Late Antiquity and Early Islam, 20). Princeton 2001.
Little, Donald P.: Historiography of the Ayyubid and Mamluk Epochs. In: Carl, F. Petry (Hrsg.): The Cambridge History of Egypt. Vol. 1. Islamic Egypt, 640–1517. Cambridge 1998. S. 412–444.

Haarmann, Ulrich: Auflösung und Bewahrung der klassischen Formen arabischer Geschichtsschreibung in der Zeit der Mamluken. In: Zeitschrift der Deutschen Morgenländischen Gesellschaft 121 (1971). S. 46–60.

Makdisi, George: The Diary in Islamic Historiography. Some notes. In: History and Theory 25 (1985). S. 173–185.

– Tabaqāt-Biography: Law and Orthodoxy in Classical Islam. In: Islamic Studies 32 (1993). S. 371–396.

Philips, Cyril Henry (Ed.): Historians of India, Pakistan and Ceylon (Historical Writings on the Peoples of Asia, 1). London 1961.

Schoeler, Gregor: Theorien zur Frage der schriftlichen oder mündlichen Überlieferung der Wissenschaften im frühen Islam. In: Raible, Wolfgang (Hrsg.): Erscheinungsformen kultureller Prozesse (ScriptOralia, 13). Tübingen 1988. S. 45–62.

Sellheim, Rudolf: Prophet, Chalif und Geschichte. Die Muhammad-Biographie des Ibn Ishāq. In: Oriens 18/19 (1967). S. 33–91.

6. Mittelalterliche Geschichtsschreibung in Europa

6.1 Theologie und Wissenschaft im Mittelalter

Die Wissensgeschichte des europäischen Mittelalters läßt sich in eine Zeit ohne und eine mit Aristoteles einteilen. Beide Epochen unterscheiden sich wesentlich durch die Träger, die Form und die Rezeptionsweisens von Wissenschaft. Die Benediktinerklöster und Kathedralschulen der Zeitspanne bis 11. Jh. erarbeiteten ein biblizistisches Weltbild, in dem natürliche und menschliche Ordnung nur eine geringe empirische Tiefe aufweisen. Die Offenbarung der Hl. Schrift konnte, sollte und durfte nicht widerlegt werden. Das Wissen der Mönche war geistlich, elitär und oft davon bedroht, von asketischen Impulsen und dem nahen Weltende ganz überwältigt zu werden. Seit dem späten 11. Jh. siedelte sich die Wissenschaft jedoch in den Städten, ihren Universitäten und in den Klöstern der Bettelorden an. Hier wurde erstmals die vollständige Wissenslehre des Aristoteles (Organon) mitsamt ihren arabischen Kommentatoren rezipiert. Was eine praxisorientierte Wissenschaft sei, ohne moralisierende Eingriffe und mit stringenter Methode, das las man in seiner zweiten Analytik. Nicht nur Medizin, Physik und Logik waren davon betroffen, sondern auch die christliche Theologie und Ethik: Sie gerieten erstmals unter die Anforderung eines philosophischen Systemzwanges. Zwar konnten sich die Theologen noch aus der aristotelischen Umklammerung lösen, indem sie Anfangs- und Endpositionen der antiken Kosmologie und Logik abschnitten, aber fortan blieben sie zum Dialog mit der Philosophie verpflichtet, ja mußten lernen, in deren Begriffswelt zu denken.

In beiden Epochen, im vor- wie im nacharistotelischen Mittelalter, findet sich für das, was der Kollektivsingular ‚Geschichte' seit dem 18. Jh. bezeichnet, kein Platz im System der jeweiligen Wissenschaften und Künste. Was es aber in steter Übung gibt, ist historiographische Praxis und ihr Erzeugnis, die ‚Geschichte' als Erzählung (*historia*). Da diese keine *ars* ist, auch nicht ihr Teilbereich oder ihr gleichgeordnet, und da man sie auch nicht gleichberechtigt neben Wissenschaft (*scientia*) stellen kann, bleibt nur noch übrig, sie der Theologie zuzuordnen. Fügt man hinzu, daß mittelalterliche Wissenschaft nicht in methodisch spezialisierte und empirisch geleitete Einzelwissenschaften zerfällt, sondern von einer logikorientierten Philosophie in allen Aspekten strukturiert wird, dann wird überdeutlich, daß der moderne Geschichtsbegriff zur Interpretation mittelalterlicher Zeit- und Ereignisvorstellungen fast nichts beitragen kann.

Der Theologie ist die *historia* zugeordnet, weil sie die erste der vier biblischen Auslegungsarten ist. Sie ist der erste Schritt der Exegese, der das Gesehene und Berichtete vor seiner mystischen, moralischen und endzeitlichen Deutung sinngemäß kontrolliert. Ihr Bereich ist deshalb die Erzählung, d.h. das, was jeweils schon erzählt ist, und keinesfalls eine ‚Geschichtsforschung' für neue, bessere Erzählungen.

‚Geschichtsphilosophie' bezeichnet einen im Mittelalter nicht einschlagbaren Denkweg. Um dennoch den Vorrang von Theologie und Kirche vollständig zum Ausdruck bringen zu können, war es zwingend, sich die Geschichte der Christenheit als Ganzes vor Augen zu stellen. Dieses Ganze konnte dann, in der Tradition von Augustinus und Orosius, gemäß der Heilsordnung zeitlich unterteilt und mit dem letzten Gericht beendet werden. In der Regel bediente sich dieses Geschichtsdenken eines typologischen Verfahrens: Personen und Ereignisse der Hl. Schrift wurden auf die Gegenwart vorgedeutet. Andererseits wurde die Bibel wurde zum prophetischen Buch, das den gesamten Geschichtsverlauf in sich schloß.

Der Philosophie steht die *historia* als bloße Einzelheit gegenüber. Zwar spricht die Würde der Sinneserfahrung für sie, aber die dringt weder zum Wesen der Dinge vor, noch kann sie selbständig ihre Ordnung verfügen. *Historia* ist also im Mittelalter weit davon entfernt, kritische, individuelle Erfahrung freizusetzen bzw. die Offenbarung als ihren eigenen Anfang, als ‚erste Erzählung', ablösen zu können. Ihre Aufgabe bleibt es, eine Gesamtordnung (*ordo*) von Gott, Welt und Mensch abzustützen, die sie nicht selbst gemacht hat. Es wäre freilich falsch, aus dieser dienenden Funktion eine geringe Bedeutung des von Menschen Erzählbaren abzuleiten. Obschon niedrig angesiedelt, ist es dennoch unverzichtbarer Teil göttlicher Ordnung. Und in gleicher Weise gehört auch die Erinnerung (*memoria*) selbst zum *ordo*, ja sie baut ihn oft erst auf. Einschränkend muß man jedoch hinzufügen, daß die geschriebene Geschichte nur einen kleinen Teil der mittelalterlichen Erinnerungskultur aus mündlicher, bildlicher und ritueller Überlieferung ausmacht. Man wird diese als Ganze ins Auge fassen müssen, um die Methode zur Erforschung der mittelalterlichen Historiographie klar abgrenzen zu können.

Ordnung (ordo) und Gedächtnis (memoria)

Es gibt gute Gründe für die These, daß die mittelalterlichen Vorstellungen vom historischen Wissen einfacher organisiert waren und zu eindeutigeren Ergebnissen führten, als dies etwa für die moderne Geschichtswissenschaft der Fall ist. Wo weniger Voraussetzungen gefordert, die Methoden elastischer und die Ziele des Wissens bescheidener formuliert sind, dort darf man auch größere Sicherheiten und weniger Fragen erwarten.

Die mittelalterliche Weltsicht beschränkt den Raum gemeinsam mit der Zeit und zugleich mit dem, was sich in beiden ereignen kann. Drei um das Mittelmeer gelagerte Kontinente bezeichnen einen bis ins 13. Jh. nur unmerklich wachsenden Raum. Klein – von heute aus gesehen – ist auch die den Menschen zur Verfügung stehende Geschichtszeit. Deren Struktur ist zudem gänzlich von außen gegeben: Gott setzt die Zeit mit der Schöpfung, er gibt ihr die Mitte mit der Entsendung seines eigenen Sohnes, und er schließt die Zeit mit seinem Gericht ab. Dem Christen sind alle diese Zeitmaße, wenngleich nicht mit letzter Präzision, bekannt. Nach der griechischen Fassung des Alten Testamentes (*Septuaginta*) liegt das Schöpfungsdatum 5199 Jahre vor Christus, nach der lateinischen (*Vulgata*) 3952 Jahre. Wie das Weltende aussehen würde, war durch die Apokalypse im Umriß sichtbar, nur der Zeitpunkt war offen. Aus Symmetriegründen zur vorangegangenen Zeit erwartete man ihn kaum jenseits des Jahres 2000 n.Chr., meistens schon früher. Zwar war die mittelalterliche *historia* keine Prophezeiung, und die Strecke zwischen der Gegenwart und dem Zeitenende blieb unerzählbar, dennoch schrieben die meisten Historiker auf ein offensichtliches Ende der Geschichte zu.

Ordnungsmodelle, ausnahmslos der Antike entlehnt, erlaubten den mittelalterlichen Historikern eine genaue Einordnung auf der linear verlaufenden Zeitschiene: Man lebte in der IV. Weltmonarchie, genauer, dem römischen Reich, das mit Karl dem Großen erneuert worden war, oder im sechsten Weltalter des Augustinus, dem Greisenalter, bis zur Wiederkehr des Erlösers, oder im dritten Weltzeitalter des Messias, einem jüdischen Zeitschema von jeweils 2000 Jahren, das mit einer Epoche ‚vor' und einer ‚unter dem Gesetz' begonnen hatte.

Als das ‚historische Buch' schlechthin galt die Heilige Schrift. Sie legte den Weltzeitraum fest, sie bestimmte den Orient als stets gegenwärtigen Raum der Heilsgeschichte und die Juden als das erste auserwählte, aber später verworfene Volk. Die Bibel eröffnete das zentrale Verlaufsschema von Verheißung, Erfüllung, Lohn und Strafe, sie enthüllte die prophetischen Epochenspekulationen, und sie schien die Christen zu ermächtigen, sich selbst an die Stelle der Juden als geschichtliches Subjekt zu setzen. Die christliche Interpretation der Bibel raubte dieses Geschichtsbuch den Juden, indem sie seine Tendenz zur Symmetriebildung aufgriff und überbot. Die Mehrzahl der alttestamentarischen allegorischen, typologischen und eschatologischen (endzeitlichen) Ausgangspunkte ließen sich auf Christus und die Christen beziehen und ohne große Probleme auf die eigene säkulare Geschichte ausdehnen. Für noch bestehende chronologische Lücken und die Rechtfertigung des zeitgenössischen staatlichen Unterbaus hatte die heidnische Geschichtsschreibung aufzukommen, die ihrerseits enteignet wurde. Die räumlich-zeitliche Begrenzung und der Drang zur biblisch ausgelegten Symmetriebildung ergeben zusammen eine Geschichtsauffassung, die maximale Unterschiede zur Moderne aufweist.

Erstens: Das Mittelalter kennt keine unterschiedenen Vergangenheiten unvergleichbarer Prägung, sondern nur einen homogenen Geschichtsraum, in dem sich das Wissen der Vergangenheit und der Zukunft unverändert entspricht. Mittelalterliche Geschichtsschreiber erklären somit nichts ‚historisch'. Deshalb gelten die modernen Axiome ‚vorher ist nicht nachher', und ‚Ort ist nicht Zeit' für sie nicht.

Zweitens: Entwicklung ist kein Konzept mittelalterlicher Historiographie. Weil der göttliche *ordo* neben dem Schöpfer auch noch Natur und Mensch umfaßt und ewig und stabil ist, sind immer nur Einzeldinge veränderbar (*mutabilitas rerum*). Diese Einzelvorgänge sind aber über wirksame Verfahren wie parallele Geschehnisse (Typologie) und vorbildliche Handlungen (*exempla*) stets erneut auf den *ordo* zurückführbar. Legitimation, Normbildung und Handlungsorientierung durch Geschichte bleiben so möglich, ohne daß die Gegenwart selbst jemals in der Lage wäre, dies durch empirische Modellbildung selbst zu leisten. Deshalb bleibt auch der Horizont der Offenbarung und ihrer Auslegung das ‚Wahrscheinliche', an dem man sich ausrichtet. So können weder Vergangenheit noch Zukunft jeweils ‚unwahrscheinlich', d.h. fremd und unvorstellbar werden.

Drittens: Einen Ersatz für die unmöglichen Prozeßerzählungen bieten die Epochengliederung und das Weltende. Statt kontinuierlicher Zu- und Abnahme dominieren sogenannte Übergabe-, d.h. Translations-Schemata den Geschichtsverlauf: *translatio imperii, – studii, – religionis*. Diese Modelle eröffnen die Möglichkeit, Handlungsmodelle und Institutionen unbeeinträchtigt von der *mutabilitas rerum* zeitlich zu verpflanzen.

Viertens: Das Fehlen von Entwicklung gleicht die Allgegenwart von Beispielhaftigkeit (Exemplarität) aus. Ein mittelalterliches Beispiel gewinnt seinen Wert nicht aus der Bedingungsanalyse einer gegenwärtigen Zeitsituation, sondern durch unmittelbaren Bezug auf bedeutungsvolles

Vorgänger-, d.h. konstitutive Anfangshandlungen (Anciennität). Dagegen wird Machiavelli seine Beispiele induktiv aus gegenwärtigen Fällen ableiten, um eine Regel für variable Situationen finden zu können.

Fünftens: Im Mittelalter dienen allgegenwärtige genealogische Strukturen als Gegenstück zum Entwicklungsbegriff. Auch die Genealogie verankert diesseitige Erfahrungen im göttlichen *ordo*. Der Baum Jesse, die einer Generationenfolge vergleichbaren Universalreiche, der adelige Stammbaum sind alle zugleich auch Modelle der Genealogie. Exemplum und Stammbaum verbinden sich in den mittelalterlichen Texten aufs engste: Indem sie auf die Anciennität verweisen, begründet die Genealogie eine Institution und das Beispiel eine Handlung. Umgekehrt will jedes Handeln an einen Anfang mit Namen angeschlossen sein, und jeder Stammesursprung muß in immer neuen vorbildlichen Handlungen aktualisiert werden.

Genealogie und Beispiel können ohne Gedächtnis und Erinnerung keine Wirkung entfalten. Für beide, Gedächtnis und Erinnerung, liegen im Mittelalter in der Religion, der Liturgie, in Denkmälern, Riten und der mündlichen Überlieferung noch viele andere Praktiken neben der ausgearbeiteten Geschichtsschreibung vor. Innerhalb der Formenvielfalt mittelalterlicher Memorialkultur nimmt die Historiographie nur einen kleinen und in der öffentlichen Wahrnehmung wahrscheinlich weit hinten liegenden Platz ein. Weil keine Gemeinschaft, und schon gar nicht die gesellschaftlich konstitutive christliche Gemeinde, ohne Totengedenken auskommen kann, verschränken sich im Mittelalter oft historischer Bericht und religiöses bzw. liturgisches Erinnern. Die Hagiographie erinnert an den Heiligen sowohl als historische Person als auch als religiösen Fürsprecher. Gründungsberichte von Klöstern, Stifterchroniken und Namenslisten erinnern an Tote und fordern zum Gebet für sie auf.

Seit dem hohen Mittelalter pflegen der Adel, städtische Gilden und Bruderschaften jeweils eigene Memorialkulturen für ihren Stand. Dafür stehen ihnen vielfältige Ausdrucksebenen und Medien zur Verfügung: die Liturgie und die Armenfürsorge, Stifterbilder, die Ahnengalerie, der Stammbaum und das Familienbild. Folglich hat fast jede soziale Gruppe ihr eigenes Erinnerungsbild, entsprechend ihren medialen und finanziellen Möglichkeiten. Alle diese Anstrengungen dienen der Überwindung des Todes und der Stärkung der Lebenden durch deren Gemeinschaft mit den Toten, zu denen ein lebhaftes Austauschverhältnis besteht.

Der Zugang zu dieser Gemeinschaft kommt für die größte Zahl der Lebenden nicht durch die Schrift, sondern durch die mündliche Überlieferung zustande. In Schrift niedergelegtes historisches Wissen findet zwar schon seit dem 11. Jh. intensiv Beachtung und soll sich als Argument z.B. im Investiturstreit erweisen, der größte Teil des im kulturellen Gedächtnis umlaufenden Wissens beruht bis ins 16. Jh. jedoch weiter auf Mündlichkeit. Erzählen, Zuhören, Erinnern, Abwandeln und Fortsetzen bilden also im Mittelalter das bestimmende Milieu für die wenigen historiographischen Texte. Zu Recht hat sich deshalb die Forschung in den letzten Jahren den bislang ausgeklammerten ‚mündlichen Zügen' der mittelalterlichen Geschichtsschreibung gewidmet und sie vielfältig in der Erzählstruktur, festen gesprochenen Formeln, der offenen Überlieferung, etc. entdecken können. Viel ist also gewonnen, wenn man die schriftliche Historiographie der Epoche in ihre Erzähl- und Gedächtnistechnik, aber auch die Formen ihres Vergessens einordnen kann.

6.2 Mittelalterliche Historiographie im literarischen Feld und das Problem der Gattungen

Noch zu Beginn des 20. Jh. reduzierten sich die Fragen, die an die mittelalterliche Historiographie gestellt wurden, in der Regel auf zwei: 1. Was leistet sie als Informationsquelle für die Interessen der ‚wissenschaftlichen Geschichtsforschung'? 2. Welche Rolle spielt sie bei der Entwicklung der eigenen nationalsprachlichen Literatur? Bei der zweiten Frage schätzte man den Wert lateinischer Texte naturgemäß bescheiden ein, während frühe volkssprachliche Zeugnisse in den Rang nationaler Ikonen aufstiegen. Eine Literaturgeschichte, die lateinische und volkssprachliche Werke in einem gemeinsamen Entwicklungsprozeß darstellt, gab es um 1900 nicht und gibt es auch heute nur in Ansätzen. Dagegen hat sich die Beurteilung der mittelalterlichen Geschichtsschreibung durch Literaturwissenschaft und Literaturgeschichte erheblich geändert und ihrerseits der Geschichtswissenschaft zuvor undenkbare Sichtweisen auf ihre ‚geschriebenen Quellen' nahegelegt.

Ohne den ‚erweiterten Literaturbegriff', ohne den um Mentalität ergänzten sozialgeschichtlichen Ansatz, ohne Rezeptionsgeschichte und Systemtheorie, ja selbst ohne Elemente der Dekonstruktion ist die Erforschung mittelalterlicher Geschichtsschreibung kaum mehr vorstellbar. Bislang hatten Quellen- und eingeschränkt – auch literarischer Wert den Kanon fixiert, heute gelten auch Rechts-, Fach- und Schultexte sowie alle Arten von Dichtung und religiösem Schrifttum als Formen historischer Literatur. Selbstverständlich sind auch die Fragen nach den sozialen, mentalen und diskursiven Entstehungsbedingungen eines Textes sowie seine Rückwirkung auf Leser, literarischen Prozeß, kollektives und kulturelles Gedächtnis. Systemtheoretisch konnten Texte evolutionäre Errungenschaften von Gesellschaften anzeigen, die durch veränderte Kommunikationsformen ermöglicht wurden (z.B. Buchdruck) und dort Strukturveränderungen auslösen können. Wenn die literarische Dekonstruktion überkommene Punkte der Analyse wie ‚Autor' und ‚Werk' aufhebt, dann hat die mittelalterliche Literaturwissenschaft darauf mit einer radikalen Überlieferungskritik reagiert: Sie kreist inzwischen um den in seiner Aufzeichnung ‚unfesten Text', den am Mündlichen orientierten Text, die handschriftliche Variante oder die fließenden Grenzen des Fiktionsbegriffes in den verschiedenen Gattungen.

Für den Historiographieforscher ergibt sich aus dem Umbau der Literaturwissenschaft zu einer methodisch offenen Kulturwissenschaft ein doppeltes Resultat: Er muß seine Texte verstärkt mit den Methoden beider Wissenschaften untersuchen und er muß bestrebt sein, die älteren Beschreibungsformen seines Gegenstandes im Licht der neuen Errungenschaften zu interpretieren. Ein zentraler Begriff der älteren Forschung, die ‚Gattung', zeigt, wie schwierig dieser Weg zu gehen ist. Obwohl die neuen Ansätze die Probleme, die im Konzept von feststehenden mittelalterlichen historiographischen Gattungen ohnehin auftreten, eher verstärken als mildern, haben sie es als gängiges Beschreibungsschema keineswegs ablösen können. ‚Gattungen' scheinen weiterhin ein unverzichtbares Werkzeug der Analyse mittelalterlicher Geschichtsschreibung zu sein.

Ein striktes Gattungsschema, verbunden mit der Zuweisung eindeutiger Bezeichnungen an zuvor noch namenlose historiographische Texte, hat erst das 19. Jh. festgelegt. Einerseits wollten die Gelehrten damit ihre großen Editionsunternehmen, etwa die *Monumenta Germaniae Historica* (MGH seit 1819), sinnvoll in Reihen ordnen, andererseits sollten die Gattungsbezeichnungen auch Arbeitsweisen und Verfahren ausdrücken und der methodischen Werthierarchie des Historismus entsprechen. Bei dieser Namensordnung, die gleichzeitig eine Typisierung bedeutete, konnte sich das 19. Jh. nicht auf antike Vorgaben oder eindeutige Äußerungen mittelalterlicher Autoren berufen. Die antike Literaturtheorie prägt die mittelalterlichen *genera* nicht vor, die zeitgenössischen Historiker sind mehr als nur sparsam in ihren Definitionen.

Die Gattung ‚Chronik' möge als erstes Beispiel dienen: Isidor von Sevilla (ca. 560–633) übersetzt den griechischen Begriff lateinisch mit „Zeitfolge" (*temporum series*). Cassiodor (ca. 485– nach 580) meint dagegen, eine Chronik umfasse „Abbilder von Geschichten und knappe Erinnerungen an Zeitabschnitte" (*imagines historiarum brevissimaeque commemorationes tempo-*

rum, Inst. I, 17, 2). Gervasius von Canterbury († 1210) stellt in einer oft zitierten Definition Chronisten und Annalisten gegen die ‚historici'. Die einen berechneten Jahre, Monate und Tage und führten die darin vorkommenden Taten der Fürsten kurz an (*annorumque menses computat et kalendas, actus etiam regum et principum quae in ipsis eveniut breviter edocet*). Viele dagegen vergäßen diese Aufgabe und würden, „was kurz und einfach zu berichten sei, mit vielen Worten aufblasen" (*Dum cronicam compilare cupiunt, historici more incedunt, et quod breviter sermoneque humili de modo scribendi dicere debuerant, verbis ampullosis aggravare conantur. Cronica I, 87 f.*). Siccard von Cremona († 1215) stellt dagegen den exemplarischen Zweck als Zeiterzählung von Weltbeginn an über die Personen und ihre Taten, die erinnerungswürdig bleiben sollten, in den Vordergrund (*temporalem narracionem ab exordio mundi de temporibus et personis et gestis earum, non omnibus, sed que nobis et nunc ad exempli et cautele memoriam scripturarumque noticiam expedire videntur. MGH SS XXXI, 78 f.*).

Der Gegenstand, die Form, ebenso wie die Intention einer mittelalterlichen historiographischen Gattung sind also keine starren Festlegungen, sondern nur Hinweise auf einen Kontext, in dem ganz verschiedene Ansprüche gestellt und eingelöst wurden. Dies gilt in gleicher Weise für jedes der zahlreichen *genera*, die zwischen 500 und 1500 n.Chr. gepflegt wurden, also für: Chroniken, Annalen, *Gesta*, Biographien, Heiligen-Viten, Kirchengeschichte, Volksgeschichte, Eroberungsgeschichten, mythologische Geschichten, prosimetrische Historien, Reimchroniken, illustrierte Chroniken etc. Wohlgemerkt, jeder dieser Begriffe sagt für sich etwas Sinnvolles aus, aber die entscheidenden Differenzen werden keinesfalls anhand gleicher Merkmale hergestellt, so daß sich daraus keine Struktur ergibt, die die vorhandenen Werke eindeutig verortet. Genau das Umgekehrte ist der Fall: Die gegenwärtige Ordnung der Gattungen siedelt viele Werke an vielen Stellen gleichzeitig an bzw. läßt sie zwischen verschiedenen Positionen vermitteln und gleiten.

Eine Chronik ist im Kern eine zeitbezogene Anordnung von Handlungen mit einer im Mittelalter deutlich universalen Tendenz. Annalen füllen der Theorie nach das Jahresschema nur mechanisch aus; *Gesta* (Taten) berichten institutionengebunden von den Handlungen, nicht vom ‚Leben' einer öffentlichen Person. Mit ihnen verglichen kommen Biographien, d.h. Lebensbeschreibungen im Mittelalter nur selten vor, während es von Heiligenviten wimmelt. Sie freilich beschreiben kein individuelles Leben, sondern einen Menschentyp, der einen unveränderlichen metaphysischen Hintergrund vermittels standardisierter Handlungen aufruft. Die Kirchengeschichte ist von der Geschichte der Staaten und Stämme im Grunde niemals zu trennen, die Volksgeschichten bleiben ohne Bezug zur römisch-imperialen Tradition gestaltlos. Eroberungsgeschichten können als Chroniken, *Gesta* oder Biographien geschrieben werden, während mythologisch-fiktive Geschichten zur Grundlage von faktenorientiertem Erzählen werden können. Überdies kann fast jede historiographische Gattung Prosaabschnitte organisch mit Versen verbinden (dann wird sie ‚prosimetrisch' genannt) oder selbst gänzlich gereimt werden. Selbstverständlich ist auch der Weg zurück zur Prosa jederzeit gangbar. Schließlich können vorhandene Historien nachträglich illustriert werden, ohne daß der Typ der speziellen Bilderchronik, die das Bild sozusagen zuerst hat, fehlen würde.

Diese Zustandsbeschreibung des Gattungssystems mag verwirrend und negativ klingen, sie ist aber nicht so gemeint. Sie will vielmehr den Eindruck bekräftigen, daß die Geschichtsschreibung an der ungeheueren Beweglichkeit von Inhalten und Formen, wie sie für das mittelalterliche Literatursystem repräsentativ ist, uneingeschränkt teilnimmt. Damit wird die Kenntnis der von der Tradition festgelegten Verfahren nicht hinfällig, aber sie muß von einem genauen Wissen der möglichen Übergänge und Verwandlungen ergänzt werden. Dann wird man nicht staunen, daß die ‚Annales' des Lambert von Hersfeld (ca. 1025–1081/1085) im ersten Teil die übernommenen *Annales Weissenburgenses* ausschreiben, während der zweite Teil Zeitgeschichte (*historici more*) nach Gervasius von Canterbury bringt. Genauso wenig wird es dann überraschen, daß sich im Frankreich des 14. Jh. niemand *historicus* nennt, dafür fast alle *chroniquers*, die stolz darauf sind, ein präzises Zeitschema mit den Erzähltechniken des Ritterromans zu füllen. Noch im 19. Jh. hätte dies den mittelalterlichen Historiker als ‚unwissenschaftlich' abgewertet, heute ist man bereit einzuräumen, daß er mit seinen Verfahren uns nicht weniger, sondern nur andere Informationen zur Verfügung stellt, d.h. Antworten auf Fragen, die wir erst suchen müssen.

6.3 Handschriftenanfertigung und Buchdruck als Selektionssysteme

Auch das Mittelalter ist von der Auffassung getragen, daß erst die Vervielfältigung eines Werks und seine Verbreitung seinen Fortbestand sichert. Freilich unterscheiden sich die Mäzene und Gruppen, die Historiographie anregen, doch beträchtlich von ihren Entsprechungen im Zeitalter des Buchdrucks. Zwischen dem mittelalterlichen Autor, dem Widmungsträger oder Auftraggeber, der Textgestalt sowie der Anzahl und Ausstattung der Manuskripte bestehen sehr eng definierte Beziehungen. Sie spiegeln klare Interessen von Einzelpersonen und kleinen Gruppen wider, die den geographischen und zeitlichen Raum ihrer Verbreitung naturgemäß einschränkten. Nur wenige historiographische Erzeugnisse des Mittelalters überschreiten deshalb die Grenzen gewisser Stadtlandschaften, Herrschaftsregionen oder Kommunikationsräume von Orden und werden zu ‚nationalen' oder gar ‚europäischen' Größen.

Bernard Guenées Statistik der erhaltenen oder erwähnten Manuskripte von 1980/1991 zeigt, daß gerade einmal 10 Texte in mehr als 100 Abschriften überliefert sind, nur 17 in mehr als 50. Für uns heute unverzichtbar gewordene Autoren wie Adam von Bremen oder Widukind von Corvey sind jeweils in nur sechs Kodizes überliefert, Jean de Joinvilles „Leben des Hl. Ludwig" und John of Salisburys *Historia pontificalis* sind buchstäblich einzigartige Werke geblieben. Die weiteste Verbreitung fanden dagegen spätantike Historiker wie Valerius Maximus (419 Handschriften) oder Paulus Orosius (245). Diesen Autoren kommt langanhaltende europäische Bedeutung zu, aber schon bei der nächstkleineren Gruppe eines Gregors von Tours (50) oder Otto von Freising (38) verweisen die Zahlen nur noch auf eine kräftige regionale Rezeption. Für die übergroße Mehrheit mittelalterlicher Geschichtswerke kann von massenhafter Verbreitung also keine Rede sein. Außerdem gibt die Zahl der Abschriften gibt noch keinerlei Aufschluß über die technische, literarische oder quellenmäßige Qualität. Dabei dürfte zum Ende des 15. Jh. die überwiegende Anzahl historiographischer Handschriften im Besitz ‚öffentlicher Institutionen' wie Klöstern, Städten oder Kanzleien gewesen sein, ohne daß dies ihre Zugänglichkeit garantiert hätte. Der Buchdruck änderte viel, aber nicht alles, an diesen Verhältnissen.

Die Drucker beendeten die weitgehend unkommerziellen Verhältnisse zwischen Autor, Auftraggeber und den genossenschaftlichen Verbreitungsformen von Manuskripten und ersetzten sie durch einen Markt, auf dem Käufer ihre Wünsche durchsetzten. Der Theorie nach konnte jetzt jedes Werk jeder Literaturgattung jedem Leser auf alle Zeiten zur Verfügung gestellt werden. Und in der Tat kam eine durchschnittliche Inkunabelauflage in Italien mit 200–400 Exemplaren bereits der Abschreibeleistung eines Jahrtausends gleich. Dennoch war der Buchmarkt der Inkunabelzeit (1455–1500) kein gelehrter Markt und damit der Verbreitung mittelalterlicher Historiographie kaum dienlich. Von den 27 000 Titeln von Wiegendrucken zählen nur 620, also etwa 2,5%, zur historischen Literatur im engeren Sinn. Darunter finden sich 350 lateinische Titel, nur 40 deutsche (mit nur 20 Werken), während sich der Rest auf andere Volkssprachen, vor allem das Französische verteilt. Im Land der Erfindung des Buchdruckes bestand kaum Bedarf an deutschsprachiger Geschichtsschreibung, aber auch nicht an deutschen Übersetzungen der antiken Klassiker. Ihr Druck – auch in der Volkssprache – war in der Inkunabelzeit eine italienische Domäne: Sallust nimmt hier mit 59 Auflagen die Spitzenposition ein, aber noch der lateinische Polybius von Perotti erreicht 5 Auflagen. Insgesamt stehen 35 antiken Autoren nicht mehr als 60 mittelalterliche und frühhumanistische Verfasser gegenüber. Letztere werden von Leonardo Bruni und Enea Silvio Piccolomini dominiert. Auch der Hauptteil an nichtlateinischer Historiographie stammt aus dem 15. Jh., ohne deshalb zahlreich zu sein. Für Zeitgeschichten sehen die neuen Drucker nämlich kaum Bedarf, und auch am anderen Ende der Zeitskala lassen sie ganze mittelalterliche Gattungen, wie die der Annalistik, unbeachtet liegen.

Der Übergang von der Handschrift zum Buch folgt somit anderen Selektionskriterien als denen, die den mittelalterlichen Überlieferungsprozeß selbst geleitet hatten. Lokale Memorialkultur und regionale Verteilungsräume wurden von überregionalen, ja gesamteuropäischen Absatzinteressen überlagert. Schon früh konnte der deutsche Benediktinerabt Johannes Trithemius (1462–1516) eine dreiwertige ‚Skala der Verkäuflichkeit' aufstellen: das *genus generale* als gut absetzbare Welthistorie, das *genus speciale* als die Geschichte eines Reiches sowie drittens die schlecht verkäufliche Stadt- und Klostergeschichte, das *genus topicum.* Was im frühen Buchdruck dominiert, sind folglich Werke von universalhistorischem und schulischem Zuschnitt sowie eine begrenzte Auswahl volkssprachlicher Autoren und offizieller Chroniken. Eine systematische Erschließung der mittelalterlichen Historiographie lag dem frühen Buchdruck fern. Obwohl dann im langen 16. Jh. nationale Konjunkturen für deren Druck zu verzeichnen sind, die Masse ihrer Autoren mußte, mit nicht wenigen Verlusten, noch die gesamte Epoche der Frühen Neuzeit in Archiven und Bibliotheken überdauern. Sie wurden erst seit dem späten 18. Jh. mit den Methoden der kritischen Philologie ediert.

6.4 Ein Kanon mittelalterlicher Historiographie?

Das mittelalterliche Wissens- und Literatursystem zeigt keine Tendenz, die eigene historiographische Produktion in der Form eines ‚Kanons' anzuordnen, zu überliefern und zu Modellen der Nachahmung zu machen. Für jeden Philosophen oder Theologen der neugegründeten Universitäten gab es bald einen Kanon von Quellenschriften und Kommentaren, die für Studium und Lehre verbindlich waren. ‚Geschichte' war jedoch kein Universitätsfach. Gewiß, eine Reihe spätantiker und karolingischer Werke, besonders mit universalhistorischer Tendenz, wurde das ganze Mittelalter hindurch gelesen und fand seit dem 13. Jh. auch Nachfolger. In regionalen und nationalen Geschichtstraditionen blieben, wie noch gezeigt wird, die jeweiligen Anfangswerke über lange Zeiträume als formale und inhaltliche Modelle für die jüngere Produktion gegenwärtig. Aber schon die Vorstellung eines vollkommenen und damit exemplarischen historischen Werkes war dem Mittelalter fremd. Dies hätte bedeutet, von etwas sehr Unvollkommenem, der Profangeschichte, ein vollkommenes Abbild herstellen zu wollen.

Ein ‚Kanon mittelalterlicher Historiographie' kann somit nur auf spätere, außerhalb der Epoche liegende Antriebe zurückgehen: 1. auf nationale Geschichtsdiskurse, die sich seit dem frühen 16. Jh. ihr eigenes ‚Mittelalterbild' schufen und dazu in humanistischer Manier Quellen edierten; 2. auf die ‚wissenschaftliche' Quellen- und Erzählhierarchie der Mittelalterforschung des 19. Jh. und 3. auf einen kultur- und universalhistorisch erweiterten ‚Mittelalterbegriff', der sich neue Autoren sucht oder alte anders interpretiert; 4. auf ein historiographiegeschichtliches Interesse, das sich auf exemplarische Werke im jeweiligen Wissens- und Literatursystem konzentriert. Die nun folgende Auswahl ist vor allem vom letzten Aspekt geleitet, aber im Einzelfall auch vom erweiterten Mittelalterbegriff beeinflußt.

Obwohl die Heiligenleben das biographische Interesse der Epoche dominieren, hat ein Laie mit der antikisierenden Vita eines profanen Herrschers auf diesem Sektor den größten Erfolg erzielt. Das „Leben Karls des Großen" (*Vita Karoli Magni*, 829–836 n.Chr.) des Ostfranken **Einhard** (ca. 770–840) ist in etwa 80 Handschriften überliefert, was den Text zum erfolgreichsten frühmittelalterlichen Geschichtswerk macht. Einhard war ein wichtiges Mitglied der karolingischen ‚Hofakademie', vor allem aber eine Art Bau- und Kunstintendant. Seine Kenntnisse der antiken Literatur, Vitruv wie Vergil, aber auch der Historiker sind beeindrukkend. Für seine kurze Karlsbiographie wählte er Suetons „Caesarenleben" (vgl. S. 62) als Vorbild. Mit diesem Modell, das er bis in stilistische Details imitierte, gelang es ihm, den Kaiser als legitimen Nachfolger der römischen Imperatoren, beseelt von stoischer Tugend, und zugleich als idealen Herrscher der Franken zu zeichnen. Einhard entschloß sich sogar, was einmalig bleibt, biblische Zitate oder Wendungen ganz zu vermeiden und baute sich statt dessen seinen Helden gemäß den Topoi Suetons aus unterschiedlichen *Vitae* der antiken Vorlage zusammen. Als Quellengrundlage benutzte er, manchmal recht frei, die „Fränkischen Reichsannalen“ (ab 741 n.Chr.) und die eigene Zeiterfahrung. Einhard war wohl an der Abfassung von Karls Testament beteiligt und überliefert es als Einziger im Wortlaut. Von 796/797 bis 815 weilte er als Berater, Diplomat und Tischgenosse am Kaiserhof, bevor er sich nach Seligenstadt und Michelstadt, zwei von ihm selbst gegründete Klöster, zurückzog. So steht an seinem Lebensende eine entschiedene Wendung zur Kirche, zu der seine Kaiserbiographie strikten Abstand hält.

Die religiös gestimmten Nachfahren Einhards wollten sein Modell nicht nachahmen. Sie mieden die politische Biographie oder versteckten sie, wie Thietmar von Merseburg (975–1018) die Vita Kaiser Heinrichs II., in einer Bistumschronik (*Cronica*, ca. 1012–18). Der Beliebtheit der Karlsvita im Mittelalter tat dies keinen Abbruch. Karl wurde zu dem christlichen Kaiser schlechthin und durch Einhard noch zu einer Leitfigur der nationalen humanistischen Strömungen. 1521 wurde die Vita in Köln, im Zug der humanistischen Entdeckung einer ‚deutschen Nationalliteratur‘ erstmals gedruckt.

Dem polnischen Exilhistoriker Oskar Halecki (1881–1973) verdanken wir die anregende Theorie von zwei ‚europäischen Geschichtsräumen‘, einem auf Rom bezogenen ‚Alteuropa‘ im Südwesten und einem auf autochthone Neugründung aufgebauten ‚Neueuropa‘ im Nordosten (*The Limits and Divisions of European History*, London 1950). An **Saxo Grammaticus** (ca. 1150– nach 1221), dem Begründer der dänischen Nationalgeschichtsschreibung und seinen *Gesta Danorum* (ca. 1185–1221) läßt sich diese Unterscheidung besonders deutlich aufzeigen. Als Sekretär des Erzbischofs Absalon von Lund schrieb Saxo, der eine französische Schulbildung durchlaufen hatte, zunächst sieben Bücher Zeitgeschichte (ca. 950–1200), denen er später neun Bücher dänische Urgeschichte vorschaltete. Während die jüngere Geschichte auf einer breiten Quellenbasis ruht, stellt die Urgeschichte eine zwar sehr gelehrte, aber auch höchst eigenwillige Rekonstruktion dar, welche die gesamte nordische mündliche Geschichts- und Sagenüberlieferung einbezieht. Saxo holte sich dafür die Sprache und die Technik der exemplarischen Darstellung aus der Antike (Sallust, Livius, Valerius, Boëthius, etc.), während er den faktischen Erzählrahmen den älteren ‚Volksgeschichten‘ entlehnte (Beda, Paulus Diaconus, Dudo von St. Quentin, Adam von Bremen). Dagegen stammt die inhaltliche Füllung der Vorgeschichte aus einer großen Zahl von dänischen, vielleicht sogar isländischen Sagas, die er durch seine lateinische Versifizierung z.T. stark umformt. Die Helden der Urzeit werden nämlich einerseits romanisiert, andererseits systematisch auf christliche Tugenden bezogen. Was zunächst wie ein Lobpreis des Heidentums aussieht, erweist sich im Kern als eine Rückspiegelung der christlichen Epoche Dänemarks in die Vergangenheit. Diese findet so Anschluß an die christlich-augustinische Weltgeschichte, ohne deshalb in ein biblisches Abstammungsschema zu geraten. Und obwohl die *Gesta Danorum* lateinische Stilmittel im Überfluß benutzen, legitimieren sie die dänische Geschichte nicht über den Anschluß an die Antike, sondern können autochthone Abstammung, Nationenbildung und Christianisierung schlüssig zusammendenken. Als der Erstdruck 1514 in Paris erschien, fand es Erasmus von Rotterdam erstaunlich, daß ein Autor des barbarischen Nordens über eine derartige Latinität verfügt haben sollte.

Vom hohen bis zum späten Mittelalter blühte die volkssprachliche Geschichtsschreibung vor allem in transnationalen Sprachräumen. Dieses Phänomen hat, da es die herkömmlichen nationalen Literaturräume durchschneidet, bislang noch nicht die gebührende Aufmerksamkeit gefunden. Transnationale Sprachräume entwickelten sich im westlichen Mittelmeer, wo das Katalanische von Valencia z.T. bis Neapel und dem Peloponnes gesprochen wurde, oder in Südfrankreich und dem nordöstlichen Italien, wo das Französische, die *langue d'oc*, selbst in venezianischen Chroniken Verwendung fand. Seit etwa 1250 dominierte, bei den skandinavischen Anrainern mit Einschränkungen, das Niederdeutsche im gesamten Ostseeraum. In der Moldauregion und der Walachei benutzte man das Altslawische für die lokale Geschichtsschreibung. Zwischen 1100 und 1225 schließlich formte sich die sogenannte ‚anglonormannische Literatur' in mittelfranzösischer Literatursprache aus, in der eine epische und höfisch orientierte Historiographie eine große Rolle spielte. Ein Spätwerk dieser Tradition, die *Histoire de Guillaume le Maréchal* (1222–1226) kann für sich exemplarischen Charakter beanspruchen. Ein gewisser Jean schrieb in 19 000 achtsilbigen Versen die älteste Ritterbiographie, über die wir verfügen. William the Marshal (1144/1146–1219) legte in seiner Karriere den weiten Weg vom landlosen Ritter zum Erben des Earl of Pembroke zurück und wurde schließlich sogar inoffizieller Regent (1216–1219) für den unmündigen König Henry III. Einen Großteil seines Erfolges verdankte er seinen ritterlichen Tugenden und hier vor allem seinen Fähigkeiten als Turnierheld, die er auch kommerziell auszuwerten wußte. Seine Biographie liest sich wie eine Enzyklopädie komplexer ritterlicher Verhaltensweisen, vor allem der Ehre (*onor*) und der Bindungen an den Lehnsherren. Das Werk war zum Vortrag im Kreis der Nachkommen bestimmt und ist nur in einem Manuskript überliefert. Erst 1870 wurde es wiederentdeckt. Georges Duby hat noch 1984 Guillaume le Maréchal zum

„meilleur chevalier du monde" erhoben und ihm in seiner Analyse der ‚Drei Stände' – Priester, Bauer, Ritter – einen herausragenden Platz zugewiesen (vgl. S. 326).

Als im Zeitalter des Investiturstreites (1070–1122) der Zusammenhang zwischen geistlicher und weltlicher Gewalt zerriß, wurde dies sofort als Geschichtszeichen begriffen und eine Welle theologischer Spekulation setzte ein. Im *Regnum teutonicum* der Salier, das von dem Streit besonders hart betroffen war, entwickelte sich mit Rupert von Deutz (1075/1080–1129/1130), Gerhoch von Reichersberg (1092/1093–1169) und Anselm von Havelberg (ca. 1099–1158) geradezu eine Schule der Geschichtsprophetie. Ihren Höhepunkt und unabhängige Ausformung fand sie bei **Otto von Freising** (ca. 1112–1158). Der hochadelige Reichsbischof verfaßte zwischen 1143 und 1146 eine Weltchronik, der er den Untertitel *De duabus civitatibus* gab. Wie Augustinus unterschied er zwischen *Civitas Dei* und *Civitas terrena* oder *Diaboli*, und wie Orosius wertete er das Römische Reich zur historischen Voraussetzung des Christentums auf. Andererseits veränderte Otto die Konzepte seiner beiden Vorgänger entscheidend. So erlaubt ihm der reale Zuwachs an Geschichtszeit von inzwischen 700 Jahren, die langfristigen Entwicklungen unter Verzicht auf Prophetie aus den Fakten selbst zu bestimmen. Folgerichtig verflicht Otto die Kirche nicht nur geistlich (*ecclesia permixta*), sondern auch weltlich (*civitas permixta*) auf Dauer mit den Weltmonarchien. Was als Wechsel der Weltreiche (*translationes*) in immer neuen Gestaltungen erscheint, beruht auf einer konsequenten Theorie permanenter Subsidiarität des Staates für die Kirche. Wenn im Investiturstreit die Kirche den Staat selbst zu zerstören scheint, dann folgt dies der Logik des Wachstums des Christentums ebenso wie den Vorzeichen des Jüngsten Tags. Der Triumph der neuen Mönchsorden, die am Ende des 7. Buches den ‚Frieden des wahren Sabbats' vorwegnehmen, kündigt für Otto, der selbst dem Zisterzienserorden angehörte, das Weltgericht an. Es steht in Symmetrie zum ‚Antichristen' des 8. und letzten Buches, der die Schwächung der *Civitas terrena* ein letztes Mal aufheben wird. Als rein immanente Geschichtssicht, die alle historischen Erscheinungsformen der Macht schlüssig mit der Kirche verbindet und gleichzeitig durch sie überwunden sein läßt, steht Ottos Weltchronik einzigartig da.

Verglichen mit dem strikt dialektischen Zusammenhang des Freisinger Bischofs fällt die Geschichtsschreibung des Papsttums selbst fragmentarisch aus. Die älteste Monarchie der Welt hat sich nur periodisch und mit schwankender Energie um das eigene Geschichtsbild gekümmert. ***Liber pontificalis*** heißt das zentrale Werk der Papstgeschichtsschreibung, ein unpassender Namc, denn eigentlich handelt es sich um eine diskontinuierliche Serie von Papstleben, die nur im Frühmittelalter in gemeinsamen Redaktionen zusammengefaßt wurden. Seit dem späten 12. Jh. unterblieb die Vereinigung der weitergeführten biographischen Stränge, so daß die Bezeichnung ‚Libri pontificales' genauer wäre. Das ‚Papstbuch' überbrückt das gesamte Mittelalter, reicht es doch vom sogenannten „Chronographen von 354", einem spätantiken Staatskalender mit Konsullisten, bis zu der humanistischen Überarbeitung als *Liber de vita Christi ac omnium pontificum* (1479) durch den ersten päpstlichen Bibliothekar Bartolomeo Platina (1421–1481). Hinter den anonymen Verfassern im frühen Mittelalter vermutet man wenig gelehrte Kleriker der päpstlichen Kleiderkammer im Lateran. Ihr Berichtshorizont war lokal, d.h. umfaßte nur die stadtrömischen Bauten, Ernennungen und liturgischen Dekrete der Päpste. Trotzdem ist es fast ausschließlich der *Liber pontificalis*, der uns den weltgeschichtlichen Aufstieg der Päpste im 8. Jh. von Funktionären des byzantinischen Exarchen in Ravenna zu Verleihern des Kaisertums und Souverän über alle weltlichen Herrscher vermittelt. Zentrale Abschnitte des Papstkataloges sind seit kurzem in englischer Übersetzung verfügbar.

Das Papstbuch ist eines der nicht wenigen Beispiele von kollektiver historischer Arbeit im Mittelalter. Es repräsentiert dabei den diachronen Typ einer langen Reihe von Kompilatoren und Fortsetzern, doch ist damals auch der synchrone Typ oder eine Mischung beider Verfahren möglich. So erscheint das Hauptwerk der mittelalterlichen enzyklopädischen Geschichtsschreibung unter dem Autorennamen des **Vinzenz von Beauvais** (ca. 1200–1264). Eigentlich handelt es sich beim *Spiegel der Geschichte* (*Speculum historiale*) um eine Kollektivanstrengung des Jakobinerkonvents in Paris, in dem Mönche des jungen Dominikanerordens eine Summe des gesamten bekannten Wissens, besonders für den Universitätsunterricht, anlegten. Eine Gruppe von ‚Notaren' exzerpierte massenhaft Fakten und Meinungen (Florilegien), ohne daß in der Regel noch eine Endredaktion stattgefunden hätte. Ein Parallelwerk, der *Speculum naturale* für die Naturgeschichte, entstand auf analoge Weise. Jedoch war ‚Vinzenz' einer der ersten, der seine Quellen (*auctoritates*) durchgängig benannte und sogar eine klare Hierarchie der Glaubwürdigkeit schriftlicher Quellen erarbeitete: Sie reichte in fünf Klassen von der Bibel, den Päpsten, heiligen Gelehrten und Kirchenlehrern, zeitgenössischen orthodoxen Gelehrten und heidnischen Weisen bis zu apokryphen Werken. Um die Stoffmassen beherrschbar zu gestalten, lieferte Vinzenz für den *Speculum historiale* eines der ersten Register und verzahnte beide Enzyklopädien jeweils durch Auszüge (Epitome) miteinander. Der Einleitungstraktat, die *Apologia Auctoris*, darf als eines der seltenen Beispiele mittelalterlicher ‚Geschichtstheorie' gelten. Obwohl ein ‚Spiegel' allein bereits vier Kodizes umfaßte, war das Werk erfolgreich und wurde als einzige Geschichtsenzyklopädie des Mittelalters noch in der Inkunabelzeit mehrfach gedruckt (Straßburg 1473, Augsburg 1474, Venedig 1493/1494).

Ein Kollektivwerk vergleichbaren Zuschnitts, aber noch größerer Wirkung, war das sogenannte ‚Wissensprojekt' König Alfons' X. (1252–1284) von Kastilien. Auch hier sollte in einer enzyklopädischen Anstrengung das gesamte Naturwissen, dazu Recht und Geschichte vereinigt werden, um die imperialen Ansprüche der Monarchie zu dokumentieren. Den zentralen Platz in diesem Unternehmen nimmt die 1289 beendete ***Primera Crónica General de España*** ein. In ihr kommt in exemplarischer Weise die mittelalterliche Technik der Kompilation zur Anwendung. Die Verfasser schnitten Zitate aus antiken Historikern, brachten französische *Chansons de Geste* in frühe kastilische Prosa und bezogen auch arabische Quellen ein. Sie schufen so eine Chronik, die z.T. so aussieht wie eine bloße Variante ihrer Urtexte, aber auch widersprechende Positionen kombiniert bzw. Textteile so umstrukturiert, daß sich ihr Sinn völlig verkehrt. Die *Primera Crónica General* vereinigt die maßgeblichen Vorgängerkompilationen aus Leon (Lucas von Tuy) und Toledo (Jiménez de Rada) zu einer die ganze iberische Halbinsel seit der Antike umfassenden Geschichtssicht mit den Goten als zentralem Element der Kontinuität. 1344 führte die *Segunda Crónica General* das Werk fort, und erst 1456 endete mit der *Cuarta Crónica General* die Reihe der Fortsetzungen. In keinem anderen Land Europas weist die offiziöse Historiographie im späten Mittelalter einen so ausgeprägt volkssprachlichen Zug auf wie in Spanien.

Auf das neuerwachte Interesse der Laien an der Geschichtsschreibung verweist auch die seit dem frühen 13. Jh. wachsende Zahl bebilderter Werke. Volkssprache und Illustration gehören zumindest in Westeuropa eng zusammen. Das Standardwerk zur Geschichte der Kreuzzüge, die *Historia rerum in partibus transmarinis gestarum* (Geschichte der Ereignisse in den Ländern jenseits des Meeres, ca. 1168–1184) von **Wilhelm von Tyrus** (ca. 1130–1186), Kanzler des Königreichs Jerusalem, gehört in seiner französischen Version zu den am häufigsten illustrierten Chroniken des Mittelalters. Akko, die zweite Hauptstadt des Königreiches, entwickelte sich zu einem Hauptort historischer Buchmalerei. Hier wurden auch die ältesten illustrierten Handschriften der *Histoire ancienne*, der ersten französischen Kompilation zur biblisch-antiken Geschichte, hergestellt. Über das Neapel der Anjou, wo die Chroniken des Paulinus Minorita (ca. 1270–1344) bebildert wurden, führt eine Spur zu dem ungarischen König Ludwig von Anjou (1342–1382) und zu der an seinem Hof entstandenen *Chronica de gestis Hungarorum* (Bilderchronik des Markus von Kált, 1358–70). Das Original dieser Prachthandschrift gelangte 1374 als Hochzeitsgeschenk an den französischen Hof, also an den Ort, der schon bisher die stärksten Traditionen in der Geschichtsillustration aufwies. Diese erreichte ihren Höhepunkt in dem Exemplar der ***Grandes Chroniques de France*** (Paris BN, MS fr. 6465), das der damals beste Maler Frankreichs, Jean Fouquet (ca. 1420–1481), mit über 50 Miniaturen versah. Fouquet führt exemplarisch vor, welche Spannweite die historische Bildvorstellung um 1460 zuließ. Er kann Kanonen in eine Belagerung des 11. Jh. einfügen, aber seine Darstellung des Innenraums der konstantinischen Petrusbasilika (fol. 89r) ist die eines Augenzeugen und noch dazu konkurrenzlos.

Ein einzigartiges Wissen überliefert auch die „Beschreibung einer Reise in den Orient“ (*Itinerarium ad partes orientales*) des flämischen Franziskaners Wilhelm von Rubruk (ca. 1215– nach 1257). Als Missionar und Diplomat reiste er zwischen 1253 und 1255 nach Karakorum, um die Mongolen zu bekehren und als Verbündete im Kampf gegen die Muslime zu gewinnen. Wilhelm erweiterte den mittelalterlichen geographischen und ethnographischen Horizont bis nach Innerasien. Wo seine Forschung dcn bisherigen Autoritäten, etwa Isidor von Sevilla, zu widersprechen schien, vertrat er konsequent den eigenen Standpunkt. Als erster beschrieb er die Schrift und die Medizin der Chinesen und erwähnte die Wiedergeburtsvorstellungen des lamaistischen Buddhismus. Man könnte Wilhelm mit gewissem Recht als ein christliches Pendant zu dem persischen Historiker Rashid al-Din (1247–1318 n.Chr., vgl. S. 108) betrachten, der nur wenig später den muslimisch-mongolischen Geschichtshorizont bis nach Nordeuropa ausweitete.

Seit dem frühen Mittelalter hatte sich die Bedeutung des Begriffs *historia* zunehmend von der altgriechischen ‚Forschung‘ und ‚Augenzeugenschaft‘ auf die fertige Geschichtserzählung verlagert. Daraus darf man aber nicht folgern, es hätte den erlebnisbetonten Augenzeugenbericht nicht gegeben oder es fehlte dafür an exemplarischen Beispielen. Sowohl die spontane Ereigniserzählung als auch die idealtypische Stilisierung von Zeitgenossenschaft gehören in das Repertoire mittelalterlicher Geschichtsschreiber.

Von **Galbert von Brügge** (1. Hälfte 12. Jh.) wissen wir nur, daß er *notarius* in der Kanzlei des flandrischen Grafen Karls des Guten (1119–1127) war. Als sein Landesherr in der Kathedrale von Brügge ermordet wurde, begann Galbert ein Tagebuch zu führen, in dem er in unmittelbarer Abfolge die Geschehnisse des anschließenden Bürgerkriegs eintrug. So entstand sein berühmter „Bericht über die Ermordung Karls des Guten“ (*De* *multro, traditione et occisione gloriosi Karoli comitis Flandriarum*). Seine ersten Aufzeichnungen führte er auf Wachstäfelchen durch, die er dann ohne große Veränderungen auf Pergamentblätter umschrieb. Da die Brügger Bürgerschaft ein Hauptakteur bei der Installation eines neuen Grafen war und Galbert ein genauer und oft ironischer Beobachter der sich überstürzenden Ereignisse, hinterließ er einen Bericht von seltener Unmittelbarkeit. Dabei strebte er auch im moralischen Urteil nach Objektivität. Anfangs sah er die Unruhen noch als Strafe Gottes für den Mord an dem fast heiligmäßigen Grafen, am Schluß hob er auch dessen Fehler, wie die aller anderen Beteiligten hervor und gab zu, über das Wesen der Vorsehung nur staunen zu können. Galberts Autograph hat ebensowenig wie spätere mittelalterliche Manuskripte überlebt. Nur in drei Handschriften des 16. und 17. Jh. hat der Überlieferungszufall uns dieses Werk von keineswegs nur regionalem Interesse erhalten.

Die übernationale Kultur des Rittertums und die persönliche Teilnahme daran bestimmen dagegen die umfangreichen *Chroniques* des **Jean Froissart** (1337–1404) aus Valenciennes in den südlichen Niederlanden (*Chroniques de France, d'Angleterre, d'Escoce, de Bretaigne, de Gascogne, de Flandre, et des lieux circunvoisins*), entstanden zwischen 1373 und 1404. Froissart war gleichermaßen Dichter wie Historiker und beherrschte das Repertoire der ritterlichen Literatur von der Ballade bis zum Ritterroman (Meliador). Mit Vortragsreisen baute er sich ein internationales Netz von Mäzenen auf und finanzierte sich so die Arbeit am Lebenswerk der *Chroniques.* Auf seinen Fahrten nach Schottland, Aquitanien, England und Italien suchte er nach adeligen Augenzeugen und alten Schriften (*livres anciens*), um sich über die großen Taten seiner Zeit zu informieren. Dazu gehört vor allem der Hundertjährige Krieg. Während sein erstes Buch noch eine ältere Chronik ausschrieb, behandelte er den Zeitraum von 1377–1400 selbständig. Was ihn vor allem anderen interessiert, ist die Frage der Umsetzung der ritterlichen Tapferkeit (*proece*) in der großen und kleinen Politik. Tapferkeit beruht für ihn zuallererst auf ‚Vorstellungskraft' (*imagination*), d.h. auf der gleichen Fähigkeit, die auch den Historiker auszeichnen muß, wenn er auf ein exemplarisches Ereignis trifft. Weit entfernt davon, bloße Vorgänge auf ein Datengerüst zu reduzieren, soll der Geschichtsschreiber den idealen Impuls fremder Taten durch ästhetische, d.h. vor allem poetische und malerische Techniken überhöht darstellen. Fremd- und Eigenerfahrung orientieren sich an den zunehmend bedrohten ritterlichen Tugenden. Froissart zeigt, wie seit dem Beginn der biblischen Weltreiche alles ‚Geschichte der Tapferkeit' gewesen ist, ohne doch zu verbergen, daß sie sich zu seiner Zeit im bloßen Ritual erschöpft hat. Die Zukunft gehörte der städtischen Geschichtsschreibung, etwa den illustrierten Chroniken, in denen die Schweizer Städte ihren Sieg über Herzog Karl den Kühnen von Burgund feiern.

6.5. Bibliographie

Autoren

Einhard: Vita Karoli. Hrsg. von Reinhold Rau (Ausgewählte Quellen zur Geschichte des Mittelalters. Freiherr vom Stein Gedächtnisausgabe, 5). Darmstadt 1955 (ND 1987).
– Einhard and Notker the Stammerer. Two Lives of Charlemagne. Hrsg. von Lewis Thorpe. London 1967.
Froissart, Jean: Chroniques (Société de l'histoire de France). Hrsg. von Siméon Luce [u.a.]. 15 Bde. Paris 1869–1975.
Galbert von Brügge: De multro, traditione, et occisione gloriosi Karoli, comitis Flandriae. Hrsg. von Jeff Rider. Turnhout 1994.
– The Murder of Charles the Good, Count of Flanders, by Galbert of Bruges. Hrsg. u. ins Englische übersetzt von J. Bruce Ross. New York 1960.
L'Histoire de Guillaume le Maréchal. History of William Marshall. Hrsg. von Anthony J. Holden, übersetzt von Stewart Gregory u. kommentiert von David Crouch (Anglo-Norman Text Society). London 2002.
Liber pontificalis: Book of the Pontiffs. Hrsg. u. übersetzt von Raymond Davis (Translated Texts for Historians, 6, 13, 20) 3 Bde. Liverpool 1989–1995.
Otto von Freising: Chronik oder Die Geschichte der zwei Staaten. Hrsg. von Walther Lammers, übersetzt von Adolf Schmidt (Ausgewählte Quellen, 16). Darmstadt 1990[5].
Priméra Crónica General de España que mandó componer Alfonso el Sabio y se continuaba bajo Rancho IV en 1289. Hrsg. von Ramón Menéndez Pidal. 2 Bde. Madrid 1977–1978[3].
Saxo Grammaticus: Gesta Danorum. Hrsg. von Joergen Olrik [u.a.]. 2 Bde. Kopenhagen 1931–1957.
– Gesta danorum. Übersetzt u. kommentiert von Hans-Jürgen Hube. Wiesbaden 2004.
Thietmar von Merseburg: Chronik. Übersetzt u. erläutert von Werner Trillmich (Ausgewählte Quellen, 9). Darmstadt 1985[6].
Vinzenz von Beauvais: Speculum historiale (Speculum quadruplex sive speculum maius. Bd. 4). Douai 1624 (ND Graz 1965).
Wilhelm von Rubruk (Guillaume de Rubrouck): Itinerarium (Sinica franciscana I. Itinera et relationes Fratrum Minorum sec. XIII et XIV. S. 164–332). Hrsg. von Anastasius van den Wyngaert. Karatschi 1929.

– Itinerarium: Hrsg. u. übersetzt von Friedrich Risch (Veröffentlichungen des Forschungsinstitutes für vergleichende Religionsgeschichte. 2. Reihe, 13). Leipzig 1934.

Wilhelm von Tyrus: *Chronique* - Historia rerum in partibus transmarinis gestarum. Hrsg. von Robert B.C. Huygens. Turnhout 1986.

Einführungen und Werke allgemeinen Charakters

Borst, Arno: Computus. Zeit und Zahl in der Geschichte Europas. Berlin 2004³.

Carruthers, Mary J.: The Book of Memory. A Study of Memory in Medieval Culture. Cambridge 1990.

Deliyannis Mauskopf, Deborah: Historiography in the Middle Ages. Leiden 2003. *Moderne Einführung nach Gattungen und Funktionen, Bibliographie S. 417–451.*

Funkenstein, Amos: Heilsplan und natürliche Entwicklung. Formen der Gegenwartsbestimmung im Geschichtsdenken des hohen Mittelalters. München 1965. *Schöne Synthese zur mittelalterlichen Eschatologie und Apokalyptik und ihren historiographischen Grundlagen.*

Grant, Edward: The Foundations of Modern Science in the Middle Ages. Their Religious, Institutional and Intellectual Contexts. Cambridge 1996. *Begründet wesentliche Teile moderner Wissenschaft im Mittelalter.*

Goetz, Hans-Werner: Geschichtsschreibung und Geschichtsbewußtsein im hohen Mittelalter. Berlin 1999. *Umfassendes Werk zu Funktionen und Gattungen, Bibliographie von S. 430–488.*

Goffart, Walter, A.: The Narrators of Barbarian History (AD 550–800: Jordanes, Gregory of Tours, Bede, and Paul the Deacon). Princeton 1988.

Gransden, Antonia: Historical Writing in England. Bd. 1: c. 550 to c. 1307. Bd. 2: c. 1307 to the Early Sixteenth Century. London 1974–1982.

Graus, František: Lebendige Vergangenheit. Überlieferung im Mittelalter und in den Vorstellungen vom Mittelalter. Köln/Wien 1975. *Behandelt vergleichend die Rolle der Mittelaltervorstellung beim Aufbau kollektiver Identität.*

Guenée, Bernard: Histoire et culture historique dans l'Occident médiéval. Paris 1991². *Breit angelegte Aufwertung der mittelalterlichen Historiker, 1422 Titel bibliographiert!*

Kersken, Norbert: Geschichtsschreibung im Europa der „nationes“. Nationalgeschichtliche Gesamtdarstellungen im Mittelalter. Köln/Weimar/Wien 1995.

Kürbis, Brygida: L'historiographie médiévale en Pologne. In: Acta Poloniae historica 6 (1962). S. 7–34.

Lexikon des Mittelalters. 9 Bde. Stuttgart/Weimar 1999. *Zahlreiche Kurzbiographien und große Leitartikel zu literarischen Gattungen, ein zuverlässiges Arbeitswerkzeug.*

McCartney, Carlile A.: The Medieval Hungarian Historians. A Critical and Analytical Guide. Cambridge 1953.

Oliveira Marques, A. H.: Guia do estudante de história medieval portuguesa. Lissabon 1979².

Nahmer, Dieter von der: Die lateinische Heiligenvita. Eine Einführung in die lateinische Hagiographie. Darmstadt 1994.

Régnier-Bohler, Danielle (Hrsg.): Splendeurs de la Cour de Bourgogne. Récits et Chroniques. Paris 1995. *Auswahl burgundischer Hofliteratur und -chronik.*

Sanchez-Albornoz, Claudio: Historia de la historiografia española. 3 Bde. Madrid 1947–1950². *Bd. 1 behandelt das Mittelalter.*

Schmale, Franz-Josef: Funktion und Formen mittelalterlicher Geschichtsschreibung. Darmstadt 1993². *Gehobene Einführung mit Schwerpunkt auf dem ‚Schreiben' von Geschichte.*

van Caenegem, Raoul C.: Introduction aux sources de l'histoire médiévale. Turnhout 1997. *Bettet die mittelalterliche Historiographie in den internationalen Kontext der Quellen ein.*

Wenzel, Horst: Hören und Sehen. Schrift und Bild. Kultur und Gedächtnis im Mittelalter. München 1995. *Über das Ergänzungsverhältnis von personengebundenen Zeichen und Handlungen zur Historiographie.*

Studien zu speziellen Problemen

Ainsworth, Peter F.: Jean Froissart and the Fabric of History. Truth, Myth and Fiction in the ‚Chroniques'. Oxford 1991.

Breisach, Ernst (Hrsg.): Classical Rhetoric and Medieval Historiography. Kalamazoo 1985.

Cancik, Hubert: Die Funktion der jüdischen Bibel für die Geschichtsschreibung der Christen in der Antike. In: Ebach, Jürgen u. Faber, Richard (Hrsg.): Bibel und Literatur. München 1995. S. 19–29. *Höchst lesenswerter Aufsatz zur ‚Enteignung' des jüdischen Geschichtsbildes durch die Christen.*

Fried, Johannes: Auf der Suche nach der Wirklichkeit. Die Mongolen und die europäische Erfahrungswissenschaft im 13. Jahrhundert. In: HZ 243 (1986). S. 287–322.

– Aufstieg aus dem Untergang. Apokalyptisches Denken und das Entstehen der modernen Naturwissenschaft im Mittelalter. München 2001.

– In den Netzen der Wissensgesellschaft. Das Beispiel des mittelalterlichen Königs- und Fürstenhofes. In: Fried, Johannes u. Kailer, Thomas (Hrsg.): Wissenskulturen. Beiträge zu einem forschungsstrategischen Konzept. Berlin 2003. S. 141–193.

Graus, František: Fälschungen im Gewande der Frömmigkeit. In: Fuhrmann, Horst (Hrsg.) Fälschungen im Mittelalter. Hannover 1988. S. 261–282.

Johanek, Peter: Hofhistoriograph und Stadtchronist. In: Haug, Walter u. Wachinger, Burkhart (Hrsg.): Autorentypen (Fortuna Vitrea 6), S. 50–68.

Linehan, Peter: History and the Historians of Medieval Spain. Oxford 1993. *Starker kirchenhistorischer Anteil.*

Martin, Georges: Compilation. Cinq procédures fondamentales. In: Ders.: Histoires de l'Espagne médiévale. Historiographie, Geste, Romancero. Paris 1997. S. 107–121. *Glänzender Aufsatz zur Bauweise von Chroniken.*

Meier, Claudia Anette: Chronikillustrationen im hohen Mittelalter. Zur Entstehung des Ereignisbildes im Bild-Text-Bezug. In: Goetz, Hans-Werner (Hrsg.): Hochmittelalterliches Geschichtsbewußtsein im Spiegel nichthistoriographischer Quellen. Berlin 1998. S. 357–375.

Melville, Gert: Spätmittelalterliche Geschichtskompendien. Eine Aufgabenstellung. In: Römische Historische Mitteilungen 22 (1980). S. 51–104. *Über die Herstellung historischen Wissens in enzyklopädischen Werken.*

– Geschichte in graphischer Gestalt. Beobachtungen zu einer spätmittelalterlichen Darstellungsweise. In: Patze, Hans (Hrsg.): Geschichtsschreibung und Geschichtsbewußtsein im späten Mittelalter. Sigmaringen 1987. S. 57–154.

Rider, Jeff: God's Scribe. The Historiographical Art of Galbert of Bruges. Washington D.C 2001.

Studt, Birgit: Neue Zeitungen und politische Propaganda. Die ‚Speyrer Chronik' als Spiegel des Nachrichtenwesens im 15. Jh. In: Zeitschrift für die Geschichte des Oberrheins 115 (1995). S. 145–219.

Von den Brincken, Anna-Dorothea: Geschichtsschreibung bei Vinzenz von Beauvais. Die Apologia Auctoris zum Speculum Maius. In: Deutsches Archiv für Erforschung des Mittelalters 34 (1978). S. 410–499. *Mit Edition dieser Apologie S. 465–499.*

Vones, Ludwig: Historiographie et politique: L'historiographie castillane aux abords du XIVe siècle. In: Genet, Jean-Philippe (Hrsg.): L'historiographie médiévale en Europe. Paris 1991. S. 177–188.

Wegmann, Milène: Die ‚Entdeckung der Natur' in der monastischen Historiographie des 12. und 13. Jh. In: Dilg, Peter (Hrsg.): Natur im Mittelalter. Konzeptionen – Erfahrungen – Wirkungen. Berlin 2003, S. 280–293.

Zimmermann. Harald: Das Papsttum im Mittelalter. Stuttgart 1981. *Eine Geschichte des Papsttums auf der Grundlage des* Liber pontificalis.

7. Indien

7.1 Das Problem des Zugangs zur indischen Historiographie

Kein kultureller Raum stellt den Historiographieforscher vor so große Schwierigkeiten wie das alte Indien. Nirgendwo erschweren ideologische Empfindlichkeiten den Zugang zur Vergangenheit in so starken Maße wie auf dem Subkontinent. Die Frage nach der ‚altindischen Geschichtsschreibung' erweist sich nämlich als Frage nach ihren Quellen, nach deren Interpretation, nach der Rechtmäßigkeit des Anspruchs der westlichen historischen Methode auf universale Geltung und schließlich nach dem Sinn von historischem Bewußtsein überhaupt. Derart überdeterminiert, führten auch die postkolonialen Deutungsmuster neuer einheimischer Eliten bislang keineswegs zu einer Klärung der grundsätzlichen Fragen.

Mit dem Eintritt der Briten und damit des europäischen Geschichtsbewußtseins in den Gesichtskreis der Inder seit dem späten 18. Jh. bildeten sich drei Positionen heraus: Die Kolonialherren glaubten ‚wissenschaftlich' beweisen zu können, daß 1. eine altindische (im Sanskrit verwurzelte) Geschichtsschreibung nicht mehr vorhanden sei, ja vielleicht nie existiert habe, denn Indien sei ein ‚zeitlos religiöses', nicht aber ein ‚historisches' Land. 2. Geschichtsschreibung in Indien sei ein arabisch-persischer Import der Zeit der Eroberungen (nach 1200 n. Chr.) und überdies in ihrer islamischen Gestalt weitgehend wertlos. 3. Eine ‚wissenschaftliche' Rekonstruktion der indischen Geschichte sei allein dem europäischen historischen Denken möglich. Somit bestehe die Aufgabe einer Zivilisierung und Modernisierung Indiens in dem Zusammenfall von kolonial-bürokratischer Durchdringung mit einer historischen Deutung der Vergangenheit. Diese sollte von den Indern als die ihre akzeptiert werden, denn nur als ‚historische Nation' westlichen Zuschnitts würden sie Einheit und Unabhängigkeit erringen können.

In dieser dreifachen Konstellation sind in fataler Weise Fragen der historischen Methode mit denen übergreifender kultureller Wertung verbunden. Auch im derzeitigen Diskurs sind diese beiden Aspekte bislang nicht genügend entkoppelt worden. Dies hat sowohl zu erheblichen Verzerrungen im Gebrauch der historischen Methode angesichts indischer Verhältnisse geführt als auch zu weiteren extremen, dieses Mal aber postkolonialen' Werturteilen. Um eine auch nur fragmentarische Darstellung der älteren indischen Geschichtsschreibung leisten zu können, ist es deshalb nötig, die erwähnte Dreierkonstellation nach ihren Voraussetzungen und Konsequenzen zu befragen. Das vorhandene Wissen zur altindischen Historiographie soll möglichst frei von ideologischen Deutungen präsentiert werden.

1. In der altindischen Periode (500 v.Chr.–1000 n.Chr.) findet sich tatsächlich nichts, was dem westlichen antiken Modell von Geschichtsschreibung und seinen byzantinischen und mittelalterlichen Traditionssträngen entspricht. Dieses Fehlen kann auf einen totalen Überlieferungsverlust zurückgehen, dies kann aber auch bedeuten, daß es eine solche erzählend synthetische und politische Historiographie niemals gegeben hat. Neue Forschungen, die sich auf indische Literatursysteme des 18. und 19. Jh. beziehen, führen außerdem die Möglichkeit an, eine solche Literatur könnte es als ‚Vorstufe' für spätere epische oder volkstümliche Gattungen gegeben haben, in denen auf historische Ereignisse Bezug genommen wird. Damit wäre die Hypothese einer einstmals vorhandenen ‚Historiographie' plausibel geworden. Dann müßte freilich auch erklärt werden, welche Art von Ausarbeitung derartige Werke aufgewiesen haben und, sollten sie einen hohen Rang in der Ordnung der Produktion eingenommen haben, warum sie, wie etwa die Veden, trotzdem nicht überliefert wurden. Das Resultat dieser Analyse kann nur sein, daß es einen verwirklichten Idealtyp von Historiographie im alten Indien nicht gegeben hat, wohl aber Aufzeichnungen und Register, die Teil eines übergreifenden Ausdruckssystems wurden, das aber nichts zu ihrer endgültigen Fixierung bzw. Bewahrung beigetragen hat.

Daraus kann man nicht folgern, wie es der koloniale Diskurs tat, daß die alten Inder kein ‚historisches Bewußtsein' gehabt hätten. Der einzig zulässige Schluß ist, daß das kollektive wie kulturelle Gedächtnis auf dem Subkontinent anders funktioniert hat. So kamen zum Beispiel die Religionsgruppen (Hinduismus, Jainismus, Buddhismus) dort keineswegs ohne ausgeprägte Erinnerungskulturen aus. Weiterhin folgt aus diesem Geflecht von Tatsachen und Hypothesen nicht, daß man in Indien weiterhin nach dem alteuropäischen Modell suchen müßte, es sei denn, man würde eine zivilisatorische ‚Abwertung' in Kauf nehmen wollen. Und auch der umgekehrte Schluß verbietet sich, daß im frühen Indien ein ‚ahistorisches Bewußtsein' vorauszusetzen sei, welches für das heutige Indien, zur Vermeidung kollektiver Spannungen, konstitutiv sein sollte. Diese Position spaltet die heutige indische Gesellschaft in zwei Lager. Das eine möchte die europäische Form von Geschichte für sich ablehnen, weil sie in einer Nation zwei antagonistische Gruppen (Hindus und Muslime) schaffen würde. Das andere wird dadurch noch mehr angespornt, die ‚Geschichtsvergessenheit' der eigenen Gemeinschaft als zu überwindende Tatsache anzusehen. Soviel zu dem ideologischem Potential, das in der bloßen Frage nach den Existenz einer altindischen Historiographie steckt.

2. Die Abwertung der Historiographie der Muslime in Indien durch die Briten ist durch die neueren Forschungen zur arabischen Geschichtsschreibung überholt. Heute muß man diese Historiographie an den Verbund der arabisch-iranisch-türkischen Tradition anschließen und im Vergleich zu ihr bewerten. Eine Ausklammerung der Muslimhistoriker aus dem indischen Geschichtszusammenhang wäre jedoch fatal, denn trotz aller Selbstbezüglichkeit des Islams in Indien existierte er in beständiger Interaktion mit, ja Integration in die Hindugesellschaft. Der britische Versuch, die islamische Geschichte Indiens für die eigene Kolonialherrschaft nutzbar zu machen und gleichzeitig die Hindu auf ihre ahistorische Idealgesellschaft zu verweisen, hat seinerseits viel zur Entstehung von antagonistischen historischen Einstellungen beider Gruppen beigetragen.

3. Es ist unbestritten, daß, wer ‚wissenschaftliche' Aussagen über bestimmte historische Phänomene erhalten will, dies nach gewissen, keinesfalls beliebigen Regeln bewerkstelligen muß. Unbestritten ist auch, daß prinzipiell jeder, gleich welcher Herkunft, diese Regeln erfolgreich anwenden kann. Eine wissenschaftliche Rekonstruktion der indischen Geschichte durch Inder ist somit, anders als dies Europäer seit dem 18. Jh. annahmen, nicht nur möglich, sondern inzwischen auch in vielen Aspekten erfolgt. Offen ist allerdings die Frage, welcher interpretative Gesamtrahmen einer solchen Geschichte zugrunde gelegt werden kann, denn darüber gibt die historische Methode selbst keine Auskunft. Für die britischen Kolonialherren kamen nur ihre eigenen sozialen, ökonomischen und kulturellen Werte als Prinzipien in Betracht. Sie waren der Meinung, daß die wissenschaftliche historische Methode selbst unmittelbar aus diesen Prinzipien folge. Diese Auffassung wird inzwischen nicht mehr als selbstverständlich angesehen, ebensowenig wie ihre Kehrseite, daß entsprechende nichteuropäische Werte von vorneherein dieser Methode widersprächen. Wenn damit die koloniale Geschichtssicht der Europäer als parteiisch erkannt ist, dann folgt daraus allerdings noch nicht, daß etwa jede indische Gesamtsicht akzeptabel wäre.

Die Entdeckung der Konstruiertheit jeglicher historischer Darstellung schafft somit nur eine für alle gleiche Negativität. Jede, auch eine rein indische, antikoloniale Geschichtsschreibung wird konstruiert sein und mit Postulaten arbeiten müssen, die durch die Methode im engeren Sinn nicht gedeckt sein können. Damit bleibt der Anspruch, nur Europäer könnten Indien zu einem durch Historie vermittelten Zivilisationsprozeß verhelfen, verfehlt, aber die Fragen, ob dafür ein autochthones indisches Paradigma a) überhaupt notwendig ist und b) wenn ja, dann welches?, bleiben weiterhin offen.

Stellvertretend für den gesamten postkolonialen Diskurs, d.h. für alle Länder mit geringem Bestand an explizit ‚historischen' Quellen oder nicht europäisch geprägtem Geschichtsbewußtsein, stellen sich somit am Beispiel Indiens zwei Fragen: 1. Ist die historische Methode im engeren Sinn ein Werkzeug einer bestimmten westlichen Kultur, d.h. nicht wirklich universalisierbar? Bejaht man diese Frage, dann ist ein künftiger globaler Geschichtsdiskurs unmöglich geworden. Verneint man sie, dann schließt sich daran die Frage an, ob die Ergebnisse, die mit dieser Methode erzielt wurden, für die Länder der postkolonialen Zone überhaupt positive Bedeutung gewinnen können. In Indien ist diese Frage in letzter Zeit teilweise mit Nein beantwortet worden. Mahatma Gandhis (1869–1948) Auffassung, Indien als Nation fahre ohne Geschichte besser, wird dafür ins Feld geführt. So sinnvoll dieser Glaube auch sein mag, er übersieht, daß selbst ein ahistorisches altes Indien sich z.B. in der Zeitgeschichte nicht mit einem mythischen Bewußtsein fortschreiben kann und daß es im Kontakt mit fremden Nationen deren Geschichtsbewußtsein weder ausklammern noch sich nicht mit ihm vergleichen kann. Es ist also müßig, das historische Wissen prinzipiell abzulehnen und der historischen Methode an sich westlich-kolonialen Charakter zu unterstellen. Nur ein Ausweg bleibt offen, nämlich die Rahmeninterpretation der geschichtlichen Konstruktion verantwortlich zu gestalten. Dies gilt in besonders hohem Maße für jede Historiographiegeschichte im außereuropäischen Raum. Dort, wo die Suche nach schriftlichen Quellen nur magere Ergebnisse liefert, dort darf man nach anderen, besonders mündlichen oder performativen Überlieferungen suchen. Man sollte also historisches Bewußtsein auch dort nicht leugnen, wo nichts geschrieben ist und umgekehrt das, was in diesen Formen erscheint, nicht sofort der Konkurrenz der klassischen Geschichtsschreibung aussetzen. Indem Historiographiegeschichte diesen Regeln folgt, vermeidet sie es, den kolonialen Ansatz fortzuschreiben, ohne deshalb an der Grenze zwischen methodisch-rationalen und bloß weltanschaulichen Aussagen irre zu werden.

Indien als historisch-kultureller Raum

Der indische Subkontinent in den Grenzen des britischen Empire erreicht fast die Fläche Europas (ohne Rußland) und übertrifft dieses gegenwärtig in seiner Bevölkerungszahl um mehr als das Doppelte. In seiner Geschichte nehmen die Phasen relativer Einheit nur einen beschränkten Zeitraum ein: Mauryareich 321–185 v. Chr., Guptareich 320–500 n.Chr., Mogulreich 1530–1707. Den größten Teil der indischen Entwicklung dominiert somit der politische, kulturelle und religiöse Regionalismus. Dabei haben sich gerade in den langen Abschnitten des politischen Pluralismus die bis heute stärksten gemeinsamen Charakterzüge Indiens herausgebildet. Auch die Expansion der indischen Kultur in den südostasiatischen Raum erfolgte weitgehend im zersplitterten indischen Mittelalter. Um die sprachlichen, religiösen und sozialen Instrumente der indischen Einheit zu erzeugen, war also keine politische Einheit nötig.

Im Umkehrschluß bedeutet dies, daß die in ihren kulturellen Leistungen oft bedeutenden lokalen Königreiche gegenüber anderen Entwicklungskräften zurückstehen. Diese Reiche bestanden selten länger als 200 Jahre, da sie ihre dezentralen Strukturen niemals überwinden konnten und statt dessen das Bündnis mit der Hindureligion suchen mußten, ohne deren Legitimation jede Herrschaft aussichtslos war. Bis zur großen islamischen Expansion von 1200 n.Chr., so läßt sich mit Recht behaupten, befand sich die indische Gesellschaft auf dem Weg der Vereinigung: sprachlich durch die Ausbreitung der klassischen Sanskritliteratur, sozial durch das Vordringen des Kastensystems in den Süden, religiös durch die fast völlige Verdrängung des Buddhismus und kulturell durch ein gemeinsames künstlerisches wie literarisches Programm. Wenn fast alle diese Entwicklungen schließlich in Regionalsprachen Ausdruck fanden, dann darf das über deren gemeinsame linguistische Fundamente und ihren strikten Bezug auf die ältere Sanskrit-, Pali- und Prakritliteratur nicht hinwegtäuschen.

Auch die Invasion des Islam seit 1200 und seine Dominanz in Nordindien hat an der grundlegenden soziokulturellen Einheit des Landes lange Zeit nichts ändern können. Im Gegenteil: Die Muslime mußten ihren Glauben in Indien anders leben, sie mußten mit dem Kastensystem kooperieren und reagierten auf die integrativen Anstrengungen der Hindus oft mit eigenen synkretistischen Formen. Auf beiden Seiten fanden Ausgleichsbemühen statt, die auch durch die britischen Kolonialherren nicht unterbrochen wurden. Im Gegenteil, lange Zeit konnten die europäischen Eroberer in der Tradition indischer Neuankömmlinge agieren, für die seit jeher elastische Muster von Integration und Ausschluß bereitlagen.

Indisches Wissenschafts- und Literatursystem

Mit Recht beharren die indischen Historiker auf einem Anteil ihres Landes am universalen wissenschaftlichen Erbe. In welchen Austauschprozessen diese Leistungen zustande gekommen sind und was dabei autonom erzeugt wurde, ist freilich keineswegs befriedigend geklärt. Fest steht, daß indische Gelehrte bereits vor der Ankunft des Islams über geschlossene Wissenssysteme in der Grammatik, Mathematik, der Astronomie und der Medizin verfügt haben. Fragen wirft vor allem die Tatsache auf, daß die indische Grammatik vor der Einführung der Schrift entwickelt wurde, d.h. als Werkzeug einer möglichst präzisen Bewahrung des mündlichen vedischen Wissens. Sprachnahere Schriften als die indischen existieren nicht, ebensowenig wie vergleichbare Werkzeuge, um mündlich fixierte Literatur so lange und genau zu überliefern. Eine Übertragung dieser Präzisionsinstrumente auf historisches Wissen ist jedoch niemals erfolgt.

Den indischen Wissenssystemen entsprechen wiederum eine Vielzahl von wertvollen empirischen Erkenntnissen im Bereich der organischen und anorganischen Welt. Dieser Erfahrungsbestand blieb freilich langfristig an die philosophischen und religiösen Schulen Indiens angebunden und führte zu keinem autonomen Modell empirisch quantitativer Wissenschaft. Wenn sich eine solche Wissenschaft nicht entwickelte, dann lag dies gewiß nicht an den Fähigkeiten der indischen Handwerker, die präzise Instrumente herstellen konnten oder mit den verschiedenartigsten Materialien umgingen. Die indische Metallurgie war der westlichen im Mittelalter teilweise überlegen, so daß noch im 16. Jh. die größten Kanonen der Welt auf dem Subkontinent gegossen wurden. Portugiesische und holländische Kaufleute beschäftigten zur gleichen Zeit viele indische Handwerker mit der Herstellung europäisch gestylter Luxuswaren.

Eine Fusion von mathematisch-quantitativem Denken mit technologischen Fähigkeiten wäre für Indien unter günstigen sozialen und ökonomische Voraussetzungen vielleicht möglich gewesen. Indien blieb jedoch bis zur Ankunft der Briten eine Agrargesellschaft, in der technologische Fortschritte auf die Praxis beschränkt waren und niemals eine Theoretisierung erfuhren. Im klassischen Bildungskanon der Sanskritliteratur war für ‚Wissenschaft' kein hervorgehobener Platz vorgesehen, auch fehlte ein Schulsystem, das die Akkumulation von Wissen gefördert hätte. Der Import islamischer Wissenschaft nach 1200 führte nicht zu einer neuen Einheitstradition, die die ältere Sanskritliteratur organisch aufgenommen hätte, sondern zu einer Verstärkung des Gebrauchs der klassischen Sprachen in beiden Kulturen. Wechselnde Dynastien mit wechselnden sozialen und religiösen

Ausrichtungen schufen teilweise harte Diskontinuitäten in dem gelehrten Milieu, in dem Wissenschaft gedeihen konnte.

In der Perspektive universalistischer Wissenschaftsgeschichte beruht der Rang Indiens deshalb bis heute auf seinen Entdeckungen in der Mathematik und den – freilich spekulativen – Theorien in der Physik. In der Mathematik setzten die Inder weniger die geometrische Tradition der Griechen als die algebraische der Babylonier fort. Unsere heutigen Zahlzeichen, die Funktion der Null nicht nur als Platzhalter, sondern als neue Zahl, ebenso die negativen ganzen Zahlen stammen aus Indien. Neues Interesse zieht inzwischen die indische Theorie der zyklischen Zeit auf sich, die mit vier Großperioden (*yuga*) operiert. Sie enthalten in absteigender Folge Tausende von Solarjahren, die wiederum mit der moralischen, sozialen und physischen Qualität des Menschengeschlechts korreliert sind. Danach lebt die jetzige Menschheit im Abschnitt *kaliyuga* von 4000 mal 360 Jahren und ist einem unablässigen Verfall preisgegeben. Verglichen mit dem biblischen Zeitmaßen sind dies ungeheuere Zeiträume, die im alten indischen Denken offensichtlich eine gänzliche andere Auffassung von Zeit und ihrer Darstellbarkeit ausdrücken. Die Form der indischen Wissensliteratur bestätigt diesen Eindruck, denn sie ist oft mit der Darstellung von Ritualen verbunden und wählt dann die bewußt elitäre Form der *shloka*. Dabei werden in einer Abhandlung die Zahlen in Wörter umgesetzt und die gesamte Aussage einer strengen Metrisierung unterworfen. Der wissenschaftliche Gehalt ist hier deutlich den Anforderungen der Religion und ihrer Gedächtnispraktiken untergeordnet. Dies ist eine Beobachtung, die auch auf das übrige Literatursystem und seine Beziehungen zur Gattung der Historiographie zutrifft.

Die Literatur des Subkontinents kennt trotz imponierender Dauer und großer regionaler Verschiedenheit Konstanten, die Hinweise darauf geben, wie man historisches Schrifttum in sie einordnen muß bzw. die Frage nach dem historischen Wissen innerhalb dieser Literatur stellen kann. An erster Stelle steht hier die Mündlichkeit und die Einbindung in performative Prozesse. Um 500 v.Chr. war das mündliche Korpus der vedischen Literatur bereits abgeschlossen, aber die Schrift erreichte Indien überhaupt erst im frühen 3. Jh. v.Chr. Kollektive und anonyme Produktionsverhältnisse bestimmen die indische Literatur bis ins Mittelalter. ‚Bücher' bezogen ihre Autorität weniger aus ihrer materiellen Existenz als durch die ‚Meister' und ‚Schüler', die sie auswendig lernten. Wichtige Werke existieren in ebensovielen Rezensionen, als es Schulen gibt.

Die erste und wichtigste Literatursprache Indiens war das Sanskrit, das seit dem 5. Jh. n.Chr. in abgeleitete Volkssprachen (Prakrit) überging, später vielerorts durch Regionalsprachen ersetzt wurde und doch bis ins 20. Jh. die wichtigste Sprache der Gelehrten blieb. Die Rolle des Sanskrit in Indien ist der des Lateins in Europa durchaus vergleichbar, zumal es weit nach Südostasien ausstrahlte. Erst das Arabische und das Persische (Urdu) machten ihm seit dem 12. Jh. ernsthaft Konkurrenz. Am Hof der Großmoguln wurde eigens eine literarische Variante des Hindi (*zaban-e urdu*) entwickelt. Auf fast allen Entwicklungsstufen des Sanskrit, in Arabisch und Urdu, ja selbst auf frühen Entwicklungsstufen von autochthonen Regionalsprachen wie dem Tamil sind Werke historischen Inhalts nachweisbar.

In Indien blieben die Grenzen zwischen religiöser und profaner, poetischer und wissenschaftlicher Literatur fließend. Das gleiche gilt für die normative Differenz zwischen Versliteratur und Prosa. Lexika und Enzyklopädien wurden in einprägsamen Versen verfaßt, wissenschaftliche Abhandlungen in gnomischen Sätzen (*sutras*), die ihrerseits breit kommentiert wurden. Zwischen den verschiedenen Wissensfeldern und ihren Ausdrucksmöglichkeiten bestanden zwingende Assoziationsverhältnisse, die einen deutlichen Zug zur Systematik, ja zum Schematismus mit sich brachten, d.h. die voraussetzungslose und isolierende Untersuchung nicht förderten. Außerdem kennt die indische Literatur einflußreiche Grammatiken, Wörterbücher und Poetiken, d.h. die starke inhaltliche wie formale Normierung aller Gattungen. Originalität der Darstellung wird, bezieht man es auf die Verhältnisse der antiken Rhetorik, vor allem im Bereich des *ornatus* erreicht. Man verfügte in Indien über ein ausgefeiltes System der Benennung erzählend-erörternder Gattungen und verschiedener Stilbegriffe. Beginnend bei den ältesten Sanskritbezeichnungen erweist sich, daß eine paßgenaue Übertragung des Begriffs Geschichte (*history*) auf dieses Feld schriftlicher Überlieferung nicht möglich ist. So findet sich im Sanskrit dafür *itihasa* (dies ist wirklich geschehen), dann *gatha* (Ballade), *itivrtta* (Beschreibung eines vergangenen Ereignisses), *akhyayika* (kurze Erzählung) und *vamsa-carita* (Genealogie).

Die Träger der literarischen Produktion waren die Priester (Brahmanen) und die Kriegerkaste (*ksatriya*), die Orte die Tempel (auch die der Buddhisten und Jaina) sowie die Königshöfe. Mönche und Hofpoeten verfaßten einen Großteil der indischen Literatur, die historische Information enthält. Im muslimischen Zeitalter kamen die Geistlichen und ihre Schulen (*madrasa*) hinzu. Sie führten auch im großem Maßstab das Papier ein, nachdem zuvor nur auf Palmblättern und Birkenrinde geschrieben wurde. Somit sind die ältesten erhaltenen Manuskripte des Subkontinents recht späte Zeugnisse aus dem 11. Jh. n.Chr. Ganze Schichten indischer

Literatur müssen verloren gegangen sein, denn neue Religionen und Dynastien hatten wenig Interesse am Erhalt der Vorgängererzeugnisse. So wird die frühe Literatur des Buddhismus inzwischen vor allem aus Funden in Tibet und Turkmenistan rekonstruiert. Umgekehrt sorgte die Kontinuität der Sanskritsprachen, die Integration der Hindugesellschaft durch die Brahmanen sowie die kultische Differenzierung im Hinduismus selbst dafür, daß viele Elemente des frühen historischen Wissens auf dem Kontinent weitergereicht wurden und damit in verwandelter Form erhalten blieben.

7.2 Indische Geschichtsschreibung im vormuslimischen Indien

Für die Zeit vor Christi Geburt besteht die gesamte erhaltene historische Überlieferung aus Steininschriften der Mauryadynastie. 257 v. Chr. ließ König Ashoka (268–233) die ersten vier großen „Felsinschriften" in den Grenzregionen anbringen. In ihnen verkündete er seine Hinwendung zum Buddhismus. Einige der späteren Inschriften sind mehrsprachig (griechisch, aramäisch) und bezeugen engste Kontakte zu den hellenistischen Großreichen im Westen. Bis heute werden immer neue kleinere Inschriften und auch Säulenedikte entdeckt, so daß man für die Epoche von 300 v. bis 700 n. Chr. von einem ‚steinernen Geschichtsbuch' Indiens sprechen kann, das genaue Auskunft über die Verwaltung und die politischen Absichten Ashokas gibt. Ein Parallelphänomen ist das von der späten Sanskritkultur beeinflußte Königreich der Khmer, deren Hauptstadt Angkor ebenfalls vom 6. bis 15. Jh. n. Chr. als steinernes Archiv funktionierte. Neben den Inschriften Ashokas finden sich bis ins Mittelalter oft an gleicher Stelle weitere Felsedikte der Nachfolgerstaaten.

Als bedeutendster Text des Mauryareiches gilt das *Arthashastra*, das Staatshandbuch von **Kautalya**, dem Chefminister des Gründungskaisers Candragupta (ca. 321–293 v.Chr.). Es handelt sich um keine Geschichte, sondern um eine sehr praxisnahe Anweisung zu Eroberung und Bewahrung großer Reiche. Für die Strukturanalyse des ersten indischen Großreiches sind diese fast machiavellistischen Anweisungen eine einzigartige Quelle. Eine vergleichbare ‚realpolitische Geschichtsschreibung' ist nicht bezeugt, obwohl das *Arthashastra* bis ins Mittelalter hohe Anerkennung genoß.

Angesichts der beschränkten Überlieferung kommt griechischen Quellen für das antike Indien bis heute große Bedeutung zu. Die *Indika*, die

Megasthenes als Gesandter des Seleukos Nikator (302 v.Chr.) und später **Arrian** (2 Jh. n.Chr.) verfaßten, ergeben zusammen mit dem anonymen *Periplus Maris Erythraei* (Routenbeschreibung des Roten Meeres, 1. Jh. v.Chr.) ein eigenes Korpus, das freilich nicht zur indischen Geschichtsschreibung gehört. Reiseberichte über fremde Länder gehören überdies nicht zu deren Repertoire.

Im 5. und 4. Jh. v. Chr. setzen die Berichtszeiträume der buddhistischen und der Jaina-Historiographie ein. Vom 1. bis zum 3. nachchristlichen Jahrhundert reicht die erste Blütezeit der tamilischen Shangamliteratur, die wichtige Gedichte historischen Inhalts aufweist. Die ersten Fassungen der beiden indischen Großepen überbrücken gleichsam diese Epoche: das *Mahābhārata* (Großes Epos der Bhārata Dynastie) mit seinem Götterhelden Krishna wird in den ersten Fassungen für die Zeitspanne 3. Jh. v. bis 3. Jh. n.Chr. angesetzt, das *Rāmāyana*, eine Liebes- und Kampfesgeschichte der Vishnu-Inkarnation Rāma, für den Zeitraum 2. Jh. v. bis 2. Jh. n.Chr.

Am Ausgang dieser fruchtbaren mythologischen Epoche der indischen Literatur stehen volkstümliche Sanskrittexte, die sogenannten *Puranas*, die im postkolonialen Diskurs der indischen Geschichtsschreibung eine zentrale Rolle spielen. Die 18 kanonischen *Puranas* sollen in enzyklopädischer Manier einen Großteil des historischen Wissens des Subkontinents überliefern. Ihre Mythen, Legenden, Göttergenealogien, Heldenbiographien und Heiligenleben waren, anders als die Veden, allen Mitgliedern der indischen Kastengesellschaft, selbst den niedrigsten, zugänglich.

Verdienen die *Puranas* dieses Vertrauen? Ihre Verfasserschaft bleibt genauso unbestimmt wie das Datum ihrer ersten Abfassung. Sie umfassen Genealogien und Geschichten, sind aber bis zur Unentwirrbarkeit mit brahmanischen Vorstellungen zur Kosmogenese, Kosmologie und vor allem der hinduistischen Bhakti-Frömmigkeit (absolute Hingabe) verbunden. Im Hören der heiligen Geschichten konnte man zwar Vergebung der Sünden erfahren, aber auch Geschichte? Vinay Lal z.B. kann in den *Puranas* keine historischen Erklärungsmuster erkennen: Nur ein einziger von fünf traditionellen Themenbereichen, *Vamsanucarita* (Königsgenealogie), enthalte etwas historischen Stoff.

Auf historischen Boden gelangt man erst mit der Biographie, die **Bana**, ein bedeutender Sanskritdichter von dem nordindischen Erobererkönig Harsha von Kanauj (606–647 n.Chr.) verfaßte. Diese *Harshacarita* (*carita*, Ruhmestaten) ergänzt sich, ein Ausnahmefall, auch mit einer ausländischen Quelle, dem Reisebericht (*Hsi-yu Chi*) des chinesischen Mönchs Hiuen-tsang, der Indien von 630 bis 643 auf der Jagd nach buddhistischen

Texten erkundete. Auf diese Weise ist Harsha zwischen Ashoka und Mahmud von Ghazna (998–1031 n.Chr.) der einzige indische Herrscher, von dem wir uns ein genaueres Bild machen können.

Viel von dem, was wir über Ashoka wissen, stammt bereits aus einem viel jüngeren Geschichtswerk, das in seiner ganzen Anlage ein vieldiskutierter Solitär der indischen Historiographie geblieben ist. Die Chronik der Könige von Kaschmir, *Rājataranginī* genannt, stammt von **Kalhana**, Wesir zur Zeit des Königs Jayasima (1127–1259 n.Chr.). Kalhana wertete die Schriften von elf kaschmirischen Chronisten aus, zog puranische Überlieferung heran, benutzte aber auch königliche Erlasse, Urkunden über Landschenkungen, Münzen, Inschriften und archäologische Funde, mit denen er z.T. seine Gewährsleute korrigierte. Sein methodischer Ansatz in der Quellenbehandlung und auch das eigene Selbstverständnis als Historiker bezeugen einen später nicht mehr überbotenen Standard. Kalhana ein modernes Geschichtsverständnis zu unterstellen, erscheint freilich verwegen. Seine Chronik ist gereimt (fast 8000 Verse in Sanskrit) und beschreibt in acht Büchern die Geschichte Kaschmirs von den ersten Anfängen bis ins Jahr 1149 n.Chr., wobei er die mythologischen Schilderungen durchaus respektiert. Geschichtsschreibung von vergleichbarer Dichte hat bezeichnenderweise nur eine zweite Randregion Indiens, nämlich Ceylon, aufzuweisen. Auf der Südindien vorgelagerten Insel schufen buddhistische Mönche den singhalesischen Einwanderern eine eigene Nationalgeschichte'. Sie enthält eine indoarische Wanderungsgeschichte, die Begründung der buddhistischen Institutionen durch Gautama selbst und eine scharfe Abgrenzung gegen die dravidischen Nachbarn. Ganz anders als im übrigen Indien ist auf Ceylon in der Historiographie eine Synthese aus Ethnie, Glaube und Territorium vollzogen worden. Die klassischen Chroniken *Mahavamsa* (ca. 500 n.Chr.) und *Dipavamsa* (300–430 n.Chr.) beruhen auf älteren Mönchschroniken, die ihrerseits um die Errichtung des ersten buddhistischen Königreiches im 1. Jh. v.Chr. kreisen. Mit dem *Nikayasangrahaya* (ca. 1400 n.Chr.) lag dann die erste zusammenhängende buddhistische Ordensgeschichte in singhalesischer Sprache vor. Die ceylonesische Chronistik stellt, wie auch die kaschmirische, offensichtlich in Zusammenhang mit festen Staatsstrukturen an der Peripherie Indiens, eine vieldiskutierte Ausnahme dar.

7.3 Indische Historiographie nach der muslimischen Eroberung

Bereits in der ersten Hälfte des 8. Jh. eroberten Muslime Teile des nordwestlichen Indien, vor allem am Unterlauf des Indus (Sindh). Aus dieser Zeit stammt die erste arabische Chronik *Tarikh-i Hind* über die Siege des Muhammad Ibn Qasim. Um 915 besuchte der berühmte Universalhistoriker und Reisende Al-Masudi (ca. 893–757 n.Chr., vgl. Kap. 5.2) das Land und hinterließ eine Art arabische *Indika* in seinem enzyklopädischen Werk. Wirklich integriert in die Indische Geschichte ist die muslimische Geschichtsschreibung freilich erst seit der Errichtung des ersten Sultanats von Delhi (nach 1200 n.Chr.). Hier herrschten türkischstämmige Sultane, die ihr Reich in mehreren Wellen bis nach Südindien ausdehnten, lange Zerfallsperioden freilich nicht vermeiden konnten. Als Führungsmacht wurde das Delhisultanat vom Mogulstaat der Timuriden (seit 1526 n.Chr.) abgelöst, der Indien bis zur Ankunft der Briten fast völlig vereint hatte.

Die Historiographie der muslimischen Neuankömmlinge weist in Methode, Inhalt und Funktion klare Konstanten auf, die sich fast alle auf die arabisch-persische Tradition zurückführen lassen. Sie wurde bereits in einem eigenen Abschnitt (vgl. Kap. 5.1) behandelt. Was freilich in Indien besonders hervorsticht, ist die fast völlige Beseitigung der Konzeption selbstverantworteter menschlicher historischer Kausalität. Statt dessen setzte sich der radikale ‚islamische Occasionalismus' des bedeutenden Philosophen al-Ash'ari (873/874–935 n.Chr.) durch. Indem er jegliche Naturkausalität leugnet, schafft er zugleich auch die verantwortliche menschliche Verursachung ab. Alles, was geschieht, geht umweglos aus Gott hervor, und wenn der Mensch ‚handelt', dann ‚erwirbt' er gleichsam die fertigen Handlungen aus Gottes Hand. Aufgrund dieser Theorie läßt sich die immer wieder beobachtete Abwesenheit einer Synthese, einer Totalsicht der Gesellschaft und ihrer Interaktion in der muslimischen Geschichtsschreibung zumindest nachvollziehen.

Als Gattungen finden sich der Eroberungsbericht (*futuh*), die Biographie oder der Fürstenspiegel und die Autobiographie (*nama*). Für die Eroberungsgeschichten steht der Dichter **Amir Husrau Dihlavi** (1253–1325 n.Chr.) mit seinen *Haza'in al-futuh* (Schätze der Eroberungen), der mit diesem Werk zugleich die einzige Chronik zu dem wichtigen Reformherrscher Ala'ad-Din Haljī (1296–1316) geschrieben hat. Husraus Freund **Ziya ad-Din Barani** (1285–1357/1358) rettete sich aus der Ungnade anläßlich eines Regierungswechsels durch einen Fürstenspiegel auf den neuen Herrscher Firuz-Shah (1351–1388). Sein *Ta'rīh-i Firuzsahi* projiziert die

Umstände der ersten muslimischen Gemeinde um Mohammed auf die Gegenwart, um so den neuen Sultanen einen idealen Maßstab vorzuhalten.

Die intuitiv wohl am leichtesten zugängliche Form muslimischer Geschichtsschreibung ist die Autobiographie. Ihre Tradition setzt unmittelbar beim Dynastiegründer der Moguln, **Timur Leng** (1360–1405 n.Chr.), ein. Seine ‚Memoiren', das *Malfuzat i Timuri*, sind in Tschagatai-Türkisch geschrieben, einer Sprache, die noch lange am Mogulhof gepflegt wurde. Die Aufzeichnungen Baburs, das *Baburnama*, (vgl. Kap. 5.2), waren berühmt und fanden in seiner Tochter **Gul-Badan-Begum** (1523–1603) mit dem *Humayun-nama* und in seinem Urenkel **Jahangir** (1569–1627) mit dem *Tuzuk-i Jahangiri* eifrige Nachahmer.

Neben dem familiären Einfluß der Timuriden wirkt auch das Vorbild der Hofhistoriographie der persischen Safaviden-Dynastie (1501–1722) auf die Geschichtsschreibung am Mogulhof ein. Der erste Universalhistoriker der Safaviden, Khvandamir, ging bereits 1528 nach Indien, wo er Babur und seinem Sohn Humanyun bald als Hofchronist diente. Am Hof des dritten Mogul, Akbar (1556–1605), lebten Historiker aus dem Umkreis des zweiten Schahs Tahmasb (1524–1576). Safavidische und Mogulhistoriographie benutzen gemeinsame Modelle der Genealogie, verfügen über ähnliche Stilideale (*stilus planus*) und teilen sich vor allem das imitative Kompositionsprinzip. Ausgangspunkt sind stets ältere Texte, die entweder wörtlich wiedergegeben oder in wenigen Details ergänzt werden. Beschrieben wird aber jeweils historische Gegenwart, die damit auf der einen Seite zu einer bloßen Wiederholung der Vergangenheit wird, andererseits aber auch als ihre aufschlußreiche Variante enden kann. Für den Leser solcher Geschichten war deshalb die Kenntnis des Urmodells unverzichtbar, nur dadurch konnte er die teilweise erheblichen Unterschiede in der Beurteilung von Herrschern erkennen.

Mit der Regierungszeit Akbars ist auch die Tätigkeit des bedeutendsten Mogulhistorikers, **Abu l-Fazl** (1551–1602), verbunden. Abu l-Fazl besetzte wichtige Ämter, war Heerführer Akbars und wurde schließlich von dessen Sohn ermordet. Das *Akbar-nama* (Chronik der Herrschaft Akbars) und das *Ain i Akbari* (Einrichtungen Akbars) sind Werke, in denen der Historiker den religiösen synkretistischen Neigungen Akbars sehr weit folgt, als einziger muslimischer Gelehrter mit einer neuen Zeit-Ära (*tarikh-ilahi*) operiert und teilweise versucht, auch eine für die Hindus akzeptable Geschichtssicht zu entwickeln. Abu l-Fazl konnte sich bei seinen Arbeiten auf eine, verglichen mit dem Delhisultanat, hervorragende Quellenbasis stützen. Die königlichen Erlasse (*fermane*) wurden gesammelt, und es gab ‚tägliche Aufzeichnungen', die ihm zur Verfügung standen.

Obwohl bereits mehrere Generationen von Geschichtsschreibern sich am Mogulhof abgewechselt und eine Tradition begründet hatten, schränkte Kaiser Augurangzeb ab 1670, einer asketisch-muslimischen Neigung folgend, die offizielle Geschichtsschreibung ein. Nach seinem Tod zerfiel das Mogulreich rasch, und regionale muslimische und hinduistische Reiche führten die indische Geschichtsschreibung ohne Einheitsperspektive fort. Es entbehrt nicht einer gewissen Ironie, daß **James Mill** (1773–1836), ein Beamter der East India Company, der das Land selbst niemals betreten hat, diese Einheitsperspektive endgültig, wenngleich auf höchst fragwürdige Weise, in seiner *History of India* (1817) etabliert hat.

7.4 Bibliographie

Werke und Autoren

Beal, Samuel (Hrsg.): Si-yu-ki. Buddhist Records of the Western World, translated from the Chinese of Hiuen Tsiang. London 1884 (ND Delhi 2004).
Casson, Lionel (Hrsg.): The Periplus Maris Erythraei. Ins Englische übersetzt u. kommentiert. Princeton 1989.
Cowell, Edward B. u. Thomas, Frederick W. (Hrsg.): The Harsa-carita of Bãna. London 1897 (Reprint Delhi 1968).
Dimmitt, Cornelia u. van Buitenen, Johannes A.B. (Hrsg.): Classical Hindu Mythology. A Reader in the Sanskrit Puranas. Philadelphia 1978.
Geiger, Wilhelm (Hrsg.): The Mahãvamsa or the Great Chronicle of Ceylon. Englische Übersetzung. Colombo 1950.
Giles, Herbert Allen (Hrsg.): The Travels of Fa-hsien (399-414 A.D.), or the Record of the Buddhistic Kingdoms. Englische Übersetzung. London 1959[3].
Kangle, R. P. (Hrsg.): Kautiliya Arthasastra. 3 Bde. Bombay 1965.
McCrindle, John W. (Hrsg.): Ancient India as described by Megasthenes and Arrian. London 1881 (Reprint Amsterdam 1974).
Pandit, Ranjit Sitaram (Hrsg.): Rajatarangini: the Saga of the Kings of Kasmir. Vorwort Jawaharlal Nehru. New Delhi 1935 (Reprint 1977, 2001).
Sachau, Edward Charles (Hrsg.): Alberuni's India. An Account of the Religion, Philosophy, […], of India about A.D. 1030. Englische Übersetzung u. Kommentar. London 1910 (Reprint Frankfurt a. M. 1993).

Einführende Werke

Bose, D. M., u.a. (Hrsg.): A Concise History of Science in India. New Delhi 1971.
Conermann, Stephan (Hrsg.): Die muslimische Sicht (13. bis 18. Jh.) (Südasien – Von den Anfängen bis zur Gegenwart, 3 Bde.). Bd. 2. Frankfurt a. M. 2002. *Textauswahl muslimischer Historiker Indiens in deutscher Sprache.*
Falk, Harry: Schrift im Alten Indien. Tübingen 1992.
Gottlob, Michael (Hrsg.): Historisches Denken im modernen Südasien (1786 bis heute) (= Südasien – Von den Anfängen bis zur Gegenwart, 3 Bde.). Bd. 3. Frankfurt a. M. 2002. *Anthologie vorwiegend programmatischer Texte indischer Historiker.*
Kulke, Hermann u. Rothermund, Dietmar: Geschichte Indiens. Von der Induskultur bis heute. München 1998².
– (Hrsg.): Indische Geschichte vom Altertum bis zur Gegenwart. Literaturbericht über neuere Veröffentlichungen (Historische Zeitschrift. Sonderheft 10). München 1982.
Mann, Michael: Geschichte Indiens. Vom 18. bis zum 21. Jahrhundert. Paderborn 2005. *Neue Darstellung mit neueren sozialhistorischen Ansätzen.*
Philips, Cyril Henry (Hrsg.): Historians of India, Pakistan and Ceylon. London 1962.
Puri, Baij Nath: Ancient Indian Historiography. A Bi-Centenary Study. Delhi/Lucknow 1994.
Rahman, A. (Hrsg.): History of Indian Science, Technology and Culture, AD 1000-1800 (Chattopadhyaya, D. P. [Hrsg.]: History of Science, Philosophy and Culture in Indian Civilisation, 3.1). Oxford 1998–2000.
Singh, Girish Prasad: Ancient Indian Historiography. New Delhi 2003. *Mit Bibliographie der modernen Editionen der älteren Historiographie, S. 179–192.*
Thapar, Romila: Early India. From the Origins to AD 1300. London 2002.

Literatur zu Spezialproblemen und Autoren

Bechert, Heinz: Zum Ursprung der Geschichtsschreibung im indischen Kulturbereich. Göttingen 1969.
Berkemer, Georg: Literatur und Geschichte im vormodernen hinduistischen Südasien. In: Rüsen, Jörn (Hrsg.): Die Vielfalt der Kulturen. Frankfurt a. M. 1998. S. 145–190.
Conermann, Stephan: Historiographie als Sinnstiftung. Indo-persische Geschichtsschreibung während der Mogulzeit (1516–1707). Wiesbaden 2002.
Correira-Alfonso, John Fr.: Indo-Portuguese History: Sources and Problems. Oxford 1981.

Cort, John E.: Genres of Jain History. In: Journal of Indian Philosophy 23 (1995). S. 469–506.
Dowson, John (Hrsg.): The History of India as told by its own Historians. The Muhammadan Period (The Posthumous Papers of the Late Sir. H.M. Elliot). Kalkutta1959[2].
Gonda, Jan (Hrsg.): A History of Indian Literature. Bd. 2. Epics and Sanskrit Religious Literature. Fasciculus 3. The Purãnas. Wiesbaden 1986.
Hardy, P.: Historians of Medieval India. Studies in Indo-Muslim Historical Writing. London 1966.
Kölver, Bernhard: Ritual und historischer Raum. Zum indischen Geschichtsverständnis (Schriftenreihe des Historischen Kollegs, Vorträge 35). München 1993.
Lal, Vinay: The History of History. Politics and Scholarship in Modern India. Oxford 2005[2]. *Polemische Geschichte der gegenwärtigen indischen Geschichtswissenschaft.*
Narayan Tiwari, Badri: Oral Tradition and History. An Alternative Perspective. In: Pande, G. C. (Hrsg.): Life, Thought and Culture in India (from v.600 BC to c. AD 300) (= Chattopadhyaya, D. P. [Hrsg.]: History of Science, Philosophy and Culture in Indian Civilisation, 1.2). New Delhi 2001. S. 90–99. *Zur neueren Aufwertung der genuin indischen Mündlichkeit.*
Metcalf, Thomas R.: Ideologies of the Raj (The New Cambridge History of India, III.4). Cambridge 1994. *Über die Genese des britischen kolonialen Konzepts von Indien.*
Pathak, Vishwambhar Sharan.: Ancient Historians of India. A Study in Historical Biography. Bombay 1966.
Rao, Velcheru Narayana, Shulman, David u. Subrahmanyam, Sanja (Hrsg.). Textures of Time: Writing History in South India 1600–1800. Delhi 2001.
Sarkar, Jagadish Narayan: History of History Writing in Medieval India. Kalkutta 1977.
Schnellenbach, Christiane: Geschichte als „Gegengeschichte"? Historiographie in Kalhanas Rajatarangini. Marbach 1996 (Mikrofiche).
Teltscher, Kate: India Inscribed: European and British Writing on India 1600–1800. Delhi 1995. *Überblick über die europäische Historiographie zu Indien.*
Thapar, Romila, Mukhia H. u. Bipan, Chandra: Communalism and the Writing of Indian History. Delhi 1969 (Reprint Delhi 2000[9]).
Trakulhun, Sven: Siam und Europa. Das Königreich Ayutthaya in westlichen Berichten 1500–1670 (The Formation of Europe, 2). Hannover-Laatzen 2006. *Über die frühe europäische historiographische Sicht auf Thailand.*
Waseem, S. M. (Hrsg.): Development of Persian Historiography in India. From the second half of the 17th Century to the first half of the 18th Century. Delhi 2003.

Wessler, Heinz Werner: Zeit und Geschichte im Visnupurāna. Formen ihrer Wahrnehmung und ihrer eschatologischen Bezüge, anhand der Textgestalt dargestellt. Bern [u.a.] 1995.

Zvelebil, Kamil Veith (Hrsg.): Companion Studies to the History of Tamil Literature (Handbuch der Orientalistik, Abt. 2, Erg. Bd. 5). Leiden 1992.

8. China

8.1 Sprache, Literatur und Wissenschaft

Seit dem Jahr 221 v.Chr. ist China ein Einheitsstaat. Diese Einheit war seit dem 2. Jahrtausend durch die beständige Interaktion sprachlich und ethisch verwandter Gruppen und Staaten an den Flüssen Huanghe (Gelber Fluß) und Yangtse vorbereitet worden. Auf über 400 Jahre Reichseinheit der Qin- und Han-Zeit folgten 400 Jahre politische Zersplitterung, unter den Sui (581–617) und Tang (618–906) dann die erneute Integration; seit den Song (960–1279) konnte Gesamtchina zwar von den Mongolen (Yuan-Dynastie 1271–1368) und Mandschu (Qing-Dynastie 1644–1911) überwältigt werden, verlor seine staatliche Einheit aber nicht mehr.

Chinas Verhältnis zu seiner Peripherie läßt sich auf zwei Nenner bringen: Die östlichen Randstaaten Japan und Korea konnten ihre Unabhängigkeit bewahren. Teile Vietnams standen unter einem chinesischen Protektorat, Thailand und Burma unterhielten Tributbeziehungen zum Ming- und Qing-Hof. Der kulturelle Einfluß auf sie alle war zwar nicht gleichmäßig stark, aber stets vorhanden. Im nördlichen und westlichen Zentralasien dagegen kämpfte China fast drei Jahrtausende gegen nomadische Völker tibetisch-tungusischer oder mongolisch-türkischer Abkunft. Nicht wenige Dynastien leiteten ihre Herkunft aus diesem Raum ab. Das Kaiserreich war fast immer ein Vielvölkerstaat und mußte sich unter den Mongolen und Mandschu sogar einer die Han-Chinesen diskriminierenden Zweisprachigkeit beugen.

Indische Reiche, Byzanz, das arabische Kalifat, osmanisches Reich und das mittelalterliche Europa standen niemals in einer langfristigen machtpolitischen Interaktion mit dem alten China. Das Land lebte für lange Perioden in politischer Isolation, ohne daß der kulturelle Austausch mit dem Ausland jemals ganz zum Erliegen gekommen wäre. Wirtschaftlich konnte China seinen Binnenmarkt, den mit Abstand weltweit größten, bis zum Beginn des 19. Jh. unter eigener Kontrolle halten. Erst im späten 18. Jh. fand die dauerhafte Begegnung Chinas mit unabhängigen und gleichwertigen Machtzentren statt, ohne daß es darauf vorbereitet gewesen wäre. Die großen Themen der chinesischen Geschichtsschreibung befassen sich demgemäß vor allem mit den Erscheinungsformen der eigenen Staatlichkeit, d.h. Aufstieg und Niedergang, Teilung und Vereinigung: Der ‚Himmel' erteilte den Dynastien ein ‚Mandat' und entzog es ihnen auch wieder (*geming*). Gewinn und Verlust hingen vom Ethos der Kaiser ab, was zwangsläufig zu einer moralisierenden Analyse der ‚Herrschaftswechsel' (*zhengtong*) führte. In zweiter Linie besteht dann ein Interesse an Fragen der Geographie, der Wirtschaft, Bürokratie und Bildung. Bis in die zweite Hälfte des 19. Jh. war die chinesische Geschichte ‚die Weltgeschichte', ebenso wie China den Mittelpunkt der offiziellen Landkarte darstellte. Erst im Angesicht der direkten Bedrohung durch Europa und die USA wandten sich die chinesischen Historiker auch deren Geschichte zu.

Obwohl es nur ein China geben konnte, und die Kaiser ‚vom Himmel' den Auftrag zu seiner Bewahrung erhalten hatten, überwogen noch bis zum Ende der Tang-Zeit lokale adelige Strukturen die zentralistischen Tendenzen. Erst die Song vollendeten die Herrschaft der Bürokratie, indem sie die seit 1200 Jahren praktizierten Staatsprüfungen für alle Beamtenstellen und alle Provinzen obligatorisch machten. Zwar bestimmten nach wie vor, darin Europa durchaus vergleichbar, sozialer Stand und lokaler Einfluß den Aufstieg in den Staatsapparat, aber der Theorie nach konnte jeder Bildungsbeflissene nach bestandenem Examen auch höchste Machtpositionen erreichen. Die letzten Examen dieses Typs wurden noch 1905 gehalten. Somit war für mehr als 600 Jahre der Typus der chinesischen Führungspersönlichkeit festgelegt: ein durch das Studium der konfuzianischen Klassiker gebildeter, keineswegs technisch oder fachwissenschaftlich vorgeprägter Beamter, der eine Vielzahl von Aufgaben innerhalb einer zentralisierten Verwaltung wahrnahm.

Bereits im 1. Jh. v.Chr. hatten die Han-Kaiser die einheimischen Magier (Wu-Priester) und den Taoismus (Daoismus) zurückgedrängt; die späten Tang-Kaiser leisteten das gleiche für den Buddhismus. Zwar wurde in China niemals eine religiöse Praxis generell verboten, aber jede Duldung von ihrer Unterordnung unter die Ethik des Konfuzius (Kung-fu-tse 551–479 v.Chr.) abhängig gemacht. Jede darüber hinausführende Metaphysik und theologische Spekulation konnte so prinzipiell als unethisch kritisiert werden.

Die in mehrfachen Renaissancen bewährte konfuzianische Lehre war während der Perioden ihrer universellen Akzeptanz Natur-, Staats-, Gesellschafts-, Wirtschafts- und Kulturtheorie in einem und somit jederzeit die Grundlage allen historischen Denkens und aller historiographischen

Tradition. Hierfür brachte der Konfuzianismus inhaltlich wie überlieferungstechnisch die besten Voraussetzungen mit. Inhaltlich bedeutet ‚Gegenseitigkeit' die Vereinigung von familiärer Gesellschaftsstruktur mit staatlicher Herrschaft auf der Grundlage der ‚fünf Beziehungen': Herrscher – Staatsdiener, Vater – Sohn, älterer – jüngerer Bruder, Ehemann – Ehefrau, Freund – Freund. Alle Beziehungen orientieren sich an der Vergangenheit: die Familie an ihrer traditionellen Form und der Herrscher an dem exemplarischen Handeln der Vergangenheit. Schließlich besteht ‚Gegenseitigkeit' auch zwischen allen drei Zeitebenen: Die Gegenwart spiegelt sich ganz in der Vergangenheit, die somit unmittelbar aktuell bleibt, und die Zukunft wird nichts anders sein als eine noch nicht vollzogene Reproduktion der Gegenwart, also auch der Vergangenheit.

Als ‚zentrale Überlieferung' bildete der Konfuzianismus seit der Spätantike ein in kanonische Form gebrachtes Korpus aus. Es besteht aus fünf Werken: 1. *Shujing* (Buch der Dokumente, Kriegsreden und fürstlichen Aussprüche), 2. *Shijing* (Buch der Oden, eine Sammlung ritueller Lieder), 3. *Yijing* (Buch des Wandels, ein Handbuch für Weissagung), 4. *Chunqiu* (Herbst- und Frühlingsannalen, die Chronik des Kleinstaates Lu) sowie 5. *Li* (Buch der Riten, Verhaltensregeln). *Shijing* und *Chunqiu* sollen von Konfuzius selbst zusammengestellt worden sein. Der große Lehrer setzte also persönlich die Maßstäbe für Geschichtsschreibung, womit die chinesische Historiographie als Teil des zentralen Literaturkanons von Anfang an in das Aussagen- und Formensystem der Klassiker aufgenommen war. Die so erreichte Verknüpfung von geschichtlichem Wissen und ‚rechtem Weg' war bis ins 19. Jh. die universell akzeptierte Norm. Renaissancen und Reformen in der Historiographie mußten deshalb durch Rückgriff auf vorbildliches konfuzianisches Anfangshandeln (Orthopraxis) begründet werden.

In den fünf Klassikern und ihren Kommentaren lag ein Maßstab vor, von dem aus jedes technische und anwendungsbezogene Wissen (Medizin, Pharmazie, Zeitrechnung, Militärwesen, etc.) beurteilt werden konnte. Freilich ist im chinesischen Kanon der Anteil des epischen und linearen Erzählens bei der Selbstkonstitution des historischen Subjekts gering ausgeprägt. China erschuf sich nicht durch Erzählung als wandelbaren Akteur; in den Erzählungen manifestierte sich im Gegenteil das unwandelbare Dao in seiner historischen Erscheinung. Deshalb ist auch der oft versuchte Vergleich von Dao und Hegels ‚Weltgeist' irreführend, denn dieser erhält zwar seine ganze Bedeutung dadurch, daß er, wie das Dao, ‚wirklich' ist, aber in ihm sind Anfang und Ende der Weltgeschichte durch die Vollendung von ‚Freiheit' deutlich unterschieden.

Um das chinesische Literatur-, aber auch Wissenschaftssystem beurteilen zu können, benötigt man eine Vorstellung von den kulturellen Funktionen der chinesischen Schrift. Das Chinesische ist eine monosyllabische, nichtflektierende Sprache, die in einer Begriffsschrift von 3 bis 10 000 Zeichen geschrieben wird. An die Zeichen sind Laut- und Bildvorstellungen geknüpft, welche Sachen und menschliche Verhältnisse in ihrer ursprünglichen Normativität wiedergeben. Die Zeichen können auch dann noch gelesen werden, wenn sich die Aussprache verändert hat. Die Klassiker manifestieren sich nicht nur durch die Schrift, sondern die Gedanken der Klassiker haben die Schrift überhaupt erst ausgebildet. Wer richtig schreibt und liest reaktiviert den Kanon!

Aus dem Zusammenfall von Schrift und Kanon folgt zweierlei: Erstens, daß die chinesische Literatur inhaltlich wie formal imitativ angelegt ist und zweitens, daß sie ein vollkommenes Wissen umfaßt, das sich weniger durch Abstraktion als durch Korrelation ausdrückt. Sich fremdem Wissen, vor allem durch Übersetzung, zu öffnen, dies liegt nicht in der Logik des Kanons. Im Chinesischen fehlen somit systematische Übersetzungsanstrengungen und Kulturtransfers, wie sie etwa das Arabische aus dem Griechischen erfahren hat.

Die chinesische Literatur wird zwar vom konfuzianischen Kanon dominiert, kennt aber bereits seit der späten Han-Zeit (26–220 n.Chr.) Ansätze zu einer ‚trivialen', volkssprachlichen Variante (*baihua*). Sie drückte sich in einer Vielzahl von Gattungen vorrangig erzählender Art aus und reicht von Wunderberichten, Biographien, geographischen und ethnographischen Beschreibungen bis zum historischen Roman. Eine die offizielle Geschichtsschreibung verändernde Wirkung ging freilich so gut wie nie von der volkssprachlichen Literatur aus. Der Grund dafür liegt in der historischen und praxisnahen Ausrichtung der hochsprachlichen Literatur. Je mehr fiktionale Anteile ein Werk aufwies, desto weiter ab mußte es vom Kanon liegen. Damit wurde auch die Ausbildung gänzlich ‚unhistorischer' Schreibweisen, wie etwa der Utopie, verhindert. Eine Dialektik von Fiktionalität und Faktizität wie im europäischen 18. Jh., die für den gemeinsamen Qualitätsschub von Roman und Geschichtsschreibung mitverantwortlich ist, fehlt im alten China, während man in Japan durchaus auf sie stößt. Am Ende des 16. Jh. plädierte der Ming-Gelehrte Li Zhi (1527–1601) vergeblich dafür, die Geschichtsromane des *yanyi*-Genres (z.B. „Über die drei Reiche") in den historiographischen Kanon aufzunehmen (vgl. Kap. 8.5)

Zusammengefaßt weist das chinesische hochsprachliche Literatursystem folgende Charakterzüge auf: In den Werken selbst dominiert der moralische Wahrheitsanspruch vor den Werten von Ästhetik bzw. ‚Literarizität'. Gut ist, was alt ist, deswegen sind Kommentare unverzichtbar, um es weiterhin nutzen zu können. Systematische Produktionsregeln, Rhetorik und Literaturkritik werden nicht gepflegt, aber Anthologien, Enzyklopädien und Vorworte können analoge Funktionen ausüben. Einem antifiktionalen Zug entspricht ein Zug zur historischen Begründung aller Literaturgattungen, selbst der Poesie. Literatur ist einer der wichtigsten Indikatoren für das Wohlergehen der Gesellschaft, sie ist geschriebene Politik. Insofern ist es nur legitim, daß sie eine Staatsangelegenheit ist, von Staatsbeamten geschrieben und vom Kaiser persönlich zensiert wird. In kaum einer anderen Literatur nehmen historische Werke eine so zentrale Stellung ein wie in der chinesischen. Diese Zentralität verdanken sie ihrer Repräsentation des Ursprungs (*dao*). Selbst theoretische Diskussionen und Kritik müssen als Ursprungsdiskussionen geführt werden.

Die wissenschaftlichen Ideen des alten China sind aufs engste mit seiner Literatur, mit der zusammen sie überliefert werden, verflochten. Ihr Ausgangspunkt ist eine schöpferlose Welt zweier primärer Kräfte (*yang* und *yin*) sowie von ‚Fünf Phasen' (Metall, Holz, Wasser, Feuer und Erde), die sich zyklisch bewegen. Alle diese Elemente sind komplementär, alles ist strukturiert, aber nicht antagonistisch oder im Sinne von kausalen Naturgesetzen! Es gibt keinen ‚Ersten Beweger', keinen Gesetzgeber. Natürliches und menschliches Verhalten werden analogisch und harmonisch gedacht. Vermittlungsagent zwischen Natürlichem und Menschlichem ist der Kaiser.

Von diesen Grundlagen aus operieren die chinesischen Weisen durchaus erfolgreich im Sinne einzelner Wissenschaften und Praktiken. Auf vielen Gebieten der Technologie wie Hydraulik, Zeitmessung, Drucktechnik, Eisen-, Papier-, Pulver- und Porzellanherstellung war China zeitweilig dem Westen weit voraus und auch fähig, seine Ergebnisse in Massenproduktion umzusetzen. ‚Wissenschaft' im Sinne antiker *scientia* freilich lag nicht im Horizont der chinesischen Forscher. Axiomatische Beweisstrukturen, wie die deduktive Geometrie Euklids, wurden nicht entwickelt und auch dann nicht übernommen, als arabische Astronomen sie im chinesischen Kalenderbüro der Ming-Zeit anwandten. Mit Zwang erreichte man das Dao nicht. Abstraktes Wissen, erworben im autonomen kognitiven Akt, war nicht das Ziel, sondern praktische Wissensanwendung in konkreten Lagen (*xue/zhi*). Der Akzent lag darauf, anzuwenden, ‚was' man wußte und nicht zu erforschen, ‚wie' man etwas wußte! China kennt keine radikale theoretische, somit auch keine historische Skepsis.

Die chinesische Wissenstradition vollzog sich mit ‚Schere und Kleister'. Ihre Methode war die Kompilation, die Widersprüche und Kontextverschiebungen entweder ignorierte oder bewußt in dieser Form weitergab. Eindeutige Auslegungen (*sic et non*) waren nicht beliebt. Historisches Schreiben bestand z.B. weitgehend darin, aus älteren Autoren wortgenau wichtige Abschnitte herauszulösen und sie nach Art einer unpersönlichen Geschichte zu kompilieren, ohne daß die Verfasser irgendeine Art von Eigentumsrecht zuerkannt bekommen hätten. Dieses Verfahren wurde weithin auch in der Philosophie, Medizin und praktischen Wissenschaft angewandt.

Was wie eine Mängelliste des chinesischen Denkens aussieht, soll aber keineswegs dessen Erfolge unterschlagen. Es gelang ihm, ein Großreich 2000 Jahre zusammenzuhalten, materiellen Wohlstand in für europäische Verhältnisse ungekanntem Ausmaß zu sichern, die eigene Gesellschaft im Inneren zu entmilitarisieren und die konfuzianische Moral bis ins 18. Jh. im internationalen Vergleich konkurrenzfähig zu halten. Universale Wissenschaft brachte das Reich des Himmels aber nicht hervor. Von den alten chinesischen Wissenschaften haben nur Medizin und Pharmakologie überlebt. Über den universellen Gehalt der traditionellen Geschichtstheorie wird gegenwärtig diskutiert.

Neben den Voraussetzungen in der Schrift, der Sprache und dem Denken fehlten vor allem soziale Fundamente für die Entwicklung der modernen Wissenschaft. In China existierte kein autonomer Rechtsbegriff, d.h., es gab kein positives Recht, das man, wie das römische, systematisiert und kein Naturrecht, das für alle Reichsangehörigen gegolten hätte. Korporationen eigenen Rechts kannte die chinesische Gesellschaft nicht. Experimentelle Freiräume für Philosophen, Wissenschaftler, Ärzte und Künstler fehlten auf diese Weise. Nicht vorgesehen waren scharfe begriffliche Unterscheidungen zwischen Religion, Öffentlichkeit und Staat. Gerechtigkeit war vom Dao gesteuert, dieses war ebensogut ein rituelles wie politisches oder familiäres Handeln. Jede Bildung von kaufmännischem wie industriellem Kapital war den gleichen Bedingungen unterworfen, d.h. von den Entscheidungen der zentralen Bürokratie abhängig. Gelehrte und Ingenieure, die sich radikal von Religion und Kult getrennt hatten und in einer vom Staat respektierten Rechtssphäre rein theoretische oder auf Kapitalzuwachs gerichtete Forschung betrieben, waren im alten China nicht vorstellbar. Ebensowenig vorstellbar waren auch Historiker, die ausschließlich ihrem individuellem Gewissen, partikularen Gruppen oder gar antikonfuzianischen Idealen verpflichtet gewesen wären.

8.2 Der chinesische Staat, seine historiographischen Organe und Leistungen

Die chinesische Geschichtsschreibung ist, ähnlich der antik westlichen und arabischen, direkt mit der Kultur der Memoria verbunden. Rituelle Praktiken (*yanci*, Knochenorakel) und Kalenderberechnung waren in der Frühzeit wohl mit der Aufzeichnung administrativer, religiöser und historischer Vorgänge verzahnt. Aus diesem Umfeld hat sich die Geschichtsschreibung niemals ganz gelöst. Heroen, Kaiser und hervorragende Männer durften sich in den öffentlichen Raum ‚einschreiben' und blieben stets als kultische wie als historische Persönlichkeiten präsent.

Chinas Kaiser der Einheit, Qin Shihuangdi (259–210 v.Chr.), unternahm fünf Reisen durch sein Reich, wobei er an auffälligen Orten Inschriftensäulen aufstellen ließ. In der Song-Zeit wurden manche verdiente Verwaltungsbeamte bald nach ihrem Tod als lokale Fürsprecher in Tempeln verehrt. Selbst aufständische Militärs konnten kultischen Status erreichen. Als Beispiel für eine derartige Gedächtniskarriere mag der 220 n.Chr. hingerichtete General Guan Yu aus der späten Han-Zeit dienen. Ihn nahmen Buddhisten im späten 6. Jh. als lokalen Schutzgott in ihr Pantheon auf. Ab dem 11. Jh. entstand ein überregionaler Kult, der in der Ming-Periode schließlich in die Staatskulte zweiter Ordnung überführt wurde. Die Biographie des historischen Guan Yu wurde durch volkstümliche Erzähler ausgebaut und verfestigte sich im 14. Jh. zu dem überaus beliebten historischem Roman *Sanguozhi tongsu* (Geschichte der drei Reiche). 1693 wurde dem Helden eine illustrierte historische Chronik gewidmet. Der offizielle Guan-Yu-Kult endete erst 1912.

Das alte China pflegte, besonders vor der Erfindung des Buchdrucks, die Steininschrift. Grabinschriften dienten als Quelle für die ausgeprägte Biographik, die ihrerseits früh Teil der Standardgeschichtsschreibung wurde. Wer sich bedeutende Bild- und Schriftrollen leisten konnte, der verewigte sich auf ihnen als Sammler mit seinem Siegel. Besonders hoch war das Selbstbewußtsein der Beamten-Literati in der Song-Zeit. Sie schufen sich eigene Klan-Geschichten und schrieben sich in die beliebten Regionalbeschreibungen (*fangzhi*) ein. Daoistische Vereinigungen und buddhistische Klöster schufen sich ebenfalls eine ausgeprägte Gruppenmemoria.

Die Geschichtsschreibung des alten China verfügte also, auch wenn sie bei der Regierung konzentriert war, über ein überaus förderndes mentales Umfeld in der Gesamtgesellschaft. Noch mehr verfestigt sich dieser Eindruck, sobald man sich der staatlichen Seite der Produktion zuwendet. Ein europäischer Historiker stand, selbst wenn er Hofhistoriker war, in der Regel allein einem wenig entwickelten Archivapparat von Einzelministerien gegenüber, zu dem er kaum jemals systematischen Zugang erhielt. In China gab es dagegen nicht nur mehr Bildungs- und Archivinstitutionen, die gesamte Regierung übte historiographische Funktionen aus.

Diese Funktionen begannen beim Kaiser, setzten sich in den Ministerien, der kaiserlichen Bibliothek als dem Ort der Historiographie fort und führten dann in die Provinzverwaltungen, um bei zahlreichen lokal bedeutenden Privatpersonen zu enden. Jeder Kaiser hatte für die Geschichtsschreibung über die Vorgängerregierung zu sorgen und seine eigenen Handlungen für künftige Darstellung aufzubereiten. Die Ministerien sollten an der Archivierung von politischen wie rituellen Überlieferungen mitwirken und das zentrale Geschichtsamt der kaiserlichen Bibliothek unterstützen. Im günstigen Fall, etwa der späten Song-Zeit (1126–1279), verfügte die Bibliothek über ein eigenes Quartier im Palast und benutzte für jeden methodischen Schritt bei der Herstellung von Geschichtswerken eigene Gebäude und Einrichtungen. Zuarbeiten leisteten auch die kaiserlichen Akademien sowie Gelehrtenzirkel in der Provinz. Wurde die kaiserliche Bibliothek beschädigt oder vernichtet, was mehrfach geschah (z.B. 190 u. 311 n.Chr.), dann wurde sie regelmäßig aus den Privatbibliotheken rekonstruiert. Staatliches Schriftgut muß also regelmäßig nach außen gelangt sein, so daß eine funktionale wie inhaltliche Unterscheidung von ‚öffentlicher' und ‚privater' Geschichtsschreibung kaum getroffen werden kann. Die privaten Bibliotheken fungierten als öffentliche Reserveeinrichtungen, und die privaten Historiker waren in der Regel Beamte, die Zugang zu zentralen Archiven hatten. Nicht wenige der bedeutenden Dynastiehistoriker vererbten ihre Aufgabe an Söhne und Enkel.

Aufgrund dieser zum Teil seit der Tang-Zeit bestehenden institutionellen Voraussetzungen läßt sich für China leisten, was in der Historiographiegeschichte sonst kaum möglich noch sinnvoll ist, nämlich einen Idealtyp von Historiographie anzugeben. Diesem liegt eine integrierte Methode zugrunde, die zwei über Jahrhunderte parallel geführte Typen von Geschichtsschreibung hervorbrachte. Die Methode soll zuerst behandelt werden.

Jede staatliche Geschichtsschreibung beruht auf dem Prinzip der ‚aufsteigenden Kompilation'. Was in der westlichen Geschichtsschreibung von Institutionen erst in großem zeitlichen Abstand zur Regierungshandlung geleistet wird, nämlich Akten zu erfassen und zu interpretieren, das findet in China ohne jeden Zeitverlust statt. Das Regierungshandeln wird in mehreren Schritten in kondensierter Form dokumentiert und sodann für anwachsende Zeiträume kompiliert. Auswahl und Zuschnitt der Kompilation erfolgen gemäß der konfuzianischen Staatsethik, d.h., die ‚Interpretation' in der Geschichtsschreibung besteht in der Auswahl und Anordnung der Originalteile. Somit erweisen sich die primären Regeln der Methode als Korrektur der Schriftstücke im Sinne des Regierungsprogramms sowie als Kompilation gemäß der aufsteigenden historischen Gattungen. Dabei sind die Gattungen indirekt vom Alltagsgeschäft der Regierung vorgeprägt: zuerst werden Akten produziert, aus diesen dann Geschichte geschrieben.

Die Akten fließen aus drei Quellen: 1. aus einem kaiserlichen Spezialbüro, welches die herrscherliche Tätigkeit unmittelbar aufzeichnet, 2. aus den Dokumenten der Ministerkonferenzen und 3. aus Akten von Regierungsstellen, die auch aus den Provinzen beschafft werden. Das kaiserliche Tagebuch, ergänzt um Regierungsakten, wird sodann zu chronikartigen Tagesaufzeichnungen (*jih li*) umgeformt. Schließlich wird die Gesamtreihe der Diarien einer Regierungszeit zur wichtigsten Quelle der staatlichen Historiographie verdichtet, den ‚Wahrhaftigen Aufzeichnungen' (*shi lu*).

Der Theorie nach sind die *shi lu* sakrosankt, d.h., sie sind vom Kaiser als objektive Wahrheit anzuerkennen und dürfen von ihm niemals manipuliert werden. De facto sind *shi lu* in der Ming- und Yuan-Zeit mehrfach verändert worden und haben, trotz ihrer überragenden Bedeutung, die Weiterkompilation in größere Geschichten erst ab den Ming überlebt. Parallel zu den *shi lu* erarbeiten spezielle Kompilatoren eine regierungsamtliche Sammlung von Akten, die ‚Ausgewählten Dokumente'. Erst in der Kombination beider Reihen entstehen Spezialgeschichten einzelner Kaiser oder ganzer Dynastien.

Gemessen am Verfahren und seinen Resultaten stellt sich unweigerlich die Frage, ob es sich hier nicht eher um die Anlegung eines ‚geheimen Staatsarchivs' als um Geschichtsschreibung handelt. Alle diese Sammlungen waren extrem umfangreich, existierten nur in zwei Kopien und durften zeitweise nur mit Spezialerlaubnis eingesehen werden. Es kommt somit darauf an, ob dieser Arbeitstechnik mehr von einem Individuum mit klaren literarischen und politischen Absichten oder einem gesichtslosen Beamtenk ollektiv benutzt wurde. Nicht immer wird man im alten China die Differenz zwischen ‚Archiv' und ‚Historiographie' klar definieren können. Damit ist das Problem der zwei traditionellen Typen chinesischer Staatsgeschichtsschreibung erreicht.

Die von der chinesischen Literaturgeschichte als erste und vorbildlich anerkannte Historiographie trägt annalistische Züge. Als ihr idealer Prototyp gelten die konfuzianischen „Frühlings- und Herbstannalen" des Staates Lu (722–481 v.Chr.), *Chunqiu* genannt, und ihre Nachfolgerwerke, etwa die „Bambusannalen“ des Staates Wei (bis 296 v.Chr.). Zu den „Frühlings- und Herbstannalen“ treten ihre drei wichtigsten Kommentare, von denen der beliebteste, die „Überlieferung des Zuo“ (ca. 350 v.Chr.), der *Zuo zhuan*, ursprünglich ein eigenständiges Geschichtswerk gewesen ist. Allen diesen Arbeiten gemeinsam ist der chronologische Aufbau und die Übernahme von ursprünglich oralem Erzählgut. Als Gattungsnamen erhielt diese Tradition die Bezeichnung *biannian*-Stil (Chronikenstil).

Zeitgleich zur Chronistik entwickelte sich in der Staatenwelt des ältesten China eine Vielzahl von weiteren historiographischen und antiquarischen Gattungen mit starkem Bezug zu memorialen und rituellen Praktiken. Ein Hofastrologe der frühen Han, Sima Qian (ca. 145–90 v.Chr.), fügte die meisten dieser Gattungen zu einem umfassenden Geschichtswerk zusammen, dem *shiji* oder den „Aufzeichnungen des Großhistoriographen“. Er schuf damit einen weiteren kanonischen Traditionsstrang, die sogenannte thematisch-personalistische Schreibart (*jizhuan*). Sie setzt sich aus fünf Abteilungen zusammen:

benji – Grundlegende Annalen (Herrscher in chronologischer Abfolge)
baio – Tabellen (Belehnungen, Ämterwechsel)
shu (bzw. später *zhi*) – Abhandlungen (Sachbereiche: Kalenderwesen, Musik)
shijia – Erbhäuser (Biographien hochstehender Persönlichkeiten)
liezhuan – Biographien (moralisch außergewöhnliche Menschen)

Im Kapitel 130 der *liezhuan* findet sich erstmals ein autobiographisches Nachwort des Verfassers, das später Gattungsbestandteil wird und erstaunlich viele Informationen über die Karrieren chinesischer Historiker überliefert. Da er beide anerkannten Formen von Aufzeichnung praktiziert, nimmt Sima die künftige Polarität der chinesischen Historiographie zwischen Annalistik (*biannian*) und thematischer Schreibart (*jizhuan*) vorweg. In manchen Zeiten überwiegt das Bedürfnis nach chronologischer Reihung, in anderen das nach sachlicher Auswertung von chronologischer Geschichtsüberlieferung. Mit der Gattungswahl ist in der Regel auch eine Verlagerung von ideologischen Schwerpunkte verbunden.

Anknüpfend an Sima Qians Modell schrieben nun Beauftragte der Kaiserhöfe in unregelmäßigen Abständen sogenannte ‚Standardgeschichten‘ der jeweiligen Vorgängerdynastien. Nachdem der türkisch dominierte Teilstaat der nördlichen Wei (386–534 n.Chr.) als erster ein dauerhaftes Geschichtsamt (*guo shiguan*) eingerichtet hatte, übertrugen es die Tang 629 auf die nationale Ebene. Seither führte in China jeder dynastische Regimewechsel zwangsläufig zu einer historischen Neubewertung der Vorgängerperiode. Der Mandschu-Kaiser Qianlong (1736–1795) vereinigte schließlich die 24 offiziell anerkannten Standardgeschichten zu einem Korpus (*ershiwushi*). Im Laufe der Jahrhunderte wuchs der Themenbereich der Abhandlungen immer mehr an, umfaßte z.B. auch Literaturkataloge, so daß die darin enthaltenen Materialien als Vorstufen gewaltiger Enzyklopädien (*leishu*) oder Regierungshandbücher (*huiyao*) dienen konnten. Die Integration der Geschichtsschreibung in die staatlich kontrollierte Produktion von Wissen und Literatur war lückenlos. Diese reichte vom schmalen Klassikerkanon mit seinen historischen Anteilen, dem *Shujing* (Buch der Urkunden) und dem *Chunqiu* bis zu kolossalen Anthologien. In ihnen nahm die historische Überlieferung (*shizhuan*) als zweite der offiziellen Literaturgattungen nach den Klassikern, aber noch vor der Philosophie und der Poesie, einen Ehrenplatz ein. Für die jährlichen Examina seit der Song-Epoche wurden die historischen Klassiker und vor allem der *Zuo zhuan*-Kommentar regelmäßig von mehreren zehntausend Kandidaten als Prüfungsthemen gewählt.

So wie man in der vollentfalteten chinesischen Geschichtskultur ‚Archiv' und ‚Geschichtsschreibung' kaum voneinander trennen kann, so auch nicht Historiographie und Antiquarismus. Diese Verflechtungen beeinträchtigten nun, vor allem in der Perspektive der strikten Konfuzianer, die Vorbildfunktion der Klassiker und hebelten die moralische Wirkung der Historie aus. Sima Guang (1019–1086), ein Minister und Gelehrter der nördlichen Song, rief deshalb zur Rückkehr zu den ‚Quellen' auf. Guang dürfte der einzige chinesische Historiker gewesen sein, der sich jemals am Kaiserhof mit einer neuartigen Geschichtsauffassung durchsetzte und sie auf der Basis eines staatlich privilegierten Privatbüros auch realisierte. Für ihn lag der Ursprung (*dao*) im reinen chronologischen Schema des *Chunqiu*, in das konsequent Lob und Tadel (*bao-bian*) eingetragen wurden. Auf der Grundlage dieser Prinzipien kompilierte Guang den *Zizhi tongjian* (Umfassenden Spiegel, 1084), und zwar dynastieübergreifend für die Zeit von 409 bis zum Machtantritt der Song 959. Das Werk hatte großen Erfolg und regte zahlreiche Fortsetzer an, so daß schon am Ende der Song-Zeit eine Gesamtgeschichte Chinas in der Art des „Umfassenden Spiegels", einschließlich von Kommentaren und geographischen Kompendien vorlag. Vor allem in der Examenspraxis der Ming-Zeit wurde die Tradition des „Umfassenden Spiegels" als konfuzianisches Ideal bevorzugt, die Standardgeschichte Sima Qians dagegen als willkürlicher Individualismus in den Biographien und ohne rigorosen ethischen Bezug zum ‚Weg' (*dao*) abgelehnt.

8.3 Nichtoffizielle Geschichtsschreibung und Gattungsvielfalt

Neben den Dynastiegeschichten und den „Umfassenden Spiegeln" besitzt die chinesische Historiographie weitere Genretraditionen, die zwar nur selten offiziell privilegiert und niemals kanonisiert wurden, jedoch ihr Material und ihre Erkenntnisinteressen in die beide Hauptströmungen eingebracht haben. Ein Bezug zur Zentrale, d.h. zum Hof, fehlt bei diesen Werken fast niemals, doch kehrt sich die übliche Richtung der Kommunikation um: Provinzen, Städte, Gruppen und Familien nehmen ihre historische Selbstdarstellung in die eigene Hand. Nicht selten werden oppositionelle Unterströmungen spürbar.

Bereits in den Teilreichen nach der Han-Zeit (200 n.Chr.) begegnen Historiker, die aus eigenem Antrieb dynastische Chroniken verfassen. Der zeitweise Zerfall des Landes beförderte das adelige Standesbewußtsein zusammen mit dem Geschichtsbewußtsein von Regionen und Städten. Auf diese Weise kam die Provinz Sichuan im 4. Jh. n.Chr. zu einer Geschichte ebenso wie die Hauptstadt Luoyang mit ihren vielen buddhistischen Einrichtungen. Nicht wenige adelige Familien legten sich umfangreiche Genealogien (*pudie*) zu.

Eine zentrale, wenngleich nur schwer definierbare Qualität der chinesischen Geschichtsschreibung war seit den Anfängen ihre Tendenz, sich selbst zu kommentieren. Anders als in der europäischen Tradition, welche vorwiegend Erzählungen erläutert, sind es in China nicht selten die Kommentare, die ein chronikales Skelett durch Erzählungen, Berichte, Anekdoten, Lieder, etc. narrativ deuten. Auf diese Weise illustrierte bereits der klassische *Zhuo zhuan*-Kommentar die konfuzianischen „Frühlings- und Herbstannalen" (*Chunqiu*), und die offizielle Dynastiegeschichte der „Drei Reiche" erhielt von Pei Songzhi (372–451) einen Kommentar von dreifachem Umfang (*Sanguo zhi zhu*). Als der Neokonfuzianismus im 11. Jh. zur zentralen Lehre der Song-Kaiser wurde, stiegen zeitweise ‚historische Essays' (*shilun*), d.h. strikt reglementierte Kommentare, zur wichtigsten Form des Umganges mit älteren Dynastiegeschichten auf. Mit 119 solcher ‚Essays' kommentiert Sima Guang in seinem „Umfassenden Spiegel" den Gang der chinesischen Geschichte.

Es liegt in der Logik der historischen Kommentierung, daß sie eine ‚Verdichtung' historischer Materialien um chronikalische oder thematische Kerne bewirkt. Sobald die Verbindung mit dem Kern gekappt wird, entstehen Staats- und Regierungshandbücher (*huiyao*) wie z.B. das in der Song-Zeit zusammengestellte *Tang huiyao* (Wichtige Dokumente der Tang).

Als weiteres Ordnungsprinzip bot sich im 12. Jh. die orthodoxe konfuzianische Staatsethik an. Zhu Xi (1130–1200) verschlüsselte in seinem *Tongjian gangmu* die Materialien des *Zizhi tongjian* nach den Grundsätzen und der Chronologie der „Frühlings- und Herbstannalen". Solche Verfahren erinnern an den Umgang des niederländischen Gelehrten Justus Lipsius (1547–1606) mit Tacitus und Polybios, die er nach neostoischen Gemeinplätzen interpretierte. Er war dabei aber bei weitem nicht so erfolgreich wie Zhu Xi, dessen *Tongjian gangmu* seit dem 15. Jh. Bestandteil der Staatsprüfungen wurde.

Die Song-Periode erlebte einen rapiden Anstieg der historiographischen Produktion, der vor allem nichtoffiziellen Werken geschuldet ist. Offensichtlich nahm die funktional-soziale Differenzierung der Bevölkerung derart zu, daß immer mehr Gruppen (Landsmannschaften, Zünfte, Klöster) und Individuen zur Geschichte als Mittel der Identitätsstiftung griffen. Zu dieser Werkgruppe gehören die sogenannten ‚Pinselaufzeichnungen' (*biji*) als vorwiegend private Erinnerungen an die Zeitgeschichte oder die großen Reihenbiographien von Literati, die als Genealogien (*daotong*) des richtigen und falschen Wissens angelegt sind. Sie erfreuten sich noch bis in die späte Ming-Zeit großer Beliebtheit. Wenig ist bisher von diesen antiquarischen Gattungen übersetzt, so daß die Vorstellungen von ihnen noch recht undeutlich ausfallen. Unübersehbar ist freilich, daß sich viele von ihnen der damaligen Volkssprache annähern.

Eine weitere Konstante der historiographienahen Wissensproduktion stellen die geographischen und ethnographischen Texte dar. Seit der Erweiterung des chinesischen Raumbegriffs in der Spätantike reißt ihre Tradition nicht ab. Hierzu gehören etwa die „Berichte von absonderlichen Dingen" (*bowu-zhi*) des Zhang Hua (232–300), die berühmten Reiseberichte buddhistischer Mönche nach Indien vom 5. bis zum 8. Jh. (vgl. Kap. 7.2) oder die „Beschreibung der Barbarenländer" des Seehandelskommissars Zhao Rugua (ca. 1165–1225). In der Mongolenzeit gab Khubilai Khan (1260–1294) eine große Beschreibung des Gesamtreiches in Auftrag. Als erste erhaltene chinesische Chorographie zählt das Projekt des Ming-Kaisers Yongle (1403–1424), das seinerseits drei riesige Reichsbeschreibungen der Mandschu-Zeit anregte. Somit war für die Zentrale zunehmend regionales Wissen gefragt, wodurch eine eigene Schule von Lokalgeschichtsschreibung (*fangzhixue*) entstand, die auch vor Grundsatzdiskussionen der Geschichtsschreibung nicht zurückschreckte.

Während sich die offizielle chinesische Geschichtsschreibung seit der Tang-Zeit in formalisierten Verfahren einrichtet, laufen die Prozesse des Erzählens von Geschichte in populären Formen ungehindert weiter. Die auf das Wunderbare gerichtete Literatur (*zhi-guai*) über außerordentliche Menschen (*zhi-ren*) unterhält zahlreiche Verbindungen zur offiziellen Geschichtsschreibung, an deren Stil sie sich anlehnt und deren Zeitrechnung sie benutzt, um sie wie reale Personen zu behandeln. Von der chinesischen Geschichtskritik als ‚schlechte Geschichtsschreibung' abgelehnt, erkennt man in den *zhi guai*-Texten heute erstrangige Zeugnisse für die mittelalterlichen Sitten, die Religion und die Ethnographie des Landes.

Jüngere Traditionen greift die Gattung der umgangssprachlichen ‚Volksbücher' (*pinghua*) auf, die den Weg zum chinesischen Roman bahnt. Die Volksbücher kombinieren historische Gedichte mit Einschüben aus populären Historien abseits der staatlichen Produktion. Man konnte diese Texte lesen, aber professionelle Erzähler konnten aus ihnen auch Stoffe für ihren Vortrag schöpfen. Der Roman der späten Ming-Zeit verknüpfte dann die Volksbücher mit der offiziellen Dynastiegeschichte und den historischen Stoffen der in der Yuan- und Ming-Zeit sehr beliebten Singspiele. In der umgangssprachlichen Literatur konnte also die staatliche Geschichtsschreibung den populären Stoffen ohne weiteres Glaubwürdigkeit verschaffen. In der Literaturtheorie Chinas begegnete man, wie auch im Westen, dem historischen Roman als Mischung aus Erfindung und Tatsache mit großen Vorbehalten. Seinem Erfolg tat das keinen Abbruch, aber anders als in Europa beflügelte der Umgang mit der Fiktionalität in China die Entwicklung der historiographischen Theorie nur in geringem Maße.

8.4 Zur Theorie der Geschichtsschreibung im alten China

Die chinesische Literatur trägt ein hohes Reflexionsmoment in sich. Da ihre gesamte spätere Entwicklung im Korpus der Klassiker vorgebildet ist, gerade auch die der Historiographie, und sie nichts Geringeres als den ‚Weg' (*dao*) auszudrücken hat, kommt allen Fragen der Überlieferung höchste Bedeutung zu. Überlieferung vollzieht sich durch Kopie, Korrektur, Zensur und Kompilation, alles Verfahren, welche die chinesischen Literaturbeamten unablässig in ihren Voraussetzungen und Folgen untersuchen. Fragen der Klassifikation wurde überragende Bedeutung eingeräumt. Das große Qing-Editionsprojekt (1772–1781) teilt die historisch-antiquarische Literatur in nicht weniger als 15 Gattungen ein. Als zentraler Teil der Tradition nimmt deshalb auch die Geschichtsschreibung an allen Diskussionen im Literatursystem teil. Am Literaturbegriff selbst muß man mithin die Differenz festmachen, welche die chinesische Vorstellung von historischer Faktizität und Wirklichkeit am Ende von der westlichen unterscheiden.

Im *Liji*, dem „Buch der Riten", heißt es: „Wenn der Herrscher handelt, zeichnet es der Historiker zur Linken auf (im *Chunqiu*); wenn er spricht, vermerkt es der Historiker zur Rechten (im *Shuhjing*)." Historische Aufzeichnungen geben deshalb von Anbeginn die Einheit von Ereignis und Sinn wieder. Somit gibt es überhaupt nur ein einziges theoretisches Problem von Bedeutung. Soll der Historiker den Sinn direkt in den Tatsachen, selbst in den unverständlichen bzw. unmoralischen (*Chunqiu*-Schule), feststellen oder muß der Sinn nicht vielmehr auf der Ebene eines Urteils gefunden werden, das der Historiker durch vielfältige Operationen fällt (‚Standardgeschichten')? Dazu rechnen Verfahren wie das ‚angemessene Verschweigen' (*hui*), Lob und Tadel (*bao-bian*) sowie die strikte Beachtung der inneren Gesetzmäßigkeit der historischen Gattungen und ihrer Hierarchie untereinander. Für den chinesischen Historiker läuft theoretische Bemühung somit darauf hinaus, vorab zu klären, ob sich der ‚Weg' (*dao*) direkt in den Ereignissen lesen läßt oder ob er sich nicht eher in der traditionellen Hierarchie der Gesellschaft bzw. den ihr entsprechenden literarisch-historiographischen Formen ausdrückt. Ein kurzer Blick auf drei der bekannteren chinesischen Geschichtstheoretiker bestätigt die konstitutive Bedeutung dieser Frage.

Als erster chinesischer Theoretiker der Geschichte gilt der Tang-Gelehrte Liu Zhiji (661–721). Seit 708 war er permanentes Mitglied des Geschichtsbüros. Da er mit seinen konzeptionellen Forderungen nach einer Erneuerung der dynastischen Historiographie nicht durchdrang, bat er um seine Entlassung. Sie wurde ihm nicht gewährt. Daraufhin legte er seine Kritik im *Shi tong* (Alles über Geschichtsschreibung) nieder. In seinem ‚Rücktrittsgesuch' verlangte Liu Zhiji die moralische und methodische Unabhängigkeit zurück, die der Idealbegriff chinesischer Geschichtsschreibung voraussetzte: Abfassung durch Einzelpersonen, unmittelbarer Zugang zu allen Akten, autonomes und geheimes moralisches Urteil und Weisungsfreiheit gegenüber den Ministern. Der *Shi tong* selbst geht wie ein literaturtheoretischer Traktat vor, der in 36 ‚inneren Sektionen' die komplexe Vielfalt der historischen Gattungen methodisch und soziologisch inventarisiert. Damit sollte die Praxis der Standardgeschichtsschreibung auf sicheren Boden gestellt werden. Das Verfahren besteht darin, ihre Prinzipien vorzulegen und dann einen historischen Überblick mit Beispielen zu geben. Trotz seiner punktuellen und thematischen (gattungsgebundenen) Darstellungsweise ist der *Shitong* also auch eine Geschichte der chinesischen Historiographie. Die 13 ‚äußeren Sektionen' konzentrieren sich auf die Geschichte der Standardhistorien und verbinden sie mit Einwänden gegen die frühe Überlieferung des chinesisches Altertums und gegen den Mißbrauch der Klassiker. Für Liu Zhiji war das Verschweigen von Fehlern der Herrscher oder der eigenen Eltern kein konfuzianisches Gebot! Besonders in der Song-Zeit erlebte das Denken Liu Zhijis und sein Plan einer Universalgeschichte (*tung-shih*) eine Renaissance.

Der Grund für diese erneute Rezeption liegt in den kritischen Neuansätzen, die die Song-Kaiser auf breiter Front in der Geschichtsschreibung förderten. Angesichts der Wirren der späten Tang-Zeit und ihrem widersprüchlichen historiographischen Erbe stellte man sich zwei komplementäre Fragen: 1. Welches sind überhaupt die zuverlässigen Quellen Chinas einschließlich der Vorzeit? 2. Worauf beruht die moralische Überlegenheit der Song-Dynastie (960–1279) und wie ist diese historisch begründet? Ein Appendix von Sima Guangs Hauptwerk, das *Kaoyi* (Prüfung von Unstimmigkeiten) weist den Weg zur Beantwortung dieser Fragen. Das Werk listet vom „Umfassenden Spiegel" abweichende Darstellungen der Zeitgeschichte auf und widerlegt sie. So wurden die Spannungen innerhalb der Überlieferung zugleich dokumentiert und das historische Urteil auf eine neue Basis gestellt.

Das *Kaoyi* war im Grunde eine Materialsammlung für den speziellen Typus historischer Kritik (*shih-ping*), den die Song-Periode besonders eifrig pflegte. Um das richtige Urteil fällen zu können, mußten alle Quellen in allen Versionen, auch inoffizielle Zeugnisse, in wörtlicher Abschrift (*shih-chao*) vorliegen. Aus dieser Sammlung zog der *Shih-ping*-Historiker dann entgegengesetzte Schlüsse über die moralisierenden Endurteile (*lun*) der offiziellen Standardgeschichten der Tang-Zeit. Mit diesem Verfahren setzten die Song-Kritiker als erste die etablierte Meinung außer Kraft, die Werke des kaiserlichen Geschichtsbüros seien sakrosankt. Mit den Historien der Tang-Zeit wurde zugleich der gewalttätige Charakter dieser Dynastie kritisiert und die mit dem ‚Weg' (*dao*) übereinstimmende Regierung der Song gepriesen. Die *Shih-ping*-Historiker trieben hier das methodische Einheitsprinzip auf die Spitze: Die als wahr befundene Tatsache treibt in natürlicher Form Lob und Tadel (*bao-bian*) hervor und führt zugleich zum richtigen Stil.

Die Praxis der Abschlußurteile wurzelt zugleich in historischen Verwaltungsgutachten der Tang-Zeit und in den Kommentaren zu Lesungen historischer Werke in der kaiserlichen Akademie. Diese Herkunft begründet, warum die ‚kritische Historiographie' der Song-Zeit in der Regel als Ergänzung und Kommentar vorhandener Geschichtswerke, oft im Stil von Handbüchern zur Ethik der Regierung, auftrat, seltener als unabhängiges Geschichtswerk.

Ähnlich den älteren Vertretern der westlichen Philologie bewegen sich auch die Song-Kritiker in einem geschlossenen Textuniversum, das seine Beurteilungskriterien selbst hervorbringt. Wenn an Chronologie, Bildung oder Wahrscheinlichkeit appelliert wird, dann handelt es sich um Größen, welche die klassische Literatur hervorgebracht hat, also um zirkuläre Argumentationen. Die ‚kritische Schule' wollte die vielen Widersprüche der Standardgeschichten als ‚unwahr' beseitigen und unterschätzte dabei deren Potential, trotz staatlicher Zensur den Meinungspluralismus der Quellen abzubilden. Wegen ihrer Uniformität galt die kritische Geschichte schon bald als nicht ‚erbaulich' genug. Somit begann bereits im 13. Jh. der Rückgriff auf das thematisch organisierte Geschichtsschema.

Noch der letzte der großen Geschichtsdenker des alten China, Zhang Xuecheng (1738–1801), arbeitete sich an der klassischen Theoriesituation ab. Er war ein Außenseiter, der am Rande der enzyklopädischen Großprojekte der Mandschu arbeitete und nur ein fragmentarisches Werk hinterließ. Zhang Xuecheng provozierte seine Zeitgenossen mit dem Satz: „Der ganze Kanon ist Geschichte." Sein Essay von 1798, *Yuan-tao* (Aufsuchen des Dao an seiner Quelle), wollte den Kanon nicht im westlichen Sinn ‚historisieren', sondern umgekehrt alle Geschichte heiligen. Kanonischer Wert käme den Klassikern deshalb zu, weil sie die klarsten historischen Manifestationen des Dao seien. Nichts verkünde den ‚Weg' deutlicher als die sozialen Praktiken des Volkes. Soweit handelt es sich um ein Maximum an historischer Orthodoxie. Originell sind für ihre Zeit freilich die konkreten Folgerungen aus dieser Einsicht: Zhang Xuecheng wollte die Beschränkung auf Annalistik oder Standardgeschichte überwinden und sie durch einer Vielzahl an Formen wie Familien-, Lokal- und vor allem Universalgeschichte (*tung-shih*) ersetzen. Ein Historiker solle sein Genre frei wählen können.

Die schriftstellerische Synthese rückte bei Zhang in den Mittelpunkt des Schreibprozesses und die Kompilation trat zurück. Individuelles Urteil (*tu-tuan*) und Forschung (*kao-so*) waren gefordert, nicht um eines originellen Stils wegen, sondern im Gegenteil, um die Dokumente selbst sprechen zu lassen und die eigene Meinung auszulöschen. Geschichtsschreibung mußte für Zhang Xuecheng die Maßstäbe der Gegenwart aufgreifen und sollte auf jeder Ebene des Lebens erzieherisch wirken. Als die chinesischen Historiker an der Wende zum 20. Jh. Vermittler zwischen ihrer Tradition und dem westlichen Geschichtsdenken suchten, stießen sie auf den vergessenen Reformer und fanden Inspiration in seinen Werken. Zhang Xuencheng gilt heute als Repräsentant eines chinesischen Geschichtsdenkens, das bleibenden Eigenwert gegenüber der westlichen Tradition beansprucht.

8.5 Kanon

Das klassische Chinesische ist keine Sprache, aus der man leicht übersetzt. Als die Jesuiten seit dem Ende des 16. Jh. den ersten umfassenden Kulturtransfer zwischen China und Europa bewerkstelligten, da konnten sie nur kleine Ausschnitte der Standardgeschichten ins Lateinische oder Französische übertragen. Pater Joseph Marie Mailla SJ (1661–1748) mußte, als er Auszüge aus der thematischen Version des *Zizhi tongjian* (Umfassender Spiegel) herstellen wollte, den Umweg über die mandschurische Fassung dieses Werkes gehen.

Heute kann der westliche Leser auf die Übersetzungsarbeit der europäischen Kolonialzeit in China und der modernen Sinologie zurückgreifen und zumindest einen annähernden Eindruck von dem einen oder anderen chinesischen Meisterwerk erhalten. Zugänglich ist heute das *Shiji* (Aufzeichnungen des Historiographen) von **Sima Qian** (ca. 145–90 n.Chr.) in dessen vielfältigen Abhandlungen sich auch erzählerisch anspruchsvolle Passagen finden. Diese älteste aller Standardgeschichten ist in ganz untypischer Weise aus oppositioneller Sicht gegen den brutalen Zentralismus der ersten Reichseinigung durch Kaiser Qin Shihuangdi geschrieben. Nur wenn die Macht in den Provinzen auf unabhängige Persönlichkeiten verteilt sei, nehme das Reich an der großen Ordnung teil.

In Abschnitten übersetzt liegt der klassische *Zuo-zhuan*-Kommentar zum *Chunqiu* vor. Die Auswahl konzentriert sich auf Schlachtenbeschreibungen und die Reden berühmter Persönlichkeiten aus der Periode der ‚Streitenden Reiche' (404–221 v.Chr.), vermittelt also eine Vorstellung von der Mentalität des noch nicht geeinigten Chinas.

Der erstaunliche Umfang chinesischer Geschichtswerke und ihre mangelnde Abgrenzung gegenüber dem ‚Archiv' standen vollständigen Übersetzungen bislang im Wege. Mit Richard Davis' Ausgabe des *Xin Wudai-shi* (Historische Aufzeichnungen der fünf Dynastien, 907–960 n.Chr.) von **Quyang Xiu** (1007–1072) ist erstmals ein mittelalterliches Geschichtswerk in ursprünglicher Gestalt zugänglich geworden. Neben den Annalen hat der Übersetzer auch verschiedene Typen von Biographien, einschließlich originaler Kommentare Quyang Xius zugänglich gemacht. Die „Fünf-Dynastien-Geschichte" wurde zwar aus strikt neokonfuzianischer Perspektive geschrieben und zeichnet das chaotische 10. Jh. vor allem zur Warnung künftiger Herrscher auf, sie wurde aber trotzdem von den Song-Gelehrten des *Shih-ping* scharf kritisiert. Da Quyang Xiu seine eigene Arbeit in Anmerkungen kommentiert, ist es jetzt teilweise möglich, diese, von Europa aus gesehen, im Hochmittelalter stattfindende Methodendiskussion im Detail nachzuvollziehen.

In Abschnitten übersetzt ist auch der *Shi tong*, das wichtige Methodenwerk von **Liu Zhiji**. Dessen Lektüre lohnt sich vor allem für den, der einen Einblick in die Methoden der Umarbeitung und Aktualisierung des Kanons chinesischer Geschichtswerke gewinnen will. Wo im alten China die Grenzen zwischen Kritik und Autorität verlaufen, führt Liu Zhiji sehr anschaulich vor.

Wie Quyang Xiu gehört auch **Sima Guang** (1019–1086) zu den gefeierten Stilisten der chinesischen Geschichtsschreibung. Von seinem *Zizhi tongjian* (Umfassender Spiegel) sind die Kapitel zu den späten Han und den Drei Königreichen (220–265 n.Chr.) übersetzt. Eine Periode des Verfalls, der Eunuchenherrschaft und Warlords findet hier eine anschauliche Darstellung. Sima Guang mußte mit einer Vielzahl einander widersprechender Quellen arbeiten, die er zu einer glatten, fließenden Erzählung zusammenfügte. Ihm geht es vor allem um moralische Entscheidungssituationen zwischen den Kaisern und ihren Beamten, den Patronen und ihren Klienten. Überall beharrt er auf den strengen konfuzianischen Werten und der moralischen Kausalität in der Geschichte.

Schließlich sollte ein an chinesischer Geschichtsschreibung interessierter Leser auch vor dem historischen Roman nicht zurückschrecken. Für einen der berühmtesten von ihnen, die „Drei Königreiche" (*Sanguozhi Tong Shu Yan Yi)* bediente sich der Verfasser **Luo Guanzhong** (1331–1400) der gleichen Quellen wie Sima Guang. Sieben Zehntel des Romans, so meinte ein Kritiker der Mandschu-Zeit, seien Geschichte, nur drei Teile Fiktion. Die fiktiven Materialien holte sich Luo Guanzhong aus der Dichtung der Tang-Zeit und Opern der Mongolenperiode. Er fügte alles mit seinem eigenen Wertekanon aus Tugend (*de*) und Rechtmäßigkeit (*zhengtong*) zusammen. Die Helden der „Drei Königreiche" erfreuten sich in China der gleichen Beliebtheit wie in England die Ritter von König Arturs Tafelrunde. Über den Roman konnten die offiziellen Standardgeschichten gemeinsam mit ihrem annalistischen Widerpart an das große Publikum vermittelt werden. Vor dem Hintergrund dieser Entstehungsgeschichte können die historischen Romane in China als unverzichtbare Zeugen für das populäre Geschichtsbewußtsein der Ming- und Mandschu-Zeit gelten.

8.6 Bibliographie

Autoren und Quellen

Brooks, E. Bruce u. Brooks, A. Takeo (Hrsg.): The Original Analects. The Sayings of Confucius and his Successors. New York 1998.

Davis, Richard, L. (Hrsg.): Historical Records of the Five Dynasties. New York 2004. *Annalen und Biographien aus Quyang Xius Dynastiegeschichte.*

Legge, James (Hrsg.): The Chinese Classics. 3 Bde. London 1869–76.

– The Annals of the Bamboo Books. In: The Chinese Classics. Bd. 3. Hongkong 1982.

– The Shoo King. In: The Chinese Classics. Bd. 3. Hongkong 1982. *Teile des Shujing.*

Moss, Roberts (Hrsg.): Three Kingdoms. A historical Novel. New York 1994. *Englische Übersetzung des Sanguozhi Tong Shu Yan Yi.*

Quirin, Michael: Liu Zhiji und das Chun Qiu. Frankfurt a. M. [u.a.] 1987. *Zwei Abschnitte aus dem Shi tong, S. 141–171.*

Rafe de Crespigny, Richard (Hrsg.): Emperor Huan and Emperor Ling. Being the Chronicle of Later Han for the Years 157 to 187 A.D. as Recorded in Chapters 54 to 57 of the Zizhi tongjian of Sima Guang. Canberra 1989.

– To Establish Peace. Being the Chronicle of the Later Han for the Years 189 to 220 A.D. as Recorded in Chapters 59 to 69 of the Zizhi tongjian of Sima Guang. Canberra 1996.

Ricci, Matteo: Della entrata della Compagnia di Gesù e Cristianità nella China. Hrsg. von Maddalena Del Gatto. Macerata 2000. *Kritische Ausgabe der Chinaberichte des ersten Missionars mit umfangreicher Bibliographie.*

Shibaio, Li, u.a (Hrsg.): Zuo's Commentary on Spring and Autumn Annals (Selections), Shandong 2000.

Watson, Burton (Hrsg.): The Tso Chuan. Selections from China's Oldest Narrative History. New York 1989. *Auszüge aus dem Zuozhuan-Kommentar zum Chunqiu.*

– The Records of the Grand Historian, by Sima Qian. New York 1993•.

Überblickswerke

Beasley, William G. u. Pulleyblank, Edwin G. (Hrsg.): Historians of China and Japan. London 1971[4].

Gardner, Charles S.: Chinese Traditional Historiography. Cambridge/Mass. 1961[2].

Gaur, Albertine: Literacy and the Politics of Writing. Bristol/Portland 2000.

Han Yu-Shan: Elements of Chinese Historiography. Holywood/California 1955.
Idema, Wilt u. Lloyd, Haft (Hrsg.): A Guide to Chinese Literature. Ann Arbor 1997.
Huff, Toby E.: The Rise of Early Modern Science. Islam, China and the West. Cambridge 2003².
Lee, Thomas, H. C.: Education in Traditional China. A History (Handbuch der Orientalistik, 13). Leiden/Boston/Köln 2000.
Mote, Frederick W.: Late Imperial China. 900–1800. Cambridge/Mass. 1999.
Needham, Joseph: Wissenschaftlicher Universalismus. Frankfurt a. M. 1979.
– Wissenschaft und Zivilisation in China. Frankfurt a. M. 1984.
Nelson, Benjamin: Der Ursprung der Moderne. Vergleichende Studien zum Zivilisationsprozeß. Frankfurt a. M. 1977.
Paludan, Ann: Chronicle of the Chinese Emperors. The Reign-by-Reign Record of the Rulers of Imperial China. London 2004. *Geschickter Überblick mit aufschlußreichem Bildmaterial.*
Schmidt-Glintzer, Helwig: Geschichte der chinesischen Literatur. München 1999².
– Das Alte China. Von den Anfängen bis zum 19. Jahrhundert. München 2002³.
Staiger, Brunhild, Friedrich, Stefan u. Schütte, Hans-Wilm (Hrsg.): Das große China-Lexikon. Darmstadt 2003. *Umfassendes Chinalexikon auch zu kulturellen Aspekten.*
Twitchett, Denis: The Writing of Official History under the T'ang. Cambridge 1992.
Wilkinson, Endymion: Chinese History. A Manual. Revised and Enlarged. Cambridge Mass./London 2000. *Beachtenswert besonders Part III: Historical Genres. S. 483–564.*

Spezialliteratur

Bauer, Wolfgang: Das Antlitz Chinas. Die autobiographische Selbstdarstellung in der chinesischen Literatur von ihren Anfängen bis heute. München 1990.
Diesinger, Gunter: Eine seltene Chronik über den chinesischen Kriegsgott Guan Yu. In: Jahrbuch des Museums für Kunst und Gewerbe Hamburg 5 (1986). S. 21–26.
Eggert, Marion: Der Reisebericht (*youji*). In: Eggert, Marion, Kubin, Wolfgang, Trauzettel, Rolf u. Zimmer, Thomas (Hrsg.): Die klassische chinesische Prosa. Essay, Reisebericht, Skizze, Brief (Geschichte der chinesischen Literatur, 4). München 2004. S. 117–201.

Elman, Benjamin A.: A Cultural History of Civil Examinations in Late Imperial China. Berkeley/Los Angeles/London 2000.
– The Historization of Classical Learning in Ming-Ch'ing China. In: Wang, Edward Q. u. Iggers, George G. (Hrsg.): Turning Points in Historiography. Rochester 2002. S. 101–144.
Freeman, Michael: Die Entstehung der ‚historischen Kritik' (*shih-p'ing*) und die „Neue Geschichte" der nördlichen Sung. In: Saeculum 23 (1972). S. 351–373.
Gagnon, Guy: La notion d'histoire chez Liu Zhiji (661-721), fonctionnaire-historien à l'époque des Tang. Diss. Paris 1988.
Henderson, John B.: Scripture, Canon and Commentary: A Comparison of Confucian and Western Exegesis. Princeton 1991.
Moll, Christine: Die chinesische Regionalbeschreibung. Entwicklung und Funktion einer Quellengattung, dargestellt am Beispiel der Präfekturbeschreibungen von Hangzhou. Wiesbaden 2001.
Mutschler, Fritz-Hein: Vergleichende Beobachtungen zur griechisch-römischen und altchinesischen Geschichtsschreibung. In: Saeculum 48 (1997). S. 213–253.
Nivison, David S.: The Life and Thought of Chang Hsueh-ch'eng (1738–1801), Stanford 1966. *Über den Theoretiker Zhang Xuecheng.*
Schmidt-Glintzer, Helwig: Die Identität der buddhistischen Schulen und die Kompilation buddhistischer Universalgeschichten in China. Ein Beitrag zur Geistesgeschichte der Sung-Zeit. Wiesbaden 1982.
Schneider, Axel u. Weigelin-Schwiedrzik, Susanne (Hrsg.): Chinese Historiography in Comparative Perspective. History and Theory 35/4 (1996).
Swann, Nancy Lee: Pan Chao, the Foremost Woman Scholar of China, First Century AD. London/New York 1932. *Studie über die erste chinesische Historikerin Ban Zhao, ca. 48–120 n. Chr.*
Van Ess, Hans: Die Aufzeichnungen des Historiographen, die erste Standardgeschichte Chinas und das Aufkommen des bürokratisch organisierten Zentralstaates. In: Hose, Martin (Hrsg.): Große Texte alter Kulturen. Darmstadt 2004. S. 87–110.
Walravens, Hartmut: *China illustrata.* Das europäische Chinaverständnis im Spiegel des 16. bis 18. Jahrhunderts (Ausstellungskataloge der Herzog August Bibliothek, 55). Weinheim 1987.
Winkelman, John H.: The Imperial Library in Southern Sung China, 1127–1279. A Study of the Organisation and Operation of the Scholarly Agencies of the Central Government. In: Transactions of the American Philosophical Society. NS 64/8 (1974).
Wright, Arthur: The Sui Dynasty: The Unification of China. AD 581–617. New York 1978. *Aufschlußreich für das* Zizhi tongjian *und das* Tang Shu.

9. Japan

9.1 Staat, Kultur und Religion

Seine isolierte geographische Lage am Rande Asiens ließ Japan nur selten als Akteur auf die Bühne der Weltgeschichte treten. 1274 und 1281 wehrte es mongolische Angriffe ab. 1640 setzte es sich erfolgreich gegen die erste Phase der europäischen Expansion zur Wehr und schloß seine Grenzen. Seit der Wende zum 20. Jh. jedoch ist das Kaiserreich zu einer Großmacht mit globalen Interessen und zur zweitgrößten Volkswirtschaft überhaupt aufgestiegen. Diese Tatsachen allein würden eine Beschäftigung mit der japanischen Geschichte rechtfertigen. Dazu kommt der exotische Reiz, von dem die Kultur Japans als eine Art Exportschlager inzwischen weltweit profitiert. Zu den Fundamenten dieser Kultur gehört aber auch ein ausgesprochen stabiles historisches Bewußtsein, das seinerseits in einer hochentwickelten Geschichtsschreibung verankert ist.

Bereits in der Phase der Staatsgründung, der Yamoto-Zeit 300–645 n.Chr., läßt sich die ‚doppelte Dialektik' erkennen, welche die japanische Gesellschaft und Kultur und im besonderen ihre Geschichtsschreibung auszeichnet: die Beziehung zu China und die zu einer mythisch-fiktiven autonomen Vorzeit. Es hat sich erwiesen, daß der jeweils ‚nichtjapanische Pol' in diesen Beziehungen austauschbar ist: Das chinesische Vorbild kann durch das westliche ersetzt werden, die mythische Zeit kann bruchlos in die Zeit zivilisatorischen Fortschritts einmünden. Vielleicht liegt in solchen Austauschhandlungen, mit denen man der als unveränderlich gedachten nationalen Substanz einen jeweils anderen Spiegel vorhält, das Geheimnis für die Selbstbehauptung der japanischen Nation.

Im 6. und 7. Jh. erfolgte durch die massive Übernahme zentralstaatlicher Elemente und chinesischer Kulturtechniken der Umbau der bisherigen lokalen Klangesellschaft (*uji*) zu einem straff organisierten Beamtenstaat, einem der Theorie nach allmächtigen sakralen Kaisertum mit einer zentralen Hauptstadt (Nara) und einer tonangebenden Hofaristokratie. Aber bereits in der Mitte des 9. Jh. setzte eine energische Abschottung gegenüber China ein. Bei Hofe entwickelte sich das System einer permanenten ‚Nebenregierung', die zunächst zivil war, im 11. Jh. aber allmählich unter militärischen Einfluß geriet. Am Ende des 12. Jh. hatte Japan den Übergang zu seiner speziellen Form des ‚Feudalismus' mit Lehnswesen, Kriegerethik und regionaler Machtverteilung bereits vollzogen. Was dann folgte, waren drei Phasen einer jeweils verschieden stark zentralisierten Militärregierung, japanisch *Shogunat*: die Kamakura-Zeit (1185–1333), die Muromachi-Zeit (1338–1573) und die Edo-Zeit (1600–1868). Damals beherrschten im wesentlichen drei familiäre Großverbände Japan: die Hojo, die Ashikaga und die Tokugawa. Der Tokugawa-Periode verdankt Japan entscheidende Strukturveränderungen im Inneren: Befriedung des Kriegeradels, Ausbau von Landwirtschaft, Straßen- und Schulsystem und einen langandauernden wirtschaftlichen Aufschwung, von dem breite Bevölkerungskreise profitierten. Als die USA und die europäischen Mächte ab 1853 die Öffnung des Landes erzwangen, fanden sie eine nur scheinbar rückständige Gesellschaft vor. Heutige Forschungen zeichnen dagegen das Bild einer kulturell homogenen Nation im Zustand der Protoindustrialisierung und einer äußerst flexiblen und reformwilligen Elite. Um diese ‚voreuropäische', sowohl traditionsverhaftete wie modernisierungsfähige Phase Japans begreifen zu können, sollte man sich die wesentlichen Strukturelemente der japanischen Kultur in ihrer Interaktion mit China kurz vor Augen führen.

Vom China der Tang-Dynastie hat Japan die Schrift und notwendigerweise auch das gesamte Korpus der Klassiker als sogenannte ‚chinesische Wissenschaft' (*kogaku*) übernommen. Zur gleichen Zeit entstanden aber auch, gerade auf dem Gebiet der Geschichtsschreibung, japanische ‚Klassiker', und dementsprechend kehrte man periodisch zu einer ‚nationalen Schule' (*kokugaku*) zurück. Diese Schule wandte dann oft chinesische philologische Methoden (*koshogaku*) auf einheimische Texte an. Auf diese Weise praktizierte Japan seine eigene Rückkehr zur ‚ursprünglichen Moral' analog zu den chinesischen Konfuzianern. Aus der chinesischen Schrift (*kanji*) formten japanische Schreiber zwei Silbenschriften (*katakana* und *hiragana*) mit nur 47 Zeichen (*kana*), die leicht zu erlernen waren. Seit dem 8. Jh. gab es in Japan kontinuierlich zwei Schriftsysteme: die auf das Japanische ausgerichteten Silbenschriften und die japanisch gelesene chinesische Schrift. Noch bis ins späte 19. Jh. finden sich somit historiographische Texte sowohl in japanischer als auch sino-japanischer Sprache (*kanbun*).

Den Buddhismus übernahm Japan im 6. Jh. in seiner chinesischen Ausprägung und entwickelte ihn seither in engem Kontakt mit festländischen Strömungen. Der einheimische Shintoismus, in dem die Abstammungslegende des Kaisergeschlechts zentral ist, wurde aber beibehalten und die japanischen Götter (*kami*) teilweise als Verkörperungen Buddhas verehrt. Japanische Kultur, das läßt sich bereits aus diesen wenigen Beobachtungen schließen, entsteht durch bewußte Verbindung fremder Elemente mit autochthonen, um sich selbst konstituieren und interpretieren zu können. So kombinieren die den ältesten Chroniken vorgeschalteten Schöpfungslehren japanische Überlieferung mit chinesisch-daoistischen Anschauungen. Weil die eigenen historischen Aufzeichnungen kaum bis zur christlichen Ära zurückreichen, erarbeiten die Chroniken des 8. Jh. die japanische Frühgeschichte als Synthese von Informationen aus importierten koreanischen und chinesischen Historien und Handbüchern. In jeder Weise verpönt sind Versuche, die autochthone Gründung zu schmälern. Ein Werk des buddhistischen Mönchs Engetsu (1300–1375), der die Tennolinie mit einem mythischen chinesischen Prinzen Wu T'ai-po beginnen lassen wollte, wurde unverzüglich verbrannt.

Auf diese Weise entsteht ein einzigartiger und spezifisch japanischer ‚kultureller Rhythmus': Für lange Phasen, z.B. nach dem 10. und 16. Jh., kann der Zufluß ‚fremder Elemente' auf ein Minimum beschränkt werden. Dann aber beginnt die gleiche Elite, die sich durch extremen Traditionalismus auszeichnet, mit atemberaubender Geschwindigkeit Reformen durchsetzen und, ohne sie aufzugeben, die Kernelemente der eigenen Identität einer veränderten Umwelt anzupassen. Die Rolle von Historikern und Historiographen bei diesen Anpassungsprozessen war und ist von großer Bedeutung.

Grundlagen japanischen Staats- und Geschichtsbewußtseins

Japan ist eine göttliche Gründung, d.h., die Kaiser stammen von den einheimischen Göttern ab, handeln in ihrem Auftrag und stehen auch während der historischen Zeit in beständigem Austausch mit ihnen. Ähnlich wie in China gibt es somit ein ‚Mandat des Himmels', aber nur für eine einzige Dynastie und ein fast als Familie aufgefaßtes, substantiell unveränderliches Volk. Daß während der Phase der Sinisierung viele Chinesen und Koreaner einwanderten, wurde zeitweise von den Historikern heruntergespielt.

Die zentrale Rolle des Tenno in der japanischen Geschichte zeigt sich darin, daß mit seinen Regierungszeiten die Chronologie absolut und relativ beginnt. Der Amtsantritt des ersten Kaisers Jinmu wird in exakter, aber fiktiver Weise auf den 1. Februar 660 v.Chr. datiert. Japan beansprucht also nicht, so alt wie China zu sein, ergänzt aber die exakt bemessene Tenno-Zeit um 1.792.470 Jahre, die bis zur Sonnengöttin Amaterasu Omikami zurückreichen. Somit berührt der Beginn der niemals unterbrochenen Abfolge der historischen Tennos sowohl den göttlichen Ursprung als auch die Zukunft des Landes. Indem man den Kaiser mit den Schöpfergöttern verbindet, kann er in besonderen politischen Situationen zum Agenten eines radikalen Neuanfanges dienen. Noch 1945 war allein der kaiserliche Befehl hinreichend, um den völligen Neuanfang, d.h. die bedingungslose Kapitulation durchzusetzen. Der Tenno repräsentiert sowohl den Staat als auch die Gesellschaft und beide zugleich in ihrer religiösen Dimension. In Japan war der Kaiserkult also stets mit dem Kult der Nation identisch. Anders als im Europa des 19. Jh. mußte die Dynastie niemals ‚naturalisiert' werden, um als nationales Symbol dienen zu können.

Kaisertum und Shinto, d.h. der Kult der einheimischen Götter, Geister und Ahnen, stützen sich gegenseitig. In gewisser Weise beanspruchen die Shinto-Priester, das kollektive Gedächtnis der Nation zu sein. Das Mißtrauen, mit dem z.B. in China heute die Heldenverehrung im Yasukuni-Schrein verfolgt wird, ist berechtigt, denn sie bedeutet eine positive Integration von Hauptverantwortlichem am 2. Weltkrieg in die nationale Memoria.

Daß es in Japan, anders als in China, immer nur ein Kaisergeschlecht gegeben hat und noch heute gibt, beruht in wesentlichem Maße auf dem (oft erzwungenen) Verzicht des Tenno auf reale Machtausübung. Den Han, Tang, Song, Ming und Qing entsprechen in Japan die einflußreichen Regentengeschlechter der Fujiwara, Minamoto, Hojo, Ashikaga und Tokugawa. Sie stiegen auf und fielen, strebten aber niemals nach dem Thron. Die Jahre zwischen 1868 und 1945, als der Tenno ‚absolut' herrschte, waren im Grunde eine Phase der ‚Unverantwortlichkeit' der Regierung, die erst mit der Übernahme der vollständigen parlamentarischen Demokratie 1947 beendet war. Ein Jahr zuvor hatte der Kaiser seine ‚Göttlichkeit' abgelegt.

Nach China, Korea und Teilen Südostasiens sind erst im 16. Jh. größere Teile des Globus in den Blickwinkel der japanischen Historiker gerückt. Nach nur zwei Delegationen (1582–1590 und 1613–1620) wurde freilich der direkte Kontakt zu Europa wieder abgebrochen. Folglich weist das klassische japanische Geschichtsbewußtsein keine universalhistorische Komponente – wie etwa China – auf, auch ist ihm die Idee eines ‚Staatensystems' wie in Europa fremd geblieben. Hier wiederholt sich das Bild der ‚selektiven Modernisierung': Am Ende des 19. Jh. konnten die Politiker der Meji-Reformen ihr Land durchaus als Teil einer universalen und dynamischen Zivilisation begreifen. Gegenüber den Nachbarn China und Korea verhielten sie sich aber nach dem Muster traditioneller hierarchischer Überlegenheit, oft nur noch verstärkt durch die Übernahme europäischer Kolonialideologie.

9.2 Die Epochen der japanischen Historiographie

Von ihren Anfängen bis zur Moderne läßt sich die Geschichte der japanischen Historiographie in fünf Abschnitte einteilen. Manchmal ist die Entwicklung fließend, nicht selten finden dagegen bewußte Rückgriffe, inhaltlich wie methodisch, auf ältere Epochen statt. Auch Japan hat seine Renaissancen.

Geschichtsschreibung der Anfangszeit

Der erste Abschnitt, vom frühen 7. bis zum Ende des 9. Jh., sieht mit der ‚älteren Annalistik' zugleich den Beginn und die erste Blüte historischer Aufzeichnungen. Eine Regierungsgeschichte gehört zum Standardrepertoire chinesischer Regierungstechnik. Ihr Ziel war eine Gesamtansicht des Landes unter Einschluß von Topographien (*fudoki*) und literarischen Überlieferungen. Deshalb wurden vom die *Taiho*-Gesetze (702 n.Chr.) erstarkten Kaiserhaus kontinuierlich Chroniken in chinesischer Sprache in Auftrag gegeben, von denen sechs fast vollständig erhalten sind. Man kann sie als Teil eines nationalen Bildungsprogramms begreifen, für das eigens eine Akademie (701) und zeitweise sogar Spezialprofessuren für das Studium der chinesischen ‚Klassiker' (808–834) eingerichtet wurden. Als chinesisches Modell wählte man die konfuzianischen „Frühlings- und Herbstannalen" des Staates Lu (722–481 v.Chr.), *Chunqiu* genannt (vgl. S. 159). Bevor aber die eigentliche Reihe von Chroniken eröffnet wurde, gab es eine Art ‚Vorstudie', das *Kojiki* (Bericht der Tatsachen der alten Zeit), das bis ins Jahr 628 reicht und 712 fertiggestellt wurde. Das *Kojiki* in seiner ungepflegten Mischung aus Japanisch und Chinesisch, mit seiner teilweise widersprüchlichen Mythenerzählung und den abschließenden genealogischen Listen, wurde von der Hofaristokratie bald zurückgewiesen. So geriet es für lange Zeit in Vergessenheit, bis sich in der späten Tokugawa-Zeit herausstellte, daß es die einzig authentische Fassung der mündlichen Überlieferung der ‚Berufserzähler' (*katari-be*) darstellt und überdies wohl noch ältere, untergegangene Chronistik umfaßt. In Japan übernimmt das

Kokiji zeitweise die Rolle des *Chunqiu* in China, d.h. der rätselhaften, kommentarbedürftigen ‚Urchronik', aus der oppositionelle Gelehrte die vergessene Moral des heiligen Anfangs hervorziehen.

Die „Sechs Chroniken" führen vom Anfang der Welt bis 888 n.Chr.:

1. Das *Nihon Shoki* (Kaiserannalen Japans) reicht vom Anfang der Welt bis 697 n.Chr., wird aber erst von 550 n.Chr. an faktenreich.
2. Das *Shoku Nihongi* (Fortgesetzte Kaiserannalen) führt bis 791 (Nara-Periode) und überliefert 62 der ältesten kaiserlichen Erlasse (*semmyo*).
3. Das *Nihon Kōki* (Spätere Kaiserannalen, nur 10 von 40 Kap. erhalten) behandelt die Zeit von 792 bis 833.
4. Das *Shoku Nihon Kōki* (Fortgesetzte spätere Kaiserannalen) führt bis ins Jahr 850.
5. *Montoku Tennō Jitsuroku* (Wahrhafte Aufzeichnungen des Tenno Montoku) von 850 bis 858.
6. *Nihon Sandai Jitsuroku* (Wahrhafte Aufzeichnungen der drei Regierungen von Japan) von 858 bis 887.

Zusammengefaßt ergeben diese Chroniken ein Korpus von sechs ‚nationalen Geschichten' (*Rikkokushi*). Dabei hat allein das *Nihon Shoki* als Überlieferung früherer, auch nichtjapanischer Quellen dauerhafte Wertschätzung erlebt. Die späteren, rasch kompilierten Chroniken nähern sich trockenen Regierungstagebüchern (*shih-lu*, vgl. Kap. 8.2), integrieren aber zunehmend biographisches Material. Für diese Biographien standen chinesisch-buddhistische Modelle zur Verfügung. Sie bezeugen das Bedürfnis der Hocharistokratie, ihren wachsenden Einfluß auch in der amtlichen Geschichtsschreibung zu dokumentieren.

Mit dem Verfall der kaiserlichen Machtstellung und dem Aufstieg der ersten *Shogune* aus dem Hause Fujiwara (Regent, *sessho* oder *kampaku*) kam auch die offizielle Geschichtsschreibung zum Stillstand. Wie sehr allerdings das chinesische Modell weiterwirkte, zeigt sich an dem 892 abgeschlossenen ‚Umbau' der sechs ‚nationalen Geschichten' in cin politisch-administratives Handbuch, die „Klassifizierte Reichsgeschichte" (*Rujikokushi*), womit im Grunde eine Technik der Tang-Zeit kopiert wurde.

Eine japanische Besonderheit: die nikki (Tagebücher)

Eine, verglichen mit anderen Historiographien, einzigartige Rolle spielen im alten Japan die Tagebücher (*nikki*), eine Quellengattung von oft großer literarischer Qualität. Viele von ihnen sind illustriert (*nikki-e*). In japanischer Sprache und in *Kana*-Schrift wurden Tagebücher von Frauen, d.h. vor allem von Hofdamen verfaßt. Chinesische Diarien stammen von Höflingen und heißen *kokiroku.* Sie galten damals als offizielle Aufzeichnungen des Kaiserhofes und somit auch als historische Dokumente. Herausgefordert wurde die regelmäßige Registratur durch die Notwendigkeit, vorbildliches Verhalten bei Hofe festzulegen. Innerhalb der großen Familien hatten die *nikki* private Funktion, konnten außerhalb des Hauses aber auch zur Information von Klienten und Abhängigen dienen. In manchen Familien wie den Chikataka oder Yamashina wurde das Führen von Tagebüchern, über Generationen hinweg gepflegt.

Ältestes Werk der *Nikki*-Gattung ist ein kleiner Reisebericht des Iko no Hakatoko aus dem Jahr 659. Von 746 ist ein Kalender, von 940 ein literarisches Tagebuch mit dem Titel „Bei der Rückkehr von Tosa auf Shikoku in die Hauptstadt" (*tosa-nikki*) bekannt. Ein kaiserliches *nikki* des Uda-Tenno (887–897) ist in Fragmenten erhalten. Aus der Fujiwara-Familie stammt das *Teishin-kokisho,* ein Tagebuch aus den Jahren von 907 bis 948 des nördlichen Regenten Tadahira (880–949). Hier läßt sich die tägliche Hof- und Regierungsroutine genauestens ablesen.

Abgesehen von einer Lücke am Ende des 10. Jh. liegen bis zum Anfang der Meji-Reform etwa 700 z.T. zeitgleiche Diarien vor. Die meisten Geschehnisse lassen sich so aus mehreren Blickwinkeln erfassen! Ab 1150 nimmt die Tagebuchdichte stark zu; freilich sind viele Journale nicht vollständig erhalten, manche nur in wenigen Fragmenten. Selbst heute sind nicht alle wichtigen Exemplare ediert. Bis 1995 hat das *Shiryo Hensan-jo* (Historiographisches Institut der Universität Tokyo) 93 Bände *nikki* (*Dai-Nihon Kokiroku*) herausgegeben.

Die Zeit der ‚Spiegel' (kagami) und der Krieger

Für die Zeit von 936 bis 969 ist man über die Existenz einer Arbeitsstelle für die Fortsetzung des *Rikkokushi*-Korpus informiert, doch außer unvollständigen Materialsammlungen hat sich nichts erhalten. Zur gleichen Zeit scheint sich die insulare Geschichtsschreibung aber bereits umorientiert zu haben: vom Chinesischen zum Japanischen, von der Annalistik zur literarischen Gattung mit fiktiven Anleihen, vom Kaiser zur Regentenfamilie und schließlich zu den Kriegern. Das entscheidende Mäzenatentum und z.T. auch die Autorenschaft wird dabei von Mitgliedern der Großfamilie Fujiwara ausgeübt.

Es herrscht Einigkeit zwischen den Literaturhistorikern, daß die japanische Prosa in Form von Roman, Kurzgeschichte und Tagebuch ganz wesentlich die Leistung von Hofdamen sei. Der hier erreichte Standard sei dann auf die Geschichtsschreibung übertragen worden. Das zentrale Werk dieser Epoche ist das *Genji Monogatari* (Roman vom Prinzen Genji) von Murasaki Shikibu, entstanden zwischen 1001 und 1010. Die Autorin erzählt die Liebesabenteuer ihres Helden ganz auf der menschlichen Ebene mit einem Personal von nicht weniger als 370 Charakteren. Sie entwickelt die Rahmenhandlung und führt unterschiedliche Sprechweisen und Motivationen ein, Techniken, die z.T. unmittelbar auf die zeitgleiche Historiographie einwirken, zumal der Roman seinen Charakteren durchaus ‚historische Wahrscheinlichkeit' verleiht. Politische Analysen können so beispielsweise in Dialogform bewältigt werden. Insgesamt fünf sogenannte ‚Spiegel' (*kagami*) bilden heute eine Werkgruppe:

Eiga Monogatari (Geschichte des Glanzes) von 889 bis 1092; er verherrlicht vor allem die Regentschaft von Fujiwara Michinaga (966–1028).
Okagami (Großer Spiegel) von 850 bis 1025; diese Schrift folgt erstmals dem chinesischen Dynastietyp und wird als Geschichte ebenso wie als Roman sehr gelobt!
Imkagami (Spiegel gegenwärtigen Tages); er setzt den „Großen Spiegel" bis 1170 fort.
Mizukagami (Wasserspiegel); er enthält eine japanische Gesamtgeschichte bis 850 n.Chr. und ist die japanische Übersetzung einer chinesisch abgefaßten „Abgekürzten Geschichte Japans".
Masukagami (Durchsichtiger Spiegel) von 1183 bis 1333; er konzentriert sich auf den Antagonismus von Hof- und Militäradel in der Kamakura-Zeit (1185–1338).

Durchweg in Japanisch geschrieben, erweitern diese Werke die Perspektive allmählich vom Hof auf das Land, stellen durch die Aufteilung auf verschiedene Erzähler komplexe Zeitfolgen her und nähern sich der Auffassung, daß eine Historie wie eine Prosaerzählung ein ‚Thema' haben müsse. So begründet diese Literatur die für die spätere Historiographie so fruchtbare Aufgabenstellung, Geschichtsperioden anhand von ‚Helden' und ethischen Normen darstellen zu können.

Seit dem späten 12. Jh. wurde Japan de facto von Militärbefehlshabern regiert, die ihre privaten Verwaltungsapparate dem Staat überstülpten und als Lehnsherren möglichst viele Samurai an sich zu binden suchten. Kriegerethos und -pathos ziehen nun das historische Interesse auf sich und nehmen oft romanhafte Züge an. Nicht wenige dieser ‚ritterlichen Werke', etwa das *Taiheiki* (Chronik des Großens Friedens, vor 1377) wurden in rhythmisierten Fassungen für den Vortrag langfristig populär. Die gesamte Bühnenliteratur der Tokugawa-Zeit profitierte von dem breiten Interesse für die *Gunki monogatari* (Kriegshistorien) wie die *Hogen* und *Heiji Monogatari* (beide um 1200 entstanden) mit ihren blutigen Fehden und überlebensgroßen Helden.

Hof und Hofadel bleiben allerdings in der Phase ihrer Entmachtung nicht stumm. Mönche und Minister versuchen sich an umfassenden Geschichtsentwürfen, in denen sie die Krise mit buddhistischen und neukonfuzianischen Vorstellungen bewältigen wollen. Hierzu gehört das *Gunkansho* (Abriß einer törichten [Geschichts-] Schau, um 1220) des Mönchs Jien (1155–1225) oder der Minister des südlichen Kaiserhofes, Kitabatake Chikafusa (1293–1354), mit seinem *Jinno Shoto ki* (Bericht über die richtige Linie der Gottkaiser, 1339–1343).

Wenn besonders aus der Muromachi-Zeit (1338–1573) noch viele adelige Familienchroniken erhalten sind, so bedeutet dies nicht, daß die Samurai-Klasse das historische Bewußtsein gänzlich dominiert hätte. Die zahlreichen Tagebücher von Angehörigen der Klöster und Tempelbehörden, von kaiserlichen Beamten und Kaufleuten liefern mehr als nur ergänzende Informationen.

Die Tokugawa-Zeit und ihre Gelehrsamkeit

Die Militärregentschaft (*bakufu*) hatte es bis auf wenige Ausnahmen, wie das *Azuma-Kagami* (Spiegel der Ostprovinzen, um 1300) für die Zeitspanne von 1180 bis 1266 versäumt, die offizielle Staatschronistik fortzuführen. Die Tokugawa-Shogune (1600–1868) holten dies mit Hilfe gelehrter, staatlich gesteuerter Institute nach, konnten sich dabei aber auch auf ein breites Spektrum loyaler privater Initiativen verlassen. Ein homogenes Geschichtsbild im Interesse der *Bakufu*-Tradition ist dabei nicht entstanden. Zu Beginn des 19. Jh. war nicht mehr zu übersehen, daß ein wichtiger Teil der Gelehrten die Tennolinie erneut als eigentlichen Repräsentaten des Landes betrachtete.

Die Aufgabe, die das Tokugawa-Regime seinen Historikern stellte, war so einfach wie schwierig: Einerseits sollten alle vorhandenen Quellen gesichtet und ediert werden, andererseits die Kompilation und Deutung so erfolgen, daß die Abfolge der *Bakufu*-Geschlechter nicht kritisiert oder vom Kaiserhaus isoliert behandelt wurde. Es galt, in kritisch-philologischer Weise ‚Loyalität' (*taigi-meibun*) zu üben. Die ohnehin traditionelle Nähe der Samurai zur ‚chinesischen Wissenschaft' führte dazu, daß die meisten der neuen Großeditionen in chinesischer Sprache und mit klassizistischen Strukturen erarbeitet wurden.

Am Anfang stand das *Honcho Tsugan* (Durchdringender Spiegel unseres Hofes, 1644–1670), angeregt durch den zweiten Tokugawa, Iemitsu (1623–1651). Dieses Werk griff bewußt auf die chinesisch-konfuzianische Technik von ‚Lob und Tadel' (*bao-bian*) zurück; selbst die Aktionen kleiner Beamter mußten so überliefert werden. Gleichzeitig lebte der Bezug zu den beiden orthodoxen Modellen der chinesischen Historiographie wieder auf. Einerseits produzierte die Tokugawa-Zeit mit dem *Dai Nihonshi* (Geschichte Großjapans, 1657–1715), einschließlich all seiner Traktate und Tabellen, die erste Eins-zu-eins-Version von Sima Qians (ca. 145–90 v.Chr.) Dynastiegeschichte (vgl. Kap. 8.5). Auf der anderen Seite übernahm z.B. das *Honcho Tsugan* in seinem annalistischen Teil die spröde *kang-mu*-Systematik (japanisch *ko-moku)* des neukonfuzianischen Philosophen Zhu Xi (1130–1200). Gemäß dieser Anordnung erhielt jedes Jahr eine neue Spalte, die mit einem ‚Slogan' oder Motto (*kang* bzw. *mo*) begann. Es steht für eine moralisierende Zusammenfassung der Ereignisse. In Schriftzeichen von halber Größe folgen die Einzelereignisse als ‚Kommentar' (*mu* oder *moku*). Die moralische Normierung ging so weit, daß nur spezielle Schriftzeichen für diese Kommentierung zulässig waren.

Während das *Honcho Tsugan* in einer privilegierten Akademie der Hauptlinie der Tokugawa entstand, wurde das *Dai Nihonshi* in der Privatschule einer Nebenlinie, der Fürsten von Mito, über mehrere Generationen hinweg gefördert. Zwischen der extrem konservativen Form des *Dai Nihonshi* als ‚Standardgeschichte' und seiner ungewöhnlich kaisertreuen Geschichtsinterpretation besteht ein klarer Zusammenhang. In der späten Tokugawa-Epoche wurde die Editionstätigkeit der Shogunatsakademie und der Mitoschule mit den Bestrebungen privater Geschichtsinstitute, wie etwa dem *Wagaku kodanjo* von Hanawa Hokiichi (1746–1821), vereint. Heute bilden ihre Ausgaben den gemeinsamen Grundbestand für die Tätigkeit der späteren kaiserlichen und universitären Zentralinstitute der Gegenwart.

Neben offiziellen ‚Historikerfamilien' wie den Hayashi Jussai brachte die Epoche aber auch originelle oppositionelle Historiker hervor. Arai Hakuseki (1657–1725), zeitweise ein enger Berater des sechsten Shoguns Ienobu, entwarf mit dem *Tokushi yoron* (Diskurse bei der Lektüre von Geschichtswerken, 1712 und 1724) eine Theorie des Übergangs des Himmelsmandates vom Kaiser auf die Shogune. Außerdem wollte er die mythische Vorgeschichte weitgehend kausal erklären. Dieser Versuch trug ihm die heftige Kritik der Shinto-Priesterschaft ein. Einen langandauernden Erfolg konnte dagegen Rai Sanyo (1780–1832) mit seinem *Nihon Gaishi* (Inoffizielle Geschichte Japans, 1827) erzielen. ‚Inoffiziell' darf diese Historie heißen, weil sie den Kaiser zum einzig legitimen Machthaber erklärt und den Mythos des opferbereiten Tennoanhängers Kusunoki Masahige erneuert, der seinen Weg bald in die Schulbücher finden sollte.

Als gemeinsamer Nenner für die Tokugawa-Zeit sollte aber die philologische Kultur dienen. Viele ältere Werkgruppen der Historiographie wurden ediert oder in Fragmentensammlungen wie den Topographien (*fudoki*) neu bearbeitet. Chroniken wie das *Azuma Kagami*, das in seiner sino-japanischen Mischsprache (*hentai kanbun*) völlig unverständlich geworden war, erfuhren Neuausgaben mit speziellen Schriftglossen (*furigana*), die sie wieder lesbar machten (1626). Die Zahl der des Chinesischen mächtigen Leser stieg damals steil an und bildete den Kern eines kennerschaftlichen Publikums, das gewillt war, sich auch für die Religion und Geschichte des Auslandes zu interessieren. Hakusekis Vernehmungsprotokoll des Jesuiten Giovanni Battista Sidotti (1668–1714), das *Seiyo Kibun* (Aufzeichnungen über die westliche Welt), liefert dafür ein gutes Beispiel. Mental und materiell, d.h. durch den Aufbau riesiger Quelleneditionen, war die Tür für die europäische Geschichtswissenschaft am Ende des 19. Jh. also schon weit geöffnet.

Meji-Reform und Moderne

Ähnlich wie für China war auch für Japan der Zusammenprall mit dem technologisch überlegenen Westen im Jahr 1853 ein Schock. Unter die vielen ‚anschlußfähigen', d.h. modernisierungsbereiten Institutionen des Landes muß man allerdings seine Geschichtsforschung und Historiographie zählen. ‚Fortschritt' konnte hier fast ausschließlich nach dem bewährten japanischen Muster erfolgen: Auswahl staatstragender und zentralisierender Elemente der Tradition und Weiterentwicklung unter Einschluß westlicher Methoden, die selbst wieder in Analogie zu einheimischen Verfahren wahrgenommen werden konnten.

Zu den ersten Maßnahmen der Meji-Reformer (1868–1912) gehörte deshalb eine Reform des Shinto-Kultes in Kombination mit einer Schul- und Kalenderreform. So rückte die ‚Urschrift' der japanischen Geschichte, das *Kojiki*, erneut in den Brennpunkt des historischen Interesses, nicht ohne sie gleichzeitig gegen aufgeklärte Kritik zu immunisieren. Als Kume Kunitake (1839–1931) es 1892 wagte, den Shinto-Kult als überholt zu kritisieren, führte dies umgehend zur Schließung des „Büros für historische Materialien". Dieses Universitätsinstitut hatte 1875 den Auftrag erhalten, eine offizielle Staatsgeschichte seit 1393, kombiniert aus Standardgeschichte und Annalistik, vorzulegen. Die Kunitake-Affäre bewegte die Politiker nun dazu, aus dem Geschichtsbüro eine reine Editionsabteilung, das „Amt für die Kompilation von Quellen" zu machen. Es ist wahrscheinlich, daß das erfolgreiche, aber politisch unverfängliche Modell der deutschen *Monumenta Germaniae Historica* (MGH, gegründet 1819) als Vorbild diente. Seither widmet sich dieses Großinstitut ausschließlich der Quellenpublikation, wobei die zwei ältesten Reihen, das *Dainihon Shiryo* (Geschichtsquellen Japans, bislang 343 Bde.) und das *Dainihon komonjo* (Urkunden Japans, bislang 193 Bde.), noch heute den Schwerpunkt bilden. Es entbehrt nicht einer gewissen Ironie, daß das *Dainihon Shiryo* in seiner strikt chronologischen Anordnung (Regestenthema und Originalzitat) in verblüffender Weise dem Aufbau des „Umfassenden Spiegels" (*Zizhi tongjian*, 1084) von Sima Guang (1019–1086) gleicht (vgl. Kap. 8.2). 800 Jahre nach dem Siegeszug dieses Modells in der Song-Zeit bildet eine extrem konservative chinesische Norm immer noch die Grundlage für die offizielle japanische Geschichtsforschung.

Dies soll aber nicht bedeuten, die japanische Geschichtsschreibung als ganze sei konservativ und unbeweglich. Das Gegenteil trifft zu. Japanische Historiker haben im 20. Jh. liberale, nationalistische, marxistische und postmoderne Erzählweisen erprobt. In einem Land, in dem die schriftliche Überlieferung erst im 6. Jh. einsetzte, das aber über viele Bodendenkmäler verfügt, spielt außerdem die Archäologie für die Erforschung des ‚japanische Altertums' eine tragende Rolle. Kein Land der Welt hat in jüngster Zeit so viele archäologische Museen errichtet wie Japan, in keinem anderen Land läßt sich ‚Vorgeschichte' als Volkssport bezeichnen. Während sich also im Gefolge der japanischen Wirtschaftsmacht japanische Kultur weltweit ausbreitet, verankert sich das Land erneut in einer Vorzeit, die es mit großer Entschiedenheit autonom definieren möchte. Zu Festigung einer oft als bedroht wahrgenommenen Lage am Rande Asiens bleibt die ‚japanische historische Ausnahme' immer noch unverzichtbar.

9.3 Bibliographie

Werke und Autoren

Ackroyd, Joyce: The Autobiography of Arai Hakuseki. Tokyo 1980.

– Lessons from History: The *Tokushi yoron* by Arai Hakuseki. London/New York 1982. *Kommentierte Übersetzung der wichtigen* „Gesamtgeschichte“ *von 1712.*

Aston, William George: *Nihongi.* Chronicles of Japan from the Earliest Times to A.D. 697. London 1896 [ND London 1956].

Blümmel, Maria-Verena: Hofzeremonien im japanischen Mittelalter. Wiesbaden 1979. *Übersetzung des ‚Berichts über die Kenmu-Zeit‘ 1334-1346.*

Bohner, Hermann: *Jinno Shotoki.* Buch von der wahren Gott-Kaiser-Herrschaftslinie. 2 Bde. Tokyo 1935. *Übersetzung des Werks des südlichen Kaiserhofes von 1339–1343.*

– *Shotoku Taishi* (MOAG, Suppl. 15). Tokyo 1940–1942. *Übersetzungen von alten Biographien des ersten japanischen Reformers.*

Brown, Delmer M. u.a.: The Future and the Past. A Translation and Study of the *Gukansho.* Berkeley 1979.

Florenz, Karl: Die historischen Quellen der Shinto-Religion. Göttingen 1919. *S. 1–120 die mythischen Teile des* Kojiki, *ebenso Teilübersetzungen mythischer Partien von frühen Lokaltopographien. S. 121–411 Teilübersetzung des* Nihongi, *darunter vollständig ins Deutsche die Bücher 22–30.*

Goodrich, H. C.: Japan in the Chinese Dynastic Histories. South Pasadena 1951. *Japan betreffende Passagen chinesischer ‚Standardgeschichten‘.*

Hambrick, Charles H.: The *Gukansho*: a Religious View of Japanese History. Diss. University of Chicago 1971.

Hérail, Francine (Übersetzer): Comment lire les anciens textes historiques [= Arai Hakuseki: *Cipango*]. In: Cahiers d'études japonaises 2 (1993). S. 175–189.

Kämpfer, Engelbert: Heutiges Japan. Hrsg. von Wolfgang Michel u. Barend J. Terwiel. 2 Teilbde. München 2001. *Erste Edition der deutschen Urversion des berühmten Werkes, engl. London 1727.*

Kitagawa, Hirsoshi u.a. (Hrsg.): The *Tale of the Heike.* Tokyo. Tokyo 1995. *Chronik der großen Kriegerfamilie Taira aus dem frühen 13. Jahrhundert.*

Levy, Ian Hideo: Ten Thousand Leaves. A Translation of the *Man'yoshu,* Japan's Premier Anthology of Classical Poetry. Bd. 1. Princeton 1981.

Lewin, Bruno: Die Regierungsannalen Kammu-Tenno. Tokyo 1962. *Teile des* Shoku-Nihongi *und des* Nihon-koki, *d.h. der Regierungszeit des 50. Tennos Kammu 781–780.*

McCullough, Helen Craig: A Tale of Mutsu. In: Harvard Journal of Asiatic Studies 25 (1965/5). S. 178ff. *Kurze Chronik des Mutsu-Krieges 1051–1062 in englischer Übersetzung.*

– dies.: *Okagami.* The Great Mirror. Fujiwara Michinaga (966–1027) and his Time. Princeton 1980. *Englische Übersetzung.*

– dies. u. McCullough, William H.: A Tale of Flowering Fortunes. 2. Bde. Stanford 1980. *Verkürzte Übersetzung des* Eiga-monogatari.

Perkins, George W. (Hrsg.): The Clear Mirror (*Masukagami*). A Chronicle of the Japanese Court during the Kamakura Period (1185–1333). Stanford 1998.

Philippi, Donald L.: *Kojiki.* Tokyo 1968. *Englische Übersetzung.*

Reischauer, Edwin O.: Die Reisen des Mönchs Ennin. Stuttgart 1963 (engl. 1955).

Siegmund, Ingrid: Die Politik des Exkaisers Gotoba und die historischen Hintergründe des *Shokyu no ran* unter besonderer Berücksichtigung des *Masu kagami.* Diss. Bonn 1978. *Übersetzung der Einleitung und der ersten zwei Bücher.*

Schurhammer, Georg: Franz Xaver. Sein Leben und seine Zeit. 2 Bde. Freiburg i. Brg. 1955–1973. *Im 2. Teilband, S. 64–73, Übersetzung des ersten europäischen Japanberichtes von Jorge Alvarez.*

Shinoda, Minoru: The Founding of the Kamakura Shogunate 1180–1185. New York 1960. *Teilübersetzung des* Azuma-kagami *(Spiegel des Ostens).*

Tchi-ho, Pack: Bericht des Nosongdang über seine Reise nach Japan aus dem Jahre 1420. Wiesbaden 1973.

Ury, Marian Bloom: *Geno shakusko.* Japan's first comprehensive History of Buddhism. London 1972. *Geschichte des einheimischen Buddhismus von 538–1322.*

Varley, Paul H.: The Onin War (1467–1477). History of its Origins and Background, with a Selective Translation of the *Chronicle of Onin.* New York/London 1967. S. 139–190.

Anthologien

Cooper, Michael (Hrsg.): They came to Japan. An Anthology of European Reports of Japan. 1543–1640. Berkeley 1965.

Schwindt, Martin u. Hammitzsch, Horst (Hrsg.): Bernhardus Varenius: *Descriptio Regis Japoniae [...]. Beschreibung des japanischen Reiches.* Amsterdam 1649. Übersetzt von F. C. Volkmann. Darmstadt 1974.

Einführende Literatur

Boxer, Ralph Charles: Fidalgos in the Far-East. 1550–1770. Den Haag 1948/London 1968 *Über die fernöstliche christliche Mission.*

Dettmer, Hans A.: Einführung in das Studium der japanischen Geschichte. Darmstadt 1987 *Thematisch breite Einführung mit leider sehr unübersichtlicher Bibliographie.*

Goch, Ulrich: Abriß der japanischen Geschichtsschreibung. München 1992. *Präzise und knappe Einführung.*

Goedertier, Joseph M.: A Dictionary of Japanese History. New York/Tokyo 1968.

Goodman, Grant K.: The Dutch Impact on Japan (1640–1853). Leiden 1967.

Hall, John Whitney: Das japanische Kaiserreich (Fischer Weltgeschichte, 20). Frankfurt a. M. 2003[13].

Keene, Donald: Japanische Literatur. Eine Einführung für westliche Leser. Zürich 1962.

Kemper, Ulrich: Über die politischen Funktionen der amtlichen Geschichtsschreibung in Japan. In: Jahrbuch des Japanischen Kulturinstituts 1 (1970). S. 47–64.

– Arai Hakuseki und seine Geschichtsauffassung. Wiesbaden 1967.

Kracht, Klaus: Studien zur Geschichte des Denkens im Japan des 17. bis 19. Jahrhunderts. Chu-Hsi – konfuzianische Geist-Diskurse. Wiesbaden 1986.

Kreiner, Josef: Das Bild Japans in der europäischen Geistesgeschichte. München 1989.

Kristiansen, Roald E.: Western Science and Japanese Neo-Confucianism. A History of their Interaction and Transformation. In: Japanese Religions 21 (1996). S. 253–282.

Lewin, Bruno: Arai Hakuseki als Sprachgelehrter. In: Oriens Extremus 13 (1966). S. 191–241.

Nakai, Kate Wildman: The Domestication of Confucian Historiography: The Hayashi, the Early Mito School and Arai Hakuseki. In: Nosco, Peter (Hrsg.): Confucianism and Tokugawa Culture. Princeton 1984. S. 62–91.

Pollack, David: The Fracture of Meaning. Japan's Synthesis of China from the Eighth through the Eighteenth Century. Princeton 1986. *Wichtige Studie zur japanischen Assimilation chinesischer Kulturelemente.*

Rogers, P. G.: The First Englishman in Japan. The Story of Will Adams. London 1956. *Zu den Erfahrungen von Will Adams, seit 1600 in Japan ansässig.*

Ross, Andrew C.: A Vision betrayed: the Jesuits in Japan and China. 1542–1742. Edinburgh 1994.

Smith, Anthony D.: Chosen People. Sacred Sources of National Identity. Oxford 2004.

Walthall, Anne: Social Protest and Popular Culture in Eighteenth-Century Japan. Tucson 1986. *Über Geschichtsschreibung zu lokalen Unruhen.*

10. Die Frühe Neuzeit in Europa (bis 1800)

10.1 Wissen und Wissenschaft

Die Naturwissenschaft der frühen Neuzeit entwickelte sich im Dialog mit der Forschungs- und Interpretationsmethode des Aristoteles. Erst Isaac Newton (1642–1727) gelang es, dessen Naturauffassung durch ein neues Universalmodell zu ersetzen. Von nun an waren es Newtons Prinzipien und Verfahren, die Widerlegungen und Weiterentwickelungen herausforderten, bis sie seit Beginn des 20. Jh. ihrerseits in noch umfassendere Theorien, die Relativitäts- und Quantentheorie, eingebettet wurden und damit ihren Status als Grenzen des wissenschaftlichen Denkens einbüßten.

Es ist keine unzulässige Vereinfachung, wenn die heutigen Wissenschaftshistoriker den Entwicklungsprozeß der neuen Wissenschaft in der Regel als Reduktion, Radikalisierung und Ergänzung der Leitmodelle zuerst von Aristoteles, dann von Newton beschreiben zu können glauben. Galileo Galilei (1564–1642) sah von den sekundären Qualitäten der Gegenstände (Farbe, Geschmack, Geruch, etc.) ab und ließ nur primäre Qualitäten (Form, Größe, Anzahl, Ort, Quantität der Bewegung) für die physikalische Untersuchung übrig, denn nur die primären Qualitäten waren einer systematischen quantitativen Beschreibung zugänglich. Die Daten dazu wurden im Experiment erzeugt und für idealisierte Zustände (reibungsfreies Pendel, freier Fall im Vakuum) ausgewertet. Teleologische Erklärungen, also Endursachen, schloß Galilei aus dem Bereich der Physik aus und reduzierte damit das Angebot an aristotelischen ‚Ursachen' entscheidend. Methodisch gesehen bestand Galileis Erfolgsgeheimnis aber in einer Rückkehr zum ‚wahren Aristotelismus', d.h. der Verbindung der um das Experiment ergänzten Induktion mit der intuitiv begonnenen Deduktion bzw. mathematischen Axiomatik. Die Erfolge Newtons und seiner Schule gründeten fast ausschließlich auf der konsequenten Anwendung dieser Prinzipien. Alle Folgerungen aus der Synthese (Axiomatik) sollten experimentell bestätigt werden und, wenn irgend möglich, über die ursprünglich eingespeisten induktiven Daten hinausgehen, d.h. zu Entdeckungen führen.

Empirische Wissenschaft konnte die neue Wissenschaft aber nur dadurch werden, daß sie das System der Bedingungen für die Erzeugung und Interpretation ihrer Daten neu durchdachte. Dabei tauchten Problemstellungen auf, die bis heute Bestand haben und für die Geisteswissenschaften bzw. die Geschichte ebenfalls relevant geblieben sind. Sehr verkürzt lautet das Problem: Wie empirisch kann Wissenschaft werden, wie theoretisch muß sie bleiben? Empirie schien die sichere, bestätigte Seite von Wissen zu repräsentieren, in der Theorie dagegen steckte die Hypothese. Damit stand sie unter dem Verdacht, prinzipiell unbeständig zu sein bzw. das Nichtwissen über die ‚wahre Natur' der Welt nicht beseitigen zu können.

Instrumentelles Sehen (z.B. Teleskop, Mikroskop) dehnte die Sinneswahrnehmung zwar in eine unendlich gedachte Welt aus, machte das Sehen aber gleichzeitig von einer Theorie der Messung und Instrumenten abhängig. Die Einheitstheorie der Mechanik von Newton faßte zwar alle Körper unter die gleichen Gesetze, im Kern stellt sie jedoch eine Idealisierung dar, die nur unter den Prämissen von absoluter Zeit und absolutem Raum funktionieren kann. Außerdem schließt sie eine Atomtheorie ein, d.h., sie geht von einer Wechselwirkung von makroskopischer und mikroskopischer Welt aus, die Newton keinesfalls ‚sehen' konnte. Dieses gleichzeitige Wachstum von Empirie und Theorie wurde von den Wissenschaftlern oft als Bedrohung empfunden: am deutlichsten für das Konzept der Kausalität. David Hume (1711–1776) degradierte sie von einem metaphysischen oder logischen Prinzip zu einer, immerhin gut bestätigten, Häufigkeitsvermutung. Mit dieser These einer durchgängig vom Menschen konstruierten, im Kern aber unzugänglichen Welt schien vielen Zeitgenossen der Weg zu einer rationalen Weltdeutung endgültig versperrt zu sein.

Die neue Wissenschaft und die Geschichte

Die Erforschung der wechselseitigen Beeinflussung von Geschichte und Naturwissenschaft in der frühen Neuzeit ist bislang nur zu vorläufigen Ergebnissen gelangt. Das liegt vor allem daran, daß ‚die Geschichte' als autonomer und einheitlich verfaßter Wissenschaftsbereich damals noch nicht existierte, mithin eine genaue Beschreibung von Wechselwirkungen sehr erschwert wird. *Historia* bzw. *historiae* gab es, nicht aber den Kollektivsingular ‚Geschichte' (*History*). Das Modell von Krzysztof Pomian geht von der durchgehenden Analogie der Entwicklung von naturwissenschaftlicher und ‚historischer' Methode aus. Im frühen Mittelalter seien beide von der unmittelbaren Sichtbarkeit der Phänomene bestimmt worden; hier die gesehene Sache selbst, dort die Sicht des (Augen-) Zeugen. Als Charakteristikum der Neuzeit erweise sich dagegen die Reduktion des individuellen Beobachters der Natur zum Registrator bloß quantitativer Veränderungen und die Umwandlung des auf gutem Glauben beruhenden Zeugnisses der *historia* in eine Rekonstruktion aus Quellen und Handlungskontexten: Es sei der Verlust der unmittelbaren Sinnesgewißheiten, der Geschichts- und Naturforschung gemeinsam verändere.

Konsens besteht auch darin, daß der Fortschritt der Naturwissenschaften das axiomatische Denken und seine Verbindung zum Experiment stärkte, und daß dies auf der Seite der Geschichte zu einer lang andauernden Krise hinsichtlich der Möglichkeiten eines sicheren Wissens führte, d.h. zur historischen Skepsis (Pyrrhonismus).

Als Kompensation dieser Lage darf man die verschiedenen Theorieangebote sehen, die seit dem späten 16. Jh. die Philosophen zur Rettung historischen Wissens machten. Die Theorie der Wahrscheinlichkeit ist wohl das wichtigste dieser Angebote. Wahrscheinlichkeit kommt allem Wissen zu, das sich bloßer Autorität verdankt, im Gegensatz zum sicheren Vernunftwissen. Eine zweite Theorie geht auf John Locke zurück. Er bezeichnet auch die physikalischen Tatsachen als ‚nur wahrscheinlich' und vereinigt sie mit den historischen zu einem einzigen großen Feld empirisch-genetischer Erklärung. Als langfristige Folge dieser Vereinigung erweist sich die ‚Naturalisierung' aller Zeugenaussagen: Nun erfolgt die lückenlose Übertragung der Naturgesetze auf das menschliche Handeln und auf die historische Erklärung.

In der Gesamtschau wird freilich deutlich, daß die Theorievorschläge der Philosophen selbst am Ende des 18. Jh. noch nicht zu einer funktionstüchtigen ‚Logik der Wahrscheinlichkeit' geführt hatten. Ebensowenig zielten sie darauf ab, dem historischen Wissen eine eigene Methode zuzugestehen bzw. es als homogenen Gegenstand zu konstituieren. Die naturwissenschaftliche Revolution der frühen Neuzeit und ihre philosophische Reflexion ließen nämlich Ort und Funktion der Historie im Wissensgefüge grundsätzlich im aristotelischen Sinn fortbestehen. *Historia* gab weiterhin den universalen Sammelbegriff für das sinnlich in Natur und Lebenswelt, d.h. gänzlich heterogen gewonnene Einzelwissen ab. Damit blieb die *historia* das per definitionem unwissenschaftliche Vorfeld aller anderen Wissenschaften. Wenn im 17. Jh. Politikwissenschaftler und Juristen versuchten, die Beispiele (*exempla*) der *historia* verallgemeinerungsfähig zu machen, dann unterwarfen sie die neue historische Erfahrung vor allem ihrer eigenen Axiomatik.

Die neue Philosophie gewann ihr Selbstbewußtsein also auch durch die als unbegrenzt gedachte Ausweitung ihres deduktiv-hypothetischen Verfahrens auf andere Wissenszweige. Diese konsequente Erweiterung zog aber die Ausschaltung des Individuums aus der Beobachtung nach sich, außerdem die strikte Quantifizierung und Wiederholbarkeit des Experimentes. All das konnte und kann der traditionelle Historiker nicht leisten. Der Zweifel an der Wahrheitsleistung der traditionellen Geschichtsschreibung mußte als unüberwindlich erscheinen. Deshalb überrascht es nicht, daß der letzte große Vertreter des rhetorischen Humanismus, Giambattista Vico (1668–1744), alle rationalistischen Hilfsangebote ablehnte und auf die ursprüngliche aristotelische Fassung der historischen Wahrheit und Gewißheit zurückgriff. Seine *La Scienzia Nuova* (Die Neue Wissenschaft, 1725–1744) fand in der Sprache selbst, in der mündlichen Überlieferung und vor allem im topisch geordneten Wissen eine kommunikativ gesicherte Gewißheit für die *historia*. Geschichtliche Praxis und Sprechen/Schreiben bildete Vico direkt aufeinander ab. Im sprachlichen Ausdruck kann vergangenes Handeln mit hinlänglicher Sicherheit verstanden werden. Dementsprechend erhält die gesamte Literatur der Völker historischen Zeugnischarakter, und ihr Studium führt zu einer hermeneutischen Wissenschaft von der Geschichte.

Geschichte und Literatur

Indem Vico das alte ‚Wissen des Redners' rettete, kam er der tatsächlichen historiographischen Praxis der Epoche viel näher, als es die rationalistische Philosophie tat. Wissenschaft (*scientia*) mußte nicht als die leitende intellektuelle Tätigkeit erscheinen. Weisheit (*sapientia*), Klugheit (*prudentia*) und Gelehrsamkeit (*eruditio*) konnten sie immer noch überbieten. Ort und zugleich Quelle dieses Wissens war die Literatur (*litterae*), in der Dichtung und Wissenschaft stets als komplementär aufgefaßt wurden. Vom großen Dichter (*poeta doctus*) wurde große Gelehrsamkeit erwartet und vom Wissenschaftler dichterische Gestaltungskraft. Wenn Schönheit und später der gute Geschmack (*bon goût*) Prädikate von Wissenschaft waren, dann durfte man auch an der belehrenden Aufgabe von Literatur festhalten und sie deshalb auf Wahrheit, mindestens auf Wahrscheinlichkeit verpflichten. Folglich war der Raum des Fiktiven in der Literatur eng begrenzt und das ‚Wirkliche' eng dem ‚Historischen' benachbart. Das künstlerische Genie wurde gelobt, aber nicht von der Einhaltung der Regeln befreit. Es vollendete sich in der Nachahmung und Überbietung der Alten, nicht aber in einer individuellen Ästhetik.

Alle diese Maßstäbe galten auch für die Geschichtsschreibung, die ein Teil der Literatur, später auch der ‚Schönen Wissenschaften' (*belles lettres*), war. Ihre besonderen Regeln stellte die historische Schreibkunst (*ars historica*) auf. Diese Normen unterscheiden nach heutigen Vorstellungen die Geschichte nur unzulänglich von den traditionellen Gattungen wie Lyrik, Drama und Epos. Darüber hinaus gelingt ihnen keine realitätsnahe innere gattungsmäßige Differenzierung der *historia*. Literaturtheoretisch, d.h. nach den Vorstellungen der *Ars historica* im Zeitraum von 1550 bis 1650, sollte man sich an den antiken Klassikern wie Livius oder Polybios orientieren. Die Gestaltungsvielfalt, die sich das historische Schreiben in der frühen Neuzeit tatsächlich schon erobert hatte, kam gar nicht in den Blick. Was ‚Geschichte' tatsächlich von bloßer ‚Literatur' unterscheiden sollte, besonders ihr Verhältnis zur Fiktion, das hat zum Teil erst die große Diskussion über den historischen Roman im späten 17. Jh. offengelegt.

Bei der Beschreibung frühneuzeitlicher Historiographie wird immer wieder auf ihre exemplarische Vorgehensweise verwiesen. Das Einzelbeispiel soll der unmittelbaren Nachahmung dienen oder in der Reihung systematisch von der Klugheit (*prudentia*) ausgelegt werden. Exemplarik ist aber nur eine notwendige, keinesfalls die hinreichende Bedingung für gelingende Geschichtsschreibung. Zwar waren die vorwiegend ethischen Findorte (*loci*) des historischen Wissens von *exempla* besetzt, ihre richtige Nutzung mußte aber situativ, d.h. nach Redezwecken gestuft erfolgen. Erst mit der Wahl der richtigen Aussageform wurde also ein Beispiel anwendbar. Das Spektrum dieser Kommunikationssituationen war fast unbeschränkt groß: Es überwölbte alle sozialen Schichten vom König bis zum Bettler, alle Formen der Bildung vom Intellektuellen bis zum Analphabeten und durfte alle anderen literarischen Gattungen und Verfahren für sich ausbeuten.

Die frühe Neuzeit brachte es zu einem enzyklopädischen Gebrauch historischer Gattungen. Manche mittelalterliche Form, etwa die Chronik, wurde weitergeführt. Geschichtsschreibung in gebundener Form erfreute sich noch im 18. Jh. großer Beliebtheit. Fast alle antiken Muster, selbst gelehrte Randerscheinungen wie die Kunst- und Literaturgeschichtsschreibung, wurden erneuert, die universale spätantike Kirchengeschichte wiederbelebt. Aber auch völlige Neuerfindungen lassen sich ausmachen: Die frühen Formen der Zeitung (*relazioni*) etablieren sich seit dem späten 16. Jh. dauerhaft und treten in ein systematisches Austauschverhältnis zur Historiographie. Zunächst führt das planmäßige Sammeln von Zeitungsnotizen zu einem kontinuierlichen Übergang in die Zeitgeschichtsschreibung, desweiteren begründen die wissenschaftlichen Zeitungen die beständige öffentliche Präsenz von historischer Kritik und stellen so ein wichtiges Antriebsmoment für die Verwissenschaftlichung des historischen Schreibens dar.

Das Geschichtsdenken des 16. und 17. Jh. war, selbst dort, wo es inhaltlich auf eine neue, d.h. vollständige Geschichte aller Lebensformen zielte (vgl. S. 200), nicht in der Lage, die Erscheinungsfülle der eigenen Produktion und ihren Wandel adäquat zu beschreiben. Dies bleibt eine zentrale Aufgabe der aktuellen Historiographiegeschichte. Daß Belehrung, aber auch Unterhaltung die Hauptzwecke der Geschichtsschreibung waren, wurde bereits erwähnt; ihre Leistungen für die Erinnerung an das Vergangene (*memoria*) verdienen noch gesondert Beachtung.

Memoria und Institutionen

Die frühe Neuzeit führte alle Praktiken der mittelalterlichen *memoria* weiter, verwandelte sie aber gemäß den neuen sozialen, medialen und konfessionellen Kontexten. Das fürstliche Andenken wurde sogar verstärkt gepflegt. Ihm kam ein großer Teil des Fortschrittes in den Künsten und der Technik zugute: Aus Grabmälern konnten freistehende Denkmäler werden, aus typisierten Ahnendarstellungen Porträtgalerien, aus primitiven Stammbäumen genealogische Werke, aus rohen Landkarten und Topographien kunstvolle Landesbeschreibungen. Die moderne Druckgraphik konnte jedes wichtige Ereignis, aber auch jeden materiellen Träger von *memoria*, dauerhaft festhalten und einer größeren Öffentlichkeit darbieten.

Auch die neuen Konfessionskirchen stellten alte Memorialpraktiken in ihren Dienst. Im Geltungsbereich der Reformation wurden volkstümliche Erzählformen mit Gehalt an lokalem Geschichtswissen aufgegriffen. Gelehrte Geistliche sammelten und verbreiteten solche Geschichten nach dem Muster ihres nach Gemeinplätzen (*loci*) aufgebauten theologischmoralischen Wissens. Im katholisch gebliebenen Europa vollzogen die nachtridentinischen Bischofskirchen ihre Reform als bewußten Rückgriff auf die lokalen Kirchentraditionen. Sie erneuerten die Erinnerung an ihre Apostel, Heiligen, Stifter und Märtyrer und benutzten diese als Fixpunkte für die neue Liturgie und den neuen Kalender.

Bei den Gebildeten aller Schichten erlebte das ‚Gedächtnis' in der frühen Neuzeit eine Hochkonjunktur. Sie hegten die optimistische Einstellung, daß der Expansion des Wissens jederzeit eine Verfeinerung der Gedächtniskunst (*ars memoriae*) entsprechen würde. Im künstlichen Gedächtnis (*memoria artificialis*) könne das Ganze des Wißbaren schnell und dauerhaft erlernt und für die Lebenspraxis anwendbar gehalten werden. Den Rang sozialer Gruppen und Institutionen konnte man also leicht nach dem Maß abschätzen, in dem sie die öffentlichen Formen der Erinnerung einerseits beherrschten, andererseits in ihrem Sinne weiterentwickelten. Folglich war jede frühneuzeitliche Institution sowohl Produzent von *memoria* als auch von Geschichten, denn ohne neue Erzählungen ließ sich alte Erinnerung nicht bewahren. Dieses Doppelverhältnis gilt für den frühneuzeitlichen Hof ebenso wie für die Städte, Stände, Kirchen und Bildungseinrichtungen wie Universitäten und Akademien.

Da sich im protestantischen Lager die Bildungsaufgaben schon früh in der Universität konzentrierten, fiel dieser auch die Schlüsselstellung für den Wissensbereich *historia* zu. Deren Lehre und Erforschung konnte zentralen reformatorischen Positionen dienen. Dagegen blieben die katholischen Universitäten dem dogmatischen Lehrbuch verpflichtet. An katholischer Geschichtsforschung mangelte es dennoch nicht, aber sie wurde gleichsam egoistisch und zerstreut zu Zwecken der eigenen Identitätsbildung von den vielfältigen Gliederungen der Kirche unternommen (Orden, Ortskirchen, Klöster). Weder wurden die Laien ermutigt, an dieser Arbeit teilzunehmen, noch duldete die Papstkirche Bildungsinstitutionen, die naturwissenschaftliche Forschung und historische Fragestellung miteinander verzahnten.

Einen gewissen Ausgleich für diese institutionellen Defizite bot den katholischen Forschern die Mitgliedschaft in der überkonfessionellen Gelehrtengemeinschaft (*Res publica litteraria*). In ihr wurden seit dem späten 16. Jh. Probleme der Geschichte, Altertumswissenschaft, Theologie und Naturwissenschaft gemeinsam diskutiert, oft sogar vor dem Horizont einer idealen wissenschaftlichen Einheitsmethode betrachtet. Die Geschichtsvorstellungen der Konfessionsgemeinschaften wurden von der Gelehrtenrepublik zwar nicht beseitigt, aber aufs engste miteinander verzahnt. Unbestritten ist, daß sich die größere Dynamik beim Umbau der geschichtlichen Ordnungsvorstellungen im protestantischen Lager findet. Konsens besteht aber auch darin, daß diese ohne die Auseinandersetzung mit den katholischen Antworten ihrerseits nicht erklärt werden kann.

Ordnungen der Geschichte

Eine Errungenschaft des Melanchthon-Kreises in Wittenberg war die Wiederbelebung der christlichen Universalgeschichte auf der Grundlage der Daniel-Prophetie (*Daniel* I, 2 u. II, 1–4). Sie wertete die augustinische

Spaltung des Geschichtsablaufs auf. Die religiöse ‚Heilsordnung' behielt ihre zentrale Stellung, wurde aber um eine nunmehr positiv gewertete ‚weltliche Erhaltungsordnung' ergänzt und mit einer starken Endzeiterwartung verbunden. Auf diese Weise konnte der deutsche Protestantismus in seinem Selbstverständnis als erneuerte Urkirche die Erhaltungsordnung des Hl. Römischen Reiches als letzter Weltmonarchie für sich nutzen. Eine Kritik dieser Auffassung konnte nur in ihre Säkularisation münden, d.h., sie mußte das Jüngste Gericht von der Geschichte abtrennen und sich gleichzeitig ein neues universales Geschichtssubjekt suchen. Nur die Deutschen, so meinte der französische Rechtsgelehrte Jean Bodin (1530–1596), hielten ihr Reich noch für ein Universalreich, und nur die Protestanten, schrieb der spanische Jesuit Luis de Alcázar (1554–1613), deuteten die Apokalypse als noch bevorstehend. Mit dem Sieg der frühen Kirche über Heiden- und Judentum sei die Daniel-Prophezeiung aber bereits erfüllt.

Die Suche nach einem universalen Geschichtssubjekt hat das frühneuzeitliche Geschichtsdenken relativ erfolglos bis zur Erfindung der ‚Menschheit' durch die Aufklärung beschäftigt. In der Krise von Monarchie und Religionsgemeinschaften am Ende des 16. Jh. kam in Frankreich z.B. die Idee einer ‚empirischen Universalhistorie' auf. Lancelot du Voisin de La Popelinière (1541–1608) entwarf sie als ‚perfekte Geschichte' (*histoire parfaite)*, d.h. als Repertoire aller Geschichten zum Zwecke einer genetischen Rekonstruktion der eigenen Gegenwart. Dieses Programm konnte nur teilweise und zwar durch die Juristen verwirklicht werden. Beide europäischen Rechtsformen, das Römische Recht so gut wie das Gewohnheitsrecht, wurden bereits im 16. Jh. als historisch gewachsene Wissensordnungen aufgefaßt. Ihre Gültigkeit hing seither verstärkt von ihrer Praxisnähe ab, die sich ihrerseits als Grad der Anpassung an historisch veränderte Situationen erklären ließ.

Die Vorstellung von der Epoche, von qualitativ unterschiedenen Zeiträumen, die aufeinander folgen, gehört somit zu den bedeutendsten Errungenschaften der frühen Neuzeit. ‚Mittelalter' (*medium aevum*) z.B. ist solch ein neuer, von den Humanisten erfundener Epochenbegriff. Er trennt weniger sie selbst vom Mittelalter als dieses Zeitalter von der Antike. Anstatt aber, wie ursprünglich gehofft, die unmittelbare Einwirkung des antiken Vorbildes zu garantieren, machte die neue Epochenschwelle den Weg zum direkten Vergleich von Alten (*anciens*) und Neuen (*modernes*) frei, aus dem am Ende die ‚Neuen' siegreich hervorgingen.

Freilich konnte mit dem Epochenbegriff allein kein grundsätzlicher Wandel der Zeitvorstellungen in der frühen Neuzeit erzwungen werden.

Den Gelehrten fehlten vor allem Konzepte, mit denen sie die durch Archäologie und Geologie bedrohlich ausgeweitete Weltzeit ohne den Rückgriff auf die geschrumpfte biblische Geschichtszeit ordnen konnten. Eine Pluralisierung der Zeitvorstellungen war die Folge. Während manche Naturforscher und Orientalisten im 18. Jh. bereits mit Zeitschritten von hunderttausend Jahren rechneten, lehrten die Historiker an den Schulen weiterhin die ‚kurze' biblische Chronologie. Innerhalb des biblischen Geschichtszeitraums eroberten sich die Historiker jedoch eine ganz neue Freiheit der Disposition, die Jahrhundertrechnung. Im 16. Jh. war sie als bloßes Einteilungsschema der Kirchengeschichte entworfen worden; im 18. Jh. konnte sie bereits als Schema für die Verortung in sich geschlossener historischer Sinneinheiten in einem gerichteten Geschichtsverlauf auftreten.

Historische ‚Entwicklung' wurde so immer deutlicher darstellbar und damit auch die Wechselwirkung ihrer beiden europäischen Antriebsmomente von Universalismus und Nationalismus. Bei genauer Analyse dominiert im Europa der frühen Neuzeit ein einziger historischer Universalismus – allerdings in bipolarer Gestalt: Rom, seine Geschichte, politische Kultur und Sprache war in fast jeder europäischen Region faktisch oder imaginär anwesend. Untrennbar mit dem Rom-Gedanken verbunden war ein Konkurrenzphänomen: der historische ‚Germanismus' mit seinem besonderen Freiheits- und Herrschaftsbegriff. Vom skandinavischen Gotizismus bis zum spanischen Westgotenmythos, von den Verfechtern der altenglischen Freiheit bis zu den lombardischen Stadtrepubliken erstreckte sich ein gemeinsamer Diskursraum, in dem sich ‚römische' und ‚germanische' Standpunkte in Verfassungsfragen aneinander rieben. Im östlichen Europa, in Polen mit der Sarmaten-Idee, in Ungarn mit den Hunnen, zeigen sich analoge Phänomene. Quer zu diesen beiden Ursprungsgeschichten liegt der Trojamythos, der die Abstammung etwa der Franken und Briten von den vertriebenen Trojanern behauptete. Er bedient bewußt das Schema von der Versöhnung alter Feinde im gemeinsamen Ursprung. Noch bis weit ins 17. Jh. dominierten also fiktive Ursprungskonstruktionen die nationalen Geschichtsschreibungen. Der politische Vorrang, den die Historiker in diesen Erzählungen für ihre monarchischen Auftraggeber beanspruchten, beruhte dabei notwendigerweise auf Inklusion und nicht auf Exklusion. Jede Abstammung führte unweigerlich auf einen biblischen oder mythischen Urahn zurück. Alter aber wurde erst dann zum schlagenden Argument, wenn es die genealogische Position eines Herrschers so bestimmte, daß er mit allen anderen Fürsten in einer seinen Rechtsstandpunkt privilegierenden Weise verwandt war. Die Heiratspolitik der Habsburger darf als Versuch gelten, die Ansprüche aus der selbstentworfenen Genealogie in die machtpolitische Praxis umzusetzen.

Methoden, Leistungen und Reflexionsfähigkeit frühmoderner Historiographie

Von der massiven Ausweitung der Vergangenheitsbezüge in der europäischen Gesellschaft seit dem späten 15. Jh. hat die Geschichtsschreibung in hohem Maße profitiert, doch sind viele Einschränkungen angebracht. Geschichtsschreiber, obwohl es sie in fast allen sozialen Schichten gab, waren selbst innerhalb der kleinen, mit kulturellem und kommunikativem Gedächtnis beschäftigten Gruppe in der Minderheit. Veränderungen im wachsenden Bereich der Arbeit an der Vergangenheit kamen diesen Eliten zwar zugute, Leitungsfunktionen fielen ihnen deswegen jedoch noch nicht zu. Die durch Gelehrsamkeit geformte Zone des Vergangenheitswissens bezeichnete man als ‚Altertumskunde' (*antiquitates*). Ihre Leitwissenschaft war die textbezogene Philologie, die zunehmend mit der an Artefakten interessierten Archäologie zusammenarbeitete. Entwicklungsgeschichtlich waren die ersten Archäologen Philologen, die begriffen hatten, daß eine Welt von Denkmälern und Überresten ihre Textlücken schließen und selbst wie ein Text gelesen werden könnte.

Erfüllung fand der philologische Ansatz in der zunächst kommentierenden, später auch kritischen Darstellung des Altertums anhand von Texten und Objekten. Von der Aufgabe des Geschichtsschreibers lag dieser Ansatz denkbar weit entfernt, so daß sich für fast 200 Jahre eine erstaunliche Distanz zwischen *Antiquitates*-Forschern und Historikern ergab. Dem ‚Antiquar' fiel die gesamte alte Geschichte als Fach zu und auch das Mittelalter, soweit es interessierte. Somit wurde der Historiker im Grunde auf die Rolle des Zeitgeschichtsschreibers reduziert. Wechselwirkungen und Rollentausch zwischen Vertretern beider Gruppen blieben zwar nicht aus, aber die Methoden beider Felder entwickelten sich weiter getrennt. Die Philologen arbeiteten an möglichst umfassenden Sammlungen (Corpuswerken), die die Phänomene der Vergangenheit vollständig abbilden sollten. Als Ordnungsprinzipien dienten dabei die Leitbegriffe der alten (christlich, heidnisch, jüdischen) Literatur selbst. Als Ideal galt, den antiken Text mit der eigenen Lesart und der betreffenden Gegenstandswelt zur Deckung zu bringen.

Dem ‚Historiker' blieb dagegen nur eine schmale Zeitzone, kaum breiter als drei Generationen, deren mündliche und schriftliche Zeugnisse er in eine exemplarische Erzählung verwandeln sollte. Die entsprechenden Regelwerke, die *Artes historicae*, definierten den idealen Historiker als erfahrenen Politiker, der seine oder fremde Taten so darstellen konnte, daß dadurch eine erfolgversprechende ethische Nachahmung möglich wurde. Wahrheit, so könnte man sagen, erwies sich für den Historiker somit gar nicht in der Geschichte, sondern in der Zukunft, während sie dem Philologen durch die ideale Unversehrtheit seines Gegenstandes gegeben war.

Vor diesem Hintergrund war die Entstehung der ‚historischen Kritik' und ihre Einbettung in eine umfassende wissenschaftliche ‚historische Methode' ein notgedrungen mühsamer Prozeß, der sich dann auch über 300 Jahre hingezogen hat. Die erfolgreiche Übertragung der klassischen Textkritik auf historische Urkunden in Jean Mabillons (1632–1707) *De re diplomatica* (1681 ff.) oder mittelalterliche Textcorpora in Ludovico Antonio Muratoris (1672–1750) *Rerum italicarum scriptores* (1723–1750) war allein noch keine Garantie dafür, Zeitgeschichte und alte Geschichte wahrheitsgemäß aufschreiben zu können. Wenn die Antiquare meinten, den historischen Zweifel mit dem Verweis auf gesicherte Objekte abschaffen zu können, dann konnten die Historiker darauf verweisen, daß diese Gegenstände die Natur menschlicher Handlungen und ihren Überlieferungsprozeß keineswegs befriedigend erklären würden. Erst am Ende des 18. Jh. waren Handlungs- und Überlieferungsbegriff durch das gemeinsame Netz von sogenannten ‚Kriterien' gesichert und konnten mit der klassischen Textkritik zu einer gemeinsamen ‚historischen Methode' vereinigt werden.

Unabhängig vom Ausbau der historischen Methode im Bereich von Schule und Gelehrsamkeit entwickelte die frühe Neuzeit beachtliche Ansätze zu einer Geschichte der Geschichtsschreibung. Die konsequente Edition aller antiken Klassiker und die Tendenz, sie als einen einzigen zusammenhängenden Text zu lesen und kommentieren, steht dabei am Anfang. Rechtswissenschaft und Theologie legten sich im 16. Jh. jeweils eigene Propädeutiken zu, die durch einen Kanon historischer, darunter erstmals auch zeitgenössischer Autoren eingeleitet wurden. Das richtige Lesen der wichtigsten Historiker schlug sich in eigenen Studienanweisungen nieder (Historioskopie). Schließlich faßte Johann Gerhard Vossius (1577–1649) das gesamte philologische Wissen der Humanisten über die antike Geschichtsschreibung in zwei umfangreichen Werken, *De historicis graecis* (1650^2) und *De historicis latinis* (1651^2), zusammen. Vossius' Synthese behandelt die Geschichtsschreibung als wichtigsten Zweig der antiken Kunstprosa. Er war so erfolgreich, daß weitere Versuche auf diesem Gebiet nicht mehr unternommen wurden. Die zeitgenössischen akademischen Literaturgeschichten (*Historiae litterariae*) gaben für die Historiker oft nur einen Vossius in Kurzfassung. Über der antiken vernachlässigte man die mittelalterliche und frühneuzeitliche Geschichtsschreibung. Sie erscheint erst wieder in den Bücherkatalogen zur deutschen ‚Reichsgeschichte', oder in den französischen Versuchen des frühen 18. Jh. eine Studienanleitung für eine modernisierte Universalgeschichte zu geben, so in der *Bibliothèque universelle des Historiens* von Louis Ellies Du Pin (1657–1719) oder der *Méthode pour l'étudier l'histoire* von Nicolas Lenglet du Fresnoy (1674–1755).

Ihrer Form nach bieten alle diese Werke nur kommentierte Autorenkataloge. Allerdings kann sich der Kommentar mit der kritischen Wahrheitsfrage und den methodischen Anforderungen all der Wissenschaften verbinden, die die Historien nach wie vor als empirisches Vorfeld benutzen. Verglichen mit dem Mittelalter, das die Historiographiegeschichte nur als Zitat und Auswahl von Autoritäten kennt, ist der Fortschritt in der Neuzeit beträchtlich. Dabei überrascht es nicht, daß die Grenzen ihrer Historiographiegeschichte mit den Grenzen zusammenfallen, die damals der Historisierung intellektueller Phänomene überhaupt gesetzt sind. Ohne Entwicklungsgedanken und damit ohne die Verzeitlichung antiker Normen kam z.B. auch die Geschichtsschreibung der Philosophie nur schwer voran.

Stark abweichend vom antiken und mittelalterlichen Modell wird der tatsächliche Informations- und Quellenwert frühneuzeitlicher Historiker eher gering eingeschätzt. Gegen die in großer Zahl erhaltenen Briefe und Regierungsakten stehen sie auf verlorenem Posten. Wenn sich schon die politische Korrespondenz Kaiser Karls V. (1500–1558) auf mehr als 120.000 Stück beläuft, dann besteht kaum mehr Bedarf, seine Historiker, z.B. Prudencio de Sandovals (1553–1620) *Historia de la vida ... del emperador Carlos V* (1604 ff.) zu zitieren. Nur noch als zeitgenössischer Kommentar und unter dem wissenschaftsgeschichtlichen Aspekt der Anwendung verworfener Arbeits- und Darstellungsmethoden scheinen die frühneuzeitlichen Geschichtswerke Aufmerksamkeit zu verdienen.

10.2 Italien und der frühe Humanismus

Humanismus ist der Versuch, die traditionellen *artes liberales* aus ihrer propädeutischen Aufgabe für die Philosophie und Theologie zu befreien und zu einem lebenspraktischen, autonomen Laienwissen umzubauen. Zu dieser Umwandlung gehört eine Dialektik, die sich auf das Alltagswissen bezieht und eine Rhetorik, die anders als im Mittelalter in ihrem ganzen technischen Umfang auf die Geschichte (*historia*) angewendet werden kann. Erfunden wurden die neuen *studia humanitatis* in Italien um die Wende zum 15. Jh. als Projekt zur vollständigen Rekonstruktion des Landes aus seinen antiken Wurzeln. Die Wiederentdeckung der lateinischen Literatur in ihrem heute bekannten Umfang schien den Italienern erneut die kulturelle Führungsposition des politischen Imperium Romanum zu übertragen. Parallel dazu sicherte der mit Hilfe byzantinischer Gelehrter gelungene Import fast des gesamten erhaltenen griechischen Textkorpus die Hegemonie Italiens über die Antike.

Von den lateinischen Historikern wurde Tacitus neu entdeckt, von den Griechen Herodot, Thukydides, Xenophon und Plutarch. Dazu kamen die Rhetoren Cicero, Isokrates und Demosthenes, die Dichter Homer und Sophokles, Sextus Empiricus und Plotin, manches von Platon, schließlich noch viele bislang unbekannte Texte von Hippokrates, Galen und Ptolemäus. Die Humanisten edierten und kommentierten die Klassiker mit einem zugleich universalen und kritischen Interpretationsansatz. Zu ihm gehören Orthographie, Grammatik, Rhetorik, antiker Geschichte, Mythologie, Archäologie und Epigraphik. Deshalb konnte die *historia* zwar zum Zentrum der *studia humanitatis* werden, sich aber auch niemals aus ihrem riesigem Kontext von Philologie und Altertumskunde lösen. Für den Humanisten stand dabei das Schreiben und Lesen von Geschichten im Mittelpunkt. Sein Interesse konnte sich aber jederzeit und dauerhaft auf die Peripherie verlagern, dann wurde er zum Antiquar und Philologen.

Ciceros Synthese von Rhetorik und Philosophie galt allen als Vorbild. Cicero eröffnete den Intellektuellen den Weg zurück in eine säkulare Politik und zur Republik als Staatsform. Ciceros Schrift „Über den Redner" (*De oratore*) war das anerkannte Regelwerk (Historik) der Geschichtsschreibung. Cicero löste schließlich als Person den Anspruch des Humanisten auf Unsterblichkeit durch Geschichte ein.

Im Mittelalter versuchte man nicht selten die direkte Nachahmung antiker Historiker. Die Humanisten strebten dagegen danach, den methodischen Regeln der Alten selbst zu folgen. Neben Ciceros *De oratore* (seit 1421) benutzte man Lukians Traktat „Wie man Geschichte schreiben soll" (seit 1423 bekannt, Erstdruck 1496), die in Byzanz beliebte Rhetorik des Hermogenes, dazu Quintilians *Institutio oratoria* (seit 1416) sowie Aristoteles' Rhetorik für die Normenbildung. Von Cicero ausgehend, standen der frühen humanistischen *ars historica* des 15. Jh. drei Wege offen: Man konnte sich a) auf die ‚Ordnung der Sachen' (*ordo rerum*), d.h. die Findung der Tatsachen (*inventio*) und ihren Wahrheitsanspruch konzentrieren.

b) Man konnte den literarischen Charakter der *historia* (*ordo verborum*) und somit ihre Stileigentümlichkeiten (*ornatus*) betonen oder c) auf die Abgrenzung, d.h. den Vorrang der Geschichte vor Poesie und Philosophie aus sein. Die Humanisten konzentrierten sich auf den Stil und vernachlässigten die Faktenkritik zugunsten einer rein ethischen Wahrheitsforderung. Als stilistische Vorbilder galten Livius als Vollstrecker der von Cicero gesetzten Norm, danach Sallust und Sueton.

Tacitus, im 16. Jh. intensiv kommentiert, wurde nur für eine kleine Gruppe neustoischer Humanisten zum stilistischen Vorbild beim Schreiben. Auch die Griechen wurden trotz ständig verbesserter lateinischer Übersetzungen im Westen niemals zu Stilmustern. Ihre Lektüre verstärkte aber vorhandene Stiltendenzen unter den lateinisch schreibenden Historikern, so wie z.B. die Wiederentdeckung des Polybios die nüchterne Darstellungsform der Militärgeschichte.

Seit 1543 erlebte die *ars historica* der italienischen Humanisten ihren zweiten Höhepunkt. Die *historia* fiel zwar weiter unter die Regeln der Rhetorik, aber vor dem Hintergrund der Suche vieler Renaissancegelehrter nach einer Universalmethode für alles Wissen (*methodus*) galt dies bereits als potentielle Schwäche. Der exemplarische Zweck konnte die unendliche Zahl der Geschichten und damit des historischen Irrtums nicht mehr auffangen. Was als Suche nach einer neuen ‚geometrischen Einheitsmethode' für alles Wissen begann, mündete schnell in die bekannte ‚Vorfeldtheorie' (vgl. S. 195) der *historia*, d.h. in eine lang andauernde Isolierung des historischen Wissens vom Kern der rationalistischen Wissenschaftslehre.

An der Wende zum 16. Jh. durften sich die italienischen Humanisten freilich als europäische Avantgarde fühlen. In Italien erzielten sie bei der Wende vom Lateinischen zum *Volgare* (*Toscano*) die mit Abstand besten Ergebnisse in der historiographischen Prosa, und im europäischen Ausland waren sie als Pioniere einer auf die Gründervölker ausgerichteten lateinischen Nationalgeschichtsschreibung erfolgreich. Im politisch gespaltenen Italien dagegen fehlten den Humanisten die Adressaten für eine nationale Geschichtsschreibung. Hier scheiterten die wenigen Ansätze. Als schwächere Alternativen für ein ‚Projekt Italien' boten sich die historisch-geographische Landesbeschreibung und die Zeitgeschichte an. Beide historiographische Modelle sollten sich als europäische Exportschlager erweisen.

Kanon

Die humanistische Geschichtsschreibung Italiens umfaßt Hunderte von Namen und Tausende von Werken. Im europäischen Rahmen steigert sich die bereits große Unübersichtlichkeit nochmals. Folglich beschränkt sich diese Einführung darauf, die markanten zeitgenössischen Strömungen aufzugreifen und gemäß ihren Leitfragen nach der Wissens-, Produktions- und Rezeptionsordnung zu analysieren. Darüber hinaus gilt als Auswahlkriterium: Welcher Autor lohnt unter diesen Gesichtspunkten die Lektüre bzw., welche Werke stehen für das Studium in geeigneten Ausgaben zur Verfügung?

An die Namen von **Leonardo Bruni** (1369–1444) und **Flavio Biondo** (1392–1463) knüpfen zwei starke Schulen an, die einerseits über Italien hinausgreifen, andererseits die Grundlagen für wichtige Neuerungen in den historiographischen Gattungen legen. 1427 wurde Bruni Florentiner Staatskanzler, nachdem er zuvor lange Jahre den Päpsten gedient hatte. Er gehört zu der ersten Schülergeneration des italienischen Humanismus, die ihr Griechisch bei Manuel Chrysoloras (ca. 1350–1415) gelernt hatte. Bruni übernahm somit als einer der ersten im Westen Positionen von Thukydides und Polybios und verschmolz sie mit Livius und Tacitus, zu dessen frühesten Lesern er ebenfalls zählt. Sein Hauptwerk, die *Historiarum Florentini populi libri* XII (1416–1444), behandelt die Geschichte von Florenz von der Gründung bis ins Jahr 1402. Die Stadt wird bei ihm eine Gründung Roms, aber erst der Untergang des Imperiums gab ihr die republikanische Freiheit zurück. Bruni ordnete also die Vorstellung vom ‚ewigen Rom' der Idee der Freiheit der italienischen Stadt unter. Dazu benutzte er einen großen rhetorischen Apparat, erfand Reden und ließ die Geschichte zum Werk großer Männer werden, die nur dann nützlich ist, wenn sie deren Ideale zur Nachahmung bereitstellt. Dem überschwenglichen Lob der Zeitgenossen folgte die Kritik der Geschichtswissenschaft: Bruni habe die Geschichtsschreibung auf ein rein politisches Werk des Redners (*opus oratoris*) verengt, Wirtschafts-, Kultur- und Sozialgeschichte ausgeblendet und nur sehr bescheidene Ansätze zur Kritik der Quellen gezeigt. An der Wirkung von Brunis Modell ändert dieser Tadel nichts: Der Kanzler hatte genau die Synthese von antiken Autoren, mittelalterlichen Chronisten und kommunalen Akten geschaffen, die in vorbildlichem Latein von der städtischen Elite als Monument ihrer idealen städtischen Lebens- und Regierungsform erwartet wurde. Waren auch außerhalb von Florenz die Bedingungen für eine derartige Synthese nie vollständig gegeben, an Bruni als Muster städtisch-territorialstaatlicher Geschichtsschreibung führte fortan kein Weg vorbei.

Flavio Biondo liefert eine methodische und programmatische Alternative zu Bruni. Als kurialer Schreiber und Diplomat war Biondos Lebensmittelpunkt seit 1432 Rom. Sein Werkkatalog reicht von einer Gesamterzählung des italienischen Mittelalters, den *Historiarum ab inclinatione Romani imperii Decades* (1438–1453), bis zu Monographien über die römischen Ruinen, *Roma instaurata* (1444–1446) und die politischen Institutionen der Stadt, *Roma triumphans* (1457–1459). Den Höhepunkt seiner Lebensleistung bildet die *Italia illustrata* (1448–1453), eine Landesbeschreibung des antiken Italien, die Chronologie und Erzählung vollständig einer topographischen Organisation unterordnet. Berichtet wird der Ursprung von etwa 2200 italienischen Ortsnamen zusammen mit der Geschichte dieser Orte in der literarischen Tradition des Städtelobs. Die alte und neue Blüte einer als Städteverbund organisierten italienischen Nation wird so aus der gemeinsamen Vergangenheit entwickelt. Für nachantike Dinge und Orte verwendete Biondo auch neue Namen. Damit geriet er in Widerspruch zu Bruni, der den Historiker ausschließlich auf das von den Alten verwendete Vokabular verwiesen hatte. Hierbei handelt es sich nur scheinbar um einen trivialen Gegensatz. Im Kern teilte die Frage, ob man die Römer unmittelbar oder nur im neuen Kontext nachahmen dürfe die Humanisten dauerhaft in zwei Lager. Ergänzt man sie noch um Elemente der antiken Biographie und Ethnographie, dann kann man anhand der Schulen von Bruni und Biondo die historiographische Produktion des italienischen Humanismus befriedigend einteilen.

Brunis Florentiner Vorbild mußte unter den Voraussetzungen der übrigen Städte und Fürstentümer nachgeahmt werden. In Mailand tat dies **Bernardino Corio** (1459–1519), dessen *Patria historia* (1485–1499) als Auftragsarbeit von Herzog Lodovico Sforza sich mühsam den Weg zwischen Stadt- und Dynastiegeschichte bahnt. Für das aristokratische Regime in Venedig zog **Marcantonio Coccio** (Sabellico) (1436–1506) in den *Rerum venetarum ab urbe condita libri XXXIII* (bis 1486) die mittelalterliche Stadtchronistik in eine gefällige rhetorische Form zusammen. In Neapel scharte König Alfonso V. von Aragon (1396–1458) einen Kreis von Humanisten um sich, deren Aufgabe das Herrscher- und Dynastielob war. Aus dieser Gruppe mit **Antonio Beccadelli** (Panormita) (1394–1471), **Bartolomeo Fazio** (1408–1457) und **Giovanni Pontano** (1426–1503) ragt **Lorenzo Valla** (1407–1457) heraus. Vallas Nachruhm beruht nicht auf seinen Versuchen in der Zeitgeschichte, sondern auf der Verteidigung einer Konzeption von Wahrheit, die seinen humanistischen Kollegen als nicht praktikabel erschien. Den schon vorhandenen Zweifel an der Konstantinischen Schenkung untermauerte er erstmals mit philologischen Argumenten: *De* *falso credita et ementita Constantini donatione* (1440). Mit Fazio, dem Hofarzt König Alfonsos, lieferte er sich ein erbittertes Gefecht über den Grad an historischer Wahrheit, den die Geschichte aufweisen müsse: *Antidotum in Facium* (1447). Für Valla war die Rhetorik die absolute Herrscherin über das öffentliche Leben. Diesem Rang konnte sie aber nur durch ungeschminkte moralische Ehrlichkeit gerecht werden. Deshalb war es nur konsequent, daß Valla gegen das schmeichlerische Decorum des Livius protestierte und gleichzeitig den ‚unbequemen' Thukydides ins Lateinische übersetzte (1448 ff.).

Valla ist aus diesem ersten Streit, den Historiker seit der Antike über das Verhältnis zwischen Stilformen (*stilus historicus*) und Moral führten, nicht als Sieger hervorgegangen. Dies zeigt der europaweite Erfolg, den Beccadellis Sammlung historischer Anekdoten über König Alfonso erzielte, *De dictis et factis Alphonsi regis Aragoniae* (1455), oder die langanhaltende Verwirrung, die Pontano stiftete, als er in seinem Dialog *Actius* (gedruckt 1507) die *historia* als Dichtung ohne Reim (*poetica soluta*) bezeichnete. Damit bestärkte er die ohnehin vorhandene Neigung der Humanisten, Geschichtsschreibung als rein literarische Praxis zu verstehen.

Wie wichtig darstellerische Fähigkeiten für den humanistischen Historiker waren, zeigt **Enea Silvio Piccolomini** (1405–1464), der spätere Papst Pius II. Piccolomini fand die literarischen Qualitäten von Biondos *Historiarum Decades* nicht überzeugend und verfaßte deshalb einen Auszug (*Epitome*, 1463), der schon 1481, also vor dem Werk selbst gedruckt wurde. Auch Beccadellis *De dictis et factis Alphonsi* schienen ihm verbesserungswürdig. Er versah sie mit einem ‚Kommentar' (1456), der den Ausgangstext völlig in den Schatten stellte.

Anläßlich der Druckrevolution des Spätmittelalters wurde bereits erwähnt, daß Piccolomini, zusammen mit Bruni, unter den Frühdrucken der erfolgreichste ‚moderne' Historiker überhaupt gewesen ist. Er verdankt dies der geschickten Wahl seiner Themen, mit denen er seine über ganz Europa verteilten Humanistenfreunde an den Höfen und Kanzleien ansprach. Hierzu gehören vor allem seine an antike Vorlagen angelehnten, mittelalterliche Quellen umformende Länderbeschreibungen: *Historia Gothorum* (1453), *Historia Australis* (1453), *Germaniae descriptio* (1457), *De Europa* (1458), *Historia Bohemica* (1458), *De Asia* (1461). Überall zog Piccolomini das gleiche Fazit: Unter dem Schutz der römischen Kirche seien nun auch die Wissenschaften (*litterae*) in die einst barbarischen Länder zurückgekehrt. Das war eine Herausforderung, auf die die einheimischen Gelehrten der nächsten Generation entschlossen reagierten. Piccolomini war somit gleichzeitig ‚Entdecker Mitteleuropas' und Provokateur nationaler humanistischer Geschichtsbilder. Als Papst Pius II. diktierte er zwischen 1462 und 1464 seine politische Lebensgeschichte und die seines Pontificates in 13 ‚Büchern'. Erst 1584 in Rom gedruckt, sind diese *Commentarii* ein zu unrecht lange Zeit vergessenes Hauptwerk humanistischer Geschichtsschreibung.

Mit Piccolominis *Vita* schließt auch der Sammelband päpstlicher Lebensbeschreibungen von **Bartolomeo Sacchi** (Platina) (1421–1481), durch die er zum ersten Bibliothekar der Vatikanischen Bibliothek aufstieg. Sie ist eine Verteidigung des bedrohten Rufes des Papstes und erhebt ihn zum Schutzherrn der Humanisten. Der *Liber de vita Christi ac omnium Pontificum* (1479) ist im Grunde eine Schlußredaktion des mittelalterlichen *Liber Pontificalis* (vgl. S.129). Das Werk erfuhr wegen seiner deutlichen Kritik an den zeitgenössischen Päpsten eine ungeheuere Verbreitung und bewahrte deshalb seine Bedeutung noch im konfessionellen Zeitalter. Der Straßburger Reformator Kaspar Hedio (1494–1552) übersetzte es 1543 ins Deutsche und der große römische Antiquar Onofrio Panvinio (1530–1568) behielt in seiner Ausgabe von 1562/1568 die von der Zensur gestrichenen Stellen bei, um sie durch einen scharfsinnigen Kommentar zu entkräften.

In der ersten Hälfte des 16. Jh. wurde die humanistische Geschichtsschreibung in Italien von einer Reihe sich überschneidender Anforderungen zu noch heute exemplarischen Leistungen getrieben. Raffael benutzte z.B. Platinas *Vita* von Leo dem Großen (440–461) für sein Fresko der Begegnung zwischen dem Papst und dem Hunnenkönig Attila (Vatikan, Stanzen). **Giorgio Vasari** (1511–1574) verweist jedenfalls in seiner Raffael-Biographie darauf, daß der Künstler ‚Historien' stets so gemalt habe, wie sie geschrieben stünden. Vasari, der selbst ausübender Künstler war, legte sein literarisches Hauptwerk, die *Vite de' piú eccellenti architetti, pittori, et scultori italiani, da Cimabue, insino a' tempi nostri* (1550 u. 1568^2), so an, daß ein zyklischer Entwicklungsgang der Künste von der Antike bis zur Gegenwart sichtbar wurde. In Italien waren die Künstler neben Politikern und Literaten längst der biographischen Darstellung würdig geworden. Vasari fühlte sich selbst als Historiker von höchster Berufung, der nicht nur Fakten und Werke, sondern auch Gründe *(causae)* für Aufstieg und Fall, Qualität und Defizite von Künstlern und Künsten angeben konnte.

Gelernt hatte Vasari diese Technik bei seinem älteren Freund **Paolo Giovio** (1483–1553), der ihm mit einer Serie von Soldaten- und Gelehrtenbiographien, *Illustrium virorum vitae,* 1551 vorausgegangen war. Seine „Zeitgeschichte", *Historiarum sui temporis* (1550–1552), gehörte wegen ihres eleganten Lateins und ihrer journalistischen Respektlosigkeit zu den internationalen ‚Bestsellern' der Geschichtsschreibung. Manche Teile seines Werkes, besonders die Personenbeschreibungen, lohnen die Lektüre noch heute. Giovio war auch einer der ersten Leser der Werke **Niccolò Machiavellis** (1469–1527), noch bevor sie gedruckt waren. Dessen Geschichte von Florenz, *Istorie florentinae* (1532), verschiebt die stadtgeschichtlichen Traditionen von Bruni in die Richtung der politischen Philosophie. Als Geschichtswerk ist allerdings die *Storia d'Italia* (1561–1564) von Machiavellis Alter Ego **Francesco Guicciardini** (1483–1540) von weitaus größerer Bedeutung. Guicciardini konnte die politische Tragödie Italiens, die Machiavelli noch als Krise mit offenem Ausgang wahrgenommen hatte, als eine bereits vollendete analysieren. Als politische Denker sind beide Autoren niemals in Vergessenheit geraten, deshalb müssen sie hier nur erwähnt, nicht weiter erörtert werden.

Humanistische Historiker außerhalb Italiens

Obwohl in den letzten Jahrzehnten in fast jedem europäischen Land eine eigene ‚Prärenaissance' bzw. ein eigener ‚Prähumanismus' entdeckt wurde, läßt sich nicht leugnen, daß die Entstehung nationaler Historiographien ohne den Einfluß von Italienern nicht zu erklären ist. Zwischen 1480 und 1530 exportierten sie ihr rhetorisch gefärbtes Latein und ihre Fähigkeit, die regionalen Geschichtsmythen mit dem imperialen Romgedanken abzustimmen. Sie traten dabei als die geborenen Vermittler herrschaftsbezogener Bildung (*translatio imperii et studiorum*) auf, regten vereinzelt auch Varianten der *ars historica* in den Empfängerländern an.

Die Reihe beginnt mit dem Sizilianer **Lucio Marineo** (ca. 1445– nach 1533) und seiner spanischen Geschichte *De rebus Hispaniae memorabilibus* (1533). Sie setzt sich fort mit **Pietro Martire d'Anghiera** (1459–1526) und seiner europaweit gelesenen Entdeckungsgeschichte der Neuen Welt, *De orbe novo ... decades octo* (1530). Als französischer Hofhistoriker wirkte **Paolo Emilio** aus Verona (ca. 1460–1529). In seiner „Frankengeschichte", *De rebus gestis Francorum libri IX* (1517), wandte er sich gegen die Legende von deren trojanischer Abstammung und regte so den kritischen Umbau der französischen Vorgeschichte an. Ähnliche Polemiken erzeugte **Polidoro Vergilio** (ca. 1470–1555) aus Urbino in England mit seiner *Anglica Historia* (1513, gedruckt 1534). Zusammen mit „Brut", dem trojanischen Urvater der Briten, beseitigte er auch noch die Ritter der Artusrunde als historische Figuren. Vergilio ist auch einer der Erfinder der ‚Wissenschaftsgeschichte'. Sein Kompendium über die „Erfinder der Dinge", *De inventoribus rerum* (1499), erlebte allein in Deutschland 35 Auflagen.

Im Ungarn von König Mathias Corvinus (1443–1490) gelang zuerst **Antonio Bonfini** (1427–1502) eine Synthese aus hunnischer Vor- und ungarischer Zeitgeschichte im Stile des Livius, die *Rerum ungaricarum decades* (1543, 1568[2]). Humanistischer Schrittmacher in Polen wurde **Filippo Buonaccorsi** (Callimachus, 1437–1496) aus San Gimignano. Er konstruierte für die einheimische Dynastie der Jagiellonen eine imperiale Geschichtssicht, *De Rege Vladislao* (1518), und setzte sich als Diplomat für eine politische Achse Venedig/Polen gegen die Osmanen ein.

Alle erwähnten Autoren schrieben auf Lateinisch, bereinigten die Auswüchse fiktiver Ursprungsgeschichten und fügten ihre neue *patria* mit deren imperialen Traditionen ins europäische Geschichtsbild ein. In nicht wenigen Ländern ersetzten sie als erste die mittelalterlichen Landeschroniken durch ‚moderne Geschichtserzählungen' (*historiae*). Damit stehen die Italiener zwar am Anfang von manch zählebigem Nationalismus, doch mit ihrer Suche nach Kriterien der ‚Vergleichbarkeit von Völkern', wie z.B. der lateinischen Sprache und dem Ethos der Handelnden, und der Forderung nach gegenseitiger Anerkennung der ‚Ursprünge' (*origines*) etablierten sie auch ein gemeinsames Wertesystem.

Wollten Nichtitaliener als Historiker Gehör finden, dann mußten sie die Methoden und Sprache ihrer Kollegen übernehmen oder überbieten: Viele Geschichtswerke des frühen 16. Jh. sind also nur aus einer Konkurrenz- und Abwehrhaltung heraus zu erklären. **Antonio de Nebrija** (1441–1522) aus Sevilla schrieb seines *Decades* (1545) über die Taten der ‚Katholischen Könige' auf Lateinisch, obwohl er der Verfasser der ersten kastilischen Grammatik (1492) war und seine Muttersprache schon in einer Schrift über spanische Altertümer, *Antigüedadas de Espana* (1499), benutzt hatte. In England lieferte **Thomas More** (1478–1535), zeitweise Kanzler des Königreichs, eine *Historia Richardi Tertii* (1483–1485). In ihr bewies er, daß er die rhetorischen Anweisungen zur Ausarbeitung von Lob- und Tadelreden (*Progymnasmata*) sorgfältig studiert hatte. Seine Historie stellt die moralische Selbstentlarvung des Königs wie auf einer Bühne dar. Mores englische Variante des Werkes ist die erste Historie in einer Nationalsprache, die sich ganz den rhetorischen Ansprüchen stellt.

Enea Silvio Piccolomini hatte nach Ansicht der deutschen Humanisten für die deutsche Geschichte kein akzeptables Modell hinterlassen. Die Anhänger von Erasmus und Luther wollten sich staatlich vom Imperium, kulturell und z.T. religiös von der Papstkirche lösen. **Beatus Rhenanus** (1485–1547) aus Schlettstadt im Elsaß lieferte dafür eine zukunftsweisende Lösung mit seinen *Rerum Germanicarum libri tres* (Drei Bücher deutscher Geschichte, 1531). In drei Querschnitten durch die germanische, fränkische und deutsche Zeit führt er die wachsende Freiheit und Bildung der Deutschen vor, deren Staat er bewußt alle Züge einer Fortsetzung des Römerreiches als IV. Weltmonarchie nimmt.

In Polen war Buonaccorsi zu keiner Gesamtdarstellung der Landesgeschichte gelangt. Dies übernahm der ermländische Bischof **Martin Kromer** (ca. 1512–1589) mit seiner Untersuchung über Ursprung und Taten der Polen, *De origine et rebus gestis Polonorum libri XXX* (1555). Er schlug für die Ethnogenese der Slawen eine neue Theorie vor, den ‚Sarmatenmythos', der im 17. Jh. integraler Bestandteil der polnischen Adelsideologie werden sollte. Sprachlich und methodisch kann Kromer als legitimer Nachfahre der Auslandsitaliener gelten.

Es ist nur konsequent, diesen Überblick in Rom zu beenden. Hier starben, als Erzbischöfe von Uppsala im Exil, die beiden letzten Repräsentanten des katholischen Humanismus in Schweden, die Brüder **Johannes** (1488–1544) und **Olaus Magnus** (1490–1557). Mit ihren zwei Werken, der *Gothorum Sueonumque Historia* (1554) und der *Historia de Gentibus Septentrionalibus* (1555), erneuerten sie den Mythos von der gotischen Abstammung der Schweden (Gotizismus) und prägten in enzyklopädischer Weise die geographisch-historischen Vorstellungen Europas von Skandinavien. Johannes zeichnete als erster ein vollständiges Runenalphabet auf; Olaus konstruierte seine Landesbeschreibung auf der Grundlage seiner berühmten *Carta marina* (Karte des [Nord-] Meers, 1539). Den spanischen Entdeckern Amerikas legte diese Karte den Schluß nahe, es könnte sich lohnen, auch eine ‚Nordpassage' in die Neue Welt zu suchen. Die spanische Lesart von Olaus Magnus beweist, daß in den nunmehr globalen Geschichtsvorstellungen der Humanisten die strikte Trennung zwischen Peripherie (Hoher Norden) und Zentrum (mittlerer Atlantik) nicht mehr haltbar war.

10.3 Die Geschichtsschreibung der Institutionen: Hof, Kirche, Universität, Akademie

Hofhistoriker und ihre Werke

Der europäische Fürstenhof als Schnittpunkt von Verwaltung und Repräsentation und die Kirchen als hierarchisch verfaßte Ordnung von nationalen und lokalen Gliedern müssen als selbständige Instanzen der historischen Produktion aufgefaßt werden. Universität und Akademie sind dagegen abhängige Institutionen zu Beschaffung, Bewahrung und Lehre von Wissen. Ihrer eigenen Theorie zufolge beriefen sie sich ab dem 17. Jh. zwar auf die Freiheit des Glaubens und Denkens, faktisch gründet sich ihre Existenz aber auf die Identität ihrer Zwecke mit denen von Staat und Kirche. Dennoch sind in Universität und Akademie die ersten Ansätze spürbar, die Geschichtsschreibung als Teil eines selbstbestimmten Systems von Wissen zu begreifen.

Im Bezug auf das historiographische Werk sind Hof und Kirche, Universität und Akademie keine voneinander abgeschotteten Orte, es herrschten nur jeweils andere Schreibsituationen. In der Tat arbeiteten nicht wenige Historiker für mehrere oder alle diese Institutionen, zum Teil sogar gleichzeitig. Vernetzt waren auch die Zwecke der Auftraggeber. Während der Fürst den Ruhm (*gloire*) anstrebte und Nutzen (*utilitas*) über Rechts- und Besitztitel definierte, suchte die Kirche nach Beweisen für ihre Rechtgläubigkeit. Weil bewiesenes Recht und wahres Alter zusammengehörten, bestand ein wachsender Bedarf an Kenntnissen jeder Art über die Überreste des Altertums. Von den höfischen und städtischen Antiquaren wanderte diese Aufgabe zu den Universitäten und Akademien, die auf diese Weise allmählich zu unersetzlichen Mithelfern für den Aufbau der Identitäten von Dynastie, Gruppe, Staat und Nation wurden.

Auch in die historischen Aufgaben und Gattungen teilten sich die Institutionen. Sie alle benötigten die Zeitgeschichte, die Vergangenheitsgeschichte (oft noch in der Form von ‚Ehrenwerken', d.h. Genealogie oder mythologischer Abstammungslehre) und das antiquarische Werk (Epigraphik, Numismatik, archäologische Sammlung). Für alle gleiche Arbeitsbedingungen schuf auch der Ort der Quellen, das ‚Archiv', denn es befand sich ausnahmslos in der Hand parteiischer Machthaber, war also keinesfalls neutraler Ort von Wissenschaft. Vernetzt waren die Institutionen weiterhin durch intellektuelle Strömungen und Moden. Die enthusiastische Einschätzung der Werke des Tacitus und ihre Umformung in eine ethisch-politische ‚Methode' schuf in der ersten Hälfte des 17. Jh. an den Höfen von Madrid, Paris, Florenz und Stockholm ein gleichartiges Klima. Und vernetzt war die Geschichtsschreibung an den Institutionen der frühen Neuzeit nicht zuletzt mit ihren Vorgängerwerken, die sie fortsetzte oder umarbeitete.

Der Beauftragte bei Hofe für das Schreiben der Geschichte war der offizielle Hofhistoriker. Heute kann man seine Typologie entwerfen: monarchisch oder ständisch ausgerichtet, mit der Zeit- oder der Vergangenheitsgeschichte beschäftigt. Gesamteuropäisch betrachtet, ist der Hofhistoriker nur der Spezialfall eines von einer Gruppe zum Entwurf ihrer Vergangenheit bestimmten Experten. In Kastilien hieß er *Cronista del rey* oder *del reino*, in Frankreich *Historiographe du roi* oder *de France*, in England *Historiographer royal*, in den Niederlanden *Historiograaf van Holland* oder *van de Staten General*, usw. Viele Träger des Titels Hofhistoriograph haben keinerlei Spuren hinterlassen, manche große Gelehrte niemals diese Bezeichnung getragen und dennoch ihre Funktion ausgefüllt. Der bedeutendste in dieser Gruppe ist gewiß Gottfried Wilhelm Leibniz (1646–1716), dem es niemals vergönnt war, sich von seiner Hauptaufgabe bei Hof zu lösen, der Abfassung einer Hausgeschichte der Welfen.

In Kastilien und Aragon gab es königliche Chronisten seit Beginn des 15. Jh. Ihre zentrale Aufgabe war die Aufzeichnung der Verdienste (*mercedes*) von Adel und Beamtentum. Dieses Geschäft fiel seit 1571 auch dem Historiker des Kolonialamtes zu, dem *Cronista Mayor de Indias*, der sich auch als Statistiker und Geograph (*Cosmógrapho*) zu betätigen hatte. Die Geschichtsabteilung des *Consejo de Indias* (Indienrat) galt als vorbildlich, so daß der englische Seefahrer Richard Hakluyt 1598 Königin Elisabeth empfahl, zur Absicherung imperialer Ansprüche dieses Amt auch in England einzuführen. Zunächst vergeblich: Erst 1661, nach der Rückkehr aus dem Exil, etablierte Charles II. nach französischem Vorbild den *Historiographer Royal*, ein Amt für Hofpoeten und literarisch ehrgeizige Verwaltungsbeamte.

Eine große Tradition von Hofgeschichtsschreibern entwickelte sich unter der französischen Krone. Ab 1554 gab es den *Historiographe du Roi*, ab 1571 den für die Gesamtgeschichte zuständigen *Historiographe de France*. Noch 1774 wurde mit Jacob-Nicolas Moreau (1717–1803) ein bedeutender Jurist und Organisator des *Dépôt des chartes* in dieses Amt berufen. Am Kaiserhof in Wien und Prag schloß man sich den Traditionen der neuen habsburgischen Gebiete in Spanien und den südlichen Niederlanden an. Seit Ferdinand I. (1530–1564) war das Amt des Hofhistorikers bis in die Zeit Maria Theresias fast ununterbrochen besetzt. Hinzu kamen die offiziellen Chronisten der verschiedenen habsburgischen Nebenlinien und der Stände der Einzelherrschaften. In Dänemark gab es bereits im 16. Jh. eine bedeutende Reihe hofnaher Historiker, die ab 1618 regelmäßig mit dem offiziellen Amt betraut wurden. Im gleichen Jahr begegnet uns mit dem niederländischen Philologen Daniel Heinsius (1580–1655) der erste offizielle Hofhistoriker in Schweden. Ihm folgte nach 1644 eine illustre Reihe von deutschen Universitätsprofessoren. Hofhistoriker kannten seit dem 16. Jh.auch die polnischen Wahlkönige und die größeren Territorialstaaten im Hl. Römischen Reich und in Italien. Von den europäischen Herrschern verzichtete allein der Papst in Rom auf das Amt und dessen Funktion.

In der Regel war ‚Hofchronist' kein klassisches Hofamt, sondern eine Zusatzaufgabe des Sekretärs, des Leibarztes, des Hofrats oder des Bibliothekars. Bei der Besetzung zeigen sich deutliche Unterschiede zwischen den europäischen Monarchien. In Spanien bevorzugte man Einheimische, und besonders die lokalen Stände (*cortes*) achteten streng auf die Zugehörigkeit zur Bildungselite (*letrados*) ihres Königreiches. Auch in Frankreich und den Niederlanden kamen nur die eigenen Untertanen zum Zuge. Anders sah die Lage dagegen östlich des Rheins aus. In Dänemark berief man mit Johannes Meursius (1579–1639) und Johann Isaac Pontanus (1571–1639) zwei bedeutende Niederländer. Den Aufstieg Schwedens zur Großmacht feierten deutsche Juristen: Bogislav von Chemnitz (1605–1678), Johannes Freinsheim (1608–1660), Johann Heinrich Boecler (1611–1672) und Samuel von Pufendorf (1632–1694). Allerdings ließ sich der Wiener Hof von keinem anderen an Internationalität übertreffen: Die habsburgischen Interessen in den Niederlanden, Ungarn und Italien spiegeln für 200 Jahre die Bevorzugung dieser Nationen für das Amt des Historiographen. Aus Deutschland wurden nach 1620 nur Konvertiten berufen. Vor allem in der zweiten Hälfte des 17. Jh. waren die Hofhistoriker Mitglieder des europaweiten Klientelnetzes, das von Wien aus gesteuert wurde. Wer geschickt war, wie der Straßburger Rechtsprofessor Boecler, der konnte 1650 schwedischer Historiograph werden, 1663 „histori schreiber" in Wien und im gleichen Jahr auf der Pensionsliste für Gelehrte erscheinen, die der französische Staatsminister Jean-Baptiste Colbert aufgestellt hatte.

Kirchengeschichte

Die Reformation gab dem Interesse an der Kirchengeschichte einen mächtigen Impuls. Das gilt mit einiger Verzögerung auch für die katholische Kirche. Institutionen für die Kirchengeschichte einzurichten fiel aber allen Konfessionen schwer. Im protestantischen Raum besetzte man seit 1650 theologische Lehrstühle erstmals mit Kirchenhistorikern, auf katholischer Seite erst ab 1770. Zuvor schrieb, wer Kirchengeschichte bearbeitete, vor allem als Polemiker und Kontroverstheologe. Nach Ansicht der römischen Kirche war die Fülle der religiösen Tradition ohnedies in ihr verkörpert. Man begriff sie als lebendige Einheit, bei der man es vermied, spezielle Abschnitte zu kritisieren oder auszuzeichnen. Die kritische Rekonstruktion eines umfassenden Geschichtsbildes erschien dem Papsttum deswegen nicht als eine dringliche Aufgabe. Dies gilt übrigens auch für die frühen protestantischen Kirchen, die zum Teil in naiver Weise Theologie und Verfassung der Urkirche zu ihrer eigenen erklärten.

Bereits die frühe Reformationszeit erlebte eine Krise im Verhältnis zwischen Staat und Kirche. Ganz gleich, was aus ihr im späten 16. Jh. hervorging, ob skandinavisch-deutsches Staatskirchentum, anglikanische Bischofskirche, reformierte Gemeindekirche mit republikanischer Tendenz oder katholische Nationalkirche mit gallikanischer Verfassung, überall waren die Kirchen gezwungen, ihr Verhältnis zur Obrigkeit historisch zu klären. Leitete man den Staat aus der kirchlichen Autorität ab, dann stand man auf dem papalistischen Standpunkt; leitete man die Kirche ganz aus der Machtvollkommenheit des Staates ab, dann hatte man die Extremposition der *Historia ecclesiastica* von Thomas Hobbes (1688) erreicht, für den der christliche Glaube nur als Staatsmaßnahme vernünftig war. Dazwischen waren viele Zwischenpositionen möglich, die jeweils kirchenhistorisch untermauert wurden.

Sich selbst in den Mittelpunkt des historischen Interesses zu stellen, fiel der katholischen Kirche leichter als den Protestanten, da ihre Hierarchie, ihre Kultur, ihre Ortskirchen und Heiligen jeweils über eigene Geschichten verfügten. Sie mußte nur ältere Gattungen, vor allem die Hagiographie, modernisieren und mit den Medien des Druckzeitalters verbinden. Dagegen fiel der Rückblick der neuen Kirchen notgedrungen traditionskritisch aus. Ihnen blieb nur übrig, die Epoche einer orthodoxen Kirchengeschichte radikal zu beschränken. Am Anfang beider Ansätze stand freilich die konsequente Konfessionalisierung des kirchenhistorischen Wissens. Dazu trugen die katholischen Bücherindizes (tridentinischer von 1564) genauso bei wie ihre Umsetzung im systematischen Verzeichnis der Wissensliteratur im Stil der *Bibliotheca selecta* (1593) des Jesuiten Antonio Possevino (1553–1611).

Die Dogmengeschichte war für jeden Theologen des konfessionellen Zeitalters eine Selbstverständlichkeit, für die Geschichte der Institutionen mußte man dagegen eigens Beauftragte benennen. Eine Geschichte der Kirche aus dem römischen Gesamtarchiv setzte die päpstliche Zustimmung und Mitwirkung voraus. Das geschah mit den *Annales Ecclesiastici* von Caesar Baronius und seiner Fortsetzer nur ein einziges Mal. Orden, Bistümer, Klöster und Stifte betrauten traditionell Mitglieder mit dem Amt des Historikers. Als besonders günstig erwies sich die Ordensstruktur für Großprojekte, wie eine universale Hagiographie oder die Ordens- bzw. Literaturgeschichte des 1000jährigen Benediktinerverbandes. Die Bollandisten, eine Gruppe von Jesuiten, die in Antwerpen seit 1607 die Heiligenviten sammelte, oder die Benediktiner des Klosters St. Germain bei Paris (ab 1647) konnten als kirchliche Akademien über Jahrzehnte hinweg im internationalen Netzwerk der römischen Kirche arbeiten. Für die iberische Kolonial- und Missionsgeschichte besaßen allein die zugelassenen Orden der Franziskaner, Dominikaner, Augustiner, Mercedarier und später auch Jesuiten das Monopol. Am Ende des 17. Jh. gestanden die meisten Protestanten die Überlegenheit der katholischen Kirchengeschichtsschreibung bei Großprojekten ein.

Universität und Akademie

Universität und Akademie stehen seit dem 15. Jh. in Europa für zwei verschiedene Typen von Wissensorganisation. Die Universität betrieb die Lehre und den Ausbau des offiziell zugelassenen Wissens vor allem durch seine Kommentierung, die Akademie entwarf Wissen im geselligen Dialog, nicht ohne spielerische Elemente. Eine Universität hatte das Wissen gemäß den sozialen Hierarchien zu übermitteln, die Akademie wollte ein freiwilliger Zusammenschluß von Gleichen sein. In der frühen Neuzeit eröffnete die Universität vielen Professoren dennoch den Freiraum für kritische Forschung, während die einstmals private Akademie in die Hände des Staates überging, der seine Akademiker bezahlte und ihnen die Wahrung konkreter politischer Interessen im Bereich von Wissenschaft und Kunst übertrug.

Weder Universität noch Akademie waren direkte Auftraggeber und Normengeber von Geschichtsschreibung, aber sie richteten an diese Tätigkeit kommunikative und disziplinäre Anforderungen, die nicht unterschlagen werden dürfen. Ein Universitätslehrer wertete die bewährten Autoren, von Herodot bis Pufendorf, für Fragen der Religion, des Rechts, der Medizin und der Dichtung aus. Die so gewonnenen Fakten wurden dann gesammelt und methodisch angeordnet. Seit dem 17. Jh. entstanden auf diese Weise neue Disziplinen, für die es keine Vorbilder bei den ‚Alten' gab: Staatenkunde, Statistik, Ökonomie. Es handelt sich ausnahmslos um Disziplinen mit starkem empirischem Anteil, dessen Wachstum den Wert des in den ‚Klassikern' aufbewahrten Wissens erst einschränkte, später oft beseitigte.

Von den wenigen rein historischen Akademien wurden zunächst Dienstleistungen verlangt. Die 1663 von Colbert ins Leben gerufene *Académie des Inscriptions et des Médailles* (seit 1701 *Académie des Inscriptions et Belles Lettres*) sollte sich um Inschriften und eine repräsentative Geschichte Ludwigs XIV. in Medaillen kümmern. Der erst 1738 gegründeten spanischen *Real Academia de la Historia* wurden 1744 und 1755 die Aufgaben des *Cronista Mayor* und des *Cronista de Indias* übertragen. In seltenen Fällen konnten Akademien auch zu Foren für experimentelle Fragestellungen werden. So wurde die Pariser Geschichtsakademie in der ersten Hälfte des 18. Jh. zum Schauplatz heftiger Auseinandersetzungen über die Gewißheit in der Geschichte (*Pyrrhonismus*-Streit). Anlaß waren die im Dunkeln liegenden Anfänge des römischen Staates, deren Erforschung sofort zu brisanten staatsrechtlichen Folgerungen im bourbonischen Frankreich führte. Als sich dann im 18. Jh. an allen europäischen Akademien die öffentliche Preisfrage durchsetzte, war dies geradezu als Aufforderung zu verstehen, das gelehrte historische Wissen mit philosophischer Spekulation zu verbinden.

Noch mehr als die Universität war die Akademie ein Instrument zur Kontrolle von Wissenschaft und Wissenschaftlern. ‚Akademische Geschichtsforschung' wirkte wie ein Gegengewicht zur ausgedehnten Produktion ‚wilden historischen Wissens' in der neuen ‚bürgerlichen Öffentlichkeit'. Diese begann in der Tageszeitung und erstreckte sich über satirische Pamphlete und Memoirenwerke bis hin zu Schlüsselromanen und dem Vertrieb verbotener Historiker. Hier versagte die Zensur im Ancien Régime, so daß als Notlösung oft nur noch die Einbindung unliebsamer Autoren in eine Akademie übrig blieb.

Alle Institutionen der Frühen Neuzeit, Hof und Kirche, Universität und Akademie, waren unfähig, zwei zentrale Probleme jeder Geschichtsschreibung zu lösen: das Problem des Zugangs zum historischen Wissen und das Problem der ‚inneren Form'. Immer noch galt die antike Forderung, daß der Täter, der Berater des Herrschers oder der Hüter des Archivs der beste Historiker sei, dabei aber unparteiisch bleiben müsse. Wie prekär diese Forderung war, zeigt sich daran, daß jede kritische historische Erzählung vom Zugang zu Institutionen und vom Schutz durch mächtige Patrone abhängig war (vgl. De Thou, Sarpi, Grotius, Burnet und Hobbes, S. 222–224). Der Versuch, einen Kanon von Historikern aufzustellen wird dadurch vereinfacht. Das zweite Dilemma bestand darin, daß den Erwartungshorizont der Zeit zwar die rhetorisch perfekte pragmatische Geschichte dominierte, die für die Umsetzung nötigen Voraussetzungen jedoch nicht gegeben waren: Der Vorrang des Lateins und somit die Nachahmung der lateinischen Klassiker stellte den Nationalsprachen schwer erfüllbare Aufgaben. Gleichzeitig bestand man auf dem Vorrang der dokumentierten, beweisenden Geschichte in der Tradition des Eusebius von Caesarea. Unverzichtbar war auch das Exempel, das am Ende der Geschichte zu stehen hatte. Überdies war die *historia* noch zentraler Bestandteil anderer Künste, wie der Dichtung, Malerei und Bildhauerkunst. Ihren affirmativen und repräsentativen Qualitäten war die Geschichtsschreibung gerade in der Auffassung des Hofes und der Kirche deutlich unterlegen. Im 17. Jh. erreichte die nationalsprachliche Literatur fast überall neue Höhepunkte, nur für die historiographische Produktion gilt dies nicht.

10.4 Kanon

Zwei Auswahlkriterien bestimmen die folgende Liste von Autoren: ein exemplarische Umsetzung historiographischer Normen und eine langdauernde Wirkungsgeschichte. **Johannes Sleidans** (1506–1556) *Commentariorum de statu religionis et rei publicae Carolo V. Caesare libri XXVI* waren für mehr als 150 Jahre das erfolgreichste europäische Werk zur politischen Geschichte der Reformation. Sleidan, der Commynes und Froissart (vgl. S. 133) übersetzte, übernahm auch deren pragmatische Darstellungsform. Da er seit 1532 an den Verhandlungen des protestantischen Schmalkaldischen Bundes beteiligt und 1552 sogar zu dessen offiziellem Geschichtsschreiber berufen worden war, stand Sleidan theoretisch eine breite Akteneinsicht zu. Faktisch hielten die deutschen Fürsten wenig von freiem Archivzugang. Spätestens seit der Forderung des siegreichen Kaiser Karls V. nach Auslieferung des Bundesarchivs im Jahr 1547 hielten sie sich bedeckt. Was Sleidan dann schrieb, erschien den Katholiken als parteiisch und den Protestanten vielfach als ehrverletzend. Den langandauernden Erfolg verdankten die *Commentarii* allein ihrer halboffiziösen Stellung und ihren formalen Qualitäten. Für 38 ereignisreiche Jahre sind sie mit ihren rund 800 Seiten knapp ausgefallen, aber durch die geschickte Paraphrase zahlreicher Dokumente erreicht der Autor dennoch leichte Lesbarkeit.

Es waren gerade 50 Jahre verstrichen, da kam die nächste große Zeitgeschichte für die Jahre 1546 bis 1607 auf den Markt. **Jacques-Auguste De Thou** (1553–1617), am Ende seiner Rechtskarriere Senatspräsident und enger Vertrauter der Könige Henri III. und Henri IV., schilderte in ihr die Religionskriege und versuchte seinen Lesern den Zusammenhang zwischen Toleranz, Herrschaft des Rechts und außenpolitischer Stärke aufzuzeigen. Seine *Historiae sui temporis* (1593–1617) ziehen sich wie Sleidans *Commentarii* auf eine unparteiische juristische Position zurück, pflegen den gleichen einfachen lateinischen Stil und erregten einen noch viel größeren Skandal. Obwohl De Thou, wie Sleidan, eine volkssprachliche Übersetzung seines Werks ablehnte, setzte es Kardinal Bellarmin 1609 auf den römischen Index. Erst 1733 konnte es wieder in London erscheinen.

Während Sleidan zum protestantischen Schulbuchautor wurde, versank De Thous Meisterwerk im literarischen Untergrund. Beider Schicksal spiegelt die unterschiedliche Rezeption ihrer rechtlichen Standpunkte: der Augsburger Religionsfriede wurde 1648 Bestandteil der westfälischen Verträge, das Edikt von Nantes, das De Thou mitformuliert hatte, wurde 1685 aufgehoben.

Wenige Jahre vor seinem Tod wurde De Thou in ein Projekt des englischen Königs James I. (1603–1625) einbezogen, das zeigt, daß London im zweiten Jahrzehnt des 17. Jh. die Schnittstelle der europäischen Historiographie war. König James wollte der *History of the Reformation in Scotland* des **John Knox** (1514–1572) eine Gegendarstellung folgen lassen. Da die erste Auflage der *History* 1586 eingezogen worden war, konnte dieses Werk nur im Geheimen zirkulieren. Knox war Erzieher von James gewesen und zeichnete ein düsteres Bild von dessen Mutter Maria Stuart, an deren Vertreibung er beteiligt gewesen war. Die *History* bewegt sich zwischen einem apologetischen Kommentar der eigenen Taten und einer Dokumentensammlung im Stil des Eusebius von Caesarea. James beauftragte nun den großen englischen Antiquar **William Camden** (1551–1623), die Epoche Königin Elisabeths I. neu darzustellen. Das tat er auch, aber erst, nachdem sich De Thou geweigert hatte, seine Version der schottischen Geschichte in den *Historiae* im Sinne des Königs zu korrigieren. Das Ergebnis waren die *Annales rerum Anglicarum et Hibernicarum regnante Elizabetha* (1615–1625). Obwohl das Werk sich der Form von Regesten nähert, also auf die rhetorische Form verzichtet, entwirft es die Epoche als großen pragmatischen Zusammenhang, der erstmals auch die Kirchengeschichte einschließt. James I. gab hier ein ‚integrales Geschichtsbild' für sich in Auftrag, das den Monarchen zum Schiedsrichter zwischen den einzelnen protestantischen Strömungen machte, den Dialog mit katholischen Dissidenten ermöglichte und dabei zugleich die papalistischen Angriffe auf seine Person abwehren half. Aus diesem Grund nämlich bemühte sich der Monarch von London aus ‚antipäpstliche' Geschichtsschreibung zu fördern.

1619 erschien in London unter einem Pseudonym die *Istoria del Concilio Tridentino* des Servitenmönchs **Paolo Sarpi** (1552–1623). Als offizieller Theologe und Rechtsberater des venezianischen Senats war Sarpi zuvor schon durch den Interdiktstreit zwischen Papst Paul V. und der Republik berühmt geworden. Sarpi konnte sich auf eine eigene römische Sammlung von Primärquellen stützen, die er aus venezianischen Archiven ergänzte. Ein Konzil war zweifellos ein würdiger Gegenstand von Geschichtsschreibung, die Darstellung eines über 18 Jahre verteilten Tagungsverlaufs mit wechselnden Akteuren bereitete freilich enorme Schwierigkeiten. Sarpi behalf sich geschickt mit einer Kombination aus Annalentechnik, Tagebuch und, wo Quellen fehlten, spekulativer Motivationsanalyse. Auf diese Weise beschrieb er das Konzil als ein diplomatisches Tauziehen in der Tradition italienischer Geheimpolitik. Der päpstliche Versuch, unbequeme Teile von Geschichte und Vorgeschichte des Konzils aus dem Gedächtnis der europäischen Öffentlichkeit zu löschen, wurde so konterkariert. Sarpi selbst geriet in den Verdacht, ein Sympathisant der Reformation, besonders ihrer liberalen Strömungen zu sein.

Dies meinte auch der niederländische Gelehrte und Diplomat **Hugo Grotius** (1583–1645). Er täuschte sich nicht nur darin, sondern auch in seiner Erwartung, die *Istoria* könnte etwas zur Versöhnung zwischen den Konfessionen beitragen. Grotius' *Annales et historiae de rebus Belgicis* (1657) sind ein Jugendwerk des ehrgeizigen Juristen, in dem er die Zeitgeschichte von 1588 bis zum Waffenstillstand von 1609 darstellen wollte. Der Druck scheiterte aber an der niederländischen Zensur und konnte, nach vielen Umarbeitungen, erst 12 Jahre nach seinem Tod erfolgen. Aufbauend auf dem Bataver-Mythos wollte Grotius dem Ausland die Gründe für den Aufstand und seinen Verlauf darstellen. Bereits im Titel klingt mit *annales* und *historiae* die Tacitusnachfolge an, die besonders den Stil betrifft. In den großen Zeitfragen blieb Grotius unentschieden. Er konnte sich weder zu einer eindeutigen Stellungnahme im Verfassungsstreit zwischen Statthalter und Ratspensionär durchringen noch der Rolle der Religion im Freiheitskampf gerecht werden. Der Jurist und Staatsdenker Grotius war hier dem Historiker überlegen. Wo dieser politische Interessen formulierte, wurde er sofort in Kontroversen verwickelt. In seinem *Mare liberum* (1609) beanspruchte er für alle Völker uneingeschränkten Zugang zu allen Meeren, worauf ihm 1612 Sarpi mit dem *Dominio del Mar Adriatico*, einer Darstellung der historischen Rechte Venedigs, antwortete. Die Theorie des frühneuzeitlichen Machtstaates hat, wie dieses Beispiel zeigt, die historiographische Arbeit mit Bedeutung aufgeladen und in polemische Auseinandersetzungen gezwungen.

In diesem Klima konnte es nicht ausbleiben, daß die an der Rhetorik des Altertums geschulte Technik für das Schreiben historischer Erzählungen (*stilus historicus*) ihrerseits zum Kampfplatz politischer Deutungen wurde. Grotius' Konkurrent in der Historiographie des flandrischen Krieges, der Jesuit **Famiano Strada** (1572–1649), setzte sich auf dem europäischen Büchermarkt vor allem durch sein von Cicero abweichendes Stilideal durch. 1615 kam er einer Bitte von Ranuccio Farnese, Herzog von Parma, nach, eine Geschichte des niederländischen Kriegs zu schreiben.

Im Mittelpunkt sollte der berühmte Feldherr Alessandro Farnese (1545–1592) stehen, die Quellen sollte das Hausarchiv zur Verfügung stellen. Zwar erregte die eigenwillige Stilsynthese aus Livius, Sallust und Tacitus bei den Puristen vielerorts Unmut, aber die Verleger rissen sich um die *De bello belgico decades II* (1632/48). Im Mittelpunkt der Darstellung stehen die politische und militärische Klugheit (*prudentia politica et militaris*). Das rhetorische Instrumentarium, zu dem Strada greift, bringt auf jeder Ebene subtile Bezüge zwischen formalen und politischen, d.h. katholisch-gegenreformatorischen Ansprüchen hervor. Folglich studierte die eine Partei *De bello belgico* bald wie ein rhetorisches Lehrwerk und die andere als politische Bibel der Jesuiten.

Durch formale Qualitäten konnte auch die *History of the Rebellion and Civil Wars in England* (1628–1660) von **Lord Clarendon** (Edward Hyde 1609–1674) ihre Leser überzeugen. Zensur-, Immunitäts- und Blasphemiegesetze sowie ein starker Widerwille dagegen sich an die blutigen Ereignisse des Bürgerkrieges zu erinnern, machten in England eine rhetorisch orientierte Zeitgeschichte fast unmöglich. Clarendon mußte erst 1667 als Lordkanzler gestürzt werden, bevor er im Exil Muße fand, ältere Aufzeichnungen mit einer Autobiographie zu einer Gesamtdarstellung des Bürgerkrieges zu verschmelzen. Auch dieses Werk eines gemäßigten Royalisten war eine eigenwillige Synthese aus Aktenpublikation, Erzählungen in gewundenen Perioden und antikisierenden Sentenzen. Besonders beliebt wurden die etwa 130 Charakterskizzen im Stil von Theophrast und Plutarch. Die *History* wurde bald parteiübergreifend als autoritative Geschichte des Bürgerkriegs akzeptiert. Als vielseitig lesbare ‚Tätergeschichte' half sie langfristig mit, eine Wunde im historischen Gedächtnis des Landes zu schließen.

Derartige innenpolitische Wirkungen lagen normalerweise nicht im Sinn der europäischen Monarchen, wenn sie Geschichte schreiben ließen. Der jungen schwedischen Großmacht war z.B. schon während des 30jährigen Krieges daran gelegen, ihre Außenpolitik europaweit darzustellen. Dies übernahm seit 1677 der deutsche Staatsrechtler **Samuel von Pufendorf** (1632–1694). Sein Werk zur Regierungszeit König Gustavs X. (1654–1660) enthält nur Kriegs- und Diplomatiegeschichte, dies allerdings in größter Klarheit. Als *De rebus a Carolo X. … gestis* 1696 in Nürnberg erschien, erregte es vor allem durch seine sensationelle Ausstattung mit großformatigen Kupfertafeln Aufsehen. Während der Text Schwedens Staatsräson darstellte, verkündeten die Illustrationen seinen Ruhm (*gloire*). Pufendorf hatte seine Aufgabe so gut gelöst, daß der brandenburgische Kurfürst Friedrich Wilhelm (1640–1688) ihn abwarb, um eine vergleichbare Historie seiner Regierungszeit zu erhalten. Ohne literarische Meisterwerke zu liefern, erfüllte Pufendorf wohl von allen seinen Kollegen am besten die Anforderungen, welche die absolutistischen Höfe an den Historiker stellten. Zensur, Angst vor Geheimnisverrat und Aktensperre bestätigen aber auch in seinem Fall die alte Maxime des neuzeitlichen Machtstaates: keine Erinnerung ist besser als ‚die falsche'. Beide Werke erschienen erst nach seinem Tod.

Die Druckgeschichte von John Knox und Paolo Sarpi zeigt, daß die Kirchengeschichte von solchem Denken nicht ausgenommen war. Nur zwei Projekte konnten für sich beanspruchen, die von allen Konfessionen geforderte autorisierte Gesamtgeschichte der christlichen Kirche verwirklicht zu haben. Den Anfang machten **Matthias Flacius Illyricus** (1520–1575) und sein Kreis von Mitarbeitern in Magdeburg. In 13 Jahrhundertabteilungen (*Centuria*) beschreibt die *Ecclesiastica Historia, integram Ecclesiae Christi ideam ... complectens* (1559–1574) den Weg von der apostolischen Urkirche über den Verfall der mittelalterlichen Papstkirche bis zur Wiederaufrichtung des Evangeliums durch Luther. Die Magdeburger erzählen nicht, sondern ordnen jede *Centuria* in 16 inhaltliche, meistens dogmatische Fragestellungen. Dementsprechend las man sie wie eine chronologisch angeordnete Dogmengeschichte, was viel zum historischen Überlegenheitsgefühl der Protestanten beitrug. Die katholische Seite antwortete mit einem gänzlich anders konzipierten Werk. Wieder war es eine kirchliche Arbeitsgruppe, dieses Mal um den Oratorianer **Caesar Baronius** (1638–1607), der ein epochales Werk gelang. Die *Annales ecclesiastici* (1588–1607) bewegen sich in Jahresschritten von Christi Geburt auf die Gegenwart zu und fügen zahllose Chroniken, Briefe, Heiligenleben und Inschriften zu einer Gesamterzählung der Papstkirche zusammen. Baronius verwendet seine Quellen wie die Erbauer mittelalterlicher Kirchen antike Spolien einsetzen. Alle wichtigen Prozesse der Kirchengeschichte gehen von Rom aus oder laufen auf Rom zu. Die *Ecclesiastica Historia* verzichtete auf jede Rhetorik, die *Annales ecclesiastici* beruhten dagegen auf den Prinzipien frühchristlicher Beredsamkeit. Ihr großer Erfolg veranlaßte die Päpste, die *Annales* noch bis ins 19. Jh. fortzusetzen. Die Prinzipien des Baronius sind bis heute noch nicht ganz aus der katholischen Kirchengeschichtsschreibung verschwunden.

10.5 Die europäische Mediengesellschaft: die Geschichtsschreibung und das Bild

Grundlagen

Um sich der Medien- und Kommunikationsrevolution des 16. Jh. angemessen nähern zu können, ist es notwendig, sich nochmals die theoretischen Grundlagen des *historia*-Begriffs der Epoche zu vergegenwärtigen. Im naiven, d.h. vorherrschenden Sprachgebrauch nähert sich die Bedeutung von *historia* dem aristotelischen *mythos* und meint soviel wie ‚Erzählkern, Vorgang, Szene'. Man muß sich vor Augen halten, daß der szenisch angelegte Erzählkern so gebaut ist, daß er sich in den antiken genauso gut wie in den neuzeitlichen Medien bildlich ausdrücken läßt. Die *historia* als Teil der Poesie tritt dann auch in die Gleichung *ut pictura poesis* ein. Im 16. Jh. findet diese radikale Gleichstellung von Bild und Text ihren Ausdruck im Konzept des ‚Sinnbildes' (Emblem). Im Emblem wird ein zumeist abstrakter Sachverhalt zum Bild (*pictura*), welches die Überschrift (*inscriptio*) lehrhaft zusammenfaßt und die Unterschrift (*subscriptio*) kommentierend auslegt. Die traditionelle sprachlich-handlungsbezogene Geschichtsschreibung stellte nun bereits in der Antike einen Versuch dar, die *historia* aus dem Kontext der umgebenden Bildwelt herauszulösen; nicht um auf Bildlichkeit überhaupt zu verzichten, sondern um die Bildlichkeit virtuos mit autonomen sprachlichen Mitteln (Rhetorik und Poetik) herzustellen. Ein Rückübersetzbarkeit dieser sprachlichen Bilder des historiographischen Textes in die Bilder der konkreten Lebenswelt blieb aber stets eine reale Möglichkeit. Dies um so mehr, als seit dem Mittelalter die Geschichtsschreibung als regelgerechtes Sprachwerk Autoren wie Leser überforderte und manche Ansprüche des Erinnerns im sozialen und religiösem Bereich nicht erfüllte.

Als sich im 16. Jh. die europäische Gesellschaft langsam zur Informationsgesellschaft mit eigenen Spezialisten für die Erzeugung, Verbreitung und Speicherung von Daten wandelte, da geschah dies in einer gesteigerten Konkurrenz zwischen Text und Bild. Die Medien wirkten außerdem aktiv auf die Erzeugung von Daten zurück. Die Druckerpresse saugte neuentdeckte alte Texte (Philologie) gleichzeitig mit Berichten über neue Länder auf. Der Holzschnitt, später der Kupferstich, speicherte die neuentdeckten natürlichen und historischen Gegenstände (Archäologie). Mehr Texte erforderten mehr Bilder und umgekehrt. In zweifacher Weise eröffneten sich ‚neue Welten': geographisch und technisch. Das Sehen und Abbilden des Noch-nie-Gesehenen erfolgte dann zwar auf der Grundlage der durch die Antike beeinflußten Wahrnehmungstraditionen, doch ließ sich der zunehmende Verlust der Text-Bild-Kongruenz schon bald nicht mehr leugnen. Die Textwelt der Alten beruhte auf der Bildwelt der Alten. Das Lesen des alten Textes rief also auch seine alte Bildwelt hervor. Die Menschen, Tiere und Pflanzen der neuen Welt, die Beobachtungsgegenstände von Tele- und Mikroskop ließen sich dagegen nicht auf vorhandene Texte beziehen. Deshalb konnte man sie zwar beschreiben, aber damit noch nicht, wie in den klassischen Abhandlungen, auch schon ‚sehen'. Folglich wurde das Bild erstmals in eine Position ‚vor der Sprache' versetzt. Erst sehen, dann beschreiben, hieß die Devise. Die eigentliche Erfahrung geschah sehend, d.h. im Bild, und wer eine Erfahrung wie die in Amerika oder durch das Mikroskop noch nicht gemacht hatte, dem konnte nicht die Sprache die Differenz zu seiner bisherigen Wahrnehmung bieten, sondern allein das Bild.

Ohne die Auswirkungen von Reformation, Sozialdisziplinierung, Bibellektüre und Alphabetisierung für eine ‚Epoche der Schrift' leugnen zu wollen, die Expansion der zeitgenössischen Bildmedien dürfte zum Teil noch größere soziale Veränderungen bewirkt haben. Für die Geschichtsschreibung bedeutete dies: Während sie von ihrer Wiedererrichtung auf antiken rhetorischen Grundlagen profitierte, war sie gleichzeitig einer Konkurrenz durch Bildmedien ausgesetzt, für die das Altertum keine Entsprechung kannte. In der politischen Öffentlichkeit, am Fürstenhof und in der Wissenschaft, entwickelten sich für die Vermittlung historischer Inhalte zahlreiche Medien, die einerseits den traditionellen bildlichen Kontext der geschriebenen Geschichte weiterentwickelten, andererseits auch die neuen Formen wissenschaftlichen Sehens aufgriffen.

In der politischen Öffentlichkeit der frühen Neuzeit kursieren zunächst unregelmäßig, ab 1600 periodisch, geschriebene und gedruckte Zeitungen (*relazioni*). Als Bildmedium entspricht ihnen der Einblattdruck, der zeithistorische Ereignisse sofort visualisieren kann. So wie die Fürsten sich bald für die Zeitung interessieren und durch angestellte Pamphletisten kontrollieren, so nehmen sie auch auf die Bildproduktion Einfluß, um mit ihr eine offizielle Version der Zeitgeschichte in Umlauf bringen zu können. Ab dem 17. Jh. sammelt man Zeitschrift und -bild in Jahrgängen, die man anschließend zu fortlaufenden Zeitgeschichten zusammenfaßte. Was zuvor in der Regel undatiert und anonym war, das erhielt die Merkmale der *historia*.

Im Gegensatz zum kurzfristigen Informationsbedürfnis des gemeinen Mannes setzten die Höfe mit ihren Kunstaufträgen bewußt auf die ‚lange Dauer' konstruierter Erinnerung. Den Kampf um die langfristigste Form von Überlieferung verlor die Geschichtsschreibung dabei nicht selten: Ahnengalerie, Historienzyklus, Gobelinserien und Medaillensammlungen galten als effektivere Werkzeuge individuellen Ruhms sowie dynastischer Memoria. Einfache Geschichtserzählungen in Büchern erfreuten sich weiter großer Beliebtheit. Illustrierte Werke konnten den Charakter von ‚Monumenten' annehmen, z.B., wenn eine Münzsammlung als ‚Münzerzählung' (*histoire métallique*) publiziert wurde, der Bauplan des Schlosses sich zur großformatigen Publikation aller seiner Bestandteile ausweitete, aus der Leichenpredigt ein teures Funeralwerk wurde, oder die Festbeschreibung sich zu einer bebilderten Enzyklopädie auswuchs.

Am umfassendsten war wohl der Gebrauch von Bildern als Vermittler von Geschichte in der frühneuzeitlichen Wissenschaft. In der Gedächtniskunst (*ars memorativa*) konnten Bilder oder Symbole sowohl Zeit abbilden als auch Ereignisfolgen organisieren. Die zum chronologischen Überblick geschaffene Tabelle war bereits ein einfaches ‚Zeitbild'. Universalgeschichte zu lehren war ohne Tabelle fast unmöglich. Ein Merkbild war auch das Schema der Begriffsspaltung (Baum des Wissens), wie sie der französische Philosoph und Sprachreformer Petrus Ramus (1515–1572) zur Organisation von Wissenschaften und Künsten mit großem Erfolg entwickelte, natürlich auch für die Historie. Den Überblick über die stetig wachsende Zahl von Informationen in Raum und Zeit zu behalten, das forderte dem Gelehrten und Forscher in der frühen Neuzeit ein Höchstmaß von Anstrengung ab. Dabei galt das Bild- als dem Wortgedächtnis überlegen.

Auch Kunstkammern, Naturalienkabinette, Antiquitäten- und Münzsammlungen mußten graphisch erfaßt, dann systematisiert und kommentiert werden, um in möglichst vollständigen Sammelwerke (*corpora*) zu erscheinen. Vor allem die Antiquare und Archäologen schufen riesige Bilderatlanten, die bislang unbekannte historische Fragestellungen aus Religion, Recht und Alltag ermöglichten. Dazu verwendeten sie topographische und gegenstandsbezogene Ordnungen, nicht aber chronologische oder gar erzählende. Fast alle Antiquare waren auch Philologen, d.h., sie interpretierten ihre Bild- und Gegenstandsmuseen im Licht ihrer Textkenntnisse, ohne aber den nun möglich geworden umgekehrten Weg ernsthaft zu beschreiten. Während sich das Bild der Natur langsam von den Sprachbildern antiker Wissenschaft löste, schaffte das vermehrte Auftreten von Abbildern historischer Zeugnisse und Überreste keineswegs die Autorität der alten Texte ab. Niemand wäre im 17. Jh. auf den Gedanken gekommen, Livius aufgrund neuer Ausgrabungen zu verwerfen. Indem die neuentdeckten Sachwelten der Vergangenheit die alten Texte nur kommentieren durften, schöpften Philologen und Antiquare ihr Potential keineswegs aus.

Die Frühe Neuzeit tastete den Vorrang des ‚ikonischen Sehens und Darstellens' nicht an, sie unterwarf sich dem Primat der ‚kulturell vorgeprägten Bilder' und ihren Entstehungs- und Gebrauchskontexten. Im 16. Jh. band sich dieser Bildgebrauch vor allem mit der Allegorie, d.h. der klaren Zuweisung von Bedeutungen an einzelne Elemente im Bild, die in einem zweiten Schritt zu einem Gesamtsinn addiert wurden. Auch die Historie kam so zu ihrer Allegorie (Clio, Chronos, Verfall und Wachstum, Altes und Neues), die sich tausendfach auf den Titelblättern historischer Werke findet. Vom 16. Jh. aus betrachtet, verfügt die Allegorie über große Vorteile: Sie bereitet ‚Vergnügen', weil sie leicht lesbar ist und Gefühle direkt auslösen kann. Als Werkzeug moralischer Anleitung ist deshalb die Allegorie, gleichgültig ob als sprachliche Formel oder als Bild, außerordentlich beliebt und auf das engste mit der exemplarischen Funktion von Geschichtsschreibung verbunden.

Während bedeutende Künstler der Epoche die Wahrnehmungsphänomene im Raum auf rationale Weise einsehbar zu machen versuchten, unterblieb eine Kritik des von sozialen und religiösen Konventionen gesteuerten Bildgebrauchs. Auf dieser Ebene blieb der Konstruktionscharakter des Bildes verborgen. Als Regulatoren wirken weiterhin offizielle Festlegungen, wie das „Bilderdekret" des Konzils von Trient für das religiöse Bild (1563) oder die Gattungshierarchie, mit der die Kunstakademien Darstellungskonventionen für Bildthemen festzulegen versuchten. Für ein katholisches Märtyrerbild können demgemäß sehr brutale Darstellungsformen legitim sein, während die realistische Abbildung eines toten Kriegers nicht einmal in einem chirurgischen Handbuch, geschweige denn in einer Schlachtengalerie erscheinen darf.

Angesichts solcher Steuerung von Bildinhalten stellte sich auch für die Zeitgenossen die Frage nach dem Beweischarakter von Bildern. Zwar konnte jedes Bild einer Erzählung ‚Evidenz' verleihen, also ihre Anschaulichkeit steigern, es war deshalb noch lange kein Beweis für die Evidenz, d.h. den Wahrheitsgehalt der Erzählung. Gab es nach zeitgenössischer Auffassung auch Bilder, die einen juristischen Beweischarakter aufweisen? Bilder, die alt, noch vor Ort und öffentlich zugänglich waren, schienen über die geforderten Eigenschaften zu verfügen. Diese Bilder gehörten unleugbar zu einem öffentlichen Akt (*fides publica*) und mußten deshalb ‚wahr' sein. Das Vertrauen in die beweisende Kraft von Bildwerken war zählebig: So setzte sich z.B. erst im 18. Jh. die Einsicht durch, daß die von Venedig beanspruchte Rolle des Dogen als Vermittler zwischen Papst und Kaiser im Jahr

1177 noch nicht deshalb ein historisches Faktum sein muß, weil es viele öffentlich sichtbare Darstellungen ihres Zusammentreffens in Venedig gibt.

Das Bild im historiographischen Werk

Bis heute ist die Herstellung eines illustrierten Buches ein Kollektivwerk. Womit und wie illustriert wurde, das hängt ausschließlich vom historiographischen Genre, dem Herstellungsprozeß und der Informationsbasis ab. Der am reichsten illustrierte Frühdruck, die sogenannte *Schedel'sche Weltchronik* aus Nürnberg, ist eine Chronikenkompilation gegliedert in sechs Weltalter bis zum Jahre des Drucks 1493. Dem aus fertigen Chronikteilen zusammengesetzten Text entspricht die Bebilderung. Für 1809 Abbildungen wurden damals 645 Druckstöcke angefertigt. 116 davon sind Städteansichten, von denen 32 als authentisch betrachtet und nur einmal verwendet wurden, 15 weitere Ansichten wurden bis zu 11mal erneut abgedruckt und mit wechselnden Namen versehen. Schedels *Chronik* zeigt, etwa bei den römischen Kaisern, keine Originalporträts, sondern Personentypen, die mehrfach verwendet werden können, was auch für Ereignisbilder, z.B. Konzilien, gilt. Text und Bild beziehen sich also größtenteils nicht auf Originalreferenten, sondern auf eine normierte Vorstellung oder Bildstereotypen. Solange solche Vorstellungen existierten, mußte ein Herausgeber noch keine Bildforschung betreiben oder teure Zeichner reisen lassen, um individuelle ‚Städteporträts' zu erhalten.

1575 ließ der kaiserliche Antiquar Jacopo Strada (ca. 1515–1588) eine großformatige Ausgabe von Caesars *Commentarii* in Frankfurt a. M. erscheinen. Die Originalschauplätze der Erzählhandlung werden durch 30 Abbildungen illustriert, die, wie der Herausgeber im Vorwort schreibt, auf einen Ingenieur Herzog Ferrante Gonzagas zurückgehen, der sie Kaiser Karl V. zu Ehren habe anfertigen lassen. Wer die Stiche sehe, der wähne sich vor Ort; den jetzt toten Kommentaren verliehen sie neues Leben. Tatsächlich versuchen Stradas Illustrationen, Caesars Belagerungen in realistischen Räumen anzusiedeln. Die übermäßige Verwendung von Topoi der Landschaftsdarstellung verhindert am Ende aber Darstellung eines einmaligen Vorgangs. Strada respektierte den empirisch-praktischen Aspekt seiner Vorlagen nicht. Es war darum nur folgerichtig, daß in den nächsten Jahrzehnten vor allem italienische und niederländische Militärfachleute Fortschritte in der ‚realistischen Darstellung' historischer Vorgänge erzielten. Voraussetzung für diese Art des historischen Bildes war das Zusammenwirken eines Zeichners mit einem Festungsingenieur.

Dies war der Fall, als der berühmte Zeichner Jacques Callot (1592–1635) von der Regentin der südlichen Niederlande Isabella den Auftrag erhielt, die Belagerung von Breda (1624–1625) in einem sechsteiligen Monumentalstich (*Siège de Breda*, 1628) festzuhalten. Ob Callot überhaupt auf dem Kampfplatz war, ist nicht dokumentiert. Entscheidend war, daß er italienische Militäringenieure kannte, die ihm exakte topographische Karten des Terrains überließen, auf denen die Sperrwerke verzeichnet waren. Somit konnte Callot die zehn Monate währende Belagerung in einem Bild darstellen. Im Vordergrund Genreszenen aus dem Soldatenleben, die sich aber genau an den offiziellen Belagerungsbericht halten, im Mittel- und Hintergrund das Gelände mit seiner Militärtechnik in vollkommener Lesbarkeit. Die Abbildung der Belagerung schwankt also zwischen einer Ereigniserzählung und der Offenlegung geheimer Lagepläne. Vom Käufer der Karte wurde erwartet, daß er sie aufmerksam ‚durchlese'. Dazu diente in der ersten Auflage ein separat gedruckter Schlüssel (*clavis*), in der zweiten eine ausführliche Legende auf dem Rand.

Wer sich auf dem Markt der Kriegsgeschichten behaupten wollte, mußte sich dieser Verfahren bedienen. Als Hugo Grotius sich von seinem Pariser Exil aus wieder mit den Oraniern aussöhnen wollte, da tat er dies mit einer reich illustrierten historischen Beschreibung der ersten Waffentat des neuen Statthalters Frederik Hendrik, der „Belagerung von Groenlo" (1629). Ohne die Kombination von Karte und Ereignisbild kam auch Famiano Strada in seinem *De bello belgico* (1632–1648) nicht aus. Dies beweist, daß für viele Autoren der Epoche die Bild- und Planbeschaffung als gleichberechtigt neben das Schreiben der Geschichte trat, organisatorisch aber oft schwieriger zu realisieren war. Eine grundsätzliche Reflektion des Text-Bildverhältnisses fand jedoch nicht statt. Karten z.B. sollten den strategischen Nachvollzug des Geschehens ermöglichen, Grundrisse die technische Wißbegierde befriedigen, Porträts besondere Tugenden der Dargestellten ‚sichtbar' machen. Unklar blieb, ob Text und Bild stets das gleiche leisteten, komplementär oder gar widersprüchlich zueinander standen. Dies zu überprüfen, war der Kunsttheorie der Aufklärung vorbehalten.

Seinen Höhepunkt erreichte das Genre der illustrierten Kriegsgeschichte nach dem Spanischen Erbfolgekrieg. Prachtwerke wie die *Histoire militaire du Prince Eugène* von Dumont und Rousset (1729) oder die von Isaac Newtons Freund Samuel Clark (1675–1729) herausgegebene illustrierte Caesarausgabe (*C. Julii Caesaris Quae extant Tabulis Aeneis Ornata*, 1712) konnten nur im Subskriptionsverfahren entstehen, wobei einzelne Gönner jeweils bestimmte Tafeln bezahlten. Für die Betrachtung der z.T. riesigen Bildformate benötigte man eigene Schautische.

Man würde freilich die Wirkung von Illustrationen in der Geschichtsschreibung falsch einschätzen, reduzierte man sie auf den affirmativen bzw. repräsentativen Aspekt. Kritisch erarbeitete Illustrationen fehlen keineswegs. Die Bildtradition, die mit Wolfgang Lazius (1514–1565) *De gentium aliquot migrationius* (1557) begann und über Philipp Cluvers (1580–1622) *Germaniae antiquae libri III* (1616) bis zu Clarks ‚Caesar' reichte, zeigte Germanen und Kelten erstmals als Barbaren und abhängig von Geographie und Klima, was für langanhaltende Kontroversen sorgte. Die wissenschaftliche Wiederentdeckung des Bilderteppichs von Bayeux fand in den *Monuments de la Monarchie française* (1729–1733) statt. Der Benediktiner Bernard de Montfaucon (1655–1741) wollte hier Dokumente und Denkmäler zu einer französischen Geschichte des Mittelalters zusammenführen. Zwar mißlang ihm ein strikter Bild – Textbezug, aber den Teppich identifizierte er erstmals als ‚Zeitzeugen', der über viele ungeklärte Fragen der normannischen Eroberung von 1066 Auskunft gab. Vermittels der Buchillustration wurden also auch historische Entdeckungen gemacht und neue Methoden der Interpretation erprobt.

10.6 Die Historiographie der Aufklärung

Immanuel Kant definierte 1783 Aufklärung als „Ausgang des Menschen aus seiner selbstverschuldeten Unmündigkeit". In dieser Aussage und der nachfolgenden Erläuterung von ‚Unmündigkeit' als Abhängigkeit von fremder Leitung und ‚selbstverschuldet' als fehlenden Willen, sich der vorhandenen intellektuellen Fähigkeit zu bedienen, ist die Grundlage für das historische Denken der europäischen Aufklärung auf das Genaueste beschrieben. Dieses Fundament birgt einen konstitutiven Widerspruch in sich, den man festhalten muß, will man nicht bei einer einseitigen Auslegung des Verhältnisses von Aufklärung und Geschichte enden. Aufklärung, so betonte es das 19. Jh., sei ja antihistorisch, denn sie unterwerfe die historischen Prozesse Urteilen und Zwecken, die nicht aus ihnen selbst hervorgingen. Dagegen läßt sich aus Kants Aufklärungsdefinition ableiten, daß der Prozeß der Emanzipation ohne eine Geschichte der zwei Hauptakteure, des ‚Unmündigen' und seines ‚Beherrschers', nicht gelingen kann. Ohne konkretes Wissen, weshalb die Macht des Vorurteils einst dominierte, ist die Befreiung des Willens und autonomes Denken nicht möglich. Dabei hat kein Aufklärer das Verhältnis von empirischem Wissen und freier Willensentscheidung so genau durchdacht wie Kant. Wenn er sagt, die Geschichte bringe die Resultate menschlichen Handelns hervor, nicht aber die Werte, welche es steuern sollten, dann bringt er Erfahrung und Vernunft in ein Gleichgewicht, das seinen aufgeklärten Vorläufern fehlte. Die Geschichtsschreibung der Aufklärung ist deshalb am besten charakterisiert, wenn man sie als Versuch begreift, jeweils wechselnden anthropologischen Entwürfen das passende historische Instrumentarium zu einer Emanzipation aus der Unmündigkeit zu verschaffen. Die ‚Geschichte der Unfreiheit' wird zur Voraussetzung von Freiheit. Nur, welche ist die richtige ‚Geschichte der Unfreiheit'?

Die Ziele abstrakt vorzugeben war einfacher, als zu allgemein anerkannten praktischen Ergebnissen zu gelangen. Die Politik sollte naturrechtlich begründet werden, das hieß, sich vom positiven, bloß historischen Recht verabschieden. Von einer bislang theologischen Religion sollte der Weg zur ‚natürlichen Religion' führen. Die alte Metaphysik als dogmatische Begründung von Denken war durch die neue Erkenntniskritik zu ersetzen. Schließlich galt es, das mechanistische Weltbild Newtons zur Grundlage einer erneuerten Anthropologie zu machen. Jedes dieser vier Großprojekte der Aufklärung benötigt zu seiner Durchführung historisches Wissen: Rechtsgeschichte, Bibelkritik und Religionsgeschichte, eine ‚Geschichte der Vorurteile' und schließlich auch eine ‚Geschichte der Natur'.

Angesichts der ungeheuer gesteigerten Bedeutung historischen Wissens gerieten die Aufklärer in eine paradoxe Anforderungssituation. Einerseits konnte das wissenschaftliche Leitmodell nur Newtons Einheitsmechanik sein, andererseits war das gesamte 18. Jh. von einer Grundlagenkrise historischen Wissens, dem Pyrrhonismusstreit, geprägt. Montesquieu, Holbach und Bentham – oder wer auch immer glaubte, das ‚Gravitationsgesetz der Geschichte' gefunden zu haben – wurde voreilig mit dem Titel ‚Newton der Geschichte' geehrt. Die quälende Frage, welchen wissenschaftlichen Aussagewert Quellenzeugnisse überhaupt beanspruchen können, war immer noch unbeantwortet. Sie konnte erst in einem langwierigen Prozeß beantwortet werden, der die Kriterien für sicheres historisches Wissen völlig neu miteinander verzahnte. Wenn als Resultat dieser Selbstvergewisserung nunmehr der größte Teil des biblischen, mythologisch oder bloß literarisch verfaßten Wissens als unhistorisch deklariert werden mußte, dann erschien dies nicht nur Antiaufklärern als unerträglicher Verlust. Für die Geschichtsschreibung selbst hielt die späte Aufklärung eine freilich problematische Kompensation bereit: Der ideale Historiker sollte der ‚ganze Mensch' mitsamt seinen sinnlich-imaginativen Fähigkeiten sein. Damit kehrte die Geschichtsschreibung zur Literatur zurück, aber sie tat dies auf der Ebene des ‚Stils', wobei die Formen des Ausdrucks selbst zunehmend der Verzeitlichung unterlagen. Statt mit einer einzigen ‚Wahrheit' war man mit einer fließenden Abfolge von Standpunkten konfrontiert. Vor dieser radikalen Historisierung des eigenen Tuns schreckten die Aufklärer notgedrungen zurück, denn sie hatten das anthropologische Fundament, die physikalisch-biologische Natur in ihrer relativen Statik noch nicht in Frage gestellt.

In der ‚Naturgeschichte' dominierte entweder die Beschreibung oder die Klassifikation. Der Schritt zu einer bedingungslos evolutionären Theorie blieb aus. Der Antrieb dazu hätte aus der gesammelten Beobachtung historisch-sozialer Veränderungen kommen können, doch war die Geschichtswissenschaft allein, d.h. ohne die Rückendeckung durch eine dynamische Naturauffassung nicht fähig, dieses Wissenschaftsparadigma aufzubauen. So blieb als Zwischenstufe nur das Konzept des ‚lebendigen Organismus', das von der Naturforschung übernommen wurde. Ein Organismus unterlag während seiner Lebenszeit Veränderungen, zeigte eine komplexe physische und psychische Konstitution und wurde durch den Begriff der ‚Lebenskraft' definiert, die auch auf den Beobachter wirkte. Die ‚Organismustheorie' bezeichnet die äußerste Grenze aufgeklärten historischen Denkens und bringt ihre gängigen Verfahren von Beschreibung und Klassifikation auch in die Geschichtsschreibung ein.

Die ‚Meistererzählung' der aufgeklärten Historiographie beginnt mit der spätantiken Zivilgesellschaft (*civil society*) und ihrem Abstieg in Barbarei und Religion. Sie durchquert unwillig das rätselhafte Mittelalter, lobt die Renaissance und endet mit dem Aufstieg der zivilisierten Nationalstaaten der Neuzeit, die ihr Machtgleichgewicht mit dem Wettbewerb freier Individuen in einer Produktions- und Handelsgesellschaft kombinieren. Die Geschichte folgt dem Leitmotiv ‚durch Finsternis zum Licht' und kann auf die Frage reduziert werden: Wie soll man 1000 Jahre christliches Europa universalhistorisch interpretieren? Diese Frage findet zunächst im geographischen Wachstum Europas ihre Antwort: Mit Rußland dehnt es sich bis an den Rand Chinas aus, die iberischen Staaten und England erobern die beiden Amerika. Auch die Vorstellung vom Altertum dringt in neue Räume vor: Mehr Raum wird ‚alt'. Wo es zuvor nur ein einziges Altertum gab, das der Juden, Griechen und Römer, da entdecken die Aufklärer ihre eigenen nationalen Altertümer. In Italien erforscht man die Etrusker, dann alle nichtlateinischen Kulturen, im Norden die Germanen, Slawen und Kelten, in Frankreich die Gallier. Nunmehr muß ganz Europa in seine Ursprungsdebatte und den Zivilisationsprozeß einbezogen werden.

Erzähltechnisch ist die aufgeklärte Geschichte eine Makrogeschichte, die zwar beim Exemplarischen beginnt, aber bei generellen Wirkursachen endet. Sie konzentriert sich auf die ‚lange Dauer' in der Vergangenheit und versagt vor der Zeitgeschichte. Bemerkenswerte aufgeklärte Erzählungen des spanischen Erbfolgekrieges, des Siebenjährigen Krieges oder der Amerikanischen Revolution fehlen. Aufgeklärtes Geschichtsinteresse orientiert sich am Verlaufsschema von Antike und Kirchengeschichte. Ereigniszusammenhänge außerhalb dieses Schemas lassen den philosophischen Historiker kalt.

Es liegt in der Logik ihrer Interessen, daß zu den genuinen Erfindungen der Aufklärungshistorie die Wissenschaftshistorie gehört. Wissenschaft war ja schlechthin die intellektuelle Aktivität der fortschrittlichen Geister zu allen Zeiten. Sie markiert die zentrale Zone des Fortschritts der gesellschaftlichen, methodischen und theoretischen Prinzipien. Mit der ‚Wissenschaftlichen Revolution' (*Scientific Revolution*) des 17. Jh. haben besonders die Enzyklopädisten das bis heute nachwirkende Paradigma von Wissenschaftsgeschichte erfunden. Diese, nicht die Politik- oder Kriegsgeschichte, sei der würdigste Zweig aller Geschichtsschreibung. Jean d'Alemberts *Discours préliminaire* (1751) zeichnet ihren sozialen Verlauf nach, Adam Smiths *History of Astronomy* (1795) die Entwicklung der wissenschaftlichen Methode. Allerdings brachten es die Aufklärer nicht zu einer einheitlichen, von einem einzigen moralischen Standpunkt aus konstruierten Wissenschaftsgeschichte. Jean-Jacques Rousseau fragte 1750 in seiner Abhandlung *Le rétablissement des sciences et des arts a-t-il contribué à épurer les mœurs?* nach der moralischen Wirkung der Wissenschaft und deutete sie als Verfall der Sitten. Seither muß die Wissenschaftshistorie davon ausgehen, daß Wissenschaft selbst Teil der Probleme ist, die vor allem der technische Fortschritt aufwirft.

In ihren besten Vertretern kombiniert die Aufklärungshistorie den zivilisatorischen Anspruch des ‚Philosophen' mit der Gelehrsamkeit der älteren Antiquare. Die theoretischen Programme der Historiker entwickeln sich auf einer festen empirischen Grundlage und zielen auf den Common sense ihrer nicht länger aus Fachleuten bestehenden Leserschaft. Ein Hauptteil der aufgeklärten Kritik verbirgt sich dabei unter einer erneuerten Antikenbegeisterung. Diese hilft mit, das Vakuum an religiösem Sinn aufzufüllen. Antike Politik, Kunst, Literatur und Rhetorik werden erneut zu Mustern von Nachahmung. Langsam, aber unaufhaltsam rückt das historische Wissen in das Zentrum der aufgeklärten Öffentlichkeit.

10.7 Kanon

Aufgeklärte Geschichtsschreibung zeichnet sich vor allem durch Polemik aus. Die wenigen im folgenden exemplarisch vorgestellten Historiker haben ausnahmslos große Debatten ausgelöst, und fast alle diese Streitfälle entzünden sich an der Rolle des europäischen Mittelalters.

Pietro Giannone (1676–1748), Advokat aus Neapel, stellte während der österreichischen Herrschaft über das Königreich mit großer Schärfe die Frage nach dem Ursprung der geistlichen Gewalt in Unteritalien. Seine *Storia civile del Regno di Napoli* (Bürgerliche Geschichte des Königreiches Neapel, 1723) ist eine Synthese aus der antipäpstlichen und antikirchlichen Argumentation der vergangenen 200 Jahre, d.h. von Machiavelli, De Thou und Sarpi. Die Kirche habe seit dem frühen Mittelalter zuerst das weltliche römische Recht usurpiert und dann mit Hilfe des kanonischen Rechtes einen Herrschaftsanspruch errungen, der bisher alle Versuche einer Einigung Italiens vereitelt habe. Das Ergebnis sei eine langfristige Lähmung der produktiven Fähigkeiten der italienischen Bürgergesellschaft, welche die Voraussetzung der Fremdherrschaft sei, beispielhaft verkörpert durch Spanien.

Giannones Absicht, den Neapolitanern die Entwicklung ihrer Rechtsordnung begreiflich zu machen, führte zu seiner Exkommunikation und schließlich zum Exil in Wien, wo er vom freidenkerischen Kreis um den Prinzen Eugen unterstützt wurde. 1736 holte ihn die Feindschaft der römischen Kurie endgültig ein. Auf savoyisches Gebiet gelockt, verbrachte er den Rest seines Lebens in der Festung von Turin, Opfer eines schmutzigen Handels zwischen der Kurie und Savoyen, die sich von seinem Widerruf und seinen erzwungenen Gutachten eine Stärkung ihrer Rechtspositionen versprachen. Allen antiklerikalen Aufklärern aber galt Giannone seither als Märtyrer.

In den Kampf gegen die Herrschaftsansprüche des Papstes in Italien war auch Ludovico **Antonio Muratori** (1673–1750) verwickelt. Als Bibliothekar der d'Este in Modena war er jedoch vor der kirchlichen Zensur geschützt, obwohl er Priester war. Er schlug freilich einen anderen Weg ein als der polemische Giannone, indem er sich dem Mittelalter als Quellenforscher zuwandte. Von 1723 bis 1738 gab er mit einem kleinen Stab von Helfern die 25 Bände seiner *Rerum Italicarum Scriptores* heraus. Eine schlichte Edition innerhalb einer Geschichte der Geschichtsschreibung hervorzuheben, mag zunächst befremden. Tatsächlich bilden die 3000 von Muratori gedruckten Stücke aber ein unvergleichliches kritisches Literaturarchiv. Die Mehrzahl der italienischen Geschichtsschreiber aus der

Zeit zwischen 500 und 1500 sind hier vertreten. Nord- und Süditaliener, profane stehen gleichberechtigt neben geistlichen Autoren. Dabei erfahren die Texte eine aufgeklärte Zensur. Die Wundererzählungen, in denen Baronius' *Annales ecclesiastici* schwelgten, werden gestrichen, Äußerungen von Ketzern und Kritik am Papsttum dagegen unverändert präsentiert. Mit diesem Verfahren erzeugt Muratori ein neues historisches Paradigma für seine Nation: Die mittelalterlichen *auctores* werden erstmals in einer europäischen Geschichtslandschaft zu den entscheidenden historischen Quellen, die ‚Barbaren' werden zu respektablen Vätern der modernen Italiener ernannt, und das historische Subjekt der *Scriptores* soll tatsächlich eine italienische Nation sein. Bei Muratori ist die Zentralität des Mittelalters und die Möglichkeit, dieses profan zu interpretieren realisiert. Die historische Identität der Halbinsel ist nicht länger eine lateinische, sondern eine italienische. Die Geschichte Italiens in der ‚christlichen Ära' verlief vom nationalen Standpunkt aus zwar unglücklich, sie läßt sich nunmehr aber kontinuierlich erzählen, wie Muratori in seinem zweiten Hauptwerk, den *Annali d'Italia dal principio dell'era volgare sino all'anno 1749* (Annalen Italiens, 1749), beweisen konnte.

Als sich der Schotte **David Hume** (1711–1776) 1752 dazu entschloß, eine Geschichte Englands im 17. Jh. zu schreiben, tat er dies in dem Bewußtsein, als philosophischer Autor beim englischen Publikum gescheitert zu sein. Dieses hatte den konsequenten Empirismus von Humes *Treatise on Human Nature* (1739) abgelehnt und den Philosophen unter Atheismusverdacht gestellt. Hume wandte sich deshalb der Historiographie zu, und mit den sechs Bänden seiner *History of England* (1754–1762) gelang ihm tatsächlich der Durchbruch. Der Historiker Hume hatte den inzwischen ganz dem Roman verfallenen Engländern einen großen Wunsch erfüllt, nämlich eine in klassischer, d.h. ‚antiker Manier' erzählte Geschichte Englands, die dessen Verfassungsentwicklung im Sinn des um 1750 erreichten Ausgleichs darstellte. Mit dem ersten Band, der die erste Revolutionsepoche (1603–1649) behandelte, erregte Hume noch Anstoß. Ein König, der laut Hume seine Rechte falsch umsetzte und ein Parlament, das Verfassungs- als Machtfragen entschied, widersprachen dem kollektiven Gedächtnis. Erst als Hume sich dem von ihm insgeheim verachteten Mittelalter zuwandte und sich zu einer Totalrevision der vorherrschenden Whiggeschichte entschloß, war ihm der Erfolg sicher. Die bis 1750 das Parlament dominierenden Liberalen (*Whigs*) hatten die Grundzüge der Verfassung von 1689 in die angelsächsische Ära zurückverlegt und lehnten den Gedanken einer langsamen Erweiterung der Freiheitsrechte entschieden ab. Hume bewies schlagend den durchgehenden Anachronismus dieser Konstruktion und bestärkte damit langfristig die Akzeptanz einer dynamischen Verfassungsentwicklung über den gegenwärtigen Stand hinaus. Dabei war er selbst ein Anhänger der Konservativen (*Tories*). Die literarischen Qualitäten der *History* fanden sofort in ganz Europa höchstes Lob. Seit Hume konnten die Geschichtsschreiber die Forderung nicht mehr abschütteln, daß jede Nation eine Gesamtgeschichte besitzen müsse, die ein sprachliches Meisterwerk und gleichzeitig Ausdruck ihrer zivilisatorischen Tendenz sein müsse.

Hume galt in seiner Zeit als Genie, sein deutscher Zeitgenosse **Johann Joachim Winckelmann** (1717–1768) sah sich selbst als eines. Winckelmann hatte als Gehilfe des sächsischen Grafen Bünau mit dem Studium der deutschen ‚Reichsgeschichte' begonnen und war dann auf ein bislang noch nicht systematisch bearbeitetes Thema gestoßen: die Geschichte der antiken Kunst. Damit vollzog er gleichsam den Wechsel von der politischen zur ‚Naturgeschichte', d.h. vom Bücherwissen zur Beobachtung, vom Text zum materiellen Objekt. Dieses galt ihm seiner höchsten Ausprägung als ‚schön' und ‚natürlich', und zwar als Verkörperung einer Idee. Nur der menschliche Körper, dargestellt von den Alten, entsprach laut Winckelmann diesem Ideal. Als Laboratorium für seine Beobachtungen wählte er die Stadt Rom.

Die *Geschichte der Kunst des Altertums* (1764) ist nicht der erste Entwurf einer Kunstgeschichte, wohl aber der erste Versuch, das Kunstwerk und die Einfühlung als Methode zu seiner Erfassung für jede Geschichtsschreibung verbindlich zu machen. Darüber hinaus ist sie das erste Werk, das dem erstaunten europäischen Publikum das Deutsche als Wissenschaftssprache vorführt. Für Winckelmann kann der Kunsthistoriker seinen Gegenstand nur als ‚ganzer Mensch', d.h. mit allen sinnlich-imaginativen Kräften erfassen; folglich war sein Werk selbst Kunstwerk, d.h. nicht beliebig von seiner Sprache abzulösen. Winckelmann war auch der erste, der den ‚Kontext' der griechischen Kunst, d.h. die Kunst der Ägypter, Perser, Etrusker, etc. mit einer zwar groben, aber doch wirkungsvollen Kausalerklärung gegenüber dem griechischen Ideal abwertete. Als Ursachen nannte er das Klima und die ‚griechische Freiheit'. Von diesem Standpunkt aus mußte das christliche Mittelalter, einschließlich seiner römisch-barocken Fortsetzung, als Niedergang gelten. Indem Winckelmann den Vorrang der griechischen Kunst betonte, entthronte er Rom in seiner Vorbildfunktion für den Künstler.

Der Augsburger Pfarrer **Jacob Brucker** (1696–1770) erscheint als das pedantische Gegenstück zum genialischen Winckelmann. Brucker war der erste Gelehrte, der sich ausschließlich mit der Geschichte der Philosophie beschäftigte. Die französischen Enzyklopädisten und Hegel fanden in seiner *Historia critica philosophiae* (Kritische Geschichte der Philosophie, 1742–1744, 1766–1767) die Quellenbasis für ihre Bestimmung der Geschichte des Denkens. Brucker argumentiert gleichsam spiegelbildlich zu Winckelmann. Die wahre Philosophie sei nicht die des Altertums, sondern der irenische Rationalismus der Gegenwart. Er allein stelle die Harmonie aller historisch vorfindbaren Wahrheiten her (Eklektik). Jedes philosophische System könne in eine genau bestimmbare Anzahl von Grundsätzen zerlegt werden, Aristoteles z.B. in genau 211. Stellt man ihnen die modernen Grundsätze gegenüber offenbart sich der genaue Grad der Abweichung, d.h. des Irrtums. Zu erklären, wie es dazu kam, ist Aufgabe des Historikers. Brucker zeigt akribisch die empirischen Faktoren auf, welche die Vernunft jeweils an der Selbstartikulation gehindert haben. Der Gang der Philosophiegeschichte teilt die gesamte philosophische Überlieferung erbarmungslos in falsch und richtig. Brucker zeigt keine ‚Entwicklung des Denkens', sondern verteidigt im Gegenteil die aufgeklärte Gegenwart gegen ihre Vorfahren, die sich in verantwortungsloser Weise mit vergangenen Meinungen und Irrtümern identifiziert hatten.

Besonders die scholastische Philosophie des Mittelalters ist für Brukker ein Feindbild. Die Scholastik vermischte Christentum und Aristoteles, die Gegenwart trennt deshalb rigoros Theologie und Philosophie. Brukkers Vergangenheitsbegriff ist das klare Gegenteil von dem Winckelmanns. Die Vergangenheit erschien diesem als unsterbliches und überzeitlich verbindliches Ideal; für Brucker war die Vergangenheit ein Andersein, eine Differenz, d.h. etwas Überwundenes. Beide Positionen bezeichnen nicht weiter überschreitbare Extreme des historischen Denkens der Aufklärung.

Neben David Hume war **Francois Marie Arouet**, genannt Voltaire (1694–1778), der zweite Philosoph, der die Geschichtsschreibung ins Zentrum seiner Arbeit stellte. Löst man die historischen Hauptwerke Voltaires aus ihrer Entstehungsfolge, dann ergeben der *Essai sur les moeurs* (1756/69), das *Siècle de Louis XIV* (1751) zusammen mit seinen „Geschichten Karls XII. von Schweden" (1731) und „Peters des Großen" (1761) eine Universalgeschichte Europas. Auch seine weltweiten Kulturkontakte werden einbezogen. Indien und besonders China finden Anerkennung als areligiöse Gesellschaften, nicht aber als dynamische Geschichtssubjekte. Damit nehmen nicht mehr alle zivilisatorischen Entwicklungen ihren Anfang beim Volk Israel. Europa allerdings ist für Voltaire die einzig entwicklungsfähige Gesellschaft in der Welt. Nur Europa hat ‚Epochen' als voneinander geschiedene Sinneinheiten. Alle anderen Völker verharren in statischer Untätigkeit. Für Voltaire sind die zivilisatorischen Errungenschaften und nicht die Kunst die Indikatoren von Entwicklung. Deren Motor sieht er in der aufgeklärt-absoluten Monarchie. Hemmnis und Feind des Fortschrittes ist natürlich die Religion, die gleichsam ein weiterwirkendes Mittelalter auf jüdisch-monotheistischer Grundlage darstellt.

Voltaires historische Werke sind nicht wegen ihrer Struktur, sondern aufgrund ihres Zwecks bemerkenswert. Erklärungen in der Geschichte zu suchen, heißt für ihn den Alltag, d.h. vor allem die ‚Sitten' (*moeurs*) zu befragen. Wegen seiner unakzeptablen Sitten, aber auch wegen des Mangels an Quellen ist das Mittelalter keine erzählbare Epoche. Er kann es nur als barbarische Epoche beschreiben, die überwunden werden mußte. Erst dort, wo es einen offenen Gegensatz Staat – Kirche gibt, kann man wieder erzählen. Voltaires Historiographie bleibt so auf ihren weltanschaulichen Gegner, die Religion, fixiert.

Es ist der englische Historiker **Edward Gibbon** (1737–1794), der die Ideen der Aufklärungsphilosophie über das Mittelalter in entscheidenden Punkten revidiert. Seine *History of the Decline and Fall of the Roman Empire* (Geschichte des Verfalls und Untergang des römischen Reichs, 1776–1788) erzählt die alte Geschichte vom Niedergang der antiken *civil society* und vom Aufstieg des Barbaren- und Christentums, d.h. das gesamte christliche Jahrtausend (500–1500) in neuer Form. Gibbon öffnet sich für die ‚Heterogonie der Zwecke', d.h. für die unbeabsichtigten guten Wirkungen negativer Absichten und billigt sie auch der Kirche zu. Vor allem aber historisiert er die bislang einheitliche Kausalitätsvorstellung der Aufklärung: gleiche Ursachen können laut Gibbon zu verschiedenen Zeiten unterschiedliche Wirken hervorbringen. Die Zivilisation der Gegenwart sei den Gefahren einer Wiederholung der Geschichte nicht mehr ausgesetzt, das trenne sie von der Vergangenheit. Als Anthropologe relativiert er diese Trennung jedoch. Gibbon glaubt nicht mehr wie Voltaire daran, daß der Deismus mit seinem vernunftmäßig erschlossenen, unpersönlichen Gott ein Massenphänomen werden könne. Ebensowenig glaubt er, daß eine reine ‚Zivilreligion' im Sinne Diderots wünschenswert sei: Besser, man belaste die Eliten, d.h. die aufgeklärten Atheisten, nicht mit dem Glauben und die Gläubigen (das Volk) nicht mit der reinen Vernunft. Die Konsequenz dieser Überzeugung ist klar: Die Religion, verkörpert im ‚Mittelalter', kann durch den Fortschritt nicht völlig überwunden werden. Selbst als Epoche erhält es einen positiven Eigenwert, nachdem das 18. Jh. die stabilisierende gesellschaftliche Funktion der Religion anerkennen mußte. Diese Position ist ein deutlicher Vorgriff auf die Aufwertung des Mittelalters durch Romantik und Historismus.

Fazit:

Die Kritik an der Geschichtsschreibung der Aufklärung war bereits im 18. Jh. vehement: Giannone wurde wegen seines plumpen Stils und als Plagiator verschrien; Muratori geriet bald in den Ruf eines unkritischen Editors; Winckelmann saß Fälschungen auf und überzeugte als Philologe nicht; Brucker hat kein einziges Manuskript eines mittelalterlichen Philosophen gesehen; Voltaire immunisierte sich gegen Kritik, indem er seine Quellen unzureichend angab; Gibbon wurde seine Feindschaft gegenüber der patristischen Literatur nicht verziehen. Alle Einwände der Zeitgenossen können aber nicht darüber hinwegtäuschen, daß die genannten Werke größtenteils noch heute eine spannende Lektüre abgeben, und daß sie Muster geschickter Argumentation vorstellen. Vor allem aber verankerten sie das historiographische Genre endgültig in den Nationalsprachen. Durch sie gewann die historische Arbeit an Bedeutung für die kollektive Identität, wurde aber gleichzeitig in ihrem Anspruch gefährdet, ‚objektiv' zu sein. Das 19. Jh. sollte zeigen, welchen Grad diese Gefährdung erreichen konnte.

10.8 Bibliographie

Autoren: Renaissance und Humanismus

D'Anghiera, Pietro Martire: De orbe novo [...] decades octo. Madrid 1530.
- Acht Dekaden über die neue Welt. Übersetzt u. kommentiert von Hans Klingelhöfer. 2 Bde. Darmstadt 1972–1975.

Biondo, Flavio: Italia illustrata – Italy illuminated. Lateinisch-Englisch. Buch I–IV Hrsg. u. übersetzt von Jeffrey A. White (The I Tatti Renaissance Library, 20). Cambridge/Mass. 2005.

Bonfini, Antonio: Rerum ungaricarum decades tres [Basel 1543]. Hrsg. von József Fógel, Béla Ivány u. László Juhász. 4 Bde. Leipzig 1936–1941.
- Des allermächtigsten Künigreichs inn Ungern warhafftige Chronick [...] . Übersetzt von Hieronymus Boner. Basel 1545.

Bruni, Leonardo: Historiarum Florentini populi libri XII / History of the Florentine People [Straßburg 1610]. Lateinisch-Englisch. Hrsg. u. übersetzt von James Hankins. 2 Bde. (The I Tatti Renaissance Library, 16). Cambridge/Mass. 2001–2004.

Buonaccorsi, Filippo (Callimachus): Historia de rege Vladislao seu clade Varnensi [Augsburg 1519]. Hrsg. von Taddaeus Kowalweski. Warschau 1961.

Corio, Bernardino: Historia Patria. Mailand 1503.

– Storia di Milano (Classici della storiografia, 4). Hrsg. von Anna Morisi Guerra. 2 Bde. Turin 1978.

Cyriaco von Ancona: Later Travels Lateinisch-Englisch. Hrsg. u. übersetzt von Edward W. Bodnar u. Clive Foss (The I Tatti Renaissance Library, 10). Cambridge/Mass. 2003.

Emilio, Paolo: De rebus gestis Francorum libri IV. Paris ca. 1518 (Libri X. Paris 1550).

Giovio, Paolo: Historiarum sui temporis. 2 Bde. Florenz 1550–1552.

– Historiarum sui temporis. Hrsg. von Dante Visconti u. T. C. Price Zimmermann. 2 Bde. Rom 1957–1985.

Guicciardini, Francesco: Storia d'Italia. Florenz 1561 u. Venedig 1564.

– Storia d'Italia. Hrsg. von Silvana Seidel Menchi. 3 Bde. Turin 2002.

– The History of Italy. Hrsg. u. kommentiert von Sidney Alexander. New York/London 1972. *Gekürzt.*

Kromer, Martin: De origine et rebus gestis Polonorum libri XXX. Basel 1555.

– Mitnächtischer Völckeren Historien. Übersetzt von Heinrich Pantaleon. 2 Bde. Basel 1562.

Magnus, Johannes: Gothorum, Suenorumque Historia. Basel 1558.

Magnus, Olaus: Historia de Gentibus septentrionalibus. Rom 1555.

– Description of the Northern Peoples. Hrsg. von Peter Foote, übersetzt von Peter Fisher. 3 Bde. London 1996-1998.

– Beschreibung allerley Gelegenheyte, Sitten ... der Mitnächtigen Völcker .... Übersetzt von Israel Achatius. Straßburg 1567.

Marineo, Lucio (Siculo): Opus de rebus Hispaniae memoriabilibus. Alcalá de Henares 1533.

– De primis Aragoniae Regibus. Zaragoza 1509.

– Crónica d'Aragon. Übersetzt von Juan de Molina [Valencia 1524]. (Biblioteca de historia hispánica, Crónicas 1). Barcelona 1974.

More, Thomas: The History of Richard the Thirde. In: The Workes of Sir Thomas More. Hrsg. von William Rastell. London 1557.

– Historia Richardi tertii. Text u. englische Übersetzung. In: Kinney, Daniel (Hrsg.): In Defense of Humanism (The Yale Edition of the Complete Works of St. Thomas More, 15). New Haven 1986.

Nebrija, Antonio de: Decades. Granada 1545.

Piccolomini, Enea Silvio: Pii II [...] Commentarii rerum memorabilium [...]. [Rom 1584]. Hrsg. von Adriano van Heck. 2 Bde. Rom/Cittá del Vaticano 1984.

– Historia Austrialis. Österreichische Geschichte. Lateinisch-Deutsch. Hrsg. von Jürgen Sarnowsky (FSGA, 44). Darmstadt 2005.

Platina (Bartolomeo Sacchi): Vitae Pontificum. Venedig 1479.

– Historia von der Bäpst und Kaiser Leben. Übersetzt von Kaspar Hedio. Straßburg 1543.

Rhenanus, Beatus: Rerum Germanicarum libri tres. Basel 1531.
Sabellico (Marcantonio Coccio): Rerum venetarum ab urbe condita libri XXXIII. Basel 1556.
Valla, Lorenzo: De falso credita et ementita Constantini donatione / The Profession of the Religious and the Principal Arguments from the falsely-believed and Forged Donation of Constantine. Hrsg. u. übersetzt von Olga Zorzi Pugliese. Toronto 1985.
Vasari, Giorgio: Le Vite de' piú eccellenti pittori, scultori e architettori [Florenz 1568²]. Hrsg. von Rosanna Bettarini u. Paola Barocchi. 3 Bde. Florenz 1966-87.
– Deutsche Teilübersetzungen. Berlin (Wagenbach) 2004 ff.
Vergilio, Polidoro: Historiae Anglicae libri XXVI. Basel 1534.
– De inventoribus rerum [Venedig 1499]. Lateinisch-Englisch. Hrsg. u. übersetzt von Benno Weiss [u.a.] (Bibliotheca humanistica et reformatorica, 56). Nieuwkoop 1997.
– Von den erfyndern der dyngen. Übersetzt von Tatius Alpinus (Marcus Tach). Augsburg 1537.

Autoren: Reformation

Baronius, Caesar: Annales ecclesiastici. 12 Bde. Mainz 1610–1618.
Camden, William: Annales rerum Anglicarum et Hibernicarum, regnante Elizabetha. 2 Teile. London 1615–27.
– The History of the Most Renowned and Victorious Princess Elizabeth. Hrsg. von Wallace T. MacCaffrey. Chicago 1970.
Grotius, Hugo: Annales et Historiae de rebus belgicis. Amsterdam 1658.
Hyde, Edward (Earl of Clarendon): The History of the Rebellion and Civil Wars in England begun in the Year 1641 [London 1702]. 6 Bde. Oxford 1888.
Knox, John: History of the Reformation in Scotland [London 1586]. 2. Bde. Hrsg. von William Croft Dickinson. London 1949.
Pufendorf, Samuel v.: Commentariorum de Rebus Suecicis libri XXVI. Utrecht 1686.
Sarpi, Paolo: Historia del Concilio Tridentino. London 1619.
– Außführliche Histori und Beschreibung des Concilii zu Trient. Frankfurt a. M. 1620.
Sleidan, Johannes: Commentariorum de statu religionis et republicae, Carolo V. Caesare, Libri XXVI. Straßburg 1555.
– Sleidanus redivivus, ..., Historische erzehlung der fürnembsten Händel, die sich in Religions und anderen Politischen Sachen ... . Übersetzt von Gotthard Arthusius. Frankfurt a. M. 1618.

Strada, Famiano: De Bello Belgico decas prima. Rom 1632.
– De Bello Belgico decas secunda. Rom 1647.
Thou, Jacques-Auguste de: Historiae sui temporis. Paris 1603–1609.
– Historische Beschreibung deren namhafftigsten geistlichen und weltlichen Geschichten. Frankfurt a. M. 1621.

Autoren: Aufklärung

Brucker, Jacob: Historia critica philosophiae. 6 Bde. Leipzig 1742–1767 (ND Hildesheim 1975).
Giannone, Pietro: Dell'Istoria civile del Regno di Napoli Libri XL. 4 Bde. Neapel 1723.
– Peters Giannone Bürgerliche Geschichte des Königreichs Neapel. 4 Bde. Ulm/Frankfurt a. M./Leipzig 1758–1770.
Gibbon, Edward: The History of the Decline and Fall of the Roman Empire [London 1776–1788]. Hrsg. von David Womersley. 3 Bde. London 1994.
Hume, David: The History of England [6 Bde. London 1754–1762]. 6 Bde. Indianapolis 1983–1985.
– Geschichte von England, von dem Einfalle des Julius Caesar bis auf die Thronbesteigung Heinrichs VII. 4 Bde. Breslau/Leipzig 1767–1771.
Muratori, Lodovico Antonio: Annali d'Italia, dal principio dell'era volgare sino all'anno 1749. 18 Bde. Mailand 1753–1756^{2}.
– Geschichte von Italien. 9 Teile. Leipzig 1745–50. *Deutsche Übersetzung der ersten Auflage, die nur bis zum Jahr 1500 reicht.*
– Rerum Italicarum Scriptores. Raccolta degli storici italiani dal 500–1500 [34 Teile. Mailand 1723–51]. Hrsg. von Giosua Carducci u. Vittorio Fiorini. Turin 1966 ff.
Voltaire (François-Marie Arouet): Le Siècle de Louis XIV. Berlin 1751.
– Die Zeiten Ludwig des XIV., Königs in Frankreich. Berlin 1752.
– Essai sur l'Histoire Générale, et sur les mœurs et l'esprit des nations. Depuis Charlemagne jusqu' à nos jours. 8 Bde. Genf 1761–1763.
Winckelmann, Johann Joachim: Geschichte der Kunst des Alterthums [Dresden 1764]. Hrsg. von Adolf H. Borbein. Mainz 2002.

Überblickswerke

Barret-Kriegel, Blandine: Les Historiens et la Monarchie. 4 Bde. Paris 1988. *Im Zentrum die französische Monarchie und ihr Einfluß auf die zeitgenössische Geschichtsforschung 1650–1780.*
Benz, Stefan: Zwischen Tradition und Kritik. Katholische Geschichtsschreibung im barocken Heiligen Römischen Reich (Historische Studien, 473).

Husum 2003. *Der lange fehlende Überblick zur katholischen Historiographie in Mitteleuropa.*

Cochrane, Eric: Historians and Historiography in the Italian Renaissance. Chicago 1981. *Sehr persönlich gefärbte, aber informative Übersicht.*

Doni Garfagnini, Manuela: Il teatro della storia fra rappresentazione e realtà: storiografia e trattatistica fra Quattrocento e Seicento (Studi e testi del Rinascimento europeo, 18). Rom 2002.

Dubois, Claude-Gilbert: La conception de l'histoire en France au XVIe siècle (1560–1610). Paris 1977. *Überblick mit großem theologie- und rechtsgeschichtlichem Hintergrund.*

Grell, Chantal, Paravicini, Werner u. Voss, Jürgen (Hrsg.): Les princes et l'histoire du XIVe au XVIIIe siècle. Bonn 1998. *Überblick zur höfisch beeinflußten Historiographie.*

Hassinger, Erich: Empirisch-rationaler Historismus. Seine Ausbildung in der Literatur Westeuropas von Guicciardini bis Saint-Evremont. Bern/München 1978. *Über vollkommene Geschichtskenntnis vor der Aufklärung.*

L'Histoire en marge à la Renaissance (Cahiers V.L. Saulnier, 19). Paris 2002.

Maurer, Michael: Neuzeitliche Geschichtsschreibung. In: Ders. (Hrsg.): Aufriß der Historischen Wissenschaften. Bd. 5. Stuttgart 2003. S. 281–499.

Pocock, John Greville, A.: Barbarism and Religion. 4 Bde. Cambridge U.K. 1999–2005. *Pocock macht aus Edward Gibbon das Zentrum einer Universalgeschichte von Mittelalter und ‚Civil Society'.*

Weiss, Roberto: The Renaissance Discovery of Classical Antiquity. Oxford/ New York 1988².

Woolf, Daniel: The Social Circulation of the Past. English Historical Culture 1500-1730. Oxford 2003.

Sammlungen von Texten zur historischen Methode

Blanke, Horst Walter u. Fleischer, Dirk (Hrsg.): Theoretiker der deutschen Aufklärungshistorie. 2 Bde. Stuttgart/Bad Cannstatt 1990. *Umfassende und breit kommentierte Sammlung deutscher Theoretiker des 18. Jh.*

Keßler, Eckhard: Theoretiker humanistischer Geschichtsschreibung (Humanistische Bibliothek. Reihe II. Texte 4). München 1971. *Die maßgeblichen Theoretiker in ungekürzten lateinischen und italienischen Texten.*

Leibniz, Gottfried Wilhelm: Schriften und Briefe zur Geschichte. Hrsg. u. kommentiert von Malte-Ludolf Babin u. Gerd van den Heuvel. Hannover 2004. *Alle wichtigen Abhandlungen Leibniz' zur Geschichte in einem Band versammelt und zudem übersetzt.*

Mabillon, Jean: Brèves réflexions sur quelques Règles de l'histoire. Hrsg. von Blandine Barret-Kriegel. Paris 1990.

Wissenschaftsgeschichte

Braun, Lucien: Geschichte der Philosophiegeschichte. Darmstadt 1990.

Burghartz, Susanna: Inszenierte Welten. Die west- und ostindischen Reisen der Verleger de Bry, 1590–1630. Basel 2004. *Zur Illustration der maßgeblichen Kompilation von Entdeckungsberichten.*

Conley, Thomas M.: Rhetoric in the European Tradition. Chicago 1994.

Dooley, Brendan: The Social History of Scepticism. Experience and Doubt in Modern Culture. Baltimore/London 1999.

Dreitzel, Horst: Die Entwicklung der Historie zur Wissenschaft. In: Zeitschrift für Historische Forschung 8 (1981). S. 257–284.

Fumaroli, Marc: L'Âge de l'éloquence. Rhétorique et ‚Res Literaria' de la Renaissance au seuil de l'époque classique. Paris 1980. *Große Studie auch zur Einwirkung der Rhetorik auf die Geschichtsschreibung.*

Engelhardt, Dietrich von: Historisches Bewußtsein in der Naturwissenschaft. Von der Aufklärung bis zum Positivismus. Freiburg i. Brg./München 1979.

Haskell, Francis: Die Geschichte und ihre Bilder. Die Kunst und die Deutung der Vergangenheit. München 1995 (engl. 1993).

Pomata, Gianna u. Siraisi, Nancy G. (Hrsg.): HISTORIA. Empiricism and Erudition in Early Modern Europe. Cambridge Mass./London 2005. *Studien zum empirischen Fundament des* Historia-*Begriffs in der Frühen Neuzeit.*

Pomian, Krzysztof: L'histoire de la science et l'histoire de l'histoire (1975). In: Ders.: Sur l'histoire. Paris 1999. S. 121–159.

Schmidt-Biggemann, Wilhelm: Topica universalis. Eine Modellgeschichte humanistischer und barocker Wissenschaft. Hamburg 1983.

Schnapp, Alain: La conquête du passé. Aux origines de l'archéologie. Paris 1993.

Seifert, Arno: *Cognitio historica.* Die Geschichte als Namengeberin der frühneuzeitlichen Empirie (Historische Forschungen, 11). Berlin 1976.

Shapin, Steven: A Social History of Truth. Civility and Science in Seventeenth-Century England. Chicago 1994.

Sommer, Urs Andreas: Sinnstiftung durch Geschichte. Zur Entstehung spekulativ-universalistischer Geschichtsphilosophie zwischen Bayle und Kant. Basel 2006.

Völkel, Markus: „Pyrrhonismus historicus" und „fides historica". Die Entwicklung der deutschen historischen Methodologie unter dem Gesichtspunkt der historischen Skepsis. Frankfurt a. M. [u.a.] 1987.

Woodford, Charlotte: Nuns as Historians in Early Modern Germany. Oxford 2002.

Offizielle Hofhistoriographie

Benzoni, Gini u. Zanato, Tiziano (Hrsg.): Storici politici veneti del Seicento. Mailand/Neapel 1982. *Introduzione, S. XXXIII–LI. zu Venedig.*

Fossier, François: La charge d'historiographe de France du XVIe au XIX siècle. In: Revue historique 258 (1976). S. 75–92.

– A propos du titre d'historiographe sous l'Ancien Régime. In: Revue d'histoire moderne et contemporaine 32 (1985). S. 361–417. *Zu Frankreich.*

Haitsma Mulier, E.O.G. u. Van der Lem, G.A.C (Hrsg.): Repertorium van Geschiedschrijvers in Nederland. Den Haag 1990. *Zu den Niederlanden.*

Hay, Deny: The Historiographers Royal in England and Scotland. In: Scottish Historical Review 30. S. 15–29. *Zu England.*

Kagan, Richard L.: El rey recatado. Felipe II, la historia y las cronistas del rey (Colección „Sintesis", 12. Universidad de Valladolid). Valladolid 2004. *Zu Philipp II.*

Schöttgen, Christian u. Kreysig, Christoph: Verzeichnis derer bestallten Chur-Sächsischen Historiographorum. In: Dies.: Diplomatische und curieuse Nachlese der Historie von Ober-Sachsen. Teil 1. Dresden/Leipzig 1713. S. 126–130. *Zu Sachsen.*

Tate, Brian: El cronista real castellano durante el siglo quinte. In: Homenaje a Pedro Sainz Rodriguez. Bd. 3. Madrid 1986. S. 635–643. *Zu Spanien-Kastilien.*

Vermaseren, B.A.: Het ambt van historiograaf in de Bourgondische Nederlanden. In: Geurts, P.A.M. u. Janssen, A.E.M. (Hrsg.): Geschiedschrijving in Nederland. Deel II: Geschiedbeoefening. Den Haag 1981. S. 1–19. *Zu Burgund.*

Spezielle Literatur zu einzelnen Historikern

Andermann, Ulrich: Albert Krantz. Wissenschaft und Historiographie um 1500. Weimar 1999.

Giannone, Pietro: La Vita di Pietro Giannone. Hrsg. von Sergio Bertelli. Bd. 1. Turin 1977.

De Maio, Romeo, Gulia, Luigi u. Mazzacane, Aldo (Hrsg.): Baronio storico et la Controriforma. Sora 1982.

Ditchfield, Simon: Liturgy, Sanctity and History in Tridentine Italy. Pietro Maria Campi and the Preservation of the Particular. Cambridge 1995. *Zum Wandel des Geschichtsbewußtseins des italienischen Klerus durch das Konzil von Trient.*

Döring, Detlef: Pufendorf-Studien. Beiträge zur Biographie Samuel von Pufendorfs und seiner Entwicklung als Historiker und theologischer Schriftsteller. Berlin 1991.

Gilbert, Felix: Guicciardini, Machiavelli und die Geschichtsschreibung der italienischen Renaissance. Berlin 1991.

Kinser, Samuel: The Works of Jacques-Auguste de Thou. Den Haag 1966.

L.A. Muratori Storiografo. Atti del Convegno internazionale di Studi Muratoriani 1972. Florenz 1975.

Ricuperati, Giuseppe, L'esperienza civile e religiosa di Pietro Giannone. Mailand, Neapel 1970.

Skovgaard-Petersen, Karen: Historiography at the Court of Christian IV (1588–1648): Studies in the Latin Histories of Johannes Pontanus and Johannes Meursius. Kopenhagen 2002.

Szczekalla, Michael: David Hume – der Aufklärer als konservativer Ironiker. Dialogische Religionskritik und philosophische Geschichtsschreibung im ‚Athen des Nordens'. Heidelberg 2003.

Völkel, Markus: Rhetoren und Pioniere. Italienische Humanisten als Geschichtsschreiber der europäischen Nationen. Eine Skizze. In: Peter Burschel u.a. (Hrsg.): Historische Anstöße. Festschrift für Wolfgang Reinhard zum 65. Geburtstag. Berlin 2002, S. 339–362.

Womersley, David (Hrsg.): Edward Gibbon. Bicentenary Essays. London 1997.

Woolf, Daniel R.: The Idea of History in Early Stuart England. Toronto 1990.

Wootton, David: Paolo Sarpi. Between Renaissance and Enlightenment. Cambridge 1983.

Zimmermann, Price T.C.: Paolo Giovio. The Historian and the Crisis of Sixteenth-Century Italy. Princeton 1995.

11. Amerika

11.1 Südliches Amerika

Es wird gern übersehen, daß die Alte Welt, die nach 1492 zur Eroberung der Neuen Welt aufbrach, tatsächlich eine ‚alte Welt' war. Die iberischen Nationen, Spanien wie Portugal, hatten um 1500 ihre mittelalterliche Staatswerdung nach 700 Jahren *Reconquista* gerade erst zum Abschluß gebracht. Einflüsse der Renaissance mußten von Akteuren umgesetzt werden, die vom Feindbild des Islam geprägt waren, und deren Antikenverständnis in der Regel von mittelalterlichen Wahrnehmungsmustern gelenkt wurde. Die Befremdung, welche die Aufklärung gegenüber den Methoden und Resultaten der Eroberung der Neuen Welt empfand, bezeugt nur, wie erfolgreich die Europäer die Mentalität ihrer Eroberungszüge am Mittelmeer und in Nordafrika während des Spätmittelalters verdrängt hatten.

In Südamerika kämpften die gleichen spanischen Privatarmeen (*hueste*), mit den gleichen königlichen Privilegien (*capitulacióñes*) und den gleichen Methoden und Zielen (Land, Ehre, Reichtum) wie einst in Andalusien und Granada. Sie traten gegen eine Bevölkerung an, die ihnen zwar noch fremder war als die des Maghreb, aber die Fähigkeit, soziale und ethnische Differenzen kaltblütig für sich auszunutzen, hatten sie dort bereits erworben. Sobald die indianische Elite beseitigt war, errichtete man ein Ausbeutungssystem, d.h. degradierte die Bevölkerung zu Ernährern der Eroberer. Bodenaufteilung (*repartimiento*) und Verfügung über die Eingeborenen (*encomienda*) waren Formen der Enteignung, die während der *Reconquista* bereits bei den Muslimen erprobt worden waren.

Fast alle Eroberer (*conquistadores*) traten arm und verschuldet zu ihren Unternehmungen an. Das erklärt ihre Entschlossenheit, ihre ‚Alles oder Nichts-Mentalität' und ihr ungeheuerliches Selbstbewußtsein gegenüber Krone und Kirche nach dem Sieg. Beide, Könige wie Priester, hatten große Mühe, mit einer Landnahme Schritt zu halten, die einen riesigen Doppelkontinent in kaum 50 Jahren erschloß. Dabei bestärkten sich beide Institutionen gegenseitig in ihrem unbändigen Willen, sich durchzusetzen. Die Kirche wollte die Seelen der Indianer erobern und dies in weitgehender

Übereinstimmung mit dem Geist des Evangeliums; der Staat wollte den Anschein einer legitimen Inbesitznahme wahren und war außerdem an einer demographischen Konsolidierung der indianischen Bevölkerungen interessiert, um Einnahmen zu erschließen und das Handelsmonopol gewinnbringend ausüben zu können. Kirche und Staat verhalfen sich gegenseitig zum Sieg über die Konquistadoren, die in Amerika zwar von erblichen Lehen und unabhängigen Fürstentümern träumen konnten, sich aber doch der bürokratischen Herrschaft der spanischen Könige unterwerfen mußten. Diese Herrschaft war eine doppelte: Mit dem königlichen Gesamtpatronat über die spanische Kirche (*Padronado réal*) stand dem Herrscher die administrative Leitung der jungen lateinamerikanischen Kirche zu; durch den Indienrat (*Consejo de Indias*) in Madrid und den Vizekönigen in Mexiko und Peru versuchte er, das zivile und wirtschaftliche Leben zu reglementieren. Eine Flut von Erlassen ergoß sich über den Kontinent. Die große Gesetzessammlung für Amerika von 1681 (*Recopilación*) umfaßte bereits 6400 Gesetze, die in 400 000 königlichen Erlassen (*cedulas*) zwischen 1492 und 1680 ergangen waren.

Nach der stürmischen Anfangszeit erstarrten die Grenzen des spanischen Amerika. Sie fielen mit den Rändern der Hochländer, d.h. mit den ehemaligen Grenzen der indianischen Hochkulturen zusammen. Im bürokratischen System der neuen Vizekönigreiche versuchten Spanier (Kreolen), die Kirche und die Indianer ihre Positionen zu konsolidieren. Alle dieser Gruppen verfügten auch über Institutionen des historischen Gedächtnisses und der Geschichtsschreibung. Die Deutungshoheit über die lang zurückliegende Vergangenheit war für den Aufbau der Kolonialgesellschaft genauso entscheidend wie das Aufschreiben der kaum abgeschlossenen Eroberung selbst.

Historisches Wissen und schriftliche Überlieferungstechniken hatten bereits die präcolumbianischen Indianern im zentralen Mittelamerika und dem Andenhochland zur Verfügung gestanden. Was aufgezeichnet wurde und wie dies geschah, löste bei den Spaniern freilich höchst ambivalente Reaktionen aus: einerseits wollten sie das kulturelle Gedächtnis der Indianer zerstören, andererseits für ihre Zwecke ausbeuten. Damit traten sie in die Tradition des atztekischen und des Inkareiches, denn diese hatten ihrerseits ältere Gemeinschaften historisch enteignet und die physischen Träger ihrer Überlieferungen zerstört. Das Resultat dieses Kulturkampfes war im späten 16. Jh. eine teilweise Vernichtung der materiellen Geschichtskultur der Indios, ein Überschreiben oder eine Neukodierung ihrer Erzählungen. Eine autonome Artikulation indianischen Geschichtsbewußtseins verhinderte das spanische Kolonialsystem bis ins 19. Jh.

Vier traditionelle indianische Überlieferungstechniken waren hochentwickelt: 1. Die klassische Mayakultur (0– ca. 1000 n.Chr.) benutzte eine Mischschrift aus phonetischen und ideographischen Zeichen. Die drei erhalten gebliebenen Mayakodizes ermöglichen zusammen mit vielen Inschriftenfunden den Aufbau einer Chronologie für mehr als 600 Jahre. 2. Die aztekische Bilderschrift besteht aus Reihen mit Logogrammen oder bloßen Bildzeichen und erforderte ein konkretes Vorwissen, um verstanden und in Rede umgesetzt zu werden. 3. Die peruanischen *Quipus* (Knotenschnüre) liefern statistische Daten, enthalten aber auch Gedächtniszeichen, welche Spezialisten der Inkaregierung (*Quipi-Cayamoc*) zu ganzen Geschichtserzählungen auszubauen wußten. 4. Schließlich produzierten die Indianer auch religiöse und ‚historische' Dichtung, die, ausgehend von einem Aufschreibesystem, szenisch umgesetzt wurde. Indianer, Mestizen und Spanier haben im 16. Jh. dieses historische Wissen in jeweils verschiedene Diskurse eingebracht.

Der erste, in der ganzen von Europäern beherrschten Welt vernommene historische Diskurs war der der Eroberer selbst. Noch während der Kämpfe waren sie gezwungen, ihre Taten darzustellen, denn deren Legitimität, Ruhmwürdigkeit und materielle Konsequenzen waren von Anfang an umstritten. Die Konquistadoren besaßen bis auf wenige Ausnahmen keine humanistische Bildung (*semicultos*), mußten also ihre Defizite beim Schreiben der Geschichte einräumen und zugleich kompensieren. Aus diesem Grund wagten sie sich kaum an die klassische synthetische *historia*, sondern konzentrierten sich auf Chroniken (*crónica*) und Tagebücher (*diario*), vor allem aber auf Leistungsberichte wie den Brief (*carta*), das Verzeichnis (*relación*) und den rechtskonformen Tatennachweis (*información de servicios* oder *probanza de méritos*). Den Wahrheitsbeweis glaubten sie durch Augenzeugenschaft und ungeschminkte Darstellung ihrer eigenen Taten erbringen zu können; auf Stil und rednerischen Schmuck konnten sie nicht setzen. Den Meisten stand ohnehin nur ein provinzielles Südspanisch als Ausdrucksmittel zur Verfügung. Die Konquistadoren richteten ihre Werke an die Monarchen und ihre Räte, erst in zweiter Linie an ein Publikum, das ihrer nach der Art antiker Helden gedenken sollte. Wenn die eigene Schrift ihren Hauptzweck, den *mercedes*, d.h. die Zuweisung eines hohen Kolonialamtes bzw. von Land und Geld, erreicht hatte, dann war es auch zu verschmerzen, daß die Behörden im Mutterland sie als Geheimsache unter Verschluß hielten.

Die Eroberer der Seelen, Missionare und Priester, entwickelten in der Neuen Welt schnell einen eigenen historischen Diskurs. Amerika mußte in die christliche Universalgeschichte, und zwar in ihre biblische und antike Doppelstruktur, eingefügt werden. Die Vorsehung hatte die Indianer ohne Zweifel zur Bekehrung bestimmt. Dazu mußte sich die Kirche deren historisch-kulturelles Bewußtsein aneignen. Diese Übernahme konnte allerdings nur dadurch gelingen, daß die Missionare auch den gesamten Lebensraum der Indios in seinen physikalischen und klimatischen Bedingungen (*naturaleza*) erforschten, d.h. die aristotelische Gleichung von ‚Physis' und ‚Moral' bestätigten (vgl. S. 259). Hier lag die Wurzel für das intensive ethnographische Interesse der Kirche, das sich organisch aus der in Spanien dominanten aristotelisch-thomistischen Schulphilosophie entwickelt hatte. Der Bildungsgrad der Kleriker war höher als der der Konquistadoren, so daß sie mit Erfolg historische Synthesen anstreben konnten. Andererseits dienten auch ihre Werke vorwiegend der Information der eigenen Obrigkeit und erreichten nur eine kleine kirchliche Öffentlichkeit.

Die Brücke zwischen der oralen bzw. schriftlichen indianischen Tradition und dem europäischen Publikum konnte nur von den Indianern oder Mestizen selbst geschlagen werden. In kurzer Zeit entstand eine schmale indianische Bildungsschicht, die es wagte, die eigene Kultur und Geschichte an die Normen der neuen kolonialen Gesellschaft anzupassen. Natürlich konnte der Versuch, das indianische Selbstverständnis in einer fremden Sprache und in europäischen, d.h. biblisch-antiken Erzählschemata auszudrücken, nicht völlig gelingen. Als erste Anstrengung eines unterworfene Volks, mit einem aufgezwungenen mentalen Instrumentarium ein indigenes autochthones Gedächtnis zu schaffen und es zugleich in eine dauerhaft pluralistische Gesellschaft (Kreolen, Indianer, Mestizen) einzubringen, haben die Werke von Alvarado Tezozomoc, Garcilaso de Vega und Huaman Poma de Ayala aber epochalen Rang. Erstmals in der Geschichte der europäischen Geschichtsschreibung wurden außereuropäische Standpunkte mit einem eigenen formalen und methodischen Repertoire dargestellt.

Anreger, Kontrolleur und Archivar aller historiographischen Anstrengungen auf dem neuen Kontinent blieb aber bis ins 18. Jh. die spanische Krone. In kürzester Zeit brach sie zu einer deskriptiven Eroberung Amerikas auf, wo sie noch in der ersten Hälfte des 16. Jh. nach kastilischem Muster Institutionen für Geschichtsschreibung und staatliche Statistik gründeten. Der *Casa de Contratación* in Sevilla und dem *Consejo de Indias* in Madrid wurden Geheimarchive angegliedert, 1532 ein privilegierter *Cronista de Indias* ernannt, der ab 1567 als *Cronista y Cosmógrafo de Indias* nicht nur den Zugang zum Archiv kontrollierte, sondern auch als Zensor aller mit Amerika befaßten Werke tätig war. Diesem *Cronista* oblag es, eine offizielle *Historia general de las Indias* zu schreiben. Er sollte auch die beiden großen statistischen Fragebogenaktionen auswerten, die 1577 und 1584 in jeweils 50 Sachgebieten mit Tausenden von Teilnehmern durchgeführt worden waren. Hauptziel der Madrider Informationspolitik war es, das politische, ökonomische und kirchliche Monopol Spaniens auch im bürokratischen Alltag durchzusetzen. Als die Informationen dann massenhaft eintrafen, überforderten sie die Analyse- und Synthesefähigkeit der Funktionäre, besonders die des offiziellen Historikers, vollkommen. Erst im 17. Jh. gelangten in großen zeitlichen Abständen amtliche *Historias generales* auf den Buchmarkt, ohne daß es ihnen gelungen wäre, der europäischen Öffentlichkeit das zensierte Bild Lateinamerikas aufzuzwingen.

Dieses Bild hatten sich die Protestanten längst durch eine konfessionell gesteuerte Auslegung weniger Geschichten und Reiseberichte geschaffen. Die selbstkritische *Brevissima relación de la destrución de las Indias* (1557) des Dominikanermönchs Bartolomé de las Casas (1474–1566) wurde schon 1583 ins Englische übersetzt. Kombiniert mit den drastischen Bilderfolgen des flämischen Kupferstechers Theodore de Bry (1528–1598) in seinen z.T. viersprachig gedruckten *Grands Voyages* (1590-1634) sorgte sie für ein zählebiges Vorurteil (*leyenda negra*) über das spanische Auftreten in Amerika.

In ihrer Funktion als Zensoren und Unterdrücker von historiographischer Literatur waren die *Cronistas de Indias* allerdings erfolgreich, wie die Publikationsgeschichte dieser Gattung beweist: Selbst vom Hof in Auftrag gegebene Werke wie die *Historia general y natural de las Indias* (1557) von Gonzalo Fernández de Oviedo (1478–1557) wurden nur unvollständig gedruckt und erlebten kaum jemals Neuauflagen. Die Mehrzahl der klassisch gewordenen Texte der frühen lateinamerikanischen Geschichtsschreibung liegen in Ausgaben des 19. Jh. vor, ohne damit schon kritischen Maßstäben zu entsprechen. Für den kleineren Rest bedeutender Werke genügt es, die einzige repräsentative Sammelausgabe dieser Literaturgattung überhaupt zu nennen, die *Historiadores primitivos de las Indias occidentales* (1749) von Andrés Gonzáles de Barcía (1673–1743), entstanden im Umkreis der nach französischem Vorbild gegründeten Madrider Akademien. Damit verfügte die bourbonische Zentralbürokratie zumindest über eine historisch-ethnographische Grundlage für Reformen in den Kolonien. Da moderne kritische Ausgaben erst seit der zweiten Hälfte des 20. Jh. erarbeitet worden sind, läßt sich mit Recht behaupten: Kaum jemals wurde eine bedeutende und für die Identität ihrer Ursprungsländer konstitutive Geschichtsschreibung so spät wiederentdeckt wie die lateinamerikanische.

11.2 Kanon

Die frühe lateinamerikanische Geschichtsschreibung vermochte den Anforderungen der antiken Rhetorik nicht zu entsprechen, wurde nicht kontinuierlich rezipiert und bislang noch von keinem Literaturhistoriker umfassend dargestellt. Jede Auswahl muß deshalb so voreilig wie willkürlich erscheinen. Die nachfolgend besprochenen Werke sollten also vor allem als Repräsentanten der praktizierten Gattungen, Methoden und Autorengruppen verstanden werden.

Von **Hernan Cortés** (1485–1547), dem Eroberer Mexikos, sind fünf *Cartas de relación* für den Zeitraum von etwa acht Jahren überliefert. Der erste Bericht beginnt mit der Landung an der mexikanischen Küste, der letzte erzählt die gescheiterte Expedition nach Honduras. Von allen Conquistadoren konnte Cortés als ehemaliger Sekretär des Gouverneurs von Kuba am besten schreiben und besaß zudem Grundkenntnisse der lateinischen Literatur. Seine Briefe dienen der Legalisierung der eigenen Taten, sie beschreiben in lakonischer Kürze das Land und seine Ressourcen. Der Vergleich mit Caesars Stellung in Gallien ist zwingend und wird von Cortés durch die Konstruktion eines *bellum iustum* gegen die Azteken auch inhaltlich angestrebt. Gleichzeitig bedient er sich bei den Erzählmustern und moralischen Normen des spanischen Ritterromans, benutzt also höfische Sprechweisen und überführt Handlungen in knappe Dialoge. Cortés' Briefe sind Gebrauchs- und Kunstprosa zugleich. Er war mit ihnen in doppelter Hinsicht erfolgreich: Als Anerkennung übertrug ihm Karl V. 1521 für einige Jahre die Macht in Mexiko. Außerdem haben sie die Geschichtsschreibung der Eroberung auf Dauer geprägt.

Stilistisch wie inhaltlich ein ‚Anti-Cortés' ist die *Historia verdadera de la conquista de la Nueva España* (1632), die **Bernal Díaz de Castillo** (1492–1581) in hohem Alter verfaßte. Er wollte die Aufmerksamkeit von Cortés auf seine Mitstreiter lenken und erzählt die Eroberung aus der Sicht der *hueste*, der armen und zu kurz gekommenen Soldaten. Diaz war kein ausgebildeter Literat, aber ein begnadeter Erzähler. Wo Cortés sein rationales Kalkül vorführt, dort durchlebt Diaz nochmals die Begegnung mit einer Wirklichkeit, die ohne phantastische und fiktive Elemente nicht zu erfassen, geschweige denn ins Gedächtnis einzuprägen war.

Für Peru lieferte **Pedro de Cieza de León** (1520–1554) eine noch umfassendere historische Synthese als Cortés und Diaz für Mexiko. Mit 15 Jahren gelangte Cieza nach Peru, das er als Soldat und bald auch als Chronist weitere 15 Jahre lang durchwanderte. Seine vierteilige *Crónica del Peru* findet ihren Höhepunkt in der wüsten Bürgerkriegsepoche nach der Ermordung Francisco Pizarros (1478--1541), sie ist aber weit mehr als nur Zeitgeschichte: Sie ist eine vollständige Landesbeschreibung sowie Geschichte und Ethnologie des Inkareiches. Cieza berichtet nicht nur als einer der ersten von der Kartoffelpflanze und erklärt die Knotenschrift der *Quipus*, er beschreibt auch die Entstehung der jungen Kolonialgesellschaft zwischen dem Erlaß der neuen Gesetze (*Leyes Nuevas*) und der Entdekkung der Silberminen von Potosí (Bolivien). 1548 wurde der zunächst als Privatmann schreibende Cieza mit dem Titel eines *Cronista de las Indias* belohnt und seine Arbeit damit als offizielle Geschichtsschreibung anerkannt. Damit war zugleich ihre unglückliche Publikationsgeschichte besiegelt: Nur noch der erste Teil (*Primera parte*) erschien 1553 zu Lebzeiten des Verfassers und erlebte besonders in der italienischen Übersetzung viele Auflagen. Der zweite Teil über die Inkaherrschaft, der dritte über die Eroberung und der vierte über den Bürgerkrieg verstaubten jedoch im Indienarchiv. Erst als William Prescott (1796–1859), der Wiederentdecker der spanischen Kolonialgeschichte, den Verlust von Ciezas Chroniken beklagte, kam die Editionstätigkeit wieder in Gang.

Es dauerte gut 50 Jahre, bis nach der Eroberung die ersten Stimmen der Besiegten hörbar wurden. In Mexiko wertete ein Enkel Montezumas, **Fernando Alvarado Tezozomoc** (ca. 1519– ca. 1599), Bilderhandschriften für eine Frühgeschichte der Indios aus. Indianische Geschichte in Nahuatl und Kastilisch schrieb **Fernando Alva Ixtlilxóchitl** (ca. 1568– ca. 1648), der auch viele mündliche Überlieferungen sammelte. Hauptstoßrichtung dieser Historien war der Nachweis einer ‚natürlichen Religion' der Vorfahren, welche deutliche monotheistische Züge tragen sollte. Die alten indianischen Großreiche und das Römische Reich erhielten analoge historische Aufgaben zugewiesen: Beide hätten die sozialen und politischen Grundlagen für die Ausbreitung des Evangeliums gelegt.

Für Peru wurde diese Konzeption von ‚Inca' **Garcilaso de la Vega** (1539–1616), einem Mestizen, und dem Indianer **Felipe Huamán Poma de Ayala** (ca. 1530– ca. 1615) verwirklicht. Garcilaso, der königliche Abstammung beanspruchte, genoß als Kind in Cuzco eine beachtliche indianische und humanistische Ausbildung, die er nach seiner Übersiedlung nach Spanien 1560 noch fortsetzte. Seine *Comentarios reales* (1609) verraten eine ausgebreitete Kenntnis der antiken Klassiker. Sie gestattet ihm den sorgfältigen Vergleich von indianischer und europäischer Kultur, die Projektion von Cuzco auf Rom und des Sonnengottes auf Christus. Garcilaso wendet die Theorie der antiken Tragödie in seiner Erzählung an und beendet deshalb seine Inkageschichte im Jahr 1572 mit der Hinrichtung des letzten Inka Tupac Amaru. Der Autor kann diese Katastrophe (καταστροφή,

'Umschlag' einer Tragödie) nur dadurch historisch bewältigen, daß er sie mit der göttlichen Gnade des Evangeliums erklärt. Garcilaso gehört zu den wenigen lateinamerikanischen Autoren, die im Europa des 17. Jh. breit rezipiert wurden.

Weniger gebildet als Garcilaso, dafür aber tiefer in den mühsamen kolonialen Gesellschaftsprozeß verstrickt, war **Poma de Ayala**, der Autor der *Nueva Corónica y buen gobierno.* Zwischen 1584 und 1612 entstanden, wurde das Manuskript mit seinen 1179 Seiten und fast 400 Illustrationen erst 1908 wiederentdeckt. Die gegenwärtig durch neue Quellenfunde bewirkte Verdichtung des historischen Kontextes für das Vizekönigtum Peru zeigt Poma als Mittelsmann (Dolmetscher und Indianeranwalt) zwischen den indianischen Gemeinden, der Kirche und der örtlichen Bürokratie. Mit den Reformgesetzen der *Nuevas Leyes* schien eine einklagbare Rechtsgrundlage für die Unterworfenen vorzuliegen. Nach jahrzehntelangem Kampf mußte Poma einsehen, daß dieses Recht gegenüber den Kreolen nicht durchsetzbar war. Deshalb beginnt er seine Chronik, die zugleich Apologie der indianischen Kultur und Anklage der Eroberer ist, mit einem Klagebrief an König Philipp II. Der Historiker tritt wie ein Prediger auf, der dem Monarchen die Beschwerden seiner neuen Untertanen vorträgt und ihn ermahnt, die endzeitlichen Dimensionen der *Conquista* ernst zu nehmen. Inzwischen vermutet man jedoch aufgrund der vielen transkribierten Quetschuawörter und vor allem der großformatigen Zeichnungen, daß die *Nueva Corónica* ursprünglich für indianische Leser bestimmt war. Heute ist sichtbar geworden, daß der vermeintlich 'ungebildete' Indianer Poma eine selektive Auffassung der Inkageschichte vorträgt, die ihren Höhepunkt in einer prägnanten Deutung der religiösen Verfassung der Indios nach der Eroberung erreicht. Der Bericht über Sünde, Götzendienst und Bekehrung wird in ein subtiles Regierungsprogramm für ein neues Peru umgewandelt. Mit Recht gilt die *Nueva Corónica* heute als ein Schlüsseltext für den kolonialen Diskurs im 16. Jh.

Um sie zu beherrschen, mußten die Missionare den Indianern vor allem zuhören. Was sie von ihnen erfuhren, das war allerdings noch nicht die Antwort auf die Frage, die sie sich selbst gestellt hatten: Mit welchen Methoden ließ sich ein dogmenkonformes Christentum bei den indianischen Völkern durchsetzen? Dieses Problem war nur durch den Einbau des Wissens der Eingeborenen in das theologische und wissenschaftliche Weltbild lösbar. In Mexiko steht für einen solchen Integrationsversuch das imponierende Werk des Franziskaners **Bernardino de Sahagún** (1499–1590). Er war Lehrer am mexikanischen Adelskolleg in Tlaltelolco, wo mit den Methoden aztekischer Tempelschulen christliches Wissen vermittelt wurde. Als Sahagún von seinen Oberen mit der Abfassung einer zur Indianermission benötigten Enzyklopädie beauftragt wurde, da begriff er sich noch als ‚Arzt', der die Krankheiten des Aberglaubens zu heilen hatte. Als er nach mehr als 15 Jahren dazu ansetzte, das Ergebnis seiner Feldforschungen zu einer *Historia General del las cosas de Nueva España* (1547–1582) zu formen, war er zu einem Ethnologen geworden, dessen Maßstäbe noch heute bestehen können. Er entwarf einen Fragebogen, den geschichtskundige Indianer in der Provinz in Nahuatl bzw. aztekischer Bilderschrift beantworteten. Teilweise erläuterten sie ihre Piktogramme in Spanisch. In Tlaltelolco kommentiert sodann eine andere Gruppe von Indianern dieses Material mündlich. Abschließend schrieb der Historiker alles in Spanisch nieder. Mit dieser Methode wurde Sahagún einer der ersten Forscher, denen es gelang, die ‚Innensicht' (emische Beschreibung) einer fremden Kultur darzustellen. Damit war eine nichtchristliche Religion gleichsam wertneutral dokumentiert worden. Leider verhinderten Desinteresse und Zensur den Druck der umfangreichen Sammlung. Erst 1829/1830 erschien die erste Ausgabe in London und Mexiko.

Erfolgreicher als Sahagún war der Jesuit **José de Acosta** (1539–1600), der das Glück hatte, sowohl in Peru als auch in Mexiko landeskundliche Beobachtungen anstellen zu können. Acosta stand vor der Aufgabe, eine von Europa gänzlich verschiedene Natur und Kultur mit dem biblischen Weltbild zu vereinen. Durch den naturkundlichen Hintergrund schimmert letztlich die Frage durch, wie mit der Andersartigkeit der Ureinwohner auf religiösem Gebiet umzugehen sei. Es spricht für die programmatische Einheit von Acostas Ansatz, daß die ersten beiden Bücher der *Historia Natural y Moral de las Indias* 1588 zusammen mit seinem Missionstraktat *De promulgatione Evangelii apud barbaros* veröffentlich wurden. Hier forderte er: „Die physische Natur soll dem Evangelium zu Füßen gelegt werden" (poner lo natural a los pies del evangelio). In der Folge beschreibt er die moralischen und physischen Unterschiede zwischen Europa und Amerika a) als gottgewollt, b) als Folge der regionalen Verteilung der Lebewesen nach der Sintflut. Diese hätten sich, c) ihren unterschiedlichen Umgebungen biologisch angepaßt. Die erfahrene Andersartigkeit Amerikas zwingt den Jesuiten zu fast evolutionistischen Gedankengängen. Besonders in der lateinischen Originalfassung, *De Natura Novi Orbis*, war Acostas Werk europaweit ein Erfolg. Der Gedanke, daß kulturelle Unterschiede, weil ‚physisch' bedingt, Akzeptanz einfordern dürfen, konnte jetzt zumindest im Ansatz verfolgt werden.

11.3 Bibliographie

Autoren

Acosta, José (SJ): De procuranda indorum salute libri sex (Corpus hispanorum de pace, 23–24). Hrsg. u. übersetzt von Luciano Pereña. Madrid 1984–1987.

- Historia natural y moral de las Indias [Sevilla 1590. lat. 1596]. Hrsg. von José Alcina Franch (Crónicas de America, 34). Madrid 1987.
- Das Gold des Kondors. Berichte aus der Neuen Welt 1590 und Atlas zur Geschichte ihrer Entdeckung. Hrsg. u. übertragen von Rudolf Kroboth u. Peter H. Meuer. Stuttgart/Wien 1991.

Casas, Bartolomé de las: Breuissima relacion de la destruycion de las Indias. Sevilla 1552.

- Ganz Kurtzer Bericht über die Zerstörung Westindiens. In: Delgado, Mariano (Hrsg.): Bartolomé de Las Casas. Werkauswahl. Bd. 2. Kommentiert von Michael Sievernich u. übersetzt von Ulrich Kunzmann. Paderborn/u.a. 1995. S. 25–138.
- Historia de las Indias. In: Delgado, Mariano (Hrsg.): Bartolomé de Las Casas. Werkauswahl. Bd. 2. S. 139–324.
- Kurze apologetische Geschichte. In: Delgado, Mariano (Hrsg.): Bartolomé de Las Casas. Werkauswahl Bd. 2. S. 325–512.

Cieza de León, Pedro: Parte primera de la cronica del Peru. Sevilla 1553.

- Auf den Königsstraßen der Inkas. Hrsg. von Victor Wolfgang von Hagen. Stuttgart 1971. *Deutsche Teilübersetzung aus der amerikanischen Fassung des Herausgebers.*

Cortés, Hernán: Carta (2 y 3) de relacion embiada a su Majestad del emperador [...] . Sevilla 1522–23 (lat. Nürnberg 1524, dt. Augsburg 1550).

- Die Eroberung Mexikos. Eigenhändige Berichte an Kaiser Karl V. hrsg. u. bearbeitet von Hermann Homann. Darmstadt 1984.

Crónicas de la Compañia de Jesús en la Nueva España. Eingeleitet u. ausgewählt von Francisco González de Cossio. Mexico 1995[3].

Diaz del Castillo, Bernal: Historia verdadera de la conquista de la Nueva-España. Madrid 1632.

- Denkwürdigkeiten des Hauptmanns Bernal Diaz del Castillo oder Wahrhafte Geschichte der Entdeckung und Eroberung von Neuspanien. Übersetzt u. bearbeitet von Georg A. Narciß. Frankfurt a. M./Leipzig 2001.

Garcilaso de la Vega, el Inca: Comentarios reales de los Incas [Lissabon 1609]. Hrsg. von Mercedes Serna. Madrid 2000.

- La Florida. Hrsg. u. kommentiert von Carmen de Mora. Madrid 1988.
- Wahrhaftige Kommentare zum Reich der Inka. Deutsch von Wilhelm Plackmeyer. Berlin 1986[2]. *Eine nicht kommentierte Teilübersetzung.*

Guamán Poma de Ayala, Felipe: Die neue Chronik und gute Regierung. Faksimileausgabe u. Übersetzung auf CD-Rom. Berlin 2004.

Herrera Tordesillas, Antonio de: Primera (-segunda) parte de la historia general del mundo ... desde el [...] 1559 hasta el [...] 1585. Valladolid 1606.

Núñez Cabeza de Vaca, Alvar: La relación y comentarios del governador Alvar Nuñez Cabeza de Vaca, de lo acaescido en las dos jornadas que hizo a las Indias. Valladolid 1555. *Enthält die erstmals 1542 in Zamora erschienene ‚relacion', die später als* ‚Naufragios' *berühmt wurde.*

– Naufragios y Comentarios. Hrsg. von Roberto Ferrando (Cronicas de America, 3). Madrid 1984².

– Alvar Núñez Cabeza de Vaca: His Account, his Life, and the expedition of Pánfilo de Narváez. Hrsg. u. übersetzt von Rolena Adorno u. Patrick Ch. Pautz. 3 Bde. Lincoln/Nebraska 1999.

Sahagun, Bernardino de: Historia general de las cosas de Nueva España. Buch 1–12. Mexiko 1829–1830.

– Aus der Welt der Azteken. Die Chronik des Fra Bernardino de Sahagun. Hrsg. von Claus Litterscheid. Frankfurt a. M. 1990².

Titu Kusi Yupanki, el Inca: Die Erschütterung der Welt. Ein Inka-König berichtet über den Kampf gegen die Spanier. Hrsg. u. übersetzt von Martin Lienhard. Düsseldorf 2003 (span. 1973). *Briefchronik aus den letzten Jahren des Neu-Inkareiches um 1570.*

Valdivia, Pedro: Cartas de relación que tratan de la conquista de Chile. Hrsg. von Mario Ferreccio Potestá. Santiago 1970².

– Die alltägliche Conquista. Zwölf Briefe des Pedro de Valdivia von der Eroberung Chiles. Hrsg. von Petra May u. Wolfgang Reinhard. Frankfurt a. M. 1994.

Textsammlungen

Heuer, Renate: Rückkehr der Götter. Die Aufzeichnungen der Azteken über den Untergang ihres Reiches. Aus dem Nahuatl von Angel Maria Garibay, deutsch von Renate Heuer. München 1965.

Janik, Dieter u. Lustig, Wolf (Hrsg.): Die spanische Eroberung Amerikas. Akteure, Autoren, Texte. Frankfurt a. M. 1989. *Gut kommentierte Auswahl kleiner Textabschnitte von Kolumbus, Cortés, Acosta, Ercilla y Zúñiga u.a.*

Todorov, Tzvetan u. Baudot, Georges (Hrsg.): Récits aztèques de la Conquête. Paris 1983. *Texte in Nahuatl und Spanisch in französischer Auswahl.*

Allgemeine Darstellungen

Bitterli, Urs: Die Entdeckung Amerikas. Von Kolumbus bis Alexander von Humboldt, München 1991. *Bezieht die zeitgenössische Geschichtsschreibung stark ein.*

Elliot, John H.: Die Neue in der Alten Welt. Folgen einer Eroberung 1492–1650. Berlin 1990 (engl. 1970).

Folger, Robert u. Oesterreicher, Wulf (Hrsg.): Talleres de la memoria – Reivindicaciones y autoridad en la historiografia indiana de los siglos XVI y XVII (Pluralisierung & Autorität, 5). Münster 2006.

Lockhart, James M. u. Schwartz, Stuart B.: Early Latin America: A History of Colonial Spanish America and Brazil. Cambridge 1987.

Pietschmann, Horst: Staat und staatliche Entwicklung am Beginn der spanischen Kolonisation Amerikas (Spanische Forschungen der Görresgesellschaft. 2. Reihe, 19). Münster 1980.

Salomon, Frank: The Making and Reading of Native South American Historical Sources. In: Salomon, Frank u. Schwartz, Stuart B. (Hrsg.): The Cambridge History of the Native Peoples of the Americas. Bd. 1. Teil 1. Cambridge 2001. S. 19–95.

Sandoval Rodriguez, Isaac: Historia e historiografia en América Latina. Santa Cruz 1999.

Thomas, Jack Ray: Biographical Dictionary of Latin American Historians and Historiography. Westport/London 1984. *Das Lexikon legt den Schwerpunkt auf die Zeit nach 1800.*

Weckmann, Luis: The Medieval Heritage of Mexico. New York 1992 (span. 1984). *Reichhaltige Untersuchung zum mittelalterlichen Erbe Spaniens in Mexiko.*

Wilgus, A. Curtis: The Historiography of Latin America. A guide to Historical Writing. 1500–1800. Metuchen/New Jersey 1975.

Spezialliteratur

Adorno, Rolena: Guaman Poma and his Illustrated Chronicle from Colonial Peru. From a Century of Scholarship to a New Era of Reading. Kopenhagen 2001.

Baudot, Georges: Utopia and History in Mexico. The First Chroniclers of Mexican Civilization (1520–1569). Niwot/Colorado 1995.

Brokaw, Galen: The Poetics of Khipu Historiography. Felipe Guamán Poma de Ayala's Nueva corónica and the Relación de los quipucamayos. In: Latin American Research Review 38 (2003). S. 111–147. *Vergleich von zwei Khipu-Umschriften von Inka-Biographien mit europäischer Biographik.*

Campbell, Ysla: Historia y Ficción. Crónicas de América. Ciudad Juárez 1992.

Cañizares Esguerra, Jorge: How to write the History of the New World. Histories. Epistemologies and Identities in the 18th Century Atlantic World. Stanford 2001.

Carbia, Rómulo D.: La Crónica oficial de las Indias Occidentales. Estudio histórico y crítico acerca de la historiografia mayor de Hispano-América en los siglos XVI a XVIII. La Plata 1934.

Cook, Noble David: Demographic Collapse. Indian Peru, 1520–1620. New York/Cambridge 1981.

Erdheim, Mario: Anthropologische Modelle des 16. Jh. Über Las Casas, Oviedo und Sahagún. In: Kohl, Karl-Heinz (Hrsg.): Mythen der Neuen Welt. Zur Entdeckungsgeschichte Lateinamerikas. Berlin 1982. S. 57–67.

Gaida, Marie: Zeichen der Macht: Abstammungsnachweise in vorspanischen Schriftsystemen. In: Amerika 1492–1992. Neue Welten – Neue Wirklichkeiten. Geschichte – Gegenwart – Perspektiven. Hrsg. vom Iberoamerikanischen Institut Berlin. Braunschweig 1992. S. 14–23.

Hampe Martínez, Teodoro: El renacentismo del Inca Garsilaso revisitado. Los clásicos greco-latino en su biblioteca y en su obra. In: Bibliothèque d'Humanisme et Renaissance 56 (1994). S. 641–663.

– Santo Officio e historia colonial: aproximaciones al tribunal de la Inquisición de Lima (1570–1820). Lima 1998.

Hemming, John: The Conquest of the Incas. New York 1970.

Jara, René u. Spadaccini, Nicholas (Hrsg.): Rediscovering Colonial Writing (Hispanic Issues, 4). Minneapolis 1989.

Malagón Barceló, Javier: The Role of the *letrado* in the Colonization of America. In: The Americas 18 (1961). S. 1–17.

Scharlau, Birgit: Beschreiben und Beherrschen. Die Informationspolitik der spanischen Krone im 15. und 16. Jh. In: Kohl, Karl-Heinz (Hrsg.): Mythen der Neuen Welt. Zur Entwicklungsgeschichte Lateinamerikas. Berlin 1982. S. 2–100.

– u. Münzel, Mark: Qellqay – Mündliche Kultur und Schrifttradition bei Indianern Lateinamerikas. Frankfurt a. M. 1986.

Stoll, Eva: Conquistadoren als Historiographen. Diskurstraditionelle und textpragmatische Aspekte in Texten von Francisco de Jerez, Diego de Trujillo, Pédro Pizarro und Alonso Borregán (Scriptorialia, 91). Tübingen 1997.

Straub, Eberhard: Das *Bellum iustum* des Hernán Cortés in Mexiko. Köln 1976. *Untersuchung zum Einfluß Caesars und der Ritterromane auf Cortés.*

Valcárel Martínez, Simón: Las crónicas de Indias como expresión y configuración de la mentalidad renacentista. Granada 1977.

Velazco, Salvador: Historiografia y etnicidas emergente en el México colonial. Fernando de Alva Ixtlixochitl, Diego Muñoz Camargo y Hernando Alvarado Tezozomoc. In: Mesoámerica 38 (1999). S. 1–32.

11.4 Nördliches Amerika

Die Eroberung, Besiedlung und staatliche Organisation des nordamerikanischen Kontinents vollzog sich in gänzlich anderer Weise als in Südamerika. Statt blitzschneller Eroberung großer Räume durch wenige Europäer und der Unterwerfung großer eingeborener Bevölkerungen kam es im Norden zum langsamen Aufbau von Siedlungskolonien und einer weitgehenden Verdrängung der Ureinwohner. In Mittel- und Südamerika war der Raum durch die präkolumbianischen Reiche und Zivilisationen historisch wie demographisch ‚gefüllt' gewesen. Hier überlagerte die iberische Geschichte und Kultur ihre einheimischen Äquivalente in der gleichen Weise wie das Wirtschaftssystem und die Herrschaft der Eroberer die soziale Organisation der Indianer. Die Identitäten beider Gruppen entwikkelten sich schon bald aufeinander zu, so daß in Lateinamerika Mischkulturen mit großen Gruppen von Mischlingen (Mestizen) entstanden.

Bis zum Beginn des 18. Jh. war noch nicht entschieden, ob Nordamerika von Spaniens mexikanischen, von Frankreichs kanadischen oder von Englands atlantischen Besitzungen aus erschlossen werden würde. Der seit 1763 feststehende Sieg der Angelsachsen verdankt sich einer hohen Geburtenrate und der Öffnung für Einwanderer aus dem ganzen protestantischen Europa. Im Vergleich dazu war die Auswanderung nach Lateinamerika auf Spanien und Portugal beschränkt und strikt reglementiert. So erklärt sich, daß während des Siebenjährigen Krieges den etwa 1 300 000 britischen Siedlern und ihren 320 000 Sklaven nur etwa 50 000 Franzosen in Quebec und wenige tausend Kreolen im spanischen Machtbereich (Nueva España) gegenüberstanden.

Die lange Zeit auf Großbritannien, Nord- und Mitteleuropa ausgerichtete Einwanderungspolitik der Vereinigten Staaten hat ihr historische Selbstverständnis bis über den II. Weltkrieg hinaus dominiert. Erst am Ende des 20. Jh. hat sich in den USA die Auffassung durchgesetzt, daß die Kultur- und Sozialgeschichte Nordamerikas nur als Synthese von Einflüssen des gesamten ‚atlantischen Raums' geschrieben werden kann. Die entwickeltste Form der *Atlantic history* beschränkt das Beziehungsnetz der angelsächsischen Kolonien nicht länger auf Großbritannien, sondern erweitert es um Spanien und den Mittelmeerraum. Vor allem aber verschließt sie sich nicht länger dem Subkontinent im Süden. Dieser hat aufgehört, ausschließlich als Zone von Unterentwicklung zu gelten und stellt dem politischen und kulturellen Vergleich erstmals gleichberechtigte Phänomene zur Verfügung.

Der angelsächsische Siedlungsraum stand in den knapp 150 Jahren bis zur Unabhängigkeit in einem sowohl symbiotischen als auch komplementären Verhältnis zum englischen Mutterland. London schirmte seine Kolonien militärisch ab, gewährte lokale Selbstverwaltung und ließ dem religiösen Pluralismus freien Lauf. Die Siedler selbst sahen sich als Pilger und Auserwählte auf jungfräulichem Boden, zunächst noch ausschließlich innerhalb des biblizistischen Geschichtsbildes, bald aber schon als Begründer eines neuen, ihrer Meinung nach ‚westlichen Imperiums', in dem sich die europäische Geschichte vollenden würde. Die Kolonisten und die Regierung in London waren sich zunächst darüber einig, daß neue Siedlungen (*Plantations*) das Mutterland stärken und politisch ein Teil von ihm bleiben sollten. Über die moralisch-politischen Grundlagen der Verwaltung der Kolonien herrschte jedoch von Anfang an Dissens.

Von der zentralistisch-bürokratischen Herrschaft Spaniens im Süden hob sich das Laissez-faire der Briten im Norden stark ab. Fast jede britische Kolonie berief sich auf eine andere Gründungsurkunde (*Charter*), die respektiert sein wollte. Zu einer einheitlichen Kolonialgesetzgebung oder Indianerpolitik konnte sich die Zentrale in London erst sehr spät durchringen. Als *Empire of Commerce* wurde das britische Kolonialreich vom Privatkapital beherrscht: Investitionen, Ausbeutung und Verwaltung erfolgten in entschieden pluralistischen Formen. Deshalb liefen, anders als in Sevilla und Simancas, die Daten und Quellen aus den Kolonien nicht in vorbereitete staatliche Archive ein. Mit der Schwäche der Bürokratie im Mutterland verband sich überdies eine Unterentwicklung der Institutionen der englischen Geschichtsschreibung, die bereits in der späten Tudor-Ära erkennbar ist. Wenn schon das Königtum große Mühe hatte, eine eigene Geschichtssicht zu entwickeln, geschweige denn in einer breiteren Öffentlichkeit durchzusetzen, dann überrascht es wenig, daß die nationale koloniale Expansion nur geringes historisches Interesse auf sich zog.

Dennoch konnte auch das elisabethanische England seinen Traum vom Weltreich nicht ohne handfestes Wissen realisieren. Deshalb war es zwingend, sich zunächst das ‚spanische Wissen' zu verschaffen, und zwar zugleich als empirische Handlungsgrundlage und als apokalyptischen Erwartungshorizont. Bartolomé de Las Casas *Brevissima relación* (*Kurzer Bericht über die Zerstörung Indiens)* (vgl. S. 255) wurde genauso ins Englische übersetzt (1583) wie die große Naturgeschichte Amerikas (*Historia Natural y Moral*) des Jesuiten José Acosta (1604). Wichtigster Importeur und Bearbeiter kolonialer Schriften um 1600 war der anglikanische Geistliche Richard Hakluyt (1552–1616). In seinem Hauptwerk, den *Principal Navigations, Voyages, Traffiques and Discoveries of the English Nation* (3 Bde., 1598–1600) vereinte er englische mit iberischen, französischen und italienischen Reiseberichten und Geschichten. Ziel der Schrift war es, die britische Öffentlichkeit mit zwei Ansichten vertraut zu machen: 1. Ausschließlich die koloniale Expansion hatte Spanien zu seiner Stellung als ‚Supermacht' verholfen. 2. Ohne eigene Kolonien würde es den protestantischen Engländern bald so schlecht ergehen wie den Indianern im spanischen Machtbereich. Damit knüpfte Hakluyt den Erhalt von Konfession und nationaler Identität an die Errichtung eines kolonialen Imperiums. Dieses Imperium sollte im Mittelpunkt einer neuen Geschichte stehen, die die göttliche Vorsehung für ihr neues auserwähltes Volk, die Engländer, vorherbestimmt hatte. Die spanische Entdeckungs- und Kolonialgeschichte wurde so zu einer ‚Vorgeschichte' des britischen Weltreiches.

Derartige Verheißungen blieben nicht auf den religiösen Bereich beschränkt. Francis Bacon (1561–1626), Philosoph und Kronanwalt unter König Jacob I., stellte Amerika in den Mittelpunkt der seiner rational geplanten empirischen Wissenschaft. Er wies die Arbeit an ihr zwei klar geschiedenen Gruppen zu: einerseits ‚Bergleuten' (*miners*) und ‚Schmieden' (*smiths*), d.h. handwerklichen Datensammlern und andererseits aristokratischen Synthesenherstellern. Die Kolonisten sollten die niedere Rolle der Sammler von bloßen Sinnesdaten übernehmen und außerdem die materiellen Rohstoffe zuliefern. Die Auswertung der Daten und die Theoriebildung sollten das Privileg der intellektuellen Elite in der Metropole bleiben. Diese hierarchisch gegliederte Wissensproduktion teilt viele Züge und manchen Widerspruch mit der spanischen Konzeption eines Zusammenhangs von Imperium und Wissen. Diese beruhte auf der Vorstellung, daß der rationale Seelenteil (*ingenium*) durch die Umwelt, d.h. Klima, Boden und Nahrung bestimmt werde. Dem amerikanischen Kontinent fiel in diesem Schema im Vergleich zu Europa eine mindere Rolle zu, denn seine physische Ausstattung bewirke eine Degeneration der Arten, bei den Indianern z.B. eine Schwächung des Intellektes. Besiedelten nun Europäer diesen Raum, dann wären sie zunächst zwar imstande, ihn produktiv zu nutzen, würden aber auf Dauer den negativen Einflüssen der Umwelt unterliegen. Die Erwartung einer Verwandlung der Kolonisten erfüllte sich denn auch bald in doppelter Weise: Der ‚Sinnes-Apparat' der Kolonisten veränderte sich in der Interaktion mit der Umwelt und den Ureinwohnern, außerdem gingen sie dazu über, selbst wissenschaftliche Theorien und Praktiken zu erfinden. Dies wiederum wirkte auf ihr Selbstbild zurück: im Norden wurden sie zu ‚Amerikanern', im Süden zu ‚Kreolen'.

Weder die Spanier noch die Briten hatten jedoch beabsichtigt, mit ihren Koloniegründungen neue politische und kulturelle Identitäten zu schaffen. Sie versprachen sich anfangs davon sogar eine Stärkung ihrer ‚europäischen' Identität und hatten die Kreisläufe des Wissens und die literarischen Gattungen des Ausdrucks zum Zwecke dieser Affirmation organisiert. Es waren also handfeste ökonomische und kulturelle Benachteiligungen vorhanden, die die Kolonisten daran hinderten, ein autonomes Geschichtsbewußtseins und eine ihm angemessene historiographische Praxis hervorzubringen, zumal die europäischen Wissenschaftler kaum Hilfestellung leisteten. Die englischen Gelehrtengesellschaften stellten bei der Erarbeitung historischen Wissens über Amerika die Belange der neuen Welt ebensowenig in den Mittelpunkt wie der spanische *Cronista Mayor* im Geheimarchiv des Indienrates. Die Regierung in Madrid benutzte ihr Wissen nur zögerlich, die in London überließ es dem privaten Kapital. Erst spät im 18. Jh. konnten die europäischen Metropolen die ihnen von Anbeginn zugedachte Rolle eines Fokus ‚amerikanischen Wissens' übernehmen können. Dies war der kurze Moment der aufgeklärten Universalgeschichte. In der langen Zeit zuvor mußten besonders die Briten in Nordamerika ohne einen historischen Fokus auskommen.

In ihrem mühsamen Verlauf war die Besiedlung des Raums zwischen Atlantikküste und Appalachen der rasanten Eroberung Südamerikas nicht zu vergleichen. Geschichtsschreibung als Erzählung von Heldentaten von Konquistadoren konnte es für den Norden nicht geben. Noch zu Beginn des 17. Jh. ähnelten englische Berichte (*reports* oder *relations*) den nüchternen spanischen *informaciónes de servicios*. Beide wurden sie geschrieben, um konkreten Belohnungen einzufordern. Doch schon bald erteilte die Krone keine Gnadenerweise mehr, sondern vollzog einen Systemwechsel in der Kolonialpolitik. In Abstimmung mit dem Parlament erließ sie Statuten für Siedlungskolonien. Damit entstanden die Voraussetzungen für ein völlig neues historisches Subjekt. Die dreizehn Neu-England-Staaten entwickelten freilich erst seit der Unabhängigkeit von 1776 ein gemeinsames Geschichtsbewußtsein; zuvor verstanden sie sich keineswegs als eine historische Einheit, zumal die drei großen Kriege gegen Frankreich 1689–1697, 1739–1748 und 1754–1763 unter britischer Leitung geführt worden waren. Starke geschichtsinteressierte Institutionen wie die Missionsorden oder die Einheitskirchen der europäischen Staaten fehlten ebenso wie finanzstarke Mäzene. ‚Große Erzählungen' (*Grand Narratives*), die durchaus möglich gewesen wären, wie die Huronen- und Irokesenkriege, der Siebenjährige Krieg und der Unabhängigkeitskrieg kamen so nicht zustande. Auch waren die Kolonisten nicht willens, die Indianer als gleichwertige militärische Gegner anzuerkennen; vielleicht ist das ein Grund für das Fehlen einer historischen Epik in Nordamerika. Eine nostalgisch-bewundernde Sicht des ‚roten Mannes' leistete man sich in den USA erst, als dieser seine letzten Kämpfe verloren hatte. Es war die frühe Photographie, nicht das Epos, die die Würde der Ureinwohner wiederherstellen sollte.

Im 17. und 18. Jh. war Neuengland ein Teil des englischen Bildungs- und Literatursystems. Schnell wurden die ersten Colleges in Harvard (1636), Virginia (William and Mary, 1693) und Yale (1701) gegründet. In diesen Bildungseinrichtungen spielte die klassische Philologie im Gegensatz zu Europa nur eine bescheidene Rolle, so daß die aktive Antikennachahmung in der Geschichtsschreibung kein Bestandteil der Ausbildung war. Wie Tocqueville später schrieb, war weder das Ideal des elitären Helden noch das des ‚perfekten Geschmacks' in der amerikanischen Leserschaft verankert.

London mit seinen Druckpressen und Buchhändlern beherrschte den noch sehr bescheidenen Buchmarkt in Amerika und war dabei durch die Zensur- und Produktionsvorschriften des *Licensing Act* im Mutterland bevorzugt. Zwischen 1638 und 1740 lassen sich nicht mehr als 38 Druckwerkstätten in Nordamerika nachweisen. Der amerikanische Markt war klein, zudem vom Interesse an religiöser, administrativer und praktischer Literatur dominiert. Für aufwendige Werke fanden sich nur wenige Leser, und gedruckt wurden sie aus Kostengründen ohnehin in London.

Trotzdem gab es am Ende des 18. Jh. in den jungen USA ein deutlich ausgeprägtes Geschichtsbewußtsein und mit importierten Büchern ausgerüstete Bibliotheken. Dennoch blieb die junge Republik ein Sonderfall, denn ihr Geschichtsbewußtsein trug deutliche antihistorische, genauer: antieuropäische Züge. Es ruhte auf vier Säulen: 1. Das Naturrecht versetzte die Einwanderer an den Anfang der Zeit und ersparte ihnen, solange der Naturzustand der Besitzergreifung andauerte, d.h. die Grenze (*frontier*) nicht gezogen war, sich überhaupt einem normalen Geschichtsverlauf unterwerfen zu müssen. 2. Das Studium der Bibel legte den Schluß nahe, daß Gott mit den Amerikanern einen neuen Bund (*covenant*) geschlossen hatte. Ihrer Meinung nach war damit ein neues, und zwar das letzte Imperium überhaupt gegründet. Dieses kontinentale Reich ließ sich auf der Linie des *Westward Course of Empire* an die christliche Universalgeschichte anschließen: von Babylon nach Rom, von Rom nach Washington. 3. Die römische Republik konnte zusätzlich als Vorbild dienen, denn sie war zugleich expansiv und dauerhaft tugendhaft gewesen. 4. Schließlich erlaubte es die liberale Version der englischen Geschichte (*Whig Version*), die zeitgenössische parlamentarische Monarchie im Mutterland als zutiefst korrupt und die neue Republik als einzig legitimen Nachfahren der freien Angelsachsen aus Germaniens Wäldern zu betrachten. Amerika hatte sich erfolgreich der Korruption durch König Georg III. (1760–1820) entzogen.

Ohne über eine ausgebildete Geschichtsschreibung und -forschung zu verfügen, hatte sich die amerikanische Nation also während der Revolution ein historisches Bewußtsein geschaffen, das ihrem von der Vorsehung gewollten Ausnahmezustand exakt entsprach. Amerika schloß mit der alten Geschichte Europas ab und begann eine neue, die deren Kainsmale, Korruption und Niedergang, nicht mehr tragen würde. Der Bürger der Neuen Welt wurde in seiner Geschichtsschreibung zu einem wiedergeborenen Menschen, der die für Amerika negative Kategorie der Zeit vermittels des (unverbrauchten) Raums außer Kraft gesetzt hatte. Obwohl er die Krone der Zivilisation war, würde er weiterhin im Naturzustand leben können. In Amerika war die europäische Epoche zum Abschluß gekommen, und die eigene Geschichte würde nie etwas anderes sein als die glückhafte Durchdringung des als unendlich und moralisch wie physisch positiv imaginierten Naturraums.

Um 1800 waren nur noch zwei Störfaktoren vorhanden: Erstens die Indianer, die zwar frei waren, aber gleichzeitig zivilisatorisch überholt, weil ausschließlich im Naturzustand lebend; zweitens die Negersklaven, die in Amerika als Restposten europäischer Unfreiheit gehalten wurden. Beide Gruppen verfügten nach heutigen Maßstäben durchaus über historisches Wissen und Selbstbewußtsein. Freilich war dieses Wissen zumeist ein erzähltes, getanztes und in Ritualen aufbewahrtes (performatives) Wissen, und als solches für eine Nation eingewandertes Europäer inakzeptabel. An der Andersartigkeit von Indianern und Negersklaven sollte die Andersartigkeit des amerikanischen Geschichtsbewußtseins erst im 20. Jh. ihre Grenzen erfahren. An einen Einbezug indianischen und afroamerikanischen Wissens ins eigene Geschichtsbild war während der Kolonialzeit nicht zu denken.

11.5 Kanon

Eine Auswahl aus der Geschichtsschreibung, die sich auf den Nordamerika in seiner kolonialen Epoche bezieht, muß alle drei europäischen Mächte berücksichtigen, die diesen Kontinent erforscht und besiedelt haben: Spanien, Frankreich und Großbritannien. Als repräsentativ für die spanische Sichtweise gilt der Konquistador und Gouverneur **Alvar Núñez Cabeza de Vaca** (ca.1490– ca. 1556). Cabeza de Vaca war 1528 Mitglied einer Expedition nach Florida gewesen, hatte Schiffbruch erlitten und sich dann mit drei Gefährten durch das südliche Texas, Arizona und Neu Mexiko bis an die Baia California durchgekämpft, wo er 1537, nach fast zehn

Jahren, erstmals wieder auf Landsleute traf. Über die Erlebnisse der Gruppe berichtete Cabeza de Vaca, in einer Erzählung, die 1555 in überarbeiteter Fassung als *La relación y comentarios* in der königlichen Druckerei von Valladolid erschien. Seit der Madrider Ausgabe, die 1749 von Barcía herausgegeben wurde, ist das Werk unter dem Titel *Naufragios* (Schiffbrüche) bekannt. Es nimmt heute im *Colonial Discourse* der *Atlantic history* eine Schlüsselstellung ein. Der Versuch, das nördliche ‚Goldreich' zu erobern, scheiterte und ließ sich auch nicht mehr mit den Mitteln der traditionellen *Relación* darstellen. Das Erlebnis einer mehrjährigen Fußwanderung, ohne Waffen, ständig vom Hunger bedroht und angewiesen auf die Ortskenntnisse nomadischer Indianer, konnte Cabeza de Vaca nur in einer Mischung aus Epos, spiritueller Autobiographie und ethnographischer Beschreibung bewältigen. Zu recht ist betont worden, daß die „Schiffbrüche" den neuen spanischen Ansatz in der Indianerpolitik seit 1542 spiegeln. Die Ureinwohner erscheinen als Personen von hohen spirituellen Qualitäten. Ihre magischen Praktiken bieten der katholischen Missionstheologie einen natürlichen Ansatzpunkt für die Bekehrung und damit der spanischen Regierung für ihre neue Politik der ‚sanften Unterwerfung' (*pacificación*). Besondere Aufmerksamkeit haben Cabeza de Vacas Versuche erregt, sich Elemente der indianischen Mentalität zu eigen zu machen. Das weltliche Eroberungsmotiv scheint hinter dem religiösen zurückzutreten. Von hier aus ist der Weg zur historiographischen Literatur der Jesuiten nicht weit, die im 17. Jh. zum bedeutendsten nordamerikanischen Missionsorden werden sollten.

Seit 1611 waren Jesuiten in Kanada (*La Nouvelle France*) tätig. 1632 erhielten sie dort ein Missionsmonopol, und bereits vor dem Ende des Jahrhunderts hatten sie den Mississippi bis zur Mündung befahren und das spätere Louisiana erreicht. Die Jesuiten waren Entdecker des Landes und organisierten zugleich seine Besiedelung, vor allem aber waren sie Missionare. Ihren Plänen zufolge sollte Neufrankreich ein von ausgewählten Weißen und seßhaft gemachten Indianern gemeinsam bewohntes Land sein. Diesen komplexen Handlungsabsichten entsprachen die Tendenzen der Jahresberichte, welche die Ordensdisziplin den Mitgliedern abverlangte. 1632 schickte Pater **Paul Le Jeune** (1591–1664) den ersten Bericht nach Paris, wo er große Anteilnahme erregte und noch im gleichen Jahr vom königlichen Drucker Sebastien Cramoisy verlegt wurde. In ununterbrochener Folge erschienen nun 41 *Relations des Jésuites de la Nouvelle-France.* Ihr Ende kam 1673, als Papst Clemens X. die Veröffentlichung aller Missionsberichte untersagte, die nicht das Plazet der römischen Missionskongregation (Propaganda Fide) erhalten hatten. Weitere Berichte französischer Jesuiten erschienen aber noch bis zur Aufhebung des Ordens 1764.

Die thematische Spannweite der *Relations* ist überaus groß; sie umfaßt die Landesbeschreibung mit Fauna und Flora, ausführliche Berichte über die Indianerstämme, ihre Sprachen und ihren Handel mit Franzosen, Engländern und Holländern. Fast alles, was wir über die großen Indianerchefs dieser Epoche wissen, von ihrer Beredsamkeit und militärischen Taktik, wurde von Jesuiten überliefert. Dabei wurde die Gesamtperspektive stets vom Missionsgedanken getragen: Völker wie Individuen finden sich auf einer Skala wieder, die ihre Voraussetzungen für die Bekehrung auflistet. Viel sprachlich-kulturelles Wissen war notwendig, um Methoden für die kulturelle Assimilation der Indianer zu entwickeln und den Missionaren Maßstäbe für die moralische Beurteilung der zu Bekehrenden an die Hand zu geben. In Europa räumten die Jesuiten den Christen jeweils unterschiedliche Vermögen zum sittlichen Guten ein. In Amerika äußerte sich diese Toleranz als Respekt vor unterschiedlichen Graden der Zvilisation.

Drei Autoren ragen unter der Vielzahl der Berichterstatter hervor. **Paul Le Jeune**, der insgesamt 15 Relationen verfaßte, sowie **Jean de Brébeuf** (1593–1649) und **Paul Ragueneau** (1608–1680) mit ihren Aufzeichnungen über die Huronenmission und das Martyrium wichtiger Ordensmitglieder. Im einfachen Prosastil (*stilus simplex*) geschrieben, wurden die Relationen in Europa schnell zu einem Erfolg. 1664 gab sie François du Creux als lateinische Anthologie heraus. Ohne die *Relations* hätte der Jesuit **Pierre Francois de Charlevoix** (1682–1762) seine große Synthese zur Geschichte des französischen Amerika, die *Histoire et Description Generale de la Nouvelle France* (1744) nicht verfassen können.

Anders als ihre den Raum und seine Menschen beschreibenden spanischen und französischen Gegenstücke sind die Geschichtswerke der puritanischen Kolonisten am mittleren Atlantik in hohem Grade selbstreferentiell. Sie beschäftigen sich mit dem physischen Wachstum des eigenen Kollektivs und seinen moralischen Veränderungen. Die puritanischen Ansätze zur Indianermission waren schon früh gescheitert. Die Eingeborenen galten als nicht zivilisierbar. Sie erschienen als Vertreter einer Wildnis, die es im Menschen und in der äußeren Natur zu beseitigen galt.

Zwei Werke werden als repräsentativ für die Historiographie der frühen amerikanischen Puritaner betrachtet: *Of Plymouth Plantation* von **William Bradford** (1590–1657) und das *Journal* von **John Winthrop** (1588–1649). Bradford wie Winthrop waren in reifem Alter in die Kolonien der Massachusetts Bay gekommen und wirkten dort als Gouverneure, geistliche Gerichtsherren und Mittelsmänner der Regierung in London. Beide Werke traten erst spät in das amerikanische Geschichtsbewußtsein ein: das *Journal* in vollständiger Fassung erst 1825–1826, *Of Plymouth Plantation* sogar erst 1856. Formale Vollkommenheit oder die Rezeption durch ein zeitgenössisches Publikum waren für die Autoren kein starker Antrieb. Sie konzentrieren sich auf die religiöse Introspektion und die nüchterne Beurteilung ihrer Amtshandlungen. Die Geschichte der Siedlungen sollte eine Verwirklichung der biblischen Prophezeiung vom Gelobten Land *(promised land)* und ihrer moralischen Forderungen an das auserwählte Volk sein. Diese monolithische Geschichtssicht ließ sich jedoch nicht durchsetzen: Zwar schien sich in der Ausbreitung der Siedlungen und der Vernichtung der Gegner der göttliche Wille zu manifestieren, gleichzeitig gelang es den puritanischen Gemeinden aber nicht, aufgrund des beständigen Zustroms von Neusiedlern die religiöse Uniformität zu bewahren.

Die registrierende und reflektierende Geschichtsschreibung von Magistratspersonen wie Bradford und Winthrop beschreibt den stetigen Aufstieg der Kolonien und betont die Bedeutung der Erinnerung an die Vorfahren. Eine Tradition öffentlicher Geschichtsschreibung vermochten derartige Werke, selbst wenn sie in London gedruckt wurden, nicht zu begründen. Als **Cotton Mather** (1663–1728), Mitglied der in Harvard verwurzelten Intellektuellenfamilie Mather, die erste Kirchengeschichte Neuenglands, die *Magnalia Christi Americana* (1702) beendete, da hatten die strengen Puritaner (Kongregationalisten) ihre theokratische Herrschaft bereits an die liberalen Protestanten verloren. Er konnte nur noch Rückschau auf die Epoche halten, in der die Kirche alleinige Zuständigkeit für Religion und Verfassung für sich in Anspruch genommen hatte.

Im 18. Jh. dominierten in den bald 13 Kolonien bereits regionale und stark verweltlichte Herrschaftseliten, die den Weg zu einem eigenen historischen Bewußtsein freilich nur zögernd beschritten. Ansätze zu einem autonomen ‚kreolischen Selbstbild' zeigt zum Beispiel der Plantagenbesitzer **William Byrd II** (1674–1744) aus Virginia. In England erzogen, machte er seine politische Karriere auf den väterlichen Gütern in Amerika. Seine *Secret History of the Dividing Line* beschreibt den Vorgang der Grenzziehung zwischen North Carolina und Virginia im noch unbesiedelten Hinterland im Jahr 1727. Die Dichotomien, die er in der *History* entwickelt, weisen auf viele Strukturen der USA voraus: die Dualismen zwischen Norden und Süden, zwischen weißen Siedlern und Indianern, erwünschtem und verwerflichem Sozialverhalten. Byrds „Demarkationslinie" führt in die Zukunft des ‚kolonialen Diskurses' und wird heute vor allem als frühe Mentalitätsgeschichte der amerikanischen Südstaaten gelesen. Zeitgenössische Wirkung hatte die Schrift, wie fast alle frühen amerikanischen Geschichtswerke, kaum, denn sie wurde erst 1841 gedruckt. Die ältere nordamerikanische Geschichtsschreibung wurde nicht zufällig in den zwei Jahrzehnten vor dem Bürgerkrieg wiederentdeckt, von einer Gelehrtengeneration, die ein großes Interesse daran hatte, die bedrohte Einheit der Nation historisch wiederherzustellen.

11.6 Bibliographie

Autoren

Adorno, Rolena u. Pautz, Patrick Ch. (Hrsg.): Núñez Cabeza de Vaca, Alvar. His Account, his Life, and the Expedition of Pánfilo de Narváez. 3 Bde. Lincoln/Nebraska 1999.

Bradford, William: Of Plymouth Plantation. 1620–1648 [Boston 1856]. Hrsg. von Samuel Eliot Morison. New York 2004.

Brébeuf, Jean de (SJ): Huron Relations: 1635 and 1636. Hrsg. von Lucien Campeau, übersetzt von William Lonc (Monumenta Novae Franciae, 3). Rom 1987. *Enthält die Dokumente 26 und 64.*

Byrd, William: Histories of the Dividing Line betwixt Virginia and North Carolina. Hrsg. von William K. Boyd. New York 1967. *Enthält auch die weniger interessante offizielle Version der* ‚History'.

Charlevoix, Pierre François Xavier: Histoire et description générale de la Nouvelle France. Paris 1744.

Du Creux, François (SJ): Historiae Canadensis, seu Novae-Franciae libri decem ad annum usque Christi 1656. Paris 1664.

Harriot, Thomas: A Brief and True Report of the New Found Land of Virginia [London 1588]. New York 1972.

– Amerika 1590. Europas erste Bilder von der Neuen Welt. Der Virginia Bericht Thomas Harriots mit 25 Kupferstichen Theodor de Brys nach den Bildern John Whites. Hrsg. von Gerhard E. Sollbach. Essen 1992. *Unter Verwendung der ersten deutschen Übersetzung, Frankfurt a. M. 1590.*

Hakluyt, Richard: The Principal Navigations, Voyages and Discoveries of the English Nation. 3 Bde. London 1598–1600.

– Voyages and Discoveries. Abridged and Introduced by Jack Beeching. Harmondsworth 1985.

Le Jeune, Paul (SJ): Relation de ce qui c'est passé en la Nouvelle France en l'année 1638. Paris 1638.

– Québec relations. 1635, 1636, 1637. Hrsg. von Lucien Campeau. Montreal 2005.

Mather, Cotton: Magnalia Christi Americana or, The Ecclesiastical History of New England, from its first Planting in the Year 1620, unto the Year … 1698. 7 Bücher. London 1702.

– Magnalia Christi Americana. Book I a. II. Hrsg. von Kenneth B. Murdock u. Elizabeth W. Miller. Cambridge/Mass./London 1977.

– Decennium luctuosum: An History of the remarkable Occurrences which New England hath with the Indian Savages … [Boston 1699]. Reprint New York 1978.

Thwaites, Reuben G.: The Jesuit Relations and Allied Documents. Travels and Explorations of Jesuit Missionaries in New France. 1610–1791. 72 Bde. Cleveland 1896–1901 (Reprint New York 1959). *Die umfassendste Sammlung von Jesuitenberichten aus Nordamerika, auch auf CD Rom und im Internet einsehbar.*

Winthrop, John: The Journal of John Winthrop. 1630–1649 [Boston 1825–26]. Hrsg. von Richard S. Dunn u. James Savage. Cambridge/Mass./London 1996.

Einführende Werke

Bercovitch, Sacvan: The Puritan Origins of the American Self. New Haven 1975.

Cumming, W.P. [u.a.] (Hrsg.): The Discovery of North America. London 1971.

– [u.a.] (Hrsg.): The Exploration of North America 1630–1776. London 1974. *Beide Bände sind unter starker Benutzung zeitgenössischer Quellen erarbeitet.*

Greer, Allan: The Jesuit relations. Natives and Missionaries in 17th-century North America. Boston 2000. *Geschickte Auswahl von Jesuitenrelationen in englischer Übersetzung.*

Hadfield, Andrew: Literature, Travel, and Colonial Writing in the English Renaissance 1554–1625. Oxford 1998. *Gute Einführung in den ‚Colonial Science Discourse'.*

Lipset, Seymour Martin: The First New Nation. The United States in Historical and Comparative Perspective. New Brunswick/New Jersey 2003.

Parrish, Susan S.: Performances of Curiosity. British and British-American Natural Histories in the New World in the Colonial Period. Ann Arbor 1998.

Stearns, Raymond Phineas: Science in the British Colonies of America. Urbana 1970.

Taylor, Alan: American Colonies: The Settling of North America. New York 2002. *Kritische und gut lesbare Einführung zu den verschiedenen von Europa ausgehenden Siedlungsformen.*

Literatur zu einzelnen Autoren und Problemen

Cressy, David: Coming over. Migration and Communication between England and New England in the Seventeenth Century. Cambridge 1987.

Cribb, T.C.: Writing up the Log. The Legacy of Hakluyt. In: Clark, Steve (Hrsg.): Travel Writing and Empire. Postcolonial Theory in Transit. London 1999. S. 100–112.

Dunn, Richard: John Winthrop writes his Journal. In: William and Mary Quarterly 41 (1984). S. 185–212.

Ferland, Rémi: Les Relations des Jésuites: un art de la persuasion. Procédés de rhétorique et fonction conative dans les Relations de père Paul Le Jeune. Québec 1992.

Jones, Houston Gwynne: Historical Consciousness in the Early Republic. The Origins of State Historical Societies, Museums, and Collections, 1791–1861. North Carolina Society 1995.

Nabokov, Peter: A Forest of Time. American Indian Ways of History. Cambridge 2002.

Noble, David W.: Historians against History. The Frontier Thesis and the National Covenant in Americal Historical Writing since 1830. Mineapolis 1965. *Lesenswerte Studie zum amerikanischen Geschichtsbewußtsein.*

Pouliot, Leon (SJ): Étude sur les Relations des Jésuites de la Nouvelle-France (1632–1672). Montreal 1940.

Rabasa, José: Writing Violence on the Northern Frontier. The Historiography of Sixteenth-Century New Mexico and Florida and the Legacy of Conquest. Durham/London 2000.

Siebert, Donald: William Byrd's *Histories of the Line.* The Fashioning of a Hero. In: American Literature 47 (1976). S. 535–551.

Silverman, Kenneth: The Life and Times of Cotton Mather. New York 1984.

Wächter, Matthias: Die Erfindung des amerikanischen Westens. Die Geschichte der Frontierdebatte. Freiburg i. Brg. 1995.

Wenska, Walter, P.: Bradford's Two Histories. In: Early American Literature 13 (1978). S. 151–164.

12. Das 19. Jahrhundert und die Moderne

12.1 Verwissenschaftlichung und Historismus in Europa

Epocheneinheit von 19. und 20. Jahrhundert

In der Rückschau weisen das 19. und 20. Jh. im Bereich der Geschichtsschreibung viele strukturelle Gemeinsamkeiten, Entwicklungslinien und Resultate auf. Es ist deshalb angemessen, diesen Zeitraum als einen einzigen Problemzusammenhang zu behandeln. Gewiß können gegen die These vom Einheitscharakter der Epoche zwei ernstzunehmende Argumente vorgebracht werden: Erstens, daß Europa im 19. Jh. zwar fraglos der dominierende Kontinent für die historische Wissenschaft war, dies für das Ende des 20. Jh. aber nicht mehr zutreffe. Zweitens, daß die Wissenschafts- und Methodenkonzepte für Geschichtsschreibung in diesem Zeitraum einem radikalen Wandel unterworfen waren. Die radikalen Vorstellungen des 20. Jh. vom ‚Ende aller Großerzählungen' oder gar vom ‚Ende der Geschichte' scheint nichts mit den Geschichtskonzepten des frühen 19. Jh. zu verbinden.

Wer also die These von der Einheit der beiden Jahrhunderte verficht und gleichzeitig eine gemäßigte, weil methodisch gerechtfertigte ‚Eurozentrik' akzeptiert, der muß begründen, warum er die Voraussetzungen der gängigen Geschichtssicht zusammen mit deren beliebtesten Folgerungen zurückweist. Lehrmeinung bisheriger Historiographiegeschichte ist, daß im frühen 19. Jh. eine ‚historische Wissenschaft' entstand, daß diese Wissenschaft in einer Einheit von Theorie und Lebenspraxis wirkte, die man *Historismus* nennen darf, und daß die neue Wissenschaft schon vor dem Ersten Weltkrieg in eine tiefe Krise geriet, die mit Gegenmodellen wie historische Antiwissenschaft, reine Strukturwissenschaft, kritische Sozial- oder historische Totalwissenschaft nicht gelöst werden konnte. An der Schwelle zum 21. Jh. hatte sich die ‚Einheitswissenschaft Geschichte' längst in ein offenes, unbegrenztes ‚Feld' von Wissen verwandelt, in dem seither nicht mehr exakt eingrenzbare Gruppen von ‚Akteuren' ‚historische Operationen‘ (Michel de Certeau) für jeweils eigene kulturelle und kommunikative Zwecke durchführen.

Diese Geschichtskonstruktion ist nicht ‚falsch‘ im Sinne von ‚widerlegbar‘, ihr entgeht jedoch die Verwandtschaft im Lebensgefühl zwischen Epochenanfang und Epochenende. Während der europäischen Romantik um 1800 enthielt das ‚historische Feld‘, d.h. der praktische und theoretische Raum, in dem Geschichtsschreibung erzeugt wird, noch eine ganze Reihe von Optionen, von denen sich die ‚wissenschaftliche Geschichtsforschung‘ von 1850 abwandte: Dazu gehören vor allem die universalistischen Ansätze in der Sprach- und Literaturwissenschaft, der Psychologie, der Biologie und der Völkerkunde. Zur Romantik gehört auch das Bemühen, Europa unter Einschluß der vor- und außereuropäischen Welt zu denken. Die Romantik hat außerdem auf die meisten der Hintergrundsannahmen verzichtet, die bislang als Voraussetzungen der europäischen Historiographie wirksam waren: Subjekt- und Vernunftzentriertheit, realistische wie idealistische Vernunftkonzeptionen, die natürliche Konstitution von Geschlecht, die ästhetische wie die ethische Basis von Kunst, die Auswege in ontologische oder historische Anfangsstadien, die strikte Trennung von Wissenschaft und Lebenswelt.

Dementsprechend gilt, daß die Wende zum dritten Jahrtausend, verglichen mit der Zeit um 1800 für die Geschichtswissenschaft weder völlig neue Problembereiche noch -konstellationen aufweist. In Analogie zur romantischen Ära lehnt das historische Denken heute keine von anderen Wissenschaften erarbeiteten Fakten ab. Es behauptet auch nicht mehr, nur über eine einzige und alle anderen ausschließende Methode zu verfügen. Auch das historische Subjekt, d.h. der Geschichtsschreiber, hat sich in die Pluralisierung von Methode und Gegenstand, ja selbst der eigenen Produktionsformen gefügt, ohne damit auf das bewährte Repertoire von rational gesteuerten Methoden zu verzichten. Wie weit Geschichte ‚rationalisiert‘ werden kann, ist im Jahr 2006 jedoch nicht weniger umstritten als um 1800. Dennoch dominiert gegenwärtig keineswegs das Irrationale in der Geschichtsschreibung. Auch das Liebäugeln mit der Selbstaufgabe des historischen Denkens, dem ‚Ende der Geschichte‘, ist topisch und beweist im Grunde nur, wie belastbar der historische Diskurs in den westlich geprägten Gesellschaften weiterhin ist. Gleichzeitig bestätigt der Übergang zu einer neuen Weltgeschichte im postkolonialen Zeitalter, wie unverzichtbar die europäische Tradition rationaler Geschichtskonstruktion nach wie vor ist. Solange die Abkehr vom ‚Eurozentrismus‘ ein methodisches Projekt westlich geprägter Eliten ist, solange wird auch eine neue ‚dezentrierte Weltgeschichte‘ auf Europa als Referenzpunkt der historischen Methoden nicht verzichten können. Obwohl im Zeitraum von 1800 bis 2000 für die Geschichtswissenschaft fast alles anders geworden ist, war die Bewegung auf diesen veränderten Zustand zu doch bereits um 1800 vollständig angelegt und rechtfertigt also die Rede von der Einheit der Epoche.

Verwissenschaftlichung

Unter ‚Verwissenschaftlichung' versteht man den Prozeß, in dem die menschliche Lebenswelt in immer größerem Umfang und immer stärkerer Intensität nach den Kriterien der Wissenschaft erforscht und schließlich im Sinne von Effizienzsteigerung umgebaut wird. Wissenschaft ist seit der ersten Hälfte des 19. Jh. ein unumkehrbarer Reflexionsvorgang, der nichts ausläßt: keine ‚Sache', kein ‚Faktum', aber auch keine wissenschaftliche Methode, keine Basisannahme und auch keinen ‚Sinn'. Wissenschaft wird für alles zuständig, auch für sich selbst.

Verwissenschaftlichung zeigt sich einerseits als Technisierung von Alltagsleben und Politik, andererseits als Bürokratisierung der Wissenschaft in einem gesellschaftlichen Teilsystem. Was Wissenschaft ist, das bestimmt sie selbst, wobei dieser Selbstbestimmungsprozeß inzwischen zu einer fast völligen Abnabelung von ihrer Geburtshelferin, der Philosophie geführt hat. Ob die Philosophie jemals wieder ein für die Naturwissenschaften interessantes Begründungs- oder Kommentarverhältnis treten kann, muß als Frage offenbleiben. Seitdem die Wissenschaftsgeschichte seit der zweiten Hälfte des 20. Jh. in den Kernbereich von Theoriestrukturen vorgedrungen ist, d.h. die Wissenschaftstheorie historisch wurde, ist die Beziehung zwischen Wissenschaft und Philosophie noch weiter gelockert worden. Was hingegen die Autonomie von Wissenschaft in Fragen der Selbstdefinition und -verwaltung angeht, so könnte es sein, daß es sich dabei um eine Selbsttäuschung handelt, die ihrem Ende zugeht. Die autoritären Verwaltungsstaaten des 19. Jh. hatten noch gemeint, die Ziele einer ‚freien Wissenschaft' restlos mit ihren nationalen Entwicklungstendenzen zur Deckung bringen zu können. An der Wende zum 3. Jahrtausend muß Wissenschaft sich dagegen an ihrem Nutzen für andere soziale Teilsysteme, allen voran die Wirtschaft, messen lassen. In der Rückschau wird damit klar, daß die Wissenschaften auch zwischen 1850 und 1950 bereits weitaus stärker instrumentalisiert wurden, als die jeweiligen Wissenschaftsgeschichten das bisher zugeben wollten.

Im Laufe des 19. Jh. hat der Prozeß der Verwissenschaftlichung große Verschiebungen im historisch gewachsenen Gefüge der Wissenschaften bewirkt. Was überhaupt ‚Wissenschaft' ist, das bestimmen inzwischen durchwegs die Naturwissenschaften. Der vor allem in Deutschland seit 1880 unternommene Versuch, in bewußtem Gegensatz zur Naturwissenschaft eine spezifische ‚Geisteswissenschaft' mit historischer Methode zu etablieren, fand auch in anderen Ländern Nachahmer. Letztlich aber ist das Experiment gescheitert, den Naturwissenschaften eine methodisch unabhängige Wissenschaft der menschlichen Lebenswelt entgegenzustellen, ja erstere sogar aus letzterer abzuleiten. ‚Geisteswissenschaft', so von ihr überhaupt noch die Rede ist, gilt inzwischen bestenfalls als Komplementärphänomen zur Naturwissenschaft, als Traditions-, Freiheits- und Reflexionsmoment, das sich aus der Unvollständigkeit der Sinngebung ihres Gegenübers herleitet (Odo Marquardt). Gegen diese Reduktion ihrer Funktion setzten sich die Historiker, im 20. Jh. dann vornehmlich dadurch zur Wehr, daß sie sich gegenüber den Methoden der Sozial- und Naturwissenschaften öffneten.

‚Verwissenschaftlichung' bedeutet aber vor allem die Lockerung der ehemals in jeden Forschungsprozeß eingebauten ‚Sicherungselemente': Die ‚einfache' Sinnesleistung, die Primärerfahrung gilt nicht mehr universeller Schlüssel für alle Phänomene und muß physiologisch durch Instrumente und lebensweltlich durch Psychologie und Soziologie abgesichert werden. Jedes erzeugte Wissen wird jetzt als seinem Charakter nach hypothetisch betrachtet: Es bleibt unfest und zwingt den Wissenschaftler in eine Dauerreflexion über seine Anwendbarkeit und gesellschaftlichen Konsequenzen. Verwissenschaftlichte Strukturen innerhalb der Lebenswelt wirken verstärkend auf die Wissenschaftssphäre zurück. In der zweiten Hälfte des 20. Jh. bleiben dann kaum mehr Zonen einer ‚natürlichen Lebenswelt' übrig. Die Wissenschaft muß sich zunehmend als Teil der Probleme betrachten, die sie bisher zu lösen versuchte. Auf die Naturwissenschaften übertragen bedeutet das, daß es keine von Wissenschaft unberührte Umwelt mehr gibt, für die Sozialwissenschaften, daß es keine Gesellschaft mehr gibt, in der nicht zumindest ein Teilsystem von der Wissenschaft selbst eingerichtet wurde, und für die historischen Wissenschaften, daß sie keine historische Struktur analysieren, an deren Aufbau sie nicht selbst mitgewirkt haben.

Aus diesen Überlegungen geht deutlich hervor, daß die Entstehung einer ‚wissenschaftlichen Geschichtsschreibung' im 19. Jh. nur vor dem Hintergrund der Entwicklungsgeschichte des allgemeinen Wissenschaftsbegriffs, der experimentellen Methoden der Naturwissenschaften sowie des Aufstiegs der Sozialwissenschaften beurteilt werden kann. Aber selbst diese Verortung ist noch unvollständig, denn die Literatur macht im 19. und

20. Jh. eigenständige Aussagen über das Individuum in der Gesellschaft, die teils in Konkurrenz zu Natur- und Sozialwissenschaften stehen, teils aber auch in Konkurrenz zu den historischen Erzählungen. Erst wenn die Beziehungen des historischen Feldes zu allen seinen Nachbarn geklärt sind, kann die Frage beantwortet werden, ob die Geschichte nach den Maßstäben des 19. und 20. Jh. auch wirklich zu einer ‚Wissenschaft' geworden ist.

Anstelle einer Totalgeschichte dieser Beziehungen kann diese Einführung nur auf ein Beispiel verweisen, das allerdings hinreichend komplex ist: auf die Entwicklungsgeschichte der Evolutionstheorie. Als Charles Darwin (1809–1882) im Jahr 1831 seine Forschungsreise auf der Beagle begann, hatte er in seinem Gepäck auch das Hauptwerk des Geologen Charles Lyell (1797–1885), die *Principles of Geology* (1833). Den Wandel der Erdoberfläche erklärte Lyell darin allein durch gegenwärtig zu beobachtende Kräfte, deren Wirkung sich über unbegrenzt lange Zeiträume erstrecke. Darwin sollte diese *longue durée* mit der von ihm beobachteten ungeheueren Artenvielfalt verbinden. Die Tierarten benötigten, so Darwins Erkenntnis, trotz kurzer Generationenfolge lange Zeiträume, damit die Selektionsmechanismen die entsprechende organische Veränderung herbeiführen konnten. Bestimmte Spezies erzielten dabei unter gewissen Bedingungen größere Fortpflanzungserfolge. Auch spontane Veränderung sei beobachtbar, aber mit der langen Dauer nicht erklärbar. Als ausschlaggebend für die Evolutionstheorie erwiesen sich schließlich die Umwelteinflüsse, eine Vorstellung, die Darwin dem *Essay on the Principle of Population* (1798) des Staatswissenschaftlers Robert Malthus (1766–1834) entnommen hatte. Eine autonome innere Entwicklungskraft des Organismus lehnte Darwin als Erklärung ab. Neue Arten entstanden seiner Meinung nach nicht durch Selbsterzeugung, sondern durch äußere Einflüsse. Diese Theorie spitzte der englische Soziologe Herbert Spencer (1820–1903) zu der bekannten These vom Fortschritt als ‚Survival of the Fittest' zu. Um 1900 orientierte sich die Evolutionstheorie an extremen Erscheinungsformen, während die heutige Evolutionstheorie, weniger aggressiv, durch Mutation hervorgerufene minimal erbliche Varianten in den Vordergrund stellt.

Spencers radikale Deutung der evolutionären Fortschrittstheorie beeinflußte die Chemie, die Astronomie, Sprachwissenschaft und Anthropologie und konnte sich als ‚Theorie der natürlichen Auslese' auch in der Ethik und Gesellschaftslehre etablieren. Walter Bagehot (1825–1877), ein Historiker und Nationalökonom, übertrug die Evolutionstheorie auf den Entwicklungsgang der Nationen, von denen die stärkere stets die schwächere unterdrücken müsse, damit so die besten Eigenschaften ausgebildet würden und der Zivilisationsprozeß voranschreite. In Deutschland kombinierte der Darwinist Ernst Haeckel (1834–1919) die Artenselektion mit dem Prinzip der ‚Form', d.h. er ging dazu über, aus der Morphologie (Gestaltlehre) Entstehungsbedingungen für organische Gebilde abzuleiten. Von der Gestalt ließ sich auf ihre historische Genese, ihre Funktionstüchtigkeit und Zukunftsfähigkeit schließen. Diese Theorie wurde zur Grundlage vieler Kulturmorphologien und Zivilisationstheorien, und ihre Wirkungen reichten bis in die Kunstgeschichte hinein.

Die Evolutionstheorie war nach den Maßstäben des 19. Jh. eine wissenschaftliche Theorie, und in ihrer heutigen, genetisch und molekularbiologisch verfeinerten Version ist sie es erst recht. Viele ihrer Eigenschaften und Elemente verweisen auf analoge Erscheinungen im historischen Feld. Beide konnten sich so gegenseitig in ihrer Wissenschaftlichkeit bestätigen.

Auch die Historiker dachten jetzt in der Kategorie der *longue durée*, d.h. in Zeitvorstellungen, die jede Offenbarungszeit überboten und sich mit den geologischen und astronomischen Zeitmaßen annäherten. Die ‚lange Zeit' machte erstmals Entwicklungsstufen historisch verbindbar, die zuvor vollkommen getrennt erschienen waren. Vermittels der Konzeption einer ‚Umwelt' und ihres Selektionsdrucks konnte die Variationsvielfalt menschlicher Kultur und ihr Entwicklungsgang ohne göttliches Eingreifen erklärt werden. Überdies schien auf diese Weise vielen Wissenschaftlern eine organische Verbindung zwischen Natur-, Sozial- und Geschichtswissenschaft garantiert. Großen historische Ereignissen und Prozessen schrieb man neben ihrem ethischen auch noch einen weiterführenden Selektionswert zu. Artenvielfalt und Gestaltlehre waren bequeme Mittel, um die Fülle der historisch-kulturellen Erscheinungsformen sowohl registrieren als auch nach ihren inneren Tendenzen bewerten zu können.

Die Geschichtsforschung und -darstellung des 19. Jh. war im zeitgenössischen Bewußtsein vor allem deshalb Wissenschaft, weil sie an der allgemeinen Wissenschaftsentwicklung teilnahm und deren hypothetisches Wissensideal und ihre Neigung zu Werturteilen akzeptierte. Dabei brachte sie die großen Verschiebungen im Zeit- und Entwicklungsbegriff nicht, wie man erwarten sollte, selbst hervor. Sie partizipierte an ihnen und verstärkte sie noch durch die Beschreibung der politischen Brüche, die durch die Französische Revolution eingetreten waren. Zwar konnten allein die Historiker um 1800 von einer ‚Beschleunigung' der Zeit sprechen, doch muß ihr eigener Anteil an dieser Beschleunigung stets im Zusammenhang mit den Sozial- und Naturwissenschaften gesehen werden. Anders als viele Historiker es wahrhaben wollen, war das historische Feld, was Zeit- und Entwicklungsvorstellungen angeht, im 19. Jh. in keiner privilegierten Position.

Siedelt man die Geschichtswissenschaft des 19. und 20. Jh. im skizzierten Gesamtzusammenhang von Wissenschaft an, dann erweisen sich manche bislang vorherrschende Vorstellungen von ihrer ‚Verwissenschaftlichung' zwar nicht als falsch, aber doch von sekundärem Rang. Zu ihr gehören etablierte Methoden, eine Theorie der Zwecke, schließlich eine Gruppe von professionell Ausübenden mit Institutionen, Medien und gesellschaftlich erwünschten Ausbildungsleistungen. All dies hat sich die Geschichtsforschung im 19. Jh., zweifellos geschaffen, aber diese Errungenschaften sagen über die Art und den Grad der erreichten Wissenschaftlichkeit nur wenig aus. Dafür mögen zwei Beispiele genügen. Wissenschaft, so Wolfgang Hardtwig (Verwissenschaftlichung, 1990, S. 61–2), bedeute im 19. Jh. „die überindividuelle, allgemeingültige Wahrheit, die sich von ihrem Träger ablöst". Wenn dies so ist, dann könnte nur ein Philosoph des absoluten Denkens wie Hegel ein solches Ergebnis erreichen, keineswegs aber ein Historiker, dem sich das Ganze niemals aus den Teilen ergeben wird. Außerdem müßte eine zentrale Aufgabe des Historikers, die Interpretation, nicht nur in Bezug auf deren materiale Grundlage (Texte), sondern auch bezüglich ihrer Auslegungskriterien mit einer klaren Referenz bzw. einem Wahrheitskriterium intersubjektiv abgesichert werden. Davon kann bis heute keine Rede sein. Ohne Zweifel hat die Arbeit des Historikers im 19. Jh. eine Phase der ‚Verwissenschaftlichung' erlebt. Soweit diese die Befreiung von unreflektiertem sozialen Bindungen oder gar vom natürlichen Sprachgebrauch betrifft, ist sie noch lange nicht vollzogen.

Historismus, Kunst und Literatur

Historismus ist ein Begriff, der in seiner langen Geschichte mit verschiedenen Inhalten gefüllt wurde und in verschiedenen Kontexten aufgetreten ist. Obwohl Teile des gedanklichen Ansatzes älter als der Begriff sind und aus dem 17. und 18. Jh. stammen, dürfen das 19. Jh., in dem der Begriff geprägt wurde, und das 20. Jh., in dem das Konzept vielfach neu strukturiert und kontextualisiert wurde, zu Recht als die ‚Epoche des *Historismus*' gelten. Der Staatstheoretiker und Historiker Samuel v. Pufendorf (1632–1694), der den natürlichen gesellschaftlichen Zustand der Menschheit historisch in ein Vierstufenschema (Jäger, Hirten, Bauern, Kommerz) zerlegte, schuf damit das erste Theorem des *Historismus*, den Entwicklungsgedanken. Die Philosophen und Historiker Giambattista Vico (1688–1744) und Johann Gottfried Herder (1744–1803) erarbeiteten das zweite Theorem des *Historismus*: die Variationsbreite der historischen Phänomene, ihr fließender Charakter und, in scheinbarem Widerspruch dazu, ihre Einzigartigkeit. Die Folge der Theorie von der Einzigartigkeit historischer Phänomene war die Forderung, daß sich die historische Methode nach dem jedem Phänomen eigenen Wert auszurichten haben, der seinerseits als ‚konkrete Äußerung des Absoluten' ‚verstanden' werden müsse (Droysen, Dilthey).

Hegel war Historist, Ranke war Historist. Nietzsche wollte kein Historist mehr sein, aber seine Zurückweisung eines absoluten Wertes der Geschichte und ihres ‚Mitteilungssinnes' (vgl. S. 279) haben, gemeinsam mit seiner Konzeption der ‚Macht', die *Historismen* des 20. Jh., d.h. die Diskurstheorie von Michel Foucault (1926–1984) oder den *New Historicism* von Stephen Greenblatt (*1943) erst möglich gemacht. Der *Historismus* als Wissenschaftsparadigma der Geschichtswissenschaft ist bis heute ein äußerst widerstandsfähiges Phänomen geblieben. Er hat den Positivismus der Naturwissenschaften ebenso überlebt wie die Geschichtsphilosophie des Marxismus, die methodische Herausforderung der Sozialwissenschaften und die Dekonstruktionsangebote von Literaturwissenschaft und Psychoanalyse. Dabei zeichnete sich der geschichtswissenschaftliche *Historismus* des 19. Jh. dadurch aus, daß es seinen Vertretern tatsächlich gelang, ihre eigene Tätigkeit als eine den Natur- und Sozialwissenschaften überlegene im sozialen Raum durchzusetzen. Dies trifft vor allem für Deutschland und die von seinem Universitäts- und Forschungsmodell beeinflußten Länder zu. Und wo eine solche Überlegenheit nicht zu erringen war, dort wurden zumindest die kulturellen Spielarten des *Historismus* in Kunst und Literatur führend. Sie prägten die Lebenswelt aller von der europäischen Zivilisation beherrschten Länder. Historistische Züge weisen im 19. Jh. deshalb auch die ‚neuen' Vereinigten Staaten von Amerika auf, historistische Züge lassen sich bei Vertretern einer ‚alten' antiwestlichen russischen Kultur ebenso finden wie bei den Intellektuellen Südamerikas.

Folgt man der Definition von Maurice Mandelbaum dann bezeichnet *Historismus* den „ ... Glaube(n), daß ein angemessenes Verständnis der Natur jedes Phänomens und seine angemessene Bewertung dadurch gewonnen werden, daß man die Erscheinung in den Begriffen des Ortes denkt, den sie einnahm und der Rolle, die sie innerhalb eines Entwicklungsprozesses spielte" (*History, Man, and Reason,* 1971, S. 42). Hier sind beide Grundsätze des *Historismus* um ein drittes Theorem, das des ‚Verstehens', ergänzt. Es beruht seinerseits auf der Annahme, daß die Geschichte einen objektiven Sinngehalt zur Verfügung stellt, der kritisch aus den Quellen erhoben werden könne. Der Versuch einer systematischen Integration aller drei Theoreme in eine widerspruchsfreie Forschungslogik stößt freilich schnell auf unüberwindliche Widersprüche. Ein gerichteter Entwicklungsgang, und auf ihn legte man im 19. Jh. aus zivilisatorischer Überzeugung größten Wert, harmoniert nicht mit der geforderten ‚Einzigartigkeit' der Phänomene. Dieser Widerspruch kann sodann auf das ‚Verstehen' übergreifen, das sich gerade als Methode zum Aufschluß des Besonderen auszeichnen soll, zu dieser Leistung jedoch ohne generalisierte symbolische Medien und Methoden nicht befähigt ist.

Aufgrund dieser Geburtsfehler wurde der *Historismus* – und gerade auch seine geschichtswissenschaftliche Variante – als Dekadenzphänomen angesehen, das seine stärksten Stützen außerhalb der Geschichte in Kunst und Literatur suchen mußte. Die Erinnerung, die die Historiker im 19. Jh. zu gestalten versuchten, kann als Kompensationsleistung für die Verluste durch die Moderne gelten. Während der Prozeß der Verwissenschaftlichung die Traditionsmächte abbaute, sollten sie gleichzeitig in den Geisteswissenschaften am Leben erhalten werden (Habermas). Als Mittel der Sinnstiftung für die sich verändernde Gesellschaft versagte der *Historismus* jedoch. Seitdem Gott die Geschichte nicht mehr für seine Geschöpfe inszenierte, fiel jede Verantwortung dem Menschen als allein verbleibenden Akteur zu. Die damit notwendig gewordene Verständigung der Menschheit auf einen gemeinsamen ‚Handlungssinn' mißlang freilich: Handlung und Sinn hörten auf, Synonyme zu sein. Deshalb konnte Hegel in der Weltgeschichte nurmehr einen kontemplativen ‚Mitteilungssinn' entdekken, ohne konkrete Handlungs- und Zukunftsperspektive. Nur für seine abgefallenen Schüler, die Marxisten, existierte der ‚Handlungssinn' fort: Der Mensch macht die Geschichte (Klassenkampf) und setzt ihr ein Ziel (Kommunismus).

Angesichts des Verlusts des totalen Sinns blieben den Historisten nur noch partielle Größen übrig wie die ‚sittlichen Mächte' (Droysen) oder die ‚großen Männer' (Treitschke). Aus dem Sinn der Geschichte wurde – partieller – Sinn in der Geschichte. Dieser Wandel vollzog sich unter dem Primat der Politik und ihres Trägers, der politischen und kulturellen Nation, was zumindest zeitweise dem Selbstverständnis der europäischen Eliten entsprach: Der Fortschritt von Wissenschaft und Technik ließ sich als natürliche Ergebnisse von nationaler Staatlichkeit und Kultur interpretieren und in deren Institutionen auch domestizieren. Weil hier beruhigende Entwicklungen vorgebahnt schienen, konnte sich die historistische Geschichtswissenschaft fast völlig vom Handlungssinn der Geschichte ab- und dem Mitteilungssinn der Dokumente und Schriftquellen zuwenden. Dies erlaubte der Geschichtswissenschaft, die gegenüber den Naturwissenschaften so heftig das geschichtliche bzw. kulturalistische ‚Wesen' des Menschen verteidigt hatte, sich fast völlig in die Innerlichkeit des ‚Ausdrucksverstehens' (Dilthey) zurückzuziehen. Die ‚Geschichtlichkeit des Menschen' deckte sich nun weitgehend mit der Sphäre des ‚verstehenden Subjekts'. Texte und Kunstwerke wurden so zu den eigentlichen historischen Gegenständen.

Wie erklärt es sich, daß die Geschichtswissenschaft sich in einem so zentralen Teil ihrer Methoden auf das Gebiet von Kunst und Literatur begeben hat? Ein Rückblick auf die wichtigsten Stufen der Entwicklung des Literaturbegriffs hilft bei der Beantwortung dieser Frage. Schon in der ersten Hälfte des 18. Jh. trennte sich die Literatur von der Rhetorik und vom rhetorischen Wissenssystem und wandte sich der Vernunftwissenschaft als Produzentin von Wahrheit zu. Noch gab es die ‚Schönen Wissenschaften', als deren Teil die Literatur Wahrheit und Nutzen befördern sollte. Die zunehmende Autonomie aller ihrer Ausdrucksformen führte aber schon bei Kant zu einem Eigenwert ihres Gegenstandes innerhalb einer besonderen Urteilssphäre (ästhetisches Urteil). Um 1800 galten wissenschaftliche Texte in Deutschland generell nicht mehr als literarische Texte, während z.B. in Frankreich und England die Beziehung zwischen Geschichtsschreibung und Kunst noch lange Zeit nicht als antagonistische erlebt wurde. Dies führte dazu, daß in Westeuropa die fortwirkende rhetorische Kultur innerhalb der historischen Darstellung ganz unbefangen akzeptiert wurde, während sie im deutschsprachigen Bereich als Restbestand von Unwissenschaftlichkeit schnell unter die Schwelle der Methodenreflexion absank.

In ihrer ästhetischen Selbstzentriertheit, so könnte es aussehen, hatte die neue Literatur nur noch wenige Berührungspunkte mit der modernen historiographischen Prosa. Doch dieser Eindruck trügt. Man muß vielmehr ein enges Wechselverhältnis voraussetzen, ganz gleich ob es sich dabei um den Klassizismus, die Romantik oder die moderne Avantgarde handelte.

Natürlichkeit, Zwecklosigkeit und Absichtslosigkeit sind Programmpunkte des Klassizismus. Ästhetische Wahrheit tritt vor allem als harmonische Übereinstimmung von Personen und Gegenständen mit sich selbst in Erscheinung. Damit formulierte die ‚Klassik' ein Ideal, das sich automatisch für eine Übertragung auf die unzähligen Individualitäten anbot, die der *Historismus* als isolierte Wertträger ausfindig machen sollte.

Die Romantik als eine erste Moderne erschrak vor dem Riß, der durch das Zeitalter ging. Deshalb verlangte sie nach Vereinigung und Entgrenzung zugleich. Materiell geschah das durch Geschichte, methodisch durch eine universale Synthesefunktion im schaffenden Subjekt. Alles, was der normative Rationalismus der Aufklärung und die ältere Rhetorik bislang ausgeklammert hatten, durfte nun ins Spiel kommen: Weil dem unharmonischen romantischen Subjekt kein vollkommenes Kunstwerk entsprechen kann, steht diesem jeder nur denkbare Weg offen, dafür Ersatz zu finden. Zum Werk tritt die Theorie des Werks und dessen Kritik; das Fragment ist akzeptiert und wird zudem durch fremde Kulturen, das Phantastische, das Häßliche und Chaotische ergänzt. Ein moralisch Gutes und Wahres kommt so nicht mehr zustande, doch bietet die gelehrte Ironie, d.h. die Fähigkeit, unter unendlich vielen Erscheinungen Ergänzungen zu finden, einen gewissen Ersatz. Die Verbindungen, welche die Ironie erzielt, bleiben jedoch stets instabil. Die Gesamttendenz ihrer Theorie bestärkte die Romantiker also darin, ganz im Sinne des *Historismus*, nicht nur eine Vergangenheit anzubieten, sondern derer viele. Welche Vergangenheit man auswählte, das hing vom Gefühlswert ab, den man in einer früheren Epoche suchte. Das Mittelalter bot hier nur eine Option neben der Renaissance, dem Barock und dem Rokoko, den maurischen und ostasiatischen Formen und schließlich der Rückkehr zur Antike. Möglich wurde auch die Gleichzeitigkeit verschiedener Epochen in verschiedenen Lebensbereichen. Auf der Weltausstellung in London 1851 verdichtete sich die ‚Vergangenheit' zu einem riesigen Warenangebot, aus dem man sich sein eigenes historisches Lebensgefühl zusammenstellen konnte. Daß dieses Lebensgefühl Bestand hatte, lag auch an der Professionalisierung des Zugriffs auf die historischen Formen: Wo zunächst nur billige industrielle Nachahmung erhältlich war, dort ging man bald zur perfekten handwerklichen Nachschöpfung von aufwendigen Produktionsverfahren über.

Die Geschichtsschreibung des *Historismus* hat aus eigener Kraft kaum Kritik am permanenten Wechsel des Epochenbezugs üben können. Das lag auch darin begründet, daß sie sich über ihre Komplizenschaft mit den zentralen Darstellungsmitteln des historischen und realistisch-naturalistischen Romans keine Rechenschaft ablegen konnte. Diese Mittel verbürgten nicht nur den Erfolg des Romans, sie verbürgten auch den Erfolg der Geschichtsschreibung. Sie anzugreifen hätte bedeutet, die Wirkung der eigenen Wissenschaft einzuschränken, ohne damit dem Roman das Geringste von seiner Anziehungskraft zu rauben.

Der historische Roman, ein Kind des englischen 18. Jh., bewies nämlich, daß Vergangenheit auch ohne Verweis auf verbürgte Vorgänge überzeugend erzählt werden konnte. Einen europaweiten Erfolg wie Walter Scott (1771–1832) mit seinen 27 *Waverley Novels* hat kein Historiker auch nur annähernd erreicht. Seine mit vielen Zügen der Gegenwart gezeichnete Vergangenheit besaß nicht nur Unterhaltungswert, sondern mutete den Historikern unangenehme Erkenntnisse zu. Teilweise waren sie sehr alt, d.h. entstammten der klassischen Rhetorik. Dazu gehörte die Einsicht, daß das Wahre nicht immer auch das Glaubhafte und Überzeugende ist, und daß sich die Struktur der historischen Erzählung, um erfolgreich zu sein, am besten an bewährten Gattungsformen der Literatur orientiert. So läßt sich sagen, daß die intensive Hinwendung zur Vergangenheit beim Lesepublikum im 19. und teilweise auch im 20. Jh. keineswegs aus den reinen Quellen historischer Erkenntnis fließt, sondern sich vor allem den vergangene Wirklichkeit evozierenden Eigenschaften der Literatur verdankt.

Am realistischen bzw. naturalistischen Roman läßt sich dies deutlich zeigen. Wirklichkeitsnähe oder Realismus, darüber ist man sich heute einig, ist keine Darstellungsabsicht, für das es ein verbindliches Regelwerk gibt. Er kann durch ganz unterschiedliche Stilmittel aus verschiedenen Epochen erreicht werden, aus denen ein Autor frei auswählen kann. Realistische Erzähltechniken bilden also Wirklichkeit nicht ab, sondern konstruieren sie nach historisch bedingten Verfahren. Vor allem die Literaturtheorie des 20. Jh. hat den sogenannten ‚Realitätseffekt', das Resultat aller Techniken, die in einem Text Wirklichkeit suggerieren, klar herausgearbeitet. Dazu gehören aussagenkräftige Details, lebensweltlich ausgerichtete Handlungsverläufe, klare psychologische Motivationen der Figuren, generell die Abmilderung fiktionaler Elemente und der Versuch, dem Text ein ‚Realitätsmodell', wie es dem Autor von der Gesellschaft ‚angeboten' wird, überzustülpen. Selbstverständlich muß auch ein Verfasser von Historiographie ein ‚Realitätsmodell' oder einen hermeneutischen Horizont auf seinen Gegenstand anwenden. Es liegt also nahe, seit dem 19. Jh. den ‚Realitätseffekt' als unverzichtbaren Teil historiographischer Tätigkeit zu verstehen.

Somit drängt sich ein Fazit auf: Die Historiographie der Vormoderne hatte niemals ein Monopol auf ihre Quellen und auf die Verfahren ihrer Interpretation und Darstellung. Für die moderne Geschichtsschreibung gilt dies nach wie vor. Auch sie agiert weiter in einem Milieu, einem literarischen Feld, das sie nur selten dominiert, in dem sie aber unablässig Rücksicht auf die literarisch – heute medial – geprägte Wirklichkeitserfahrung ihrer Leser Rücksicht nehmen muß. Es gibt literarisch geprägte Gesellschaften, wie die russische, die die Frage aufwerfen, ob nicht Schriftsteller wie Lew Tolstoi oder Alexander Solschenizyn die zeitgenössischen Historiker an Bedeutung weit überragen. Deshalb kann sich die Historiographie, gleich welcher inhaltlichen und methodischen Ausrichtung, den Veränderungen, welche die verschiedenen Avantgarden am Literaturbegriff bewirkt haben, nicht entziehen. Wenn sowohl an Begriff wie an Funktion von ‚Werk' und ‚Autor' gezweifelt wird, wenn eine radikale Antiästhetik möglich wird, wenn der erweiterte Literaturbegriff jede ausschließlich literarische Qualität (Literarizität) abschafft, wenn Literaturtheoretiker erneut die Grenzen zwischen fiktionalen Texten und auf Wirklichkeit bezogenen Texten verwischen, wenn die alten Kontextbegriffe sich zur Intertextualität und zum Diskurs auswachsen, dann sind stets auch die Produktionsbedingungen der Geschichtsschreibung betroffen. Zu den Ursprungsbedingungen der Moderne gehört unverzichtbar die Retextualisierung der Methode. Indem dieser permanente Umbau ausschließlich vor dem Hintergrund der durch die Romantik erstmals thematisierten ‚ironischen Auffüllung' des fragmentarisch gewordenen historischen Wissens erfolgen kann, stellt sich dem Historiker eine große Herausforderung: Er muß lernen, sich beim Umgang mit Quellen und Methoden auf Dauer mit dem Konzept der Ironie zu arrangieren. Viele der heute mit großer Geschwindigkeit sich ablösenden Theorien zum ‚Schreiben der Geschichte' regen zu der Vermutung an, ihre Erfinder wollten dieser seit 1800 unverrückbaren Konstellation um jeden Preis entfliehen.

12.2 Das nationalistische Paradigma in Europa und Rußland

Das 19. Jh. hat die ‚Nation' nicht erfunden, ihr aber in ganz Europa zum Durchbruch verholfen und sie in der Regel zugleich mit einer aggressiven ideologischen Komponente ausgerüstet, dem ‚Nationalismus'. Weil sich im Nationalismus unleugbar eine gesellschaftliche Dynamik ausdrückt, hat man dieses Phänomen zu Recht mit Erscheinungen wie Modernisierung, *Nation-Building*, Fortschritt, Säkularisation und Gewinn an Souveränität in Verbindung gebracht. Ohne die Historiker und ihre wissenschaftliche Forschung ist der Prozeß der Nationwerdung nicht vorstellbar, und es sieht so aus, als müßte die Geschichts- tatsächlich als Leitwissenschaft der Epoche gelten. Daß dies nur mit Einschränkungen zutrifft, wurde bereits eingangs festgestellt. Fragt man aber danach, wer den Sinn- und Deutungshorizont der nationalen Bewegungen festlegte, dann findet man die Historiker an vorderster Front. In dieser Funktion waren die nationalen Großerzählungen tatsächlich Leitwissenschaft, und zwar im Sinn einer Anleitung zur Vollendung der nationalen historischen Mission. Die Konstruktion der Vergangenheit ging dabei ausnahmslos mit dem Aufbau eines Zukunftshorizontes für die Gemeinschaft einher. Deshalb wurde die

Nationalgeschichtsschreibung bis zum Jahr 1914 in ihrer ‚positiven Funktion für das Völkerleben' nur selten in Zweifel gezogen. Ausnahmen bildeten allein einige Monarchisten und ultramontane Katholiken auf der konservativen Seite sowie die Pazifisten und Marxisten auf der progressiven Seite.

Nach dem Wiener Kongreß 1814/15 konnte man in Europa nur von zwei ‚fertigen' Nationen sprechen: England und Frankreich. Alle anderen europäischen Gesellschaften mußten sich erst zu Nationen entwickeln. In diesem Prozeß sollten die räumlich und ständisch isolierten Gruppen an übergreifende Wirtschaftskreisläufe angeschlossen, kulturell assimiliert und vor allem mit einer gemeinsamen ‚nationalen Identität' ausgerüstet werden. Nur nationalstaatlich integrierte Gesellschaften, so schien es, würden über die ökonomische und militärische Potenz verfügen, um im Mächtekonzert Europas und im kolonialen Wettlauf mithalten zu können.

Ein geschlossenes, großes Territorium und eine große, homogene Bevölkerung waren die Voraussetzung für eine schnelle Modernisierung. Homogenität war allerdings ein auslegbarer Begriff: In England galt sie bereits dadurch als verwirklicht, daß eine große Anzahl von Individuen über die gleichen bürgerlichen Rechte und Chancen verfügte, an einem stark expandierenden Staat und seiner Wirtschaft teilzunehmen. Die ethnische Herkunft spielte keine Rolle, und die sprachliche Einheit wurde dadurch sichergestellt, daß die Angehörigen der keltischen Sprachgruppe ihren sozialen Aufstieg ausschließlich fern ihrer Herkunftsregionen vollziehen konnten. Dies ist das englische individuell-zivile Modell der Nation. Frankreich dagegen hatte seit der Revolution die individuelle Freiheitssicherung durch die kollektive ersetzt. Die Nation konstituierte sich im allgemeinen Bürgerwillen (*volonté générale*). Der Theorie nach tat sie das frei von Bindung an Volk und Sprache. In der Praxis aber drängte sie darauf, die gesamte Bevölkerung ihres Territoriums kulturell zu homogenisieren. Dies ist das französische kollektiv-zivile Modell der Nation. Für alle Gemeinschaften östlich des Rheins galt dagegen das kollektiv-ethnische Modell der Nation, die ein sprachlich wie kulturell homogenes Volk gemeinsamer Abstammung sein sollte. Hier blieb die Volks- wichtiger als die Staatsangehörigkeit.

Auch nach den fehlgeschlagenen Revolutionen von 1848 hatte sich noch kein Nationenmodell so stark verfestigt, daß eine endgültige Entscheidung über das gegenseitige Verhältnis von individueller Freiheit (Staatsbürgertum) und Ethnie (Volks-, Stammeszugehörigkeit) getroffen worden wäre, und zwar bei keinem der drei Nationenmodelle. Die zivilen Gesellschaften Westeuropas halfen weiterhin ihren abstrakten Werten mit

Staats- und Verwaltungsstrukturen nach, die klar an einer einzigen Ethnie ausgerichtet waren. Für die Gemeinschaften Mittel- und Osteuropas war noch keineswegs ausgeschlossen, daß jedes Volk die gleichen Freiheitsrechte wie ein Individuum erhalten würde. Erst nach 1848 gingen beide Teile Europas getrennte Wege, indem der Westen seinen ethnischen Nationalismus bemäntelte, das Zentrum und der Osten ihn dagegen offen praktizierten. Dies geschah in einem komplizierten Geflecht aus Nation, Volk, Staat, Souveränität, Kultur und Territorium, in dem sich im 19. Jh. niemand ohne die Historiker und ihre Erzählungen orientieren konnte. In diesem Rahmen sollen wenige Hinweise auf ihre Rolle und ihre Verantwortung im Nationalisierungsprozeß genügen.

Das Endziel des Nationalismus ist die geschlossene Nation. Sie muß über Souveränität verfügen, d.h. sich in fast absoluter Weise definieren können. Übernationale Kategorien wie Wahrheit/Wissenschaft und Offenbarung/Religion sind deshalb ausgeschaltet bzw. nur noch in ‚dienender Funktion' zugelassen. Wenn Hegel in seiner *Philosophie der Geschichte* von den ‚geschichtlichen Völkern' spricht, dann meint er diejenigen Gemeinschaften, die ihre historische Entwicklung sowohl als Weg zu einer besonderen Gestalt als auch zu einer allein ihnen auferlegten Mission, einem ‚Auftrag', begreifen können. Nur diese Völker zählen für den Philosophen. Hegel hat hier auf den Begriff gebracht, daß jede europäische Nation im 19. Jh. sich einen exemplarischen Auftrag gegeben hatte: England die zivilisatorische Funktion, Frankreich die Entwicklung zum Universal-Vaterland, Deutschland die Ausbildung einer ‚deutschen Idee', Polen die Opferrolle als Nachfolge im Leiden Christi, Rußland die ‚slawische Sendung' und die iberischen Nationen den globalen Katholizismus.

Grundlage dieser Auftrags-Erzählung muß jedoch das Wissen darüber sein, daß man weiß, was die Ethnie definiert, sobald man sie als ‚Verkörperung der Nation' begreift. In der vormodernen europäischen Geschichte ist ‚Ethnie' eine ‚Wir-Gruppe', die tatsächliche oder fiktive Gemeinsamkeiten für sich in Anspruch nimmt. Sprache, Kultur, Sitten und Abstammung können Gemeinsamkeiten sein, ohne daß die Ethnie zwingend über ein einziges oder alle Elemente definiert wäre. Der Ethnie entspricht in idealer Weise die alteuropäische Vorstellung von *patria*, d.h. von der kleinen lokalen oder regionalen Einheit, der die politische oder emotionale Loyalität ihrer Bewohner gehört. Vergleicht man die Ethnie und die *patria* mit einem dritten vormodernen Konzept, dem alten Begriff der *natio*, dann läßt auch dieser die im 19. Jh. gewünschte Eindeutigkeit in vermissen: Im 15. Jh. konnte die ‚Nation' im Bereich der Universität oder der Konzilien sogar einen transnationalen Zusammenhang bezeichnen. Die englische, französische, deutsche und polnisch-litauische ‚Nation' bezieht sich im 16. Jh. auf eine dynastisch-ständische und historische Einheit, der sprachlich wie kulturell heterogene Gruppen aus freiem Willen beitreten.

Um auf der Grundlage dieser äußerst heterogenen Nationalismen einen allgemeingültigen Nationenbegriffe etablieren zu können, mußten die Historiker des 19. Jh. eine gewaltige Reduktions – und Transformationsarbeit leisten. Zunächst mußten sie das Territorium der Nation umreißen. Dazu instrumentalisierten sie die Geographie, was dieser Wissenschaft viel von ihrem ‚objektiv-wissenschaftlichen Charakter' raubte. Danach mußte der Begriff der ‚Kultur' instrumentell definiert werden. Die Standardlösung sah so aus, daß man sich auf die Sprache und die Literatur konzentrierte. Eine Nation hatte eine gemeinsame Sprache und literarische Tradition zu haben. War eine solche Sprache noch nicht vorhanden, dann war sie aus den ältesten charakteristischen Elementen zu konstruieren, grammatisch festzuschreiben und am besten sofort in der Nationalgeschichte und der nationalen Literatur anzuwenden. Der ideale Historiker des 19. Jh., vereinigte in sich die Funktion des Geschichtsschreibers mit der des Literaturhistorikers. Diese Kombination konnte den Weg zu einer glänzenden Karriere eröffnen: Francesco De Sanctis (1817–1883), Verfasser der noch heute lesenswerten *Storia della letteratura italiana* (Geschichte der italienischen Literatur, 1870–71), wurde Bildungsminister des jungen *Regno d'Italia*. Ramón Menéndez Pidal (1869–1968), der Großmeister der kastilischen Philologie, erarbeitete nicht nur die maßgebliche Ausgabe des Cid-Epos, sondern bezog aus der Dichtung sogar den Deutungsrahmen für die Geschichte Spaniens (*La España del Cid*, 1929). Politikgeschichte und Literaturgeschichte als idealisierte Entwicklungsgeschichten ergaben gemeinsam eine dynamische nationale Identität. Aus Nationalphilologen wurden Volkserzieher.

Glücklich waren die Nationen zu nennen, bei denen man den älteren Nationenbegriff bruchlos in den modernen überführen konnte. Hier konnte man sich auf die Korrektur relativ weniger kultureller und ethnischer Differenzen beschränken. Unglücklich waren dagegen viele Gemeinschaften in Zentral- und Osteuropa zu nennen, die über kein klar markiertes Territorium, keine etablierte Schriftsprache, keinen gemeinsamen kulturellen bzw. konfessionellen Code verfügten, sondern nur über ‚große historische Epochen' wie die Griechen, Serben, Ungarn und z.T. auch die Tschechen und Polen. Hier standen erhebliche Ausschlußarbeiten an. Umgekehrt sah für alle die Staaten, die multiethnische Imperien waren und ältere Traditionen beiseitegeschoben hatten, die Zukunft bedrohlich aus. Österreich, das Osmanische Reich und in geringerem Maße auch das russische Zarenreich waren von den Kraftquellen weitgehend abgeschnitten, aus denen sich das moderne Nationalgefühl speiste.

Zu diesen Kraftquellen gehörte, neben den symbolischen Praktiken wie Flaggen, Feste, Denkmäler, Rituale, etc. vor allem die geschriebene Geschichte. Auf der Grundlage der gemeinsamen Nationalsprache wurde, wie Benedict Anderson anmerkte, die Nation zur *printed community*. Die neue Historiographie war Bestandteil einer zentralistisch gelenkten Öffentlichkeit, die von der nationalen Volksschule, der Wehrpflicht, der Volksbibliothek und der Boulevardpresse geprägt wurde. Alle zusammen arbeiteten an der nationalen Großerzählung mit.

In der heutigen Nationalismusforschung wird diese ‚narrative Erzeugung' der Nation ambivalent bewertet. In der Sicht des französischen Geschichtstheoretikers Paul Ricoeur (1913–2005) bedeutet historisches Erzählen, die Fragmentierung, die Kontingenz und Sinnlosigkeit der geschichtlichen Existenz aufzuheben und sie einer geordneten Erinnerung und damit, zumindest im Ansatz, einer moralischen Bewertung zuzuführen. Die so entstandenen Erzählungen, so meint Ricoeur, würden zudem in ein kritisches Verhältnis (*rectification*) zueinander treten und ihre Leser offen für neue Erfahrungen der Geschichte machen. Diese optimistische narrativistische Position ist angesichts der historischen Erfahrungen mit den nationalistischen Meistererzählungen nur schwer zu teilen. Sie ist angesichts der ethnischen, kulturellen, sprachlichen und religiösen Verhältnisse in den meisten europäischen und außereuropäischen Gesellschaften schlicht unterkomplex. Nicht ohne Verlegenheit räumte der französische Religionshistoriker Ernest Renan (1823–1892) mitten im Kampf gegen die deutsch-preußische Historiographie ein, daß „die Vergeßlichkeit, und ich würde sogar sagen der historische Irrtum, ein wesentlicher Faktor bei der Bildung einer Nation ist, was darauf hinausläuft, daß der Fortschritt in den historischen Studien für die Nationalität oft eine Gefahr bedeutet". (*Qu'est ce que c'est une nation?*, 1882). Heute trägt dieser Fortschritt Namen wie ‚kulturelle Transferforschung, transnationale Geschichte' oder schlicht ‚europäische, transatlantische und neue Universalgeschichte'. Hier werden erfolgreich neue Ansätze erprobt, um der Komplexität im Begriff der ‚Nation' gerecht zu werden.

12.3 Kanon

Die Nationalgeschichtsschreibung der Moderne ist, im Zusammenhang der Historiographiegeschichte betrachtet, keineswegs ein antitraditionalistisches Unternehmen. Sie trägt z.B. noch Züge des humanistischen Nationendiskurses (Sprachnation, nationale Selbstbestimmung, Rückgriff auf antike Texte, z.B. Tacitus' *Germania*) in sich und setzt weiterhin auf den organischen Zusammenhang von Ethnie und politischer Verfassung: Der ‚Germanismus' oder die ‚teutonische Freiheit' war noch das argumentative Rückgrat von William Stubbs (1825–1901) *Constitutional History of England in its Origin and Developement* (1873–1878). Der Norweger Johan Ernst Sars (1835–1917) entdeckte in seiner *Udsigt over Norges Historie* (4. Bde., 1873–1891) die ‚demokratisch verfaßte Gefolgschaft' der Wikinger (Jarltum) als älteste Wurzel der ‚germanischen Freiheit'. Diese sei von Norwegen nach England und von dort sogar in die USA gelangt. Der Gotizismus (vgl. Kap. 10.2) fand nach wie vor Befürworter unter den spanischen Nationalhistorikern. Im Frankreich des zweiten Kaiserreichs (1851–1870) förderte Napoleon III. nicht ohne Erfolg einen neuen Keltizismus, während in Rußland die Romanows die Nation mit altslavischer Autokratie gleichsetzten und nicht zögerten, beide in der neuartigen Konzeption des Panslawismus zu verankern.

In bestimmten Konstellationen konnte die Nationalgeschichtsschreibung auch der Demokratisierung und der Verbürgerlichung der Gesellschaft dienen. Unter wiederum anderen Bedingungen griff sie den Topos von der ‚historischen Mission' der Nation auf und wurde im Zeitalter des Kolonialismus zu einem Exportschlager. Auf diese Weise gelangte die europäische Nationengeschichte nach Südamerika, Asien und Afrika und beeinflußte in hohem Grade die Ideologien der Befreiungskriege und der Dekolonisation. Die im folgenden vorgestellten Autoren markieren mit ihren Werken jeweils nur kleine Ausschnitte aus dem komplexen Ursachengeflecht der Nationalgeschichten. In keinem Fall wird man ihnen aber die exemplarische Funktion absprechen können. Vor allem gelten aber fast alle der hier genannten Historiker in ihren Nationalliteraturen als große Schriftsteller.

Der polnisch-litauische Doppelstaat (*Rzeczpospolita*) existierte seit der dritten Teilung von 1795 nicht mehr. Daß Polen jedoch auf dem Papier weiterbestand, dafür sorgten nach dem Aufstand von 1830 eine Exilregierung und namentlich eines ihrer Mitglieder, der Historiker **Joachim Lelewel** (1786–1861). Als Geograph und Numismatiker gleichermaßen bedeutend, sorgte er mit seiner „Geschichte Polens" (1844) dafür, daß sein Land im liberalen Europa nicht vergessen wurde (*Polonia*, 20 Bde. 1858–64). Das Werk, kühn als demokratische Volksgeschichte angelegt, fand seinen Weg in fast alle europäischen Sprachen und diente zum Ausgangpunkt der späteren Nationalgeschichtsschreibung in Polen. Zu den Arbeiten des jungen Lelewel gehörte auch eine „Historische Parallele zwischen Spanien und Polen“ (1820, dt. 1834). Spanien hatte seine Aufmerksamkeit geweckt, weil ein Korps von 18 000 polnischen Soldaten dort auf der Seite Napoleons I. gekämpft hatte. In der „Parallele“ analysiert er das politische Versagen zweier traditioneller Staatsverbände und ihrer liberalen Verfassungsreformen (polnische Maikonstitution 1791, Verfassung von Cádiz 1812). Lelewel stellte also auch die zwei Hauptprobleme der spanischen Nationalgeschichte zur Debatte: den langen Niedergang des 17. und 18. Jh. und den Traditionsbruch der Befreiungskriege (1806–1814).

Deren für lange Zeit populärste Darstellung bot **Modesto Lafuente y Zamalloas** (1806-1866) *Historia General de España* (1850–1867, 30 Bde.). Obwohl er ein liberaler Nationalist war, knüpfte er an dem älteren Standardwerk von Juan de Mariana SJ (1536–1624) an, der *Historia general de España* (1592). Wie sein klerikaler Vorgänger pries er den spanischen ‚Volksgeist‘ (*Españolidad*) und betonte seine gotischen Wurzeln. Mit Lafuentes vorbehaltlosem Lob für die *Reconquista* war eine mentale Abwertung des einstmals arabischen Spaniens verbunden. Die Nachwirkungen für die iberische Historiographie waren noch in der Francoära spürbar, als **Américo Castro** (1885–1972) für ein dreikulturelles Spanien eintrat, *España en su Historia. Christianos, Moros y Judíos* (1948), und damit eine langandauernde Kontroverse auslöste. Daß aber im nationalistischen Europa des 19. Jh. auch eine positive Einschätzung der arabischen Kultur möglich war, zeigt die *Storia dei Muselmani in Sicilia* (1854–1872 in 3 Bde.) die der italienische Risorgimentopolitiker **Michele Amari** (1806–1889) in seinem Pariser Exil begonnen hatte. Für ihn bedeutet die arabische Ära auf der Insel (831–1060) eine Epoche zivilisatorischen Fortschritts, an die die später katholisch-gegenreformatorisch geprägte sizilianische Gesellschaft nie wieder habe anschließen können. Interkulturelle Geschichtsschreibung verband sich hier mit dem Lob des liberalen Verfassungsstaates.

Neben den Problemen, die eine konsequente Nationalgeschichtsschreibung im neuen griechischen Königreich seit 1830 aufwarf, nehmen sich die Schwierigkeiten der italienischen, ja selbst der polnischen Historiographiegeschichte geradezu unbedeutend aus. Das klassische Griechenland war kein Nationalstaat gewesen, das byzantinische Reich begriff sich als multiethnische und christlich-orthodoxe Fortsetzung des römischen Reichs, und im Osmanischen Reich hatte es kein griechisches Volk, sondern nur eine orthodoxe Glaubens- und Steuergemeinde (*Millet*) unter der Führung des Patriarchen von Konstantinopel gegeben. Erschwerend kam hinzu, daß der Historiker Jakob Philipp Fallmerayer (1790–1861), einer der Begründer der deutschsprachigen Byzantinistik, in seiner *Geschichte der Halbinsel Morea*

(1830) das ethnische Fortbestehen der Griechen angesichts der slawischen Einwanderung (seit 580) geleugnet hatte. Da trat, buchstäblich als ‚Retter' einer griechischen Nation, **Constantinos Paparrigopoulos** (1815–1891) auf. 1843 setzte er Fallmerayers Untergangsthese die einer Assimilation weniger slavischer Einwanderer durch griechische Autochthone entgegen. In seiner *Istoria tou ellenikou ethnous* (Geschichte des griechischen Volks, 5 Bde. 1860–74) gelang ihm dann die vielleicht bemerkenswerteste Konstruktion einer europäischen Nation, die jemals versucht wurde. Paparrigopoulos verzichtete vollkommen auf Rasse, Religion, Sprache, ja sogar auf ein Nationalbewußtsein als bestimmende Faktoren griechischer Identität. Für ihn war die Nation eine mystische Einheit, die schon viele Transformationen überlebt hatte und die er als ‚Hellenismus' bezeichnete. ‚Hellenismus' ist gleichbedeutend mit der Assimilationskraft des griechischen Volkes. Neben den Griechen im engeren Mutterland waren für Papagarripoulos alle *Eterochtones*, d.h. alle Griechen im Osmanischen Reich, Teil dieser Identität. Ihre gemeinsame Mission bestand darin, auch alle anderen Ethnien des östlichen Mittelmeers zu assimilieren. Vervollständigt wurde diese Konzeption durch die von allen geteilte Orthodoxie und eine gemeinsame ‚griechische Zivilisation'. Als politisches Ideal beanspruchten die griechischen Nationalisten bald nicht mehr das als westliche Konstruktion geltende klassische Hellas, sondern die *Megali Idea* (Große Idee), d.h. die Wiedererrichtung des byzantinischen Reichs als hellenischer Nationalstaat.

Als Nationalstaat auferstehen sollte auch das altgermanische Königreich der Norweger. Die Unionen mit Dänemark (seit 1387) und mit Schweden (seit 1814) hatten sein staatliches Eigenleben zunehmend beeinträchtigt. Zur Wiedererlangung einer historischen Identität war also der Rückgang in die Zeit der norwegischen Unabhängigkeit zwischen 900–1100 notwendig. Diese Aufgabe übernahm eine ‚Norwegisch-Historische-Schule', die den skandinavischen Kulturraum aus einer nationalen Perspektive rekonstruierte: a) die germanische Einwanderung sei aus dem Norden erfolgt, b) militärisch und vor allem literarisch (Isländische Sagas) käme Norwegen eine Vorreiterrolle in Nordeuropa zu, c) eine skandinavische Kultureinheit gebe es nicht, womit besonders der dänische Einfluß auf diesen Raum zurückgewiesen wurde. In *Det norske folks historie* (Geschichte des norwegischen Volks, 8 Bde. 1852–1863) faßte ein Hauptvertreter der Schule, der Historiker und Philologe **Andreas Peder Munch** (1810–1863), diese Ansichten zusammen. So gelangte auch Norwegen durch die Rekonstruktion seiner in der Wikingerzeit stark ausgeprägten Identität zu einem neuen Nationalbewußtsein, was entscheidend zur friedlichen Trennung von Schweden 1905 beitrug.

An eine friedliche Trennung von den Habsburgern mag der größte tschechische Historiker des 19. Jh., **František Palackż** (1798–1876), öfter gedacht haben, kaum aber an eine völlige Emanzipation von den in Böhmen seit mehr als 500 Jahren ansässigen Deutschen. Palacký bekannte sich zeitweise zum ‚Austroslawismus', d.h. zur Einheit der slawischen Völker im Habsburgerreich. Dafür schrieb er seine *Dějiny národu českého* (Geschichte der tschechischen Nation, 1836–1876). Die Tschechen erscheinen hier als Ureinwohner, ausgerüstet mit protodemokratischen Eigenschaften, die auch eine freiheitliche Religionsauffassung einschlossen. Sollte die tschechische Nation einmal ihre ursprüngliche Unabhängigkeit wiedererlangen, dann würde das zu einer Trennung von den Habsburgern, der römischen Kirche und – auf noch undefinierte Weise – auch von den Deutschen führen müssen.

Die Lage des Zarenreichs stellte die russischen Historiker bei der nationalen Integration vor ähnliche Probleme, die hier allerdings eine ganz andere Dimension annahmen. Während im Habsburgerreich die nichtdeutschen Völker der Integrationsleistung der Dynastie für den Staat zunehmend skeptisch gegenüberstanden, konnte in Rußland die Autokratie zugleich als Kern von Staats- und Nationalgedanken verstanden werden. Am Hauptvertreter der russischen ‚Staatshistorie', **Vasilij Osipovič Kliučevskij** (1841–1911), zeigt sich, daß ein nationaler Ansatz in der Historiographie keineswegs automatisch zu einem idealistischen oder etatistischen Geschichtsmodell führen muß. Kliučevskijs Hauptwerk, der *Kurs russkoi istorii* (Kurs der Russischen Geschichte, 4 Bde. 1904–10), definiert nicht ‚Ideen' als historische Ursachen, sondern fünf ‚Faktoren': die menschliche Persönlichkeit, die Gesellschaft, die Naturbedingungen des Landes, die physiologische Natur des Menschen und die geschichtliche Überlieferung. Das Bild der russischen Nation, das daraus entsteht, trägt freilich deutlich völkische Züge, da der Autor die übernationale Rolle der orthodoxen Kirche einschränkt. Nichtrussische Völker finden keine Erwähnung. Ukrainern und Weißrussen wird jeder Anspruch auf eine eigene Nationalgeschichte abgesprochen. Rußlands Geschichte gerät Kliučevskij zu einem Bericht über seine kontinuierliche territoriale Expansion, zur ‚Sammlung seiner Erde'. Rußland steht dabei in einer seltsamen Analogie zur Geschichte der USA, die freilich über zusätzliche Instrumente zur nationalen Integration verfügten wie wirtschaftliche und staatsbürgerliche Freiheit.

Nationalgeschichtsschreibung läuft, auch wenn sie in wissenschaftlichem Gewand auftritt wie bei Kliučevskij, nicht selten auf die Leugnung innergesellschaftlicher Widersprüche hinaus. **Heinrich v. Treitschke** (1834–1896), ein hervorragender deutscher Vertreter dieser Richtung war einer dieser Virtuosen der Verdrängung. Treitschke waren die freiheitlichen Bestrebungen des deutschen Bürgertums, die Bedeutung der industriellen Revolution und der Arbeiterfrage durchaus bekannt. In einflußreichen *Deutschen Geschichte im 19. Jh.* (5 Bde., 1879–94) spielte er diese Faktoren aber herunter. Er drängte die gesellschaftlich-wirtschaftliche Sphäre ganz hinter die der Politik zurück. Macht war für ihn die Essenz von Politik, und Preußen allein hatte in Deutschland verstanden, diese Macht richtig auszuüben. Treitschke sah, wie der von ihm verehrte Bismarck, das zweite Kaiserreich als einen ungefertigen Staat an, der sich nur mit dem festen Willen zur Expansion und zum Ausschluß ihm feindlich gesinnter Elemente behaupten würde können. Der Begriff der ‚negativen Integration' durch Feindbilder (Juden, Sozialisten, Angelsachsen) war ein zentraler Bestandteil seiner historischen Konzeption.

Verglichen mit Treitschke kann man den französischen Historiker **Jules Michelet** (1798–1874) als wahrhaft experimentellen, in manchen Zügen geradezu verspielten Nationalisten bezeichnen. Michelets ‚Gott' war das französische ‚Volk', und zwar vor allem das einfache Volk der Provinz. Diesem Volk wollte er den durch die Revolution von 1789 zerrissenen Zusammenhang des historischen Bewußtseins wiederschenken. Dazu war viel mehr erfordert als nur eine Geschichte der Revolution, nämlich eine Geschichte des ‚französischen Menschen', und zwar nicht nur in der jüngsten Vergangenheit, sondern in der ‚langen Dauer' seit seinem Entstehen aus der französischen Erde. Michelet schuf in Werken wie *Le Peuple* (Vom Volk, 1845), *Les Femmes de la Révolution* (Die Frauen der Revolution, 1854) oder *La Femme* (Die Frau, 1859) ein körperbezogenes, oft bewußt weibliches Bild Frankreichs: Die Nation war eine Frau! In gleicher Weise vermenschlichte und verweiblichte er das französische historische Territorium.

Den realen politischen Ereignissen der Jahre 1870/1871 hielt Michelets Nationenbegriff nicht stand. Frankreich war ihm die vollkommene Nation gewesen: „Frankreich hat Frankreich geschaffen, deshalb ist Frankreich die Tochter der eigenen Freiheit." Dieser Definition gemäß, die in seltsamer Weise an die Erschaffung des absoluten Ichs in der Philosophie des deutschen Philosophen Johann Gottlieb Fichte (1762–1814) erinnert, hätte Frankreich niemals Deutschland, einem Land der Unfreiheit, unterliegen können. Nun verstümmelte aber die Annexion von Elsaß-Lothringen den ‚lebendigen französischen Nationalkörper'. Michelets Frankreichkonzeption zeigt, daß der Nationenbegriff der Moderne häufig vom unterbewußt-assoziativen Bereich in der Psyche der Historiker entworfen wird. An den Folgen dieser irrationalen Ansätze leidet die europäische Politik noch immer.

12.4 Gegengeschichten und Revisionen

Der Nationalismus war fraglos der stärkste Antrieb für die Geschichtsschreibung im Zeitalter des *Historismus*, aber keineswegs der einzige. Es gab Gegenkonzeptionen, die ihm die Herrschaft streitig machten und bei zahlreichen Historikern und ihrem Publikum Anklang fanden. Freilich wäre es voreilig, alle Ansätze, die im folgenden erwähnt werden, als dezidierte Gegensätze zur Nationalgeschichtsschreibung aufzufassen. Nicht selten flossen diese Strömungen ins nationale Fahrwasser zurück. Erst heute ist bewiesen, daß sie ihre Aufgabe besser ohne nationale Orientierung hätten erfüllen können.

Mochten die Deutschen nach der Reichseinigung von 1871 auch zentrale Editionsprojekte zur antiken Geschichte an nationale Forschungsinstitutionen anschließen (*Corpus inscriptionum*), die Alte Geschichte blieb gemeinsames Erbe aller europäischen und der amerikanischen Historiker. Berühmte Fachvertreter wie Friedrich August Wolf (1759–1824) und Barthold Georg Niebuhr (1776–31) konnten zwar davon reden, das griechische und das römische ‚Volk' seien jeweils ‚organische Einheiten' gewesen, mehr als einzelne Elemente des Römischen Reichs oder der griechischen Ökumene konnte der moderne Nationalstaat niemals für sich reklamieren.

Vom Nationalismus nicht domestizierbar war auch die Kirchengeschichte, besonders die der Papstkirche in Rom. Die historische Kontinuität des Papsttums hatte bereits in der politischen Romantik zu seinem Wiederaufstieg zu einer Institution von sakramentalem Rang beigetragen. Was dieser Institution freilich noch zu tun übrig blieb, war die historisch-kritische Abwehr der Angriffe von Aufklärung und protestantischer Kirchengeschichtsschreibung. Seit der zweiten Hälfte des 19. Jh. organisierte die päpstliche Kurie eine zentralistisch gesteuerte Aufarbeitung der eigenen Geschichte aus den Quellen des Vatikanischen Archivs. Den Zugang zu dieser Schatzkammer regelte sie selbst. Erstmals seit 150 Jahren war die katholische Kirche wieder eine historiographische Großmacht.

Der Wiederaufstieg der Kirchengeschichte blieb aber nicht auf die christlichen Gemeinschaften beschränkt. Er war das Resultat eines stark gewachsenen Interesses an der Geschichte aller Religionen, aller monotheistischen, aber auch aller nichteuropäischen, einschließlich der sogenannten ‚primitiven Religionen'. Die Grundlagen für diese Horizonterweiterung hatte die europäische Aufklärung gelegt: Für sie waren die Kirchen nichts anderes als historisch-gesellschaftlich Gruppen und jede Theologie das intellektuelle Produkt ihrer jeweiligen sozialen Umfeldes. Alle Ansprüche auf göttliche Gründung und überzeitliche Stellung waren verfallen, und wer dies nicht akzeptierte, wie viele konservative Kirchenhistoriker, der mußte zumindest seine ‚überhistorischen' Ansprüche scharf von der kritischen Quellenarbeit abheben.

Im gemeinsamen Kontext von National- und Religionsgeschichte meldeten sich nach Jahrhunderten des Schweigens erstmals wieder jüdische Historiker zu Wort. Nun erhielt das Volk des Alten Testamentes neben seiner heiligen auch eine Geschichte seines kollektiven Überlebens. Beide dienten einer politischen Standortbestimmung. Waren die Juden eine Religionsgemeinschaft, ein Herkunftsverband, ein Volk oder sogar schon eine Nation? Der Emanzipationsprozeß der europäischen Juden, im Verein mit der von ihren Gastländern geforderten Eingliederung in die jeweilige Nation, verliehen diesen Fragen hohe Dringlichkeit. Sollte man den traditionell ‚übernationalen Status' des Judentums für eine neue jüdische Nation oder zugunsten der Gastländer aufgeben?

Übernational war auch der historische Ansatz von Karl Marx (1818–1883). Sein Geschichtssubjekt, die Proletarier, hatten keine Nationalität. Marx fand die wahren Antriebskräfte der Geschichte in den materiellen Produktionsverhältnissen, angesichts derer Sprachen und Kulturen nur Sekundärphänomene (Überbau) sein konnten. Kommunisten und Sozialisten organisierten sich seit 1864 als ‚Internationale' und versuchten die weltweite Klasseneinheit des Proletariats mit einem universalen Geschichtsbegriff zu untermauern. Noch heute ist der Einfluß des dialektischen Materialismus in fast jeder Form von Universalgeschichtsschreibung nachweisbar.

Widerstand gegen die vollständige Nationalisierung der Historiographie leistete auch die Kultur- und Wissenschaftsgeschichte. Die Wende zur Kulturgeschichte (*Cultural History*) nach 1980 führte auch zu einer Wiederentdeckung ihrer Wurzeln in der zweiten Hälfte des 19. Jh. Schon damals, so zeigt sich heute, war Kulturgeschichte eine Art von ‚Oppositionswissenschaft', die hartnäckig regionale, alltagsgeschichtliche, quantitative, typologisierende und ethnologische Fragestellungen gegen die individualisierende Politikgeschichte behauptete. Jacob Burckhardt, der vom „Staat und der Religion in ihrer Bedingtheit durch die Cultur" spricht und wichtigen historischen Erscheinungsformen von Kultur, z.B. der Renaissance, einen „europäischen Character" zuweist, war einer der bedeutendsten Vertreter dieses Denkens. Auch die Wissenschaftsgeschichte ließ sich nicht vollständig nationalisieren. Selbstverständlich gilt Isaac Newton in England als größter Naturforscher aller Zeiten, aber niemand kann leugnen, daß er ohne den Deutschen Johannes Kepler und den Italiener Galileo Galilei niemals seine Revolution hätte durchführen können. In den Naturwissenschaften lassen sich zwar Forschungsinstitutionen auf ‚nationale' Eigenheiten hin untersuchen (*the Credibility of Gentlemen*), die Ergebnisse dieser Forschung widersetzen sich aber auf Dauer der Nationalisierung.

Alle bislang erwähnten Ansätze fallen, wenn auch in verschiedenem Umfang, unter den Begriff der ‚Gegengeschichte' (vgl. Funkenstein, *Jüdische Geschichte*, S. 34–54). Damit haben sie Teil an einer ehrwürdigen Tradition, die sich bereits in der ältesten Historiographiegeschichte manifestiert. Das Prinzip der ‚Gegengeschichte' beruht auf drei Verfahren: Die Urform bestand darin, Tatsachen und Erzählungen einfach in ihr Gegenteil zu verkehren. Fortschrittlicher ist die Methode, die gleichen Quellen neu zu interpretieren, modern schließlich der Ansatz, ganz andere, bisher verborgene oder als solche gar nicht akzeptierte Quellen einzubeziehen. Dem Muster der Verkehrung folgten z.B. der Ägypter Manethon und der Babylonier Berossos (vgl. Kap. 3.3), indem sie Erzählung von den Juden als auserwähltem Volk Gottes im Alten Testament umkehrten und die Juden als eine Horde von gewalttätigen Ausgestoßenen darstellten. Um die Neuinterpretation der spätantiken Kirchenhistoriker seit Eusebius von Caesarea bemühte sich die protestantische Kirchengeschichte seit des Mitte des 16. Jh. (vgl. Kap. 10.3).

Die revisionistischen Geschichten des 19. Jh. beruhen auf einer Kombination aus Neuinterpretation und Neuentdeckung von Quellen. So mußte die jüdische Deutung der neutestamentarischen Zeit sich vor den Handschriftenfunden von Qumrān (1947) auf die gleichen Quellen stützen, die die christlichen Kirchenhistoriker schon zuvor benutzt hatten. Marx las die gleichen diplomatischen Berichte wie die bürgerlichen Zeithistoriker des 19. Jh., ergänzte seine Quellen aber um umfangreiche ökonomisch-statistische Materialien. Auf diese Weise ließ sich seiner Meinung nach mit Hilfe der dialektischen Methode eine ‚tiefere historische Wahrheit' ermitteln. Wieder anders lag der Fall der Alten Geschichte. Ohne auch nur eine einzige neue Quelle zu bemühen, versuchte Jacob Burckhardt eine tiefgreifende Neudeutung der klassischen griechischen Periode. Seine *Griechische Kulturgeschichte* (1872–86) fällte ein so negatives Urteil über die historischen und sozialen Grundlagen der Griechischen Klassik, daß die Epoche damit ihren Vorbildcharakter einbüßte. Das griechische Kulturideal, das sich das 19. Jh. durch die Arbeit der Altertumswissenschaft sicher erworben glaubte, verblaßte damit endgültig. Sich ernsthaft an diesem Ideal zu orientieren, wäre einem Verzicht auf den technisch-sozialen Fortschritt der Gegenwart gleichgekommen.

Eine nochmals andere Version von Gegengeschichte brachte die katholische Kirchenhistorie hervor. Aufklärung und Protestantismus hatten die römische Kirche als welthistorische Größe annulliert. Als späte Antwort darauf öffnete der Vatikan 1881 seine Archive und gewann auf dem Gebiet der Geschichtsforschung die zentrale Stellung zurück, die das Papsttum lange Zeit in Europa innegehabt hatte. Eine mit modernen Medien organisierte katholische Öffentlichkeit rezipierte diese Werke und bewies damit, daß auch eine vormoderne Institution moderne Wissenschaftsformen affirmativ für sich einsetzen kann.

Die Gegengeschichten des 19. Jh. genießen heute ebensoviel Aufmerksamkeit wie Anerkennung. Das hat seine Berechtigung, nehmen sie doch in großen Teilen die Ausweitung der historischen Fragestellungen und die Methoden der Gegenwart vorweg. Gleichzeitig kündigen sie aber auch die unhierarchische und mittelpunktslose Verfaßtheit des heutigen historiographischen Feldes an. Zu ihren Leistungen gehört weiterhin, daß sie, indem sie das historische Bewußtsein erweitern, auch wieder ‚Andere', d.h. Gegner erzeugen. Die Gegengeschichten sind selbst Teil der gesellschaftlichen Brüche, die sie diagnostizieren. In *Das Judentum und seine Geschichte* (1865–1871) erklärte der Reformrabbiner Abraham Geiger (1810–1874) Jesus nicht nur zu einem glaubenstreuen pharisäischen Juden, sondern darüber hinaus das Christentum zu einer ‚degenerierten Religion'. Seine positiven Grundsätze entstammten ausschließlich dem Judentum, seine negativen, wie Inkarnation, Dreifaltigkeit oder Jungfrauengeburt habe der Apostel Paulus dagegen den heidnischen Religionen entlehnt. In diese Konstruktion bezog Geiger auch den Islam ein. Auch dessen monotheistischen Grundlagen habe das Judentum bereitgestellt, das somit den ‚originellen religiösen Impuls der Menschheit' repräsentiere. Karl Marx' Geschichtstheorie erhebt nicht nur den arbeitenden Menschen zum Helden der Geschichte, sie erklärt auch den z.T. gewaltsamen Untergang ihrer Gegner für unausweichlich. Selbst die durch kontemplative Versenkung in die Quellen erreichten Einsichten Burckhardts können zu bedrohlichen Konsequenzen führen. Der Basler Professor hatte noch daran gelitten, daß Moral und Erfolg (Wille zum Leben) bei den Griechen in offenen Gegensatz getreten waren. Sein Schüler Nietzsche folgerte daraus, daß die Moral dann selbst eine ‚Lüge' sein müsse. Die für viele Gegengeschichten konstitutiven ‚Feindbilder' fordern zur Vorsicht beim Umgang mit ihnen auf. Man sollte sie nicht mehr allein zu Wort kommen lassen, sondern beharrlich mit den heute entstandenen neuen Gegengeschichten konfrontieren.

12.5 Kanon

Fast alle großen Werke zur Alten Geschichte aus dem 19. und 20. Jh., und die Althistoriker haben davon nicht wenige geschrieben, reflektieren zeitkritische Positionen. Dies gilt für das klassische Werk von George Grote (1794–1871) *A History of Greece* (1846–56) und Numa Denis Fustel de Coulanges (1830–1889) *La cité antique* (1864) ebenso wie für die weit jüngeren Arbeiten von Ronald Syme (1903–1989), besonders seine *The Roman Revolution* (1939), für Michael Rostovtzeffs (1870–1952) *The Social and Economic History of the Roman World* (1926) bzw. ... *of the Hellenistic World* (1941) und Moses I. Finleys (1912–1986) *Ancient Slavery and Modern Ideology* (1980). Als Höhepunkt dieser Gattung darf man **Theodor Mommsens** (1817–1903) *Römische Geschichte* (3 Bde. 1854–56) bezeichnen. Im Züricher Exil entstanden, kommt in ihr die tiefe Enttäuschung eines glühenden Liberalen über die gescheiterte Revolution von 1848 zum Ausdruck. Mommsens dezidierter Gegenwartsbezug, oft getadelt und von ihm später selbst verworfen, ist im Grunde eine konsequente Weiterführung der alten humanistischen Einstellung, daß die antike Zeitgeschichte immer einen Gegenwartsbezug aufweise. In seiner *Römischen Geschichte* beschreibt Mommsen sogar die römische Politik mit modernen politischen Begriffen. Das Werk blieb Mommsens einziger Versuch einer historischen Großerzählung. Obwohl es ihm gelang, seine unvergleichlichen rechtsgeschichtlichen Kenntnisse im Text geltend zu machen und das Werk ein großer Erfolg war, ja ihm 1902 sogar den Nobelpreis einbrachte, vollendete der Autor das Werk zunächst nicht. Mommsen gab das Ideal des historischen Schriftstellers auf und entwickelte sich zum Quellenforscher und -editor. Die von Quellenforschern heute noch vereinzelt vertretene Auffassung, die ‚historische Darstellung' könne mit kritischen Quelleneditionen nicht länger konkurrieren, ein historischer ‚Schriftsteller' sei per se ein Dilettant, beruft sich gern auf Mommsen.

Einen entgegengesetzten Weg, d.h. den zum Schriftsteller, ist der normannische Aristokrat **Alexis de Tocqueville** (1805–1859) gegangen. Mehr Politiker als Gelehrter, mehr Erbe der politischen Philosophie der Aufklärung als Historiker, verfaßte er 1856 die Skizze *L'Ancien Régime et la Révolution* (Der Alte Staat und die Revolution). Eine Gegengeschichte ist diese Studie deshalb, weil sie das damals in Frankreich vorherrschende Bild von der ‚Großen Revolution' (1789–1799) völlig in Frage stellt. Tocqueville begreift sie nicht als Erfüllung des Strebens nach Freiheit, sondern als Entwicklungstendenz des *Ancien Régime* selbst. Durch unablässige Zentralisierung habe die Monarchie das Bürgertum gestärkt und gleichzeitig den Adel und die Kirche geschwächt. Das Resultat sei eine sozial fast ‚egalitäre' Gesellschaft gewesen, der aber klare Machtstrukturen fehlten. Dies seien ideale Voraussetzungen für eine Despotie. Damit macht Tocqueville begreifbar, warum die Revolution nicht in England oder Deutschland stattfinden konnte. Im Hl. Römischen Reich bestanden noch Standesunterschiede, während sich die Gleichheit in England auf den Bereich des Rechtes eingeschränkt hatte. Das Resultat der Zentralisierung und der sozialen Gleichheit ist für Tocqueville die ‚Masse'. Ihre historischen Wurzeln und ihre zukünftige soziale, wirtschaftliche und religiöse Entwicklung stehen im Mittelpunkt seiner Geschichtsschreibung. In seiner Untersuchung *De la Démocratie en Amerique* (Über die Demokratie in Amerika, 1835–1840) hat Tocqueville die kommende Weltzivilisation bereits mit der egalitären Massengesellschaft gleichgesetzt.

Karl Marx (1818–1883) hat als Theoretiker der geschichtlichen Entwicklungsprozesse gewiß größere Wirkung entfaltet denn als Geschichtsschreiber. Dabei fühlte er sich durchaus zum Historiker berufen, wie die historiographische Meisterleistung *Der 18te Brumaire des Louis Napoleon* (1852/1869) beweist. Der ‚Überbau', d.h. Institutionen, Theorien und religiöse Einstellungen, war für Marx ein Faktor, der in jede gültige Kausalerklärung einbezogen werden mußte. Der *18te Brumaire* ist in dieser Hinsicht eine glänzende Kombination von Zeit- und Verfassungsgeschichte mit Reflexionen über die Wirtschaftsethik der französischen Bourgeosie. Gegenstand ist der Staatsstreich Louis Napoleons vom 2. Dezember 1851. Marx interpretierte den Umsturz vor dem Hintergrund des französischen Klassenkampfes, der einer „mittelmäßigen und grotesken Personage das Spiel der Heldenrolle ermöglichte", wie er in der zweiten Auflage von 1869 schrieb. Für Marx war damals die Versuchung groß, Napoleon III. mit dem von Mommsen so geschätzten Caesar zu vergleichen, unterstellte er ihm doch, mit den Massen gegen eine korrupte Oligarchie geputscht zu haben. Aussagekräftig wurde dieser Vergleich aber erst dadurch, daß Marx die Figur des Proletariats als des ‚wahren historischen Agenten' einführte. Damit entwertete und isolierte er die ‚großen Männer' wie Caesar, Napoleon II. und Bismarck im realen Geschichtsprozeß. Ruft man sich in Erinnerung, daß auch Louis Napoleon in den Jahren 1865–1866 eine zweibändige *Histoire de Jules César* veröffentlichte, dann tritt zutage, daß z.B. die Kritik am Cäsarismus ein Leitmotiv war, das großen Teil der Historiographie des 19. Jh. miteinander verknüpfte.

Napoleon III. war für den Untergang des Kirchenstaates, der ältesten Monarchie Europas, mitverantwortlich. Bis zur Katastrophe von 1871 hatte sich die Papstkirche gegen den Gedanken gesperrt, die moderne Geschichtswissenschaft könne ihr bei der Verteidigung gegen Liberalismus, Demokratie, Atheismus und Sozialismus von Nutzen sein. Dieses Desinteresse hatte Tradition: Caesar Baronius' *Annales ecclesiasticae* (1588–1607) hatten bis zum 19. Jh. die Stellung einer offiziellen Kirchengeschichte inne. Das politische Papsttum versagte sich der dagegen der Geschichtsschreibung und ließ als einzige europäische Monarchie das Amt eines offiziellen Chronisten oder Historiographen unbesetzt. So fanden selbst bedeutende Pontifikate wie das Sixtus' V. (1585–90) keinen adäquaten historiographischen Ausdruck: Seine Autobiographie blieb, wie viele andere Papstviten, ein geheimgehaltenes Manuskript. Dagegen konnte eine Darstellung des Konzils von Trient (1545–1563) bei dem Jesuiten Pietro Sforza Pallavicino (1607–1667) in Auftrag gegeben werden. Seine *Istoria del Concilio di Trento* (1656–1657) war lange Zeit die offizielle ‚Gegengeschichte' zu Paolo Sarpis *Istoria del Concilio Tridentino* von 1619 (vgl. Kap. 10.4). Diese begrenzte Initiative änderte aber nichts an dem fortbestehenden Paradoxon: Während die Sammlungs- und Editionstätigkeit von Orden, Klöstern und lokalen Kirchen bis ins 19. Jh. ungebrochen anhielt, unterließ es die römische Zentrale, die eigene Geschichte schreiben zu lassen.

Diese ablehnende Haltung gab erst Papst Leo XIII. (1878–1903) auf, als er von dem konservativen katholischen Historiker **Ludwig von Pastor** (1854–1928) das Angebot für eine quellengestützte ‚Papstgeschichte der Neuzeit' erhielt: Ursprünglich hatte Pastor nur eine ‚Papstgeschichte im Zeitalter der Reformation' geplant. Später dehnte er das Projekt auf den Zeitraum zwischen Martin V. (1417–31) und Pius VI. (1775–1799) aus. Was in 16 Bänden zwischen 1879 und 1928 als *Geschichte der Päpste seit dem Ausgang des Mittelalters* entstand, stellte ein absolutes Novum dar. Mit Pastor, einem engen Freund Papst Pius X. (1903–1914), wurde erstmals ein Laie zum Historiker des Vatikans berufen. Pastors *Geschichte der Päpste* ist parteiische Historiographie in Vollendung, eine raffinierte Kompilation oft widersprüchlicher Quellen. Indem Pastor so geschickte Begriffsschöpfungen wie ‚katholische Reform und Restauration' gelangen, schuf sein Werk die Grundlagen zu einer katholischen ‚Gegengeschichte' zur bislang überlegenen protestantischen Kirchen- und Staatsgeschichte. Mittlerweile stellt *Die Geschichte der Päpste* auch für viele katholische Historiker ein unüberwindliches Ärgernis dar. ‚Der Pastor' hätte längst neu geschrieben werden müssen, aber es ist nicht zu erkennen, wer dies angesichts der ins Unendliche gewachsenen Quellenkenntnis tun könnte. Ebensowenig ist der neue päpstliche Standpunkt zu erkennen, von aus dem diese Geschichte geschrieben werden könnte.

Zu den Epochen der Kirchengeschichte, die Pastor rehabilitieren wollte, gehörte auch das Renaissancepapsttum, das von jeher im Brennpunkt der protestantischen Kritik gestanden hatte. Diesen Zeitabschnitte hatte zuvor schon der Basler Historiker und Kunstkenner **Jacob Burckhardt** (1818–1897) in seiner *Kultur der Renaissance in Italien* (1860) in neues Licht getaucht. Drei ‚Potenzen', so konstatierte er, Staat, Religion und Kultur, erzeugen in wechselseitiger Abhängigkeit die Gestaltungen der menschlichen Geschichte. Bei der Analyse ihrer Wirksamkeit stieß Burckhardt auf einen erschütternden Zusammenhang: An sich positiv bewertete Phänomene können aus einem Zusammenwirken negativer Ursachen hervorgehen. So erscheint ihm der ‚Staat' als in höchstem Maße gewalttätig (Diktatur, Staatsräson), die ‚Religion' als unfähig, die gewandelten metaphysischen Bedürfnisse sozial wie spirituell zu erfüllen. Im Mittelpunkt des italienischen Geschehens steht jedoch die ‚Kultur': Sie glänzt mit Höchstleistungen, aber auch sie kann nicht verleugnen, daß ihre Repräsentanten, Fürsten, Künstler und Humanisten, oftmals amoralische Individuen waren. Deshalb gelingt es der ‚Kultur' auch nicht, die Gesellschaft Italiens in der Renaissance erfolgreich zu einer Einheit zu organisieren. Den ‚Künstlern' steht nämlich die ‚Masse' der übrigen Menschen gegenüber, über die Burckhardt in ähnlicher Weise wie Tocqueville, Mommsen und Marx reflektiert. Hier trifft sich sein historisches Urteil mit seinem Mißtrauen gegenüber zeitgenössischen sozialen Erwartungshaltungen. Das Streben der Masse nach materiell definierter Gleichheit scheint ihm in Zukunft weder durch ‚Kultur' noch durch ‚Religion', sondern nur durch einen diktatorisch-egalitären Staat gebändigt werden zu können. Die Ablehnung, die Burckhardt zuteil wurde zeigt, daß seine Beschäftigung mit der dunklen Seite der Renaissance als ‚Gegengeschichte' verstanden wurde. Die heutige Kulturgeschichte als Gegengeschichte zur herkömmlichen Sozial- und Politikgeschichte beruft sich zurecht auf Burckhardt als einen ihrer Gründerväter.

12.6 Die Krise des Historismus, die Entstehung eines neuen historiographischen Felds und das Problem der Sprache

Die Zeit um 1900 gilt vor allem in Deutschland als ‚Krise des *Historismus*'. Freilich sollte man genau differenzieren: Welcher *Historismus* geriet in die Krise? Der ‚Historizismus' als Glaube an die positiv normative Kraft historischer Fakten verlor nach dem Tod seines Hauptvertreters G.W.F. Hegel seine Überzeugungskraft und konnte sich nur noch in Randpositionen wie dem orthodoxen Marxismus oder der Deutschen Schule des historischen Rechts behaupten. Unsterblich und, wie noch die jüngste Wissenschaftsgeschichte zeigt, durch keinerlei Argumentation zu erschüttern, ist der *Historismus* als ‚Positivismus', d.h. als bloße Sammlung kritisch erarbeiteter Fakten in den Archiven des Wissens. Versteht man *Historismus* als Gegensatz zum ‚Naturalismus' (Physikalismus, Biologismus, etc.), dann sollte man sich daran erinnern, daß sie beide Kinder der Aufklärung sind. In der aufgeklärten Tradition vertreten beide ‚natürliche Einstellungen', die zueinander komplementär sind: Der ‚Naturalismus' zielt auf eine feste und unveränderliche Physis des Menschen, der *Historismus* dagegen betont den Entwicklungscharakter der menschlichen Zivilisation. Seine Funktion in diesem Dualismus immunisierte den *Historismus* lange Zeit gegen jede Kritik. Erst als auch der ‚Naturalismus', z.B. durch die Evolutionstheorie, selbst historisiert wurde, verlor auch diese Version des *Historismus* an Anziehungskraft. Der verstehende *Historismus* schließlich, der den Entwicklungsgedanken mit dem Prinzip der selbstwertbehafteten Individualität verknüpfte, brachten um 1900 zwei Angreifer ins Wanken: 1. die methodisch erneut kooperierenden Natur- und Sozialwissenschaften (z.B. Max Weber). 2. die neuartige ‚Philosophie des Lebens', die das bisherige Bildungsmonopol der Geschichte in Frage stellte. Bis zur Jahrhundertmitte hatte Geschichte den ‚ganzen Menschen' bilden sollen, und dies nicht nur im Sinne der intellektuellen Ausbildung, sondern auch der moralischen und ästhetischen Erziehung. Daran war im Zeitalter der spezialisierten Geschichtsforschung nicht mehr zu denken; dafür steht die Kritik Friedrich Nietzsches (1844–1900) und seiner Nachfolger.

Es war nicht möglich, zwei derart divergierenden Angriffen mit einer Antwort entgegenzutreten. Das stellte alle Erneuerer des historistischen Lehre vor unlösbare Probleme. Folgt man dem Nietzsche der zweiten *Unzeitgemäße(n) Betrachtung, Vom Nutzen und Nachteil der Historie für das Leben* (1874), dann krankte die Historie an ihrer Wissenschaftlichkeit. Diese fordere strenge Objektivität und trenne somit das lebendige Subjekt der Forschung, den Historiker, von seinem Objekt. Die Folge sei die Isolation des modernen historischen Wissens vom Handeln und vom Willen des Wissenden. Den Willen zum Handeln gilt es nach Nietzsche aber ungeschmälert in der Geschichte wiederzufinden, durch einen Ausstieg aus der Objektivität und eine Hinwendung zu den historischen Phänomenen, bei denen sich Wissen und Wille noch decken. Nietzsche sagt nicht, wie eine Kontrolle des Willens vom Wissen aus noch möglich sein kann, aber er läßt keinen Zweifel daran, daß er einen übergreifenden rationalen Sinn in der Geschichte leugnet. Dieser rationale Sinn sei eine Lüge, mit der die Menschheit sich über die wahre Motive ihres Handelns hinwegtäusche. Nietzsches Angriff auf den einen rationalen Sinn zerlegt die Geschichte in unendlich viele Fragmente. In ihnen spiegelt sich der Abfall der Menschen von ihrem ursprünglichen Handlungspotential, wie es in ihrer leiblich-seelischen Einheit angelegt ist.

Max Webers Angriff auf den *Historismus* benutzt eine von Nietzsche völlig abweichende Argumentation, kommt aber zu vergleichbaren Schlüssen. Für Weber verfügt die Geschichte über zu wenig wissenschaftliche Züge! Weber bezeichnet die historische Erkenntnis als ‚Wirklichkeitswissenschaft', die sich um die Bestimmung von „individuellen Verhältnissen zwischen individuellen Ereignissen" bemüht (Pietro Rossi). Die historische Begriffsbildung sollte vollständig aus der Erfahrung erfolgen. Geschichtliche Arbeit führt zu ‚wertfreien' Erkenntnissen, aus denen sich keinerlei Sinn- oder Handlungswerte ableiten lassen. Auf der anderen Seite darf ein Historiker eigene Werte, und zwar solche der Relevanz (Bedeutsamkeit), einbringen und ist sogar aufgefordert, gesellschaftliche Werte zum Untersuchungsgegenstand zu machen. Endziel der Forschung sind Erklärungen kausaler Art für historische Prozesse. Bei diesen Erklärungen bezieht Max Weber nachdrücklich die Gesetze der Natur- und Sozialwissenschaften ein. ‚Verstehen' macht für den Historiker zwar noch Sinn, aber dies ausschließlich in Bezug auf empirisch und methodisch fundiertes Wissen.

Für die historische Erkenntnis ergeben sich aus diesem Ansatz drei Konsequenzen, die teilweise in die Nähe von Nietzsche führen: 1. Historisches Wissen muß ohne eine allgemeine Geschichts- oder Gesellschaftsauffassung auskommen, und es begründet umgekehrt eine solche auch nicht. Historische Arbeit wird auf diese Weise von allen gesellschaftlichen Zwängen, aber auch von der Vereinnahmung durch ein totales philosophisches oder weltanschauliches Wissen befreit. 2. Die historische Erkenntnis verfügt über keine einheitliche methodische Grundlage, wie sie etwa Wilhelm Dilthey in der Psychologie zu finden glaubte, und respektiert dementsprechend die Ansätze der übrigen Sozialwissenschaften. 3. Die historische Erkenntnis ist weder inhaltlich noch formal autonome Erkenntnis, vielmehr bildet sie die ‚Probleme', die aus den fachlichen Traditionen der Sozialwissenschaften stammen, in sich ab. Gegenstand der historischen Forschung sind ausschließlich individuelle Prozesse, die aber stets mit empirisch-rationalen Methoden erfaßt werden müssen. Indem ein Historiker beständig neue Methoden aus dem gesamten Raum der Wissenschaften in seine Arbeit einspeist, kann er den rationalen Gehalt seiner Ergebnisse unablässig steigern. Dabei wird er aber niemals dem Trugschluß verfallen, diese Ergebnisse würden die Probleme endgültig lösen bzw. die dafür eingesetzten Methoden könnten sich nicht in entscheidenden Punkten als unzureichend erweisen.

Nietzsche und Weber, Antiwissenschaftler und Wissenschaftler, ergänzen sich also in mehr als nur einer Weise in ihrer Kritik am *Historismus*. Gemeinsam durchschneiden sie den bisherigen rational wie verstehend interpretierten Zusammenhang der Geschichte und schaffen die Voraussetzung für ein mittelpunktsloses und dezentriertes historischen Feld. Für sie gibt es weder den einen privilegierten historischen Forschungsgegenstand noch die einzig zielführende historische Methode. Wo Nietzsche nach dem Wert für das Leben fragt, dort sucht Weber nach der von Werten abhängigen Relevanz für den Forscher. Produktive Gemeinsamkeit zeigen beide Denker auch in ihrer Verbindung von rationaler und irrationaler Dimension in der Forschung. Nietzsche scheint zunächst in vorrationale Zeiten zurückspringen zu wollen, doch in seinen späteren Arbeiten bringt er unermüdlich Fragestellungen der modernen sozial- und naturwissenschaftlichen Forschung ins Spiel. Umgekehrt stellt Weber die Untersuchung zunehmend ‚irrationaler Werte' in den Mittelpunkt seiner Forschungen, mit dem Ziel sie rational zu erklären.

Man muß die Übereinstimmungen bei Nietzsche und Weber schon deshalb hervorheben, weil die Kombination ihrer Ansätze eine Vorstrukturierung des historiographischen Feldes der Gegenwart ergibt. Nietzsches methodischer Eklektizismus im Namen von ‚Leben und Macht' legitimiert auf Dauer jede neue Interessengruppe, ihre Thematiken in der Geschichte zu verankern. Max Weber dagegen sichert den Übergang der Methoden, die die Sozialwissenschaften unablässig hervortreiben, in die historische Forschung.

In der gemeinsamen Perspektive von Nietzsche und Weber zeichnet sich also das historiographische Feld in seiner heute verbindlichen Gestalt ab: 1. Es ist der Tendenz nach thematisch unbegrenzt expansiv. 2. Es zeigt sich wissenschaftsfreundlich im Sinne einer unbegrenzten Anschlußfähigkeit für alle Methoden der Humanwissenschaften. 3. Es ist zugleich bestrebt, die Grenzen von ‚Wissenschaft' unablässig zu überschreiten. 4. Als Folge der unbegrenzten methodischen und thematischen Aufnahmefähigkeit läßt sich das historische Feld allerdings nicht systematisch organisieren, zumal dann, wenn man vermuten muß, daß noch wesentliche Gesichtspunkte der menschlichen Entwicklung außerhalb des Feldes liegen: Das historiographische Feld kennt deshalb heute kein ‚Zentrum' mehr, kein ‚Innen' und kein ‚Außen'. 5. Auch im (!) Feld besteht keine feste Hierarchie bzw. thematische Struktur fort. 6. Selbstverständlich ist auch die starre Grenze zwischen Historiker und Nichthistoriker durchlässig geworden. Bei Methoden und Gegenständen wie der *Oral History*, dem kulturellen oder dem kollektiven Gedächtnis verliert diese ehrwürdige

Unterscheidung teilweise ihren Sinn. Hier sind die vom Historiker Befragten zu den eigentlichen Historikern geworden. 7. Durchlässig geworden sind auch die Grenzen zwischen Wissenschaft und Kunst, denn eine Wissenschaft ‚ohne Zentrum' kann Vorschläge der Künstler, als potentielle Bedeutungs- bzw. Relevanzvorschläge im Sinne Max Webers nicht einfach ausklammern (vgl. Kap. 13.1), sondern ist aufgefordert, sie im Sinn der historischen Methode rational auszuarbeiten.

In diesem Zusammenhang stellt sich das Problem der Sprache als Gegenstand und Medium von Geschichtsschreibung. Die Epoche von 1800 bis 2000 vollzog zwei ‚Kehren zur Sprache' (*linguistic turns*): erstens zur Sprache als göttlich wie menschlich vorgegebene Substanz; zweitens zur Sprache als Struktur, d.h. als grammatikalisches Regelsystem, in dem die Beziehungen zwischen den Elementen des Sprachsystems beschrieben werden. Die erste Richtung neigt dazu, die Geschichte möglichst vollständig in sich aufzunehmen, die zweite versucht, möglichst unhistorisch vorzugehen und sich in der Synchronie zu verankern.

Der erste *Linguistic Turn* seit 1800 bedeutete den endgültigen Abschied von der Rhetorik der übernationalen Sprachen Latein und Griechisch und die Hinwendung zu den nationalen Sprachen. Die Sprachen verwandelten sich damit von Medien der Verständigung in Erscheinungsformen eines historischen Sinns, der unmittelbar von Gott zu stammen schien: In den Sprachen offenbarten sich die Völker, und wie das schriftstellerische Genie sich im individuellen Stil zu erkennen gab, so das jeweilige Volk im ‚nationalen Stil' seiner Literatur. In der historisch-vergleichenden Sprachforschung, vor allem der frühen Indogermanistik fand sich der dazugehörige ‚strukturalistische' Ansatz. Er forderte, daß Merkmale, die allen Sprachen gemeinsam seien, auch gemeinsamen Entwicklungsregeln unterliegen müßten. Diese frühe Komparatistik wies zwar eine zeitliche Richtung auf, d.h. von den ‚alten Völkern' Asiens, vor allem Indiens, zu den ‚jungen Völkern Europas, aber sie tilgte nun allmählich Wertbegriffe wie ‚heiliger Anfang' oder ‚zivilisatorischer Fortschritt' aus der Sprachgeschichte. Vor allem aber konnte sie auf bewußt handelnde Agenten des Sprachwandels, d.h. auf historische Subjekte verzichten.

In seiner Doppelung stellte der erste *Linguistic Turn* den Historiker vor unlösbare Probleme, ja er schwächte auf Dauer seine sprachliche Kompetenz. Erstens: Als Schwächung läßt sich die ‚Entlastung' interpretieren, die die neue Einheit ‚Nation-Sprache' dem Historiker verschaffte. Um die komplizierte Regelrhetorik mußte er sich von nun an ebensowenig kümmern wie um die ‚Nachahmung' kanonischer Autoren oder Stile, denn die Qualität der Darstellung, davon ging man aus, würde allein schon durch den korrekten Gebrauch einer Nationalsprache sichergestellt. Dieser Abschied von der Rhetorik und die ‚Naturalisierung' der darstellenden Leistung des Historikers wirft aus heutiger Sicht zwei Fragen auf: 1. An welchen Maßstäben sollte sich ein Historiker orientieren, solange es, wie in den meisten europäischen Nationen, keine Musterautoren in der eigenen Nationalsprache gab? 2. Räumt man ein, daß die indirekte Kontrolle einer Darstellung mangels kanonischer Historiker nicht möglich ist, wie läßt sich dann eine ‚direkte Kontrolle' vorstellen, d.h. das unmittelbare Verhältnis zwischen dem Historiker und seiner Nationalsprache exakt beschreiben? Das Beherrschen einer Nationalsprache war zwar Voraussetzung für den Erfolg des Historikers, in letzter Instanz entschied aber der Konsens der Fachleute und die Zustimmung der Leser. Hier urteilte also die historische Kommunikationsgemeinschaft über sich selbst. Sie sah sich selbst und ihre Sprache als historische ‚Tatsachen', die nicht weiter hinterfragt werden können. Jeden Versuch, diese ‚Tatsachen' in vollständiger Weise rational zu erklären, wiesen die Nationalisten mit dem Hinweis auf ihren kontingenten, aber zugleich auch unveränderbaren Charakter zurück. Der Unterschied zur antiken Rhetorik könnte nicht größer sein. Die klassische Redekunst hatte auf einer wissenschaftlichen Analyse der Überzeugungsmittel beruht, und die Argumente des Redners oder Autors stammten aus dem ‚gesellschaftlichen Raum', wo sie zuvor durch Übereinkunft erzeugt worden waren. In den neuen Nationalsprachen hingegen wurden Überzeugungsmittel und Argumente weitgehend als ‚natürliche Größen' angesehen, die durch ihre historische Herkunft unantastbar waren.

Zusammen mit der Rhetorik wurde also auch die Fragen nach den Gründen für die Formen der Darstellung und der Geltung der Argumente beseitigt. Aus diesem Grund schweigen auch alle Methodenlehren des *Historismus*' über das problematische Verhältnis zwischen Historiker und Nationalsprache: Es bleibt der Intuition des Autors überlassen.

Zweitens: Auf diese Intuition kamen im 19. Jh. somit neue Aufgaben zu. Wiederum ist der Vergleich mit der klassischen Rhetorik erhellend. Wer von den Normen der Redekunst abwich, der konnte als ungebildeter, exzentrischer oder, diesen Vorwurf machte man den Nachahmern des Tacitus im 17. Jh., sogar als amoralischer Autor kritisiert werden. Niemals aber hätte man ihm, wie im Zeitalter des ersten *Linguistic Turns,* vorwerfen können, er sei ein Historiker, der keiner ‚inneren nationalen Tendenz' verpflichtet sei. Allein schon die Existenz einer Nation verpflichte den Geschichtsschreiber dazu, sich an ihre sprachlichen Normen zu halten. Sprachliche Normen sind aber stets zugleich auch politische und kulturelle. Für einen griechisch oder lateinisch schreibenden Historiker wäre dagegen die sprachlich-nationale ‚Tendenz' keine Leitvorstellung gewesen, da er sie weder im Bereich der Rhetorik noch der Argumentationslehre (Dialektik) hätte finden können.

Drittens führte die historistische Vorliebe für die alte nationalsprachliche Literatur dazu, den ‚Wert' einer Darstellung an die Epoche zu binden, in der sie entstanden war. Hier spreche sich der Charakter einer Nation unmittelbar aus. Damit kam es einerseits zu einer ‚kultischen' Verehrung des Originalwerkes und zu einer Blüte der Editionstätigkeit, andererseits büßte die moderne Geschichtsschreibung über vergangene Zeiten an Wertschätzung ein. Sie konnte nicht länger mit dem Zeitdokument und seinem unmittelbar wirksamen Ausdruck konkurrieren.

Auch der zweite *Linguistic Turn* seit 1900 ging am darstellenden Historiker vorbei. Daß man einer von empirisch-kulturellen Fehlern gereinigten ‚Metasprache' bedürfe, um die Abbildungsfunktion von Sprache für die Wissenschaft zu optimieren, war für den Historiker, der in der Normalsprache aus der Normalsprache (Quellen) arbeitete, keine Option, denn dies wäre einer Entwertung der historischen Wirklichkeit selbst gleichgekommen. Auch die Sprechaktphilosophie mit ihrer Betonung der ‚illokativen' Äußerung (Kraft, Handlungsqualität) hilft dem Historiker wenig, denn die Vorstellung, daß Geschichten als Akte von Selbstverständigung auch Handlungsanweisungen sind, hat die Historiographie seit jeher geprägt.

Was nun vom zweiten *Linguistic Turn* noch bleibt, das sind seine eng miteinander verflochtenen strukturalistischen, poststrukturalistischen und hermeneutischen Varianten. Heidegger und Gadamers Hermeneutik der Sprache steckten für den Historiker im Grunde nur den Horizont der Tradition und die Weisen seines Zuganges zu ihr neu ab: Die Sprache liegt allen Verstehensakten voraus. Verstehen ist dann ein ausgeglichener dialogischer Akt, d.h. weder eine bloße Rekonstruktion noch eine einfache Feststellung von Sinn im Text, sondern eine ‚Horizontverschmelzung' von zweierlei Wissen. In ihr agieren beide, Tradition und Historiker, wie gleichberechtigte Partner: Vorurteile und Wirkungsgeschichte werden ohne Vorbehalt integriert. Der Strukturalismus wandelt dann nur noch alle natürlichen Formationen von Sprache und Text in Struktur um, beseitigt die Subjekte, die sie hervorgebracht haben, und weitet den Sinnüberschuß, den die Hermeneutik bei Gadamer dem Autor aufzwingt, radikal auf die gesamten Aussagesysteme aus. Diese hängen dann nicht länger in sich zusammen, sondern zeigen deutliche Brüche und Risse. Damit bezeugen sie, daß sie weder von einem herrschenden Subjekt geschaffen wurden, noch daß sie sich der Lesart eines herrschenden Subjektes unterwerfen lassen.

Es ist legitim, daß der moderne Historiker diese Form von Philosophie der Sprache als Zustandsbeschreibung für das oben erwähnte neue, dezentrierte historiographische Feld begreift (vgl. S. 309). Die Kräfte der Diskurse werden nun in sprachlichen Formen sichtbar, nur leider bleibt der Gewinn für die konkrete Arbeit der Darstellung aber auch bei dieser Annäherung aus. Als konkreter Ersatz für den zu groß geratenen Diskurs galt und gilt deshalb noch heute die ‚Erzählung'. Mit ihrer Analyse, so hieß es, könnten die Historiker die sprachliche Seite ihrer Tätigkeit direkt thematisieren. Bisher waren freilich weder die Sprachwissenschaftler noch die Historiker imstande gewesen, beispielhafte Strukturaufnahmen großer und komplexer Geschichtserzählungen anzufertigen. Dies wurde nun mit drei Versuchen nachgeholt: 1. einer Re-Rhetorisierung der Verfahren, wie Erzählungen Sinn erzeugen, 2. einer temporalen und logischen Analyse von historiographischen Aussagen, 3. einer Verknüpfung der strukturalen Analyse mit existenzieller Sinngebung. Hayden White (*1928) behandelt in seiner *Metahistory* (1973) historische Erzählungen wie literarische Gattungen. Michelet erklärt er zu einem Verfasser romantischer Erzählungen, Ranke zu einem ‚Komödienschreiber', weil alles bei ihm gut ende, Tocqueville, den Darsteller der Französischen Revolution, zum Tragödienautor und Burckhardt, den ‚Erfinder der Renaissance', zum Satiriker. Aus alten literarischen Verfahren werden bei White Formen, mit denen den Basisaussagen der historischen ‚Chronik' Sinn verliehen wird. Andere als diese Verfahren gebe es nicht, was White den Vorwurf einer ‚Fiktionalisierung von Geschichte' eingetragen hat. Arthur C. Dantos (*1924) *Analytical Philosophy of History* (1965) ist das Paradebeispiel einer sprachlogischen Untersuchung. Er bejaht die Frage, ob erzählende Sätze mit ihren Zeitstrukturen zugleich Erklärungen seien und damit implizit Gesetzesannahmen zum Ausdruck brächten. Bei Danto wiederholt sich, was auch sonst in der Sprachwissenschaft zu beobachten ist: Auf der Ebene der kleinsten Bedeutungseinheiten und noch der des Satzes gelingen ihm präzise Beschreibungen. Dagegen wird die Analyse langer, zusammenhängender Texte gar nicht erst versucht. Sie scheitert an einer nicht mehr beherrschbaren Komplexität. Paul Ricoeur (*1913) schließlich schichtet in *Temps et récit* (Zeit und Erzählung, 1983–1985) diese Ergebnisse in drei Formen der ‚Nachahmung von Vergangenheit durch Erzählung (*mimesis*)' aufeinander: symbolisch (äußere Welt), narrativ (historische Welt) und hermeneutisch-verstehend (Welt des Lesers).

White, Danto und Ricoeur demonstrieren jeder auf seine Weise die literarischen, logischen und existenziellen Fähigkeiten und Voraussetzungen der historischen Erzählung. Angesichts der Frage, was es heißt, heute

‚gute Geschichte' zu schreiben und wie man dies lehren könnte, bleiben sie völlig stumm. Diese zentrale Aufgabe der klassischen Rhetorik traut sich die moderne Theorie weiterhin nicht zu. Deshalb weiß der Historiker, der schreibt, zwar wie sein Text Teil eines Diskurses wird und wie der Leser sein Produkt dekonstruieren kann, aber die Theorie der ästhetischen, kommunikativen und pragmatischen Verfahren des Schreibens hat er an andere Wissenschaften übergeben. In der Methodik der historischen Arbeit werden die drei genannten Aspekten schon lange nicht mehr thematisiert. Wer sie aber weiterhin einfordert, dem läßt sich leicht ein zugleich logozentrischer und traditioneller Standpunkt unterstellen, will er doch elitäre sprachliche Verfahren der Vergangenheit fortschreiben. Wer dagegen literarische und ästhetische Normen als illusorisch ablehnt, der gibt zu, daß für ihn der Zusammenhang mit der älteren Historiographie abgerissen ist und das historische Schreiben den Maßstab seines Gelingens außerhalb der eigenen Praxis finden muß.

12.7 Bibliographie

Autoren

Amari, Michele: Michele Amari. Hrsg. von Mauro Moretti. Rom 2003. *Forschungsstand zu Amari sowie Teile von* La Guerra del Vespro siciliano *und der* Storia dei Muselmani di Sicilia.
– Storia dei Muselmani di Sicilia. 3 Bde. Florenz 1854–1872.
Klyuchevsky, Vasili O.: Kurs russkoj istorii. 4 Bde. Moskau 1904–1910.
– Russische Geschichte. Von Peter dem Grossen bis Nikolaus I. Übersetzung aus dem Russischen von Waldemar Jollos. 2 Bde. Zürich 1960[2].
– The Rise of the Romanovs. Übersetzt u. hrsg. von Liliana Archibald. London 1970. *Teilausgabe der Gesamtgeschichte.*
Lafuente, Modesto: Historia general de España desde los tiempos primitivos hasta la muerte de Fernando VII. 6 Bde. Barcelona 1877–1882.
– España en el Reinado de Carlos Quinto. Mit Anmerkungen zum Schulgebrauch hrsg. von Alfred Günther. Bielefeld/Leipzig o.J. *Auszug aus der Historia general de España.*
Lelewel, Joachim: Geschichte Polens. Mit einer historischen Einleitung und Übersicht der jüngsten Ereignisse in Polen. Eingeleitet von Jan Petr Jordan. Leipzig 2003. *ND der Ausgabe Leipzig 1847.*
Michelet, Jules: Le Peuple. Paris 1846 (dt. Mannheim 1846).
– Le Peuple. Hrsg. u. kommentiert von Paul Viallaneix. Paris 1992.
– Les Femmes de la Révolution. Paris 1854.

- Die Frauen der Revolution. Hrsg. u. übersetzt von Gisela Etzel. Frankfurt a. M. 1989.
- La Sorcière. Brüssel 1862.
- Die Hexe. Vorwort von Roland Barthes. Hrsg. von Traugott König. Wien 1988.

Munch, Peder Andreas: Det Norske Folks Historie. 6 Bde. Christiania (Oslo) 1852–1863.
- Die nordisch-germanischen Völker, ihre ältesten Heimath-Sitze, Wanderzüge und Zustände. Lübeck 1853. *Übersetzung von Teilen aus dem 3. und 4. Abschnitt von P.A.M.* Det Norske Folks Historie *von Georg Friedrich F. Claussen.*

Palacký, František: Dějiny národu českého. 5 Bde. Prag 1848–1867.
- Geschichte von Böhmen. 5 Bde. Prag 1844–1867 (ND Osnabrück 1968).
- Würdigung der alten böhmischen Geschichtsschreiber. Prag 1869 (ND Osnabrück 1969).

Paparrigopoulos, Konstantinos: Istoria tou ellenikou ethnous. 5 Bde. Athen 1885–1888.
- Histoire de la civilization hellénique. Paris 1878. *Von der griechischen Regierung finanzierte Übersetzung der* Istoria.

Sars, Ernst: Udsigt over den norske historie. 4 Bde. Christiania (Oslo) 1873–1891.
- Udsigt over den norske historie. Hrsg. u. ausgewählt von Andreas Holmsen. Oslo 1967.

Stubbs, William: The Constitutional History of England in its Origine and Development. 3 Bde. Oxford 1874–1878.

Treitschke, Heinrich v.: Deutsche Geschichte im 19. Jahrhundert. 5 Bde. Leipzig 1879–1894 (ND Königstein/Ts. 1981).

‚Gegengeschichten'

Brenner, Michael [u.a.] (Hrsg.): Jüdische Geschichte lesen. Texte der jüdischen Geschichtsschreibung im 19. und 20. Jahrhundert. München 2003.

Burckhardt, Jacob: Griechische Culturgeschichte. 4 Bde. Berlin/Stuttgart 1898–1902.
- Griechische Culturgeschichte (Kritische Gesamtausgabe. Hrsg. von Leonhard Burckhardt u.a. München/Basel 2002ff). *Bisher zwei von vier Bänden erschienen.*

Croce, Benedetto: La storia ridotta sotto il concetto dell'arte (1893). In: Ders.: Scritti varii. Bd. 1. Bari 1951[3]. S. 1–72.
- Die Geschichte auf den allgemeinen Begriff der Kunst gebracht (1893). Aus dem Italienischen von Ferdinand Fellmann. Hamburg 1984. *Extreme Form von narrativem Historismus, provozierende Lektüre.*

Geiger, Abraham: Was hat Muhammed aus dem Judenthume aufgenommen? Baden 1833.
– Das Judentum und seine Geschichte. In 34 Vorlesungen. Breslau 1910.
Marx, Karl: Der 18. Brumaire des Louis Bonaparte. Hamburg 1869[2].
– Der 18. Brumaire des Louis Bonaparte. Nachwort von Herbert Marcuse. Frankfurt a. M. 1965.
Mommsen, Theodor: Römische Geschichte. 3 Bde. Leipzig/Zürich 1854–1856.
– Römische Geschichte. 8 Bde. München 2001[6].
Nietzsche, Friedrich: Unzeitgemäße Betrachtungen. In: Colli, Giorgio u. Montanari, Mazzino (Hrsg.): Friedrich Nietzsche. Sämtliche Werke. Bd. 1. München 1999.
Pastor, Ludwig v.: Geschichte der Päpste seit dem Ausgang des Mittelalters. 16 Bde. 5. bis 7. Auflg. Freiburg i. Brg. 1886–1933.
Tocqueville, Alexis de: L'Ancien Régime et la Révolution. Paris 1856.
– Der alte Staat und die Revolution. Übersetzt von Theodor Oelckers, kommentiert u. hrsg. von Jacob P. Mayer. München 1989.
Weber, Max: Schriften zur Wissenschaftslehre [1922]. Stuttgart 2002.
– Readings and Commentary on Modernity. Hrsg. von Stephen Kalberg. Malden/Mass. 2005.

Einführende Werke zum Nationalismus

Anderson, Benedict: Die Erfindung der Nation. Frankfurt a. M. 1988.
Berding, Helmut (Hrsg.): Nationale und kulturelle Identität. Studien zur Entwicklung des kollektiven Bewußtseins in der Neuzeit. Bd. 2. Frankfurt a. M. 1994.
Flacke, Monika (Hrsg.): Mythen der Nationen. Ein Europäisches Panorama. Katalog zur Ausstellung im DHM 1998. Berlin 1998. *Überblick über historisch-nationale Selbstkonstruktionen in Text und Bild.*
Gellner, Ernest: Nationalismus. Kultur und Macht. Berlin 1999.
Giesen, Bernhard (Hrsg.): Nationale und kulturelle Identität. Studien zur Entwicklung des kollektiven Bewußtseins in der Neuzeit. Bd. 1. Frankfurt a. M. 1991.
Hobsbawn, Eric u. Ranger, Terence: The Invention of Tradition. Cambridge [1983] 2003.

Literatur zur Verwissenschaftlichung und *Historismus* in Europa

Antoni, Carlo: Vom Historismus zur Soziologie. Übersetzt von Walter Goetz. Stuttgart 1950.

– Der Kampf wider die Vernunft: Zur Entstehungsgeschichte des deutschen Freiheitsgedankens. Stuttgart 1951. *Klassische Werke der wichtigen italienischen Wahrnehmung des deutschen Historismus.*

Fürbeth, Frank [u.a.] (Hrsg.): Zur Geschichte und Problematik der Nationalphilologie in Europa. Tübingen 1999. *Systematische und biographische Ansätze zum problematischen Verhältnis Nation und Philologie.*

Funkenstein, Amos: Jüdische Geschichte und ihre Deutungen. Frankfurt a. M. 1995.

Habermas, Jürgen: Der philosophische Diskurs der Moderne. Frankfurt a. M. 1985.

Hardtwig, Wolfgang: Geschichtskultur und Wissenschaft. München 1990.

Kent Wright, Johnson: History and Historicism. In: The Cambridge History of Science. Bd. 7, The Modern Social Sciences. Cambridge 2002. S. 113–130.

Küttler, Wolfgang [u.a.] (Hrsg.): Geschichtsdiskurs. Bd. 3. Die Epoche der Historisierung. Frankfurt a. M. 1997.

Mai, Ekkehard (Hrsg.): Historienmalerei in Europa. Paradigmen in Form, Funktion und Ideologie. Mainz 1990.

Mandelbaum, Maurice: History, Man, and Reason. A Study in Nineteenth-Century Thought. Baltimore 1971.

Olby, R.C. [u.a.] (Hrsg.): Companion to the Historiography of Modern Science. New York 1990.

Pankau, Johannes G.: Artikel ‚Literatur'. In: Historisches Wörterbuch der Rhetorik. Bd. 5. Tübingen 2001. Sp. 292–305.

Revel, Jacques: History and the Social Sciences. In: The Cambridge History of Science. Bd. 7. Cambridge 2002. S. 391–404.

Schnädelbach, Herbert: „Sinn" in der Geschichte ? Über Grenzen des Historismus. In: Deutsche Zeitschrift für Philosophie 48 (2000). S. 51–66.

Filitz, Hermann (Hrsg.): Der Traum vom Glück. Die Kunst des Historismus in Europa (Katalog der Ausstellung Wien 1996-1997). Wien/München 1996.

Wittkau, Annette: Historismus. Göttingen 1994².

Literatur zu einzelnen Autoren und Problemen

Byrnes, Robert F.: V.O. Kliuchevskii. Historian of Russia. Bloomington/Indianapolis 1995.

Delacoix, Christian [u.a.] Hrsg.: Les courants historiques en France. 19ᵉ–20 siècle. Paris 1999.

Dietler, Michael: „Our Ancestors the Gauls". Archaeology, Ethnic Nationalism, and the Manipulation of Celtic Identity in Modern Europe. In: American Anthropologist 96 (1994). S. 584–605.

García Cárcel, Ricardo (Hrsg.): La Construcción de las Historias de España. Madrid 2004. *Gründliche Analyse der Geschichte spanischer Nationalgeschichtsschreibung.*

Hartog, François: Le XIXe siècle et l'histoire. Le cas de Fustel de Coulanges. Paris 2001. *Mit Textauswahl.*

Henningsen, Bernd: Die schwedische Konstruktion einer nordischen Identität durch Olof Rudbeck (Arbeitspapiere ‚Gemeinschaften', 9). Berlin 1997.

Kaser, Karl: Südosteuropäische Geschichte und Geschichtswissenschaft. Wien/Köln/Weimar 2000². *Einziges Kompendium seiner Art zur südosteuropäischen Historiographie und Quellenkunde.*

Kenyon, John: The History Men. The Historical Profession in England since the Renaissance. London 1993². *Schwerpunkt auf dem englischen 19. und frühen 20. Jh.*

Leterrier, Sophie-Anne: Le XIXe siècle historien. Anthologie raisonnée. Paris 1997. *Kluge Auswahl sonst schwer greifbarer Texte zur akademischen französischen Geschichtsauffassung.*

Maner, Hans-Christian: Die Aufhebung des Nationalen im Universalen oder die Nation als das Maß aller Dinge? Zum historiographischen Konzept Nicolae Iorgas im südost- und ostmitteleuropäischen Rahmen. In: Krzoska, Markus u. Maner, Hans-Christian (Hrsg.): Beruf und Berufung. Geschichtswissenschaft in Ostmittel- und Südosteuropa im 19. und 20. Jahrhundert. Münster 2005. S. 239–263.

Mazour, Anatole G.: Modern Russian Historiography (1939). Westport/London 1975.

Norkus, Zenonas: Historismus und Historik in Rußland (1865–1933). In: Oexle, Gerhard O. und Rüsen, Jörn (Hrsg.): Historismus in den Kulturwissenschaften. Köln/Weimar/Wien 1996. S. 369–386.

Parker, Christopher: The English Idea of History from Coleridge to Collingwood. Aldershot 2000. *Studie über die idealistische Schule englischen Geschichtsdenken).*

Rossi, Pietro: Max Weber und die Methodologie der Geschichts- und Sozialwissenschaften. In: Kocka, Jürgen (Hrsg.): Max Weber, der Historiker. Göttingen 1986. S. 28–50. *Ausgezeichnete Einführung in Webers Umgang mit der Geschichte.*

Schnädelbach, Herbert: Nietzsches Kritik der historischen Bildung. In: Études germaniques 55 (2000). S. 169–184.

Serranao, Carlos (Hrsg.): Nations en quête de passé. La Péninsule Ibérique (XIXe–XXe siècles). Paris 2000. *Über die Erfindung nationaler u. regionaler Identität im Spanien.*

Skurnowicz, Joan S.: Romantic Nationalism and Liberalism. Joachim Lelewel and the Polish National Idea (East European Monographs Boulder, 83). New York 1981.

Valota Cavalotti, Bianca: Nicola Iorga. Neapel 1977. *Über den bedeutenden rumänischen Byzantinisten und Nationalhistoriker.*

Zelepos, Ioannis: Konstantinos Paparrigopoulos und die Entstehung einer griechischen Nationalhistoriographie im 19. Jahrhundert. In: Krzoska, Markus u. Maner, Hans-Christian (Hrsg.): Beruf und Berufung. Geschichtswissenschaft in Ostmittel- und Südosteuropa im 19. und 20. Jahrhundert. Münster 2005. S. 191–215.

13. Universalisierung und Fragmentierung der Gegenwart

13.1 Die Gruppe der *Annales* und die *Nouvelle Histoire*

Institutionen

Unter den selbstgewählten Bezeichnungen ‚Gruppe der *Annales*' und *Nouvelle Histoire* haben französische Historiker im 20. Jahrhundert die weltweit einflußreichsten Forschungsparadigmen auf dem Gebiet der Geschichtsforschung und -schreibung entwickelt. Diese Dominanz bedeutet jedoch nicht, daß die historiographische Produktion im 20. Jh. weltweit nur noch dem französischen Vorbilder gefolgt wäre, und sie bedeutet auch nicht, daß das historische Denken in Frankreich seine publizistische Vorrangstellung aus eigener Kraft erlangt hätte. Ohne den politischen ‚Sonderweg' der französischen Nation im 20 Jh., ohne die Eigengesetzlichkeit der Entwicklung der zentralen Bildungsinstitutionen in Paris und ohne die, teilweise unfreiwillige, Kooperation der französischen Philosophie hätte die Historiographie diese Spitzenstellung niemals erlangen können.

Fast 80 Jahren nach den Gründungsmanifesten der *Annales*-Gruppe um Marc Bloch (1886–1944) und Lucien Febvre (1878–1956) muß eine Einführung in deren Gedankenwelt heute bereits historisch vorgehen. Die *Annales* und ihre Nachfolgerin *Nouvelle Histoire* stellen in ihrer Theorie ein ‚weiches', in ihrer institutionellen Geschichte jedoch ein ‚hartes Paradigma' dar. Seit dem Beginn des 20. Jh. fand sich die Geschichtswissenschaft jeder europäischen Großmacht vor die gleiche Aufgabe gestellt: Der Fortschritt der Natur-, noch mehr aber der Sozialwissenschaften sollte gebündelt und für eine Geschichtsschreibung fruchtbar gemacht werden, die die Nation sowohl auf der rationalen wie auf der emotionalen Ebene integrieren sollte. Das war kein völlig originelles Projekt. Überall in Europa mußte man in nach dem Ersten Weltkrieg die romantische Idee der Nation szientistisch fortschreiben.

Das französische ‚Geschichtsprojekt' scheint zunächst größere Ansprüche auf Rationalität und Wissenschaftlichkeit als die zeitgenössische deutsche Geschichtswissenschaft zu erheben. In seiner programmatischen Straßburger Antrittsrede von 1919 hatte Marc Bloch diese als volks-, staats- und machtverliebt kritisiert. Auch den *Annales* und der *Nouvelle Histoire* mit ihren auf den ersten Blick übernationalen Forschungsfeldern, etwa der *histoire totale* (umfassende Geschichte), der *histoire sérielle* (quantitative Geschichte), der *longue durée* (lange Dauer), der *mentalité* (Mentalität), den *forces profondes* (Tiefenkräfte), der *mémoire collective* (kollektives Gedächtnis) und der *civilisation matérielle* (materielle Zivilisation), geht es in der Hauptsache aber um Frankreich. Diese Feststellung beinhaltet keinen Vorwurf. Diese ‚Frankreichfixierung' läßt sich durch die Verwerfungen und Risse erklären, die das 20. Jh. mit dem Scheitern in zwei Weltkriegen und der mühsamen Dekolonisation und der Integration der Nation in das neue Europa hinterlassen hat. Man müßte alle Erfahrungen auf dem Gebiet der Wissenschaftssoziologie unberücksichtigt lassen, würde man den großen publizistischen Erfolg der neueren französischen Geschichtsschreibung nicht mit ihrer integrativen Leistung, d.h. der ‚Kohäsion durch Geschichte' im eigenen Land in Verbindung bringen. So verbinden z.B. die vielfältigen Provinz- und Lokalstudien das ‚Land' auch emotional mit der Kapitale. Untersuchungen der ‚langen Dauer' führen über Diskontinuitäten, etwa die Unterwerfung des okzitanischen Südens im Hochmittelalter, die Reformation und die Revolution hinweg und konstruieren auf diese Weisen einen temporalen Zusammenhalt der Nation. Schließlich führt auch die exzessive Suche nach der Mentalität dazu, Verbindungen zwischen Schichten und Klassen neu zu formulieren und damit zu verstärken. Ohne daß implizit ein solches ‚Anforderungsprofil' an die französischen Historiker bestanden hätte, ist ihr Erfolg kaum zu erklären. In vielen Ländern, in denen der Geschichte eine vergleichbare Integrationsaufgabe zufällt, etwa in Italien, ist der Einfluß der *Annales*-Gruppe verständlicherweise groß. In anderen Ländern mit anderen Traditionen historischer Kohärenzbildung, wie in Großbritannien, blieb ihr Erfolg dagegen bescheiden.

Eine Geschichte der *Annales* muß ihre Organisationsgeschichte in den Mittelpunkt stellen. Bereits 1919 konstatierte der Pariser Gelehrte Henri Berr (1863–1954) in seiner Zeitschrift *Revue de Synthèse historique*, daß sich in den USA, Italien und Frankreich eine Bewegung für eine radikale Erneuerung der historischen Studien ankündigte, die er als *Nouvelle histoire* bezeichnete. 1929 gründeten zwei Straßburger Professoren, Marc Bloch und Lucien Febvre, die Zeitschrift *Annales d'Histoire économique et sociale*, die ein Experimentierfeld für eine neue Geschichtsforschung ohne strikte Zeit- und Methodenbindung, ja ohne genaue Abgrenzung zur Soziologie sein sollte. Nach mehreren gescheiterten Versuchen, sich in Paris zu etablieren, wurde Febvre 1932 schließlich doch für das *Collège de France* nominiert und Bloch 1936 zum Professor für Wirtschaftsgeschichte an der Sorbonne ernannt.

Die Ermordung Blochs, der sich der *Résistance* angeschlossen hatte, durch die Gestapo im Jahr 1944 und das Kriegsende erzwangen einen Neuanfang, bei dem Febvre sich vor allem auf Fernand Braudel (1902–1985) stützte. 1946 benannten sie ihr Publikationsorgan in *Annales, Économies, Sociétés, Civilisations* um, weiteten also den programmatischen Ansatz aus. 1947 schuf sich die *Annales*-Gruppe an der 1868 gegründeten *École pratique des hautes études*, d.h. mit der neuen *Section VI*, ihre erste eigene Institution. Mit Mitteln der amerikanischen Ford-Foundation gründete Braudel 1962 ein unabhängiges Forschungszentrum, die *Maison des sciences de l'homme*, das als Kristallisationspunkt einer neuen, historisch ausgerichteten Universalwissenschaft vom Menschen dienen sollte. In der ersten Nachkriegzeit profitierte die *Annales*-Gruppe nicht nur von der Einrichtung zahlreicher akademischer Stellen, sondern auch von dem Umstand, daß Braudel viele Jahre lang die zentrale Kommission für das Examen der Gymnasiallehrer leitete. Seit den 60er Jahren verfügte die Gemeinschaft über eine starke Stellung an den in Paris traditionell stark vertretenen außeruniversitären Instituten. Hinzu kamen bald Schlüsselpositionen an der Sorbonne, wo Ernest Labrousse (1895–1988), langjähriger Partner Braudels, von 1945 bis 1967 das Institut für Wirtschafts- und Sozialgeschichte leitete. Eine eigene inner- und außeruniversitäre Verlagstruktur, die Konzeption und Direktion vielbändiger Reihen und schließlich der staatlich geförderte Export der Thematik der *Annales*, durch die *École de Rome* etwa nach Italien, komplettieren das Bild einer historischen Großmacht.

Mit dem Unruhejahr 1968 und dem Rücktritt Braudels von der Leitung der *École des hautes études en sciences sociales* 1972 begann ein neuer Abschnitt, den man mit ‚Polyzentrismus und programmatische Erneuerung' bezeichnen kann. Aus der schon immer unscharfen Bezeichnung *Annales* entwickelte ihre dritte Generation die noch unbestimmtere Benennung *Nouvelle Histoire*. Die alte Hauszeitschrift hatte ihre anfängliche Bedeutung als Sprachrohr der Gruppe längst eingebüßt. Die Enkel der Gründer standen nun vor der Aufgabe, sich als neue Avantgarde präsentieren zu müssen und dabei gleichzeitig die Tradition fortzuführen. Mit der Annäherung an die historische Anthropologie, die *Microstoria*, die Sozialgeschichte der Kultur und das kollektive wie nationale Imaginäre (*L'Imaginaire*) gelang die Verjüngung der Programmatik. Gleichzeitig erkannten zentrale Figuren der Pariser Publizistik, wie Pierre Nora, das

Potential für die Stabilisierung der *Annales*, das darin bestand, ihre Entwicklungsgeschichte zum Bestandteil des Paradigmas zu machen. Mit einer Reihe von Autobiographien beschrieben sich die Gründerväter selbst als ‚Gedächtnisorte französischer Geschichte' (*Ego-Histoire*). Angesichts dieser Welle von Memoiren stellt der direkte Rückgriff auf die ‚Nation' als teleologischen Endpunkt historischer Arbeit, dieses Mal im Zeichen persönlich gefärbter Erinnerung, keineswegs einen Bruch mit den Anfangspositionen der 20er Jahre dar. Werke wie *La France, histoire de la sensibilité des Français à la France* (Chaunu 1982), *Identité de la France* (Braudel 1986) oder *Les Lieux de mémoire* (Nora 1984–86) benutzen bewußt den nationalen Rahmen, um eine Bilanz der methodischen Möglichkeiten ihrer Schule zu ziehen. Sie überprüfen also, in welcher Weise ihr Paradigma bereits funktionaler Bestandteil des französischen Nationalbewußtseins geworden ist.

Der Erfolg der *Annales* und ihrer Fortsetzung als *Nouvelle Histoire* hängt zum guten Teil mit ihrer Weigerung zusammen, sich ein ‚hartes Methoden- und Theorienprogramm' zuzulegen, und dieses Zögern verweist wiederum auf das Verhältnis der Gruppe zur Philosophie bzw. Wissenschaftslehre (Epistemologie). Febvre und Bloch verabscheuten eine unabhängige Methodenreflexion, wie sie sich z.B. in Deutschland etabliert hatte. Statt dessen wollten sie „empirisch, durch Beispiel und Tatsachen das soziale Feld vereinheitlichen" (Marc Bloch). Universelle Methoden und Theorien hatten für die frühen *Annales* den Beigeschmack von Determinismus, postulierte die Gruppe doch eine relative Freiheit des Menschen gegenüber den Zwängen von Raum und Zeit. Die ‚totale Geschichte' (*histoire totale*), die die Gründerväter entwerfen wollten, beruhte auf der Ankopplung immer neuer Wissensfelder, nicht aber auf einer ‚zentralistischen Theorieplanung'.

Besonders Braudel suchte den Verzicht auf theoretische Selbstdefinition in institutionelle Vorteile umzusetzen. Solange die ‚Geschichte' nicht als strikt definierte Disziplin sondern als eine offene Praxis wahrgenommen wurde, solange durfte er hoffen, daß sich auch die anderen Sozialwissenschaften der institutionellen Verwissenschaftlichung entziehen würden. Damit stünde aber dem Historiker der Weg offen, die anderen Humanwissenschaften wie ‚Hilfswissenschaften' um sich und sein Monopolwissen vom ‚Menschen in der Zeit' zu versammeln.

Daß Braudels Ansatz einer universalhistorischen *Science de l'homme* scheiterte, lag vornehmlich am Widerstand der ‚Philosophen'. Dieser Widerstand wurde von zwei Gruppen getragen: Erstens durch Historiker, die auf die bislang geächtete autonome Methodenreflexion zurückgriffen, also erneut eine Funktionseinheit von Philosophie und Geschichte forderten. Dazu gehörten Autoren wie der Soziologe Raymond Aron (1905–1983), der Althistoriker Paul Veyne und der Philosoph Paul Ricoeur (1913–2005). Zweitens fanden sich Philosophen, Linguisten, Semiologen und Diskurswissenschaftler zusammen, die in der Geschichtsschreibung der *Annales* bereits einen neuen Machtdiskurs witterten. Sie wollten diesen Diskurs mit einem entschlossenen ‚Rückgang zu den Worten' und mit deutlicher Kritik an der in Frankreich dominierenden ‚Konstruktion sozialen Sinns' durch die alten Bildungseliten begegnen.

Anfang der 70er Jahre schien freilich eine Vermittlung zwischen diesen drei Positionen nicht völlig aussichtslos. Ein lehrreiches Beispiel gab hier der Althistoriker Paul Veyne mit seinem Methodentraktat *Comment on écrit l'histoire* (1971). Zum Schrecken aller progressiven Historiker kehrte Veyne zu den Prinzipien einer ‚wahrscheinlichen' und subjektzentrierten Hermeneutik zurück. Er führte den Autor wieder ein, den erzählten Plot (*intrigue*) und die Theoriesprache. Gleichzeitig respektierte Veyne aber in vollem Umfang die Thematik der *Annales* und fühlte sich ihr zugehörig. Ausgehend von der Einsicht, daß die historische Arbeit sich kein anderes Ziel setzen könne als ‚Wissen um des Wissens willen', setzte Veyne sogar zu einer spektakulären Eloge auf Michel Foucault an: *Foucault revolutionne l'histoire* (1978). In diesem Essay erklärte er Foucaults ‚historische Genealogie' ohne Bedenken zur ‚Erfüllung' der traditionellen Historiographie: Es gehe ihr ausschließlich um die ‚Praktiken und ihre Wahrheit' (S. 427) und deshalb könne man sie problemlos mit der klassischen politischen Geschichtsschreibung verbinden.

Auch dieser Vereinnahmungsversuch sollte scheitern. Die Mehrheit der Philosophen, Psychoanalytiker und Ethnologen wie Michel Foucault, Jacques Derrida, Louis Althusser, Jacques-Marie Émile Lacan oder Claude Lévi-Strauss wies die Übernahmeangebote der historischen Universalwissenschaft zurück und betonte ihre völlig abweichenden Auffassungen von Sprache, Zeit, Kausalität und Interpretation. Diese Zurückweisung hat jedoch im öffentlichen Bewußtsein bis heute nicht zu einer Abwertung der *Nouvelle Histoire* geführt, sondern ihr im Gegenteil eine Aura verliehen. Diese Aura verweist auf das Leitprinzip der jüngeren französischen Geschichtsforschung: Sie will eine permanente Grenzüberschreitung sein, d.h. im Sinne Braudels durch beständiges Verwischen von Gegenstands- und Fachgrenzen die Einheit der Humanwissenschaften herstellen. Damit dienen die Philosophen, so antihistorisch ihre Theorien auch ausfallen mögen, als Theorieersatz der *Nouvelle Histoire*. Beide Seiten brauchen einander, wie sie nicht müde werden zu betonen, und zwar als das ‚jeweils ganz Andere'. Im seit langem ritualisierten französischen Wissenschaftsdiskurs fallen den ‚Philosophen' die Extrempositionen zu: Ihnen gehört sowohl der cartesische Traum von der reinen Struktur und die heftige Kritik an einer durch die ‚Macht' verdorbenen Konstruktion von ‚sozialem Sinn'. Die Historikern dagegen erben die konservative Position. Sie akzeptieren die Beschreibung, die die Verursacher der sozialen Phänomene von ihnen selbst liefern. Diese Arbeitsteilung hat in Frankreich dazu geführt, daß die führenden Vertreter der *Nouvelle Histoire* automatisch zur Klasse der Großintellektuellen (*mandarins*) gehören, d.h. wie in keinem anderen Land der Welt öffentliche Autorität ausüben und als politische Berater gefragt sind.

Falsch wäre freilich der Eindruck, die Gruppe der *Annales* hätte die gesamte französische Geschichtswissenschaft im 20. Jh. dominiert oder auch nur in jeder historiographischen Gattung wichtige Werke angeregt. Ein klassischer Text der Geistesgeschichte wie Marcel Bataillons (1895–1977) *Erasme et Espagne* (Erasmus und Spanien, 1937) basiert auf traditionellen philologischen Methoden, ohne auch nur im mindesten von der *Annales*-Gruppe beeinflußt zu sein, zu der der Autor durchaus Kontakte unterhielt. In Italien hat Bataillon Silvana Seidel Menchi (*1938) zumindest zu einem Seitenstück, *Erasmo in Italia* (Erasmus in Italien, 1987), angeregt. Ein ‚Erasmus in Frankreich', der das Potential dieses Humanisten für eine gemeinsame europäische Zirkulationsgeschichte von Ideen und Rezeptionsformen nützen würde, fehlt jedoch bis heute.

Zurückhaltung wahrten die Vertreter der *Annales* auch gegenüber der Geschichte der Historiographie. Hier mangelt es in Frankreich nicht an hervorragenden Einzelstudien, die freilich in der Regel konservativ angelegt, d.h. den Vorläufern und Lehrern der *Annales* verpflichtet sind. Bei den *Annales*-Vertretern schlägt die Ablehnung einer klaren Methodologie und vor allem der historischen Erzählung um in das Desinteresse an einer Geschichte der historiographischen Praktiken. In seiner äußerst anregenden Untersuchung *L'écriture de l'histoire* (Das Schreiben der Geschichte, 1975, dt. 1991), läßt Michel de Certeau (1925–1986) den Historiker ‚Ort', ‚Zeit' und ‚Sinn' verfertigen, aber keine Geschichte dieser Praktiken.

Eine vergleichbar reservierte Haltung nahm die Gruppe der *Annales* zu den französischen Verstrickungen im II. Weltkrieg ein: Eine ‚revisionistische Geschichtsschreibung', besonders die vergleichende Analyse des faschistischen und kommunistischen Totalitarismus, war in Frankreich bis in die 90iger Jahre kein erwünschtes Thema. In Italien hatte Renzo de Felice (1929–1996) schon lange zuvor mit seiner monumentalen *Mussolini*-Biographie (1966–1997, 7 Bde.) einen Maßstab gesetzt. In Deutschland arbeitete Ernst Nolte (*1923) zeitgleich an seinem *Europäischen Bürgerkrieg 1917–1945* (1987). Als François Furet (1927–1997), ein Mitglied der *Annales*-Gruppe mit marxistischen Wurzeln, 1978 mit seiner Studie *Penser la Révolution française* (Kritik der Französischen Revolution, 1978) versuchte, die Wirkungsgeschichte dieses Ereignisses für abgeschlossen zu erklären, fand er damit zunächst nur wenig Anklang. Die Revolution und ihr Mythos waren in Frankreich weiterhin als ‚mentaler Rahmen' für jede Form von Politik präsent. Diese kollektive Prägung geriet erst 1989 mit dem Fall der kommunistischen Regime ins Wanken. Furet reagierte auf diese Epochenzäsur mit einer polemischen Abrechnung mit der kommunistischen Ideologie: *Le Passé d'une illusion* (Die Vergangenheit einer Illusion, 1995). Die Reaktion der französischen Intellektuellen auf diese Schrift wäre freilich kaum so heftig ausgefallen, wäre sie nicht von Stéphane Courtois' *Le livre noir du communisme* (1997) zusätzlich herausgefordert worden. Dieses ‚Schwarzbuch', ein nüchterner Nekrolog für die Millionen Opfer des Kommunismus, besiegelte das Verdikt seines Lehrers Furet über das 20. Jahrhundert. Seitdem verfügt auch Frankreich über seine ‚revisionistische Schule', die sich freilich von den Methoden und dem intellektuellen Milieu der frühen *Annales* weit entfernt hat.

Die Formen des historisches Textes

Zu den Problemen, die eine Geschichtswissenschaft des 21. Jh. noch lösen muß, zählt die Frage, welches Verhältnis sie zu den Wissenschaften der menschlichen Sprache, d.h. zur Rhetorik, zur Erzählung und zum Text eingehen möchte. Auch für diese Fragen bietet das intellektuelle Umfeld von *Annales* und *Nouvelle Histoire* einen günstigen Anknüpfungspunkt. Es waren die ‚Philosophen', die die sprachlichen Extrempositionen formulierten und die Historiker in Europa und Amerika dazu zwangen, die Geschichtsschreibung erneut in den Kontext der literarischen Tradition zu stellen.

Am Anfang dieser Rekontextualisierung stand der Wiederaufstieg der Rhetorik im Feld der Humanwissenschaften seit 1950. Welche Veränderung gegenüber der Zeit um 1900! Die neutrale, standpunktlose Beobachtung hatte ausgedient, ebenso das autonome Ich, das kommunikativ als vernünftiger und unabhängiger Agent auftreten sollte. Das Buch wurde von Bildmedien (Film, Fernsehen, Internet) abgelöst und über die alten Nationalkulturen schob sich eine neue Vielsprachigkeit und der Multikulturalismus. In dieser Situation kehrte die Rhetorik in ihrer alten Rolle als

,Universalsprache' zurück. Freilich muß man genau hinsehen: Man griff nicht wieder auf die alte regelgebundene Produktionsanleitung für sprachliche Erzeugnisse zurück. Man entdeckte statt dessen die existenzielle Kategorie der ,Rhetorizität'. Sie geht davon aus, daß Lebenswelt und Wissenschaft gleichermaßen durch die Überzeugungsabsicht sprachlicher Mitteilungen konstituiert werden. Um diese Verfaßtheit beschreiben zu können, wurden Begriffe der älteren Rhetorik umgeformt und transferiert: Wahrscheinlichkeit, das Besondere bzw. Andere und die Affektstruktur der Adressaten, etc.

Schon um 1950 war jedoch sichtbar geworden, daß sich der Wiederaufstieg der Rhetorik in zwei großen ,Schulen' organisieren würde. Die strukturalistische Schule begriff die klassische Rhetorik als die Vorwegnahme der modernen Literaturtheorie und -kritik. Die poststrukturalistische Schule, in der Tradition von Nietzsche und Kenneth Burke (1897–1993), bestand auf der jeder Sprache zugrundeliegenden Rhetorizität und Poetizität. Mit beiden Konzepten wird im Grunde die Stilfigur der Metapher, besonders ihre Eigenschaft, Bedeutung zu übertragen und zu verschieben in jeder sprachlichen Äußerung aufgesucht.

Dem Strukturalismus geht es dagegen um die Erarbeitung einer ,rhetorischen Kompetenz', die mit einem unterschiedlich definierbaren Vorrat von Elementen und Operationen auskommt. So vollzieht z.B. der russisch-amerikanische Linguist und Philologe Roman Jakobson (1896–1982) eine Annäherung von Rhetorik und Semantik, die mit einem einfachen Oppositionspaar für eine ,strukturale Stilistik' operiert: der Metapher, die für ,Ähnlichkeit' steht und die sogenannte ,romantische Literatur' prägt und dem Metonym, das für Kontiguität steht, also Bedeutung über Nachbarschaft erzeugt, und die sogenannte ,realistische Literatur' bestimmt. Am anderen Ende der strukturalistischen Skala steht der amerikanische Literaturwissenschaftler Wayne Booth (*1921), der in seinem klassischen Werk *The Rhetoric of Fiction* (1961) auf dem Weg der empirischen Textanalyse ein vollständiges Inventar aller Mittel anlegt, mit denen ein Autor operiert, um über den Leser Kontrolle zu gewinnen. Dementsprechend umfaßt Waynes Theorie eine sehr große Zahl von Begriffen, mit denen er fiktionales Erzählen analysiert. Dabei verortet er den Autor im Spannungsfeld zwischen Instabilität (Figur der Ironie) und moralischem Standpunkt.

Die ,Stabilisierung' von Aussagen will die poststrukturalistische Schule, am deutlichsten vertreten durch den französischen Philosophen Jacques Derrida (1930–2004), gerade beseitigen. Sie erhebt das Geschriebene, das bisher als bloß sekundärer ,Textsinn' gegenüber dem Gesprochenen zurückstehen mußte, zum ,Primärsinn'. Deshalb entfernt Derrida den Begriff des ‚Sinns' aus der Sprechsituation, in der er als eindeutiges Resultat übrig bleiben soll, und verpflanzt ihn in die unkontrollierbare Tätigkeit des Lesens hinüber. Dabei ist dieser Sinn, in Anlehnung an die Wirkung der Metapher, instabil, streut aus und muß dezentriert und pluralistisch gelesen werden, da er nicht mehr als von einem ‚vernünftigen Subjekt' erzeugt gilt. Dem Poststrukturalismus geht es um die Freiheit und Unberechenbarkeit von Sinnerzeugung wie Sinnerfassung. Nicht zu Unrecht kann man diese Richtung in die Nähe eines extremen Historismus rücken, denn das, was entziffert wird, verdankt seinen Sinn sich selbst, so wie auch Rankes historische Gegenstände sich ‚unmittelbar zu Gott' verhalten.

Auf den ersten Blick sieht es so aus, als könnten derart extreme Textauffassungen für einen Erforscher von Geschichtsschreibung kaum von Bedeutung sein. Doch dieser Eindruck täuscht. Die strukturalistische und die poststrukturalistische Landkarte ergeben gemeinsam die Fläche oder ‚ökumenische' Ebene, auf der heute Historiographiegeschichte agieren muß. Terry Eagleton (*1943), ein spätmarxistischen Positionen verpflichteter Literaturtheoretiker, hat eine Formel gefunden, in der fast alle für die ‚Philosophie der Sprache' relevanten Positionen mit der Geschichtsschreibung zusammengeschlossen werden (*Literary Theory*, 1983, S. 206): „Die Rhetorik oder Diskurstheorie teilt mit dem Formalismus, dem Strukturalismus und der Semiotik das Interesse für die formalen Vorrichtungen (*dispositifs*) der Sprache; aber in gleicher Weise wie die Rezeptionstheorie ist sie auch damit befaßt, was diese Vorrichtungen am Orte ihres ‚Verbrauchs' wirksam werden läßt; ihre Sorge um den Diskurs als Form der Macht und des Begehrens kann von der Dekonstruktion und der Psychoanalyse lernen, während sie mit dem liberalen Humanismus die Überzeugung teilt, daß die Diskurse die Menschen verändern können."

Diese Beschreibung erfaßt alle Elemente, auf die eine moderne Literaturtheorie Historiographie reduziert: Ihr zufolge ist sie eine Konstruktion, die unter den Bedingungen von Kommunikation vorgenommen wird, und sie ist zugleich Diskurs, d.h. Äußerung von Macht, deren strikt antilogischer Zug aber bei Eagleton, der sich dabei auf Jürgen Habermas (1929) beruft, durch ein vernünftiges Interesse an Verständigung aufgehoben werden kann.

Damit wird ein zeitgemäßes Verständnis historiographischer Texte ermöglicht, von dem aus sich sinnvoll weiterfragen läßt. Am einfachsten ist wohl die Untersuchung von sozialen Verwendungsweisen von Texten zu bewerkstelligen. Sie ist noch von Mitgliedern der *Annales* selbst angestellt worden. Schwieriger zu beantworten sind die Fragen nach dem ge-

genseitigen Verhältnis von Literatur und Geschichtsschreibung: Ist historische Literatur allein ‚literarisch' richtig ausgelegt oder sollte nicht eher umgekehrt Literatur ‚historisch' interpretiert werden? Daran schließt sich die Frage an, ob sich im Konstruktionsprozeß eines historiographischen Textes eindeutige Kriterien nachweisen lassen, die zu einer haltbaren Abgrenzung vom fiktionalen Text führen können. Die skizzierte Synthese von Philosophie der Sprache, Rhetorik und Literatur drängt dem Historiker zwei Fragen auf: 1. Können die Auffassungen von Sprache, Erzählung und Rhetorik zu einer neuen Großtheorie für die gesamte historiographische Methode und Praxis vereinigt werden? 2. Ist es im Rahmen dieser Theorie möglich, Errungenschaft der modernen Literatur, die sich weit vom Modell realistischen Erzählens entfernt hat, für eine zukünftige Geschichtsschreibung nutzbar zu machen?

Der Untersuchung der kulturellen Praktiken der Lektüre widmet sich ein Vertreter der ‚dritten Generation' der *Annales*, Roger Chartier (*1945). Für Chartier erschöpft sich ein Text nicht länger darin, ausschließlich Definiendum zu sein, d.h. etwas, dessen innere Sinnproduktion aufgeklärt werden müßte. Er versucht vielmehr den ‚Umgang mit Texten' zu einem Definiens zu machen und mit seiner Hilfe Unterscheidungsmerkmale für religiöse, soziale und ökonomische Gruppen zu gewinnen. Durch die Unterscheidung von reformatorischen und gegenreformatorischen Lektüreformen gewinnt die Konfessionsforschung neue Erkenntnisse. Die Geschlechterforschung sucht männliche und weibliche Einstellungen zum Buch, und die Sozialgeschichte gewinnt neue Einsichten in die Beziehungen zwischen populärer und elitärer Kultur. Chartier analysiert das Verhältnis von Text, Textgebrauch und dem Objektcharakter von Texten. Er entdeckt den Gebrauch in bildlichen Darstellungen des Lesens. Das Objekt zeigt sich als Manuskript, gedrucktes Buch oder Flugblatt. Schließlich läßt er den Text in unterschiedlichen Rezeptionssituationen auftreten: auf der Hofbühne, im Adelspalais und im bürgerlichen Salon. Was Hermeneutik und Literaturkritik bislang in den Mittelpunkt der Textanalyse gestellt hatten, Form- und Inhaltsanalyse, erhält auf diese Weise eine lebenspraktische Perspektive, in der künftig alle Texte, gerade auch die historiographischen betrachtet werden müssen.

Schwierigere Probleme als die Praktiken der Lektüre wirft die Frage nach der zukünftigen Lesart von Texten in der Geschichtsforschung auf. Sollen Texte ausschließlich als Dokumente gelesen werden, also auch alle ‚literarischen' Texte als historisch-soziologische Quellen verstanden werden? Oder sollten umgekehrt alle ‚archivalischen' Texte zunächst einer literarischen Analyse unterworfen werden, um dann im Rahmen der Diskursforschung und der Dekonstruktion im Sinne der Sichtbarmachung von Widerständen, Rissen und Brüchen in einer ‚Geschichte der Sieger' gelesen werden? Ungeklärt ist vor allem die zentrale Frage nach der methodisch gesicherten Erkenntnisleistung dieser drei Interventionen: aus der Literatur ins Archiv, aus dem Archiv in die Literatur und schließlich aus der Literatur in den Diskurs. Unbestritten ist, daß die Praktiken des literarischen Feldes und der Texte selbst als Definiens historisch-sozialer Phänomene dienen können. Unterstützend kommt hinzu, daß sich inzwischen eine ‚literarische Anthropologie' als Zweig der Literaturwissenschaft etabliert hat. Sie macht selbst fiktionale Akte, als die ‚entpragmatisierte Dimension' des Menschen, der historischen Analyse zugänglich (Wolfgang Iser). Literatur wird zu einem Archiv der in aller Regel unerfüllt gebliebenen Wünsche, Träume und Phantasien des Menschen. Eine Geschichtsschreibung der ‚fiktionalen Freiheitskonstellationen' scheint denkbar.

Der dritte Weg, nämlich die Dokumente des Archivs zu literarisieren, zu rhetorisieren und dann als Aussagen von Personen zu werten, über welche die Diskurse sonst schweigen, birgt nicht wenige Fallen. Dokumente thematisieren ihr ‚Verschweigen' und ihre ‚Risse' nicht. Bestenfalls finden sich in ihnen Spuren schwacher Indizien. Diese geben sich dem ‚Dekonstrukteur' ebenso wie dem Forscher der Mikrogeschichte als Folgen von Ursachen zu erkennen, zu denen er nur über vielgliedrige Schlüsse zurückfinden kann. In komplexen Handlungskontexten ‚streuen' Ursachen wie Folgen jedoch; d.h., man muß oft von einer Verselbständigung von Folgen und ihrem asymmetrischen Verhältnis zu den Ursachen ausgehen: Einer Folge läßt sich oft nicht zwingend diese und keine andere Ursache zuordnen (Imputationsirrtum). Damit läßt sich ein Text zwar stets als eine der vielen Möglichkeiten deuten, zu der eine Ursache führen konnte, doch gibt es keinen zwingenden Schluß zurück zu den ‚besseren Möglichkeiten', die hätten verwirklicht werden können Also bleibt der Anspruch des Interpreten, die Vergangenheit zu ‚retten', indem er Lücken für eine Gegengeschichte ausspäht, ein bloßer Wunsch, den die historische Methode nicht erfüllen kann.

Was die Literarisierung des Archivs jedoch rechtfertigt, ist die Beobachtung, daß ein Großteil seiner Texte rhetorisch geformt ist. Dieser Befund gestattet es nicht, die Verfahrensweisen der empirischen Wissenschaft durch sprachliche zu ersetzen, aber er legt nahe, beide künftig komplementär zu benutzen. Dadurch wird der Spielraum eines Textes, auf ‚ganz anderes' zu verweisen, definitiv beschränkt, nämlich auf die metaphorische Struktur des Textes und die relative Offenheit der Rezeption durch spätere Leser. Dominick LaCapra (*1943), Historiker an der Cornell-

Universität in den USA, hat daraus eine ‚ökumenische Theorie der Rhetorik' abgeleitet (*Rhetoric and History*, 1985): Alle Texte des Historikers, gleich welcher Herkunft, sind bei ihm (auch) rhetorisch konstruiert. Die wahre Erkenntnisleistung des Historikers findet somit in der Deutung statt. Deshalb überrascht es nicht, daß für LaCapra am Ende autobiographische Texte die besten historischen Zeugnisse sind. Sie zeigen sich als ‚Quelle' und als ‚reflektive Selbstdeutung' in einem, erschließen sich also in zweifacher Weise einer rationalen Auslegung.

LaCapra sieht keinen Anlaß, die Rhetorizität aller Texte in bloße Fiktionalität und damit Referenzlosigkeit umzudeuten. Für ihn gibt es eine Art von historischer Wirklichkeit (Referenz), aber diese kommt durch die Überlieferung selbst zustande. Die Überlieferung gestaltet, in Anschluß an die Sprachhorizonte und Vorurteilsstrukturen bei Hans-Georg Gadamer (1900–2002), ihre eigene ‚natürliche Umgebung', die es möglich macht, weiterhin von Evidenz zu sprechen (*Wahrheit und Methode*, 1960). Die Referenz ist in Erfahrungsparametern bei Autor und Leser gemeinsam verankert. LaCapra nennt diese Symmetrie ‚Erwiderungspflicht', man kann sie auch als Kohärenz der Handlungsbedürfnisse und -möglichkeiten von Autor und Leser auffassen. Im übrigen ist dies alles andere als eine neue Denkstruktur: Als *fides historica* (vgl. Kap. 10.2) ist dieses Evidenzkriterium die Hauptfigur der vorkritischen historischen Methodologie, die noch bis ins 18. Jh. reicht.

Wiederum liegt die Frage nahe, welche Bedeutung derartige rhetorische Auffassungen von Texten für den Historiker und besonders den Historiographiehistoriker haben können. In der Tat stellt die These von der Rhetorizität jeder Äußerung, um die sich ein Historiker bemüht, inzwischen eine Mehrheitsmeinung dar, die vor den aus ihr resultierenden Konsequenzen keineswegs zurückscheut: 1. Es gibt weiterhin eine Wahrheitsanforderung an die Geschichte, aber sie wird nicht länger metahistorisch begründet, sondern nach historisch kontingenten Feldern geordnet. Sie geht von dem aus, was historisch ‚gerade der Fall' ist. Historische Wahrheit ist also ‚lokales Wissen' (*local knowledge*). 2. Die vielgerühmte ‚Asymmetrie von Historie und Leben', welche eine szientistische Geschichtsauffassung seit 1900 in ihrer Kritik an Wilhelm Diltheys Symmetrie von Leben-Ausdruck-Verstehen eingefordert hatte (vgl. S. 280), kann so nicht mehr fortbestehen. Die Erzeugnisse des Historikers ergeben einen ‚gemischten Diskurs' (Certeau), in dem theoriegeleitete Konstruktion ebenso wie die anordnenden, argumentativen und affektiven Techniken der Rhetorik vertreten sind. Und selbstverständlich ist, wie Wissenssoziologie und Diskurstheorie gemeinsam gezeigt haben, auch die ‚autochthone Formgebung' der Geschichte weiterhin im ‚historischen Leben' geerdet. 3. Es gibt ein Publikum für Geschichtsschreibung, und dies bedeutet, daß die Historiker den Kontakt zu der Gruppe, die ‚Geschichte' schließlich gemacht und erlitten hat, nicht abbrechen dürfen. Die Brücke zum Publikum kann aber nur dessen ‚natürliche Sprache' sein. Diese Sprache ist sowohl das Medium der Verständigung über Geschichte als auch ein Agent in den historischen Prozessen. Ihre Theoriesprache als Verstehen und Anweisung zur Handlung hat sie seit langem in der Rhetorik gefunden.

Die rhetorische Theorie, sowohl in ihrer strukturalistischen wie poststrukturalistischen Version, findet somit innerhalb des Gesamtfeldes historischer Arbeit einen natürlichen Ort, und zwar als Teiltheorie, die für die Außenkommunikation und, in einer noch nicht vollständig geklärten Weise, auch für die Konstitution (Faktenselektion, -verknüpfung, etc.) zuständig ist und sich damit zugleich auch der Frage der Macht stellt. Mit diesem Verständnis von Rhetorik zieht die Mehrheitsfraktion in der modernen Geschichtstheorie zugleich den Schluß aus der gegenwärtigen Lage der Geschichtswissenschaft. Diese befinde sich durch immer neue Gegenstands- und Verfahrenstheorien in einem unaufhaltsamen Prozeß der Fragmentierung. In den 70er und 80er Jahren sah es so aus, als könnte die ‚Kehre zur Sprache' (*linguistic turn*) dem historischen Feld zu einer neuen Einheit verhelfen. Diese Hoffnung erfüllte sich nicht, denn zu einer einheitlichen Theorie der Sprache selbst ist es bisher noch nicht gekommen. Hinzu kommt, daß große Teile der Wissenschaft inzwischen zu sehr ‚an den Rändern der Sprache' angesiedelt sind, als daß sie mit den Mitteln der natürlichen Sprache beschrieben und in Handlungsimpulse für den Alltag umgewandelt werden könnten. Dies gilt nicht nur für die Naturwissenschaften, sondern auch für viele Bereiche der Humanwissenschaften. Deshalb bleibt bislang nur ein einziges Ergebnis der ‚Kehre zur Sprache' unbestritten: Keine Wissenschaft kommt ohne Rhetorik aus. Jenseits dieser Position beginnen die offenen Fragen, z.B., ob damit ausschließlich ihre kommunikativ-instrumentelle Rolle gemeint ist oder auch ihre konstitutive Rolle. Der Historiker der Geschichtsschreibung, der um den überragenden Einfluß der klassischen Rhetorik im ‚vorwissenschaftlichen Zeitalter' weiß, wird sich freilich, ganz gleich wie die Antwort ausfallen mag, niemals von ihr verabschieden. Er wird die ‚alte Rhetorik' weiterhin als ‚Theoriekern' benutzen und vorsichtig um die strukturalistischen und poststrukturalistischen Konzepte ergänzen.

13.2 Kanon

Annales und *Nouvelle Histoire* haben in Frankreich eine langandauernde Konjunktur der Historiographie ausgelöst und sie in ein intellektuelles Laboratorium verwandelt, in dem die Nation sich in einer endlos wechselnden Folge von Selbstentwürfen ergehen kann. Welche Haltbarkeit diese Werke haben, ob man ihnen den Status von Klassikern nicht nur heute, sondern auch noch morgen zuschreiben wird, ist noch nicht entschieden. Die folgende Auswahl will sich nicht an der literarischen Qualität orientieren, sondern an der methodischen Innovation, nach der die Verfasser suchten. Im Überblick fällt aber eines sofort ins Auge: Viele Musterbeispiele dieser historiographischen Schule zeigen einen juridischen Einschlag, sie verwickeln ihren Gegenstand in einen Prozeß, und es ist gewiß kein Zufall, daß Gerichtsakten und -protokolle ihre Materialbasis sind. Die neuen Historiker haben offensichtlich viel von den Richtern des *Ancien Régime* gelernt.

Fernand Braudels monumentale Studie *La Méditerranée et le monde méditerranéen á l'epoque de Philippe II* (Das Mittelmeer und die mediterrane Welt in der Epoche Philipps II., 1949, 1966^{2}, dt. 1998) gilt als das Meisterwerk der Schule. Auf fast 1300 Seiten stellt es die Geschichte des Mittelmeergebietes auf drei Zeitebenen dar: die *longue durée* (natürliche Umwelt), die *moyenne durée* oder *conjunctur* (lange Geschichtszeit), schließlich die *courte durée* oder *temps événemental* (die kurze Zeit der Ereignisse). Braudels Einstellung zur Zeit als Kausalfaktor ist eindeutig: Je länger desto bedeutender! Biographen meinten, Braudels Ablehnung der politischen Zeit habe mit der Niederlage Frankreichs im Jahr 1940 und seiner langjährigen Kriegsgefangenschaft zu tun. Als einziger Trost wäre dem Historiker im deutschen Lager der ‚Sprung in die Tiefenzeit' verblieben, denn in ihr büßt die Zeitgeschichte an Bedeutung ein. Tatsächlich beginnt Braudels Erzählung mit der geologischen Entstehung des Mittelmeeres und endet mit einem Ereignis, dem Tod König Philipps II. am 13. September 1598. Damit ist bereits die innere Problematik des Werks berührt: In der ‚langen Dauer' und den immer komplexer werdenden Kausalverbindungen verliert sich das Einzelereignis.

Diesen Einwand seiner Kritiker konnte Braudel niemals ausräumen. Im Gegenteil, für ihn realisierte sich die wahre Geschichte in einer ganz neuen Form als *Histoire totale*, d.h. als Universalgeschichte, die alle Lebensbedingungen und alle historischen Phänomene zugleich abbildet. Dieser Anspruch bleibt freilich unerfüllt: die Religionsgeschichte fehlt in *La Méditerranée* ebenso wie die Geschichte der Institutionen. Den Kritikern drängte sich deshalb die Frage auf, ob das Programm einer *Histoire totale* sich überhaupt in klare Fragestellungen überführen lasse und ob die Verknüpfung von Struktur und ‚langer Dauer' nicht die Gefahr in sich berge, den Übergang zum Ereignis unmöglich zu machen. Die *Histoire totale* scheitere daran, Problemgeschichte zu werden, sie liefere nur unverbundene Teile. Ungeachtet der Schwächen des Werkes ist es gerade der von Braudel selbst abgewertete Ereignisteil, dessen Lektüre lohnt. Aus der Geschichte des spanisch-osmanischen Konflikts wird eine Art Informations- und Kommunikationspanorama, dessen Brennpunkt Philipp II. darstellt. Bis heute gibt es keine bessere Darstellung dieses Zusammenhangs.

Wie eigenwillig der Weg war, den Braudel beschritten hatte, zeigt sich, sobald man *La Méditerranée* mit einem Hauptwerk seines Lehrers **Lucien Febvre** vergleicht: *Le problème de l'incroyance au 16e siècle. La Religion de Rabelais* (Das Problem des Unglaubens im 16. Jh. Die Religion des Rabelais, 1942, dt. 2002). Febvre stellte sich die ‚einfache' Frage, ob man aus dem Werk des Mönchs und Arztes François Rabelais (1494–1553) zwingend auf den Atheismus seines Verfassers schließen könne. Hierzu formulierte er die klassische Fragestellung um: Statt zu fragen, ‚war Rabelais Atheist?', fragte Febvre, ‚konnte er überhaupt Atheist sein?'. Damit erhob Febvre den methodischen Anspruch, einen Autor völlig in den zeitgenössischen Denkhorizont einbetten zu können, so daß dessen Begrifflichkeit eindeutig bestimmt werden konnte. Zum Ausgangspunkt der Analyse dienen die ‚Denkwerkzeuge', *outillage mental* (innere Ausrüstung) oder *outillage discursiv* (diskursive Ausstattung). Ihre Überprüfung ergab für Febvre, daß Rabelais keineswegs über die intellektuellen und semantischen Mittel verfügte, die ein konsequenter Atheismus benötigt. In dieser Form ist der Schluß unhaltbar, aber Febvre rückt den ‚Kontext' eines individuellen Denkers bereits in die Nähe der späteren Schlüsselbegriffe Struktur, Mentalität und Diskurs, weshalb das Werk bis heute lebhaft diskutiert wird.

Febvres Frage nach dem Atheismus läßt bereits das Interesse der ‚neuen Historiker' an inquisitorischen Praktiken erkennen. In **Emmanuel Le Roy Laduries** (*1929) Dorfgeschichte *Montaillou, village occitan de 1294 à 1324* (Montaillou. Ein okzitanisches Dorf von 1294 bis 1324, 1975, dt. 1983) bildet der Inquisitionsprozeß sogar das methodische Rückgrat: Von 1318 bis 1325 hatte Jacques Fournier, seit 1317 Bischof im südfranzösischen Pamiers, später Papst Benedikt XII. (1334–42), ein großangelegtes Ermittlungsverfahren gegen katharische Gläubige geleitet, die offensichtlich in der Gemeinde Montaillou noch stark vertreten waren. Le Roy Ladurie benutzt die in drei dicken Bänden zusammengefaßten Befragungsprotokolle einfacher Bauern zwar für eine Lokalgeschichte der Religion in den mittleren Pyrenäen, aber er rekonstruiert auch die soziale Dynamik, die materiellen Strukturen und die Bräuche dieser Bergbevölkerung. Unter dem ‚Mikroskop des Inquisitors' erscheinen die Glaubensfragen natürlich besonders groß, aber mit komplementären Texten gelingt Le Roy Ladurie ein tiefer Einblick in die beruflichen Tätigkeiten, die finanzielle Ausstattung und die demographische Struktur der Region. Damit vermeidet er eine chronologische Erzählung und versammelt alles Quellenmaterial um einen thematischen Kern. Andererseits mischt sich Le Roy Ladurie auch als Autorensubjekt in seine Darstellung ein, eine in der Mikrogeschichte fast schon übliche Praxis.

Philippe Ariès (1914–1984) nimmt unter den Historikern der *Annales* eine Ausnahmestellung ein. Sie beruht auf der extrem konservativen politischen Orientierung des ehemaligen Sympathisanten der *Action Française* und des Vichy-Regimes, während seine Kollegen meistens der kommunistischen Partei angehörten. Sie verdankt sich aber auch seinem verspäteten Einstieg in die Pariser Institutionen und der Besessenheit, mit der er sich zwei Themen widmete: der Kindheit und dem Tod. Für sein Hauptwerk *L'Homme devant la mort* (Geschichte des Todes, 1977, dt. 1982) führte Aries über mehrere Jahrzehnte intensive demographische Studien durch. Es war eine der ersten Studien, die das Thema Tod und Sterben in die Kultur- und Verhaltensgeschichte einführten und so ein Tabu der Moderne brachen. Auf Aries geht eine Systematik von einander ablösenden kollektiven Einstellungen zum Tod zurück. Sie reicht vom in der Großfamilie erlebten ‚guten Tod' des Mittelalters bis zum ‚verdrängten Tod' des sozial isolierten Individuums der Moderne. Diese Systematik wurde zur Grundlage einer ausgebreiteten philosophische Reflexion über den Tod. Für Aries waren das Wissen vom Tod und die Praktiken seiner Bewältigung integrale Bestandteile langlebiger Traditionen. Sie repräsentierten für ihn ein Heilung versprechendes ‚Tiefengedächtnis', das ihm auch funktional für die psychische Stabilisierung der Industriegesellschaft unersetzlich erschien. Damit gelangte er auf konservative Weise zu einer Kritik am westlichen Logozentrismus, wie sie gleichzeitig die intellektuelle Linke, wiederum am Beispiel des ‚Körpers' (Georges Bataille, Michel Foucault), formulierte.

In den 70er und 80er Jahren, als sich das *Annales*-Paradigma weitgehend durchgesetzt hatte, wurde das ‚Ereignis' (*événement*) erneut zu einer Herausforderung für die Historiker. Tausende von quantitativen Studien, tief in der ‚langen Dauer' verankert, hatten das Interesse am historischen Ereignis nicht verdrängen können. Ebenso eroberte sich das Individuum, dessen Bedeutung gemeinsam mit dem Ereignis geschwunden war, eine

Hauptrolle in der Geschichtsschreibung zurück. So widmete sich **Georges Duby** (1919–1996) in seinen Werken aus dieser Zeit beidem, dem hervorragenden Individuum und dem historischen Ereignis, bei dem seine Wahl nicht zufällig auf eine Schlacht fiel. ‚Schlachten' wurden seither geradezu zum Paradigma einer neuen ‚Ereignisgeschichte'. Bei seinen Darstellungen verzichtet Duby auf die verpönte chronologische Erzählung: *Le Dimanche de Bouvines, 27 juillet* 1214 (Der Sonntag von Bouvines, 1973, dt. 1988) und *Guillaume le Maréchal ou le meilleur chevalier au monde* (Guillaume le Maréchal oder der beste aller Ritter, 1984, dt. 1997) lassen sich als Versuch einer themenzentrierten Geschichtsschreibung lesen. In beiden Werken verläuft die Interpretation strikt synchron und benutzt Vorgang und Person nur als Relais, über die jeweils verschiedene Themenfelder angesteuert werden können: Was bedeutet überhaupt der Krieg oder eine Schlacht im frühen 13. Jh.? Welche Rolle spielte persönliche Tapferkeit beim Ritter Guillaume, der sich sein Vermögen als Turnierheld erwarb? Wie konnte die Schlacht an einem Sonntag stattfinden, an dem doch der Kampf strikt untersagt war? Welches ‚Bild der Schlacht' verbreitete sich unmittelbar nach ihrem Ende in ganz Europa? In diesem Netz von Fragen möchte der Historiker die traditionell bedeutungsverleihenden Vorher- und Nachher-Beziehungen ausgeschaltet wissen. Es mag ja sein, bemerkt Duby, daß ein Ereignis sensationelle Wirkungen auslöse, wichtiger aber sei, „daß es eine fruchtbare Wucherung von Diskursen bewirke (pullulement des discours)", die man rekonstruieren könne (*L'Histoire continue*, 1991, S. 153–4). Es überrascht nicht, daß Duby diese Arbeitstechnik weitgehend mit den Begriffen Erzählung (*récit*) und Stil (*style*) reflektiert hat, d.h. sie auf ein literarisches Fundament stellt.

Am Ende des 20. Jh. hatten *Annales* und *Nouvelle Histoire* den Zenit ihrer Innovationsmöglichkeiten überschritten, und wie in solchen Phasen üblich schritten sie zur Selbstreflektion, d.h. zur Selbsthistorisierung. Treibende Kraft dieser Wende war und ist **Pierre Nora** (*1931), Journalist, Professor an der EHESS (École en hautes études en sciences sociales), Programmdirektor beim Großverlag Gallimard und seit 2001 auch Mitglied der Académie Française. Nora ist der Initiator der größten Anthologie, welche die französische Historiographie jemals hervorgebracht hat. „Die Erinnerungsorte" (*Les Lieux de Mémoire*, 3 Bde. 1984–92) kartographieren auf mehr als 4700 Seiten eine Landschaft von ungeheueren Ausmaßen. Die versammelten Autoren stellen sich neuartigen Fragen wie: An welchen Orten (geographisch), mit welchen Werken (literarisch), mit welchen Oppositionspaaren (symbolisch, politisch, biographisch) vollziehen a) die Republik, b) die Nation und c) die verschiedenen Versionen Frankreichs (Les France!) die für sie konstitutiven Erinnerungsleistungen? Das Ergebnis ist eine nur durch ein unscharfes Programm zusammengehaltene Enzyklopädie des Nationalbewußtseins, die von der Trikolore über die Provinz Vendée, die *Grandes Chroniques de France* und den *Code Civil* bis zu *Le tour de France* reicht, aber auch die Gastronomie nicht ausläßt. Noras Antrieb war die Angst vor dem Verlust des ‚natürlichen historischen Gedächtnisses' der Nation. Die mündlichen, familiären und kollektiven Nationen schienen Nora bedroht. In dieser Situation hielt er es für die Aufgabe des Historikers, die Erinnerung an sie reflexiv zu bewahren. Einen derart monumentalen Versuch, einer ganzen Gesellschaft vorzuschreiben, was in ihr das Erinnerungswürdige sei, hat vor Nora kein Historiker unternommen. Weniger megalomane Ansätze zur Nachahmung haben bislang in Deutschland, Italien, Spanien, Österreich und Dänemark stattgefunden.

Als Ergänzung zu den *Lieux de Mémoire* hat Pierre Nora die Historisierung der neuen Historiographie vorangetrieben. Gemäß dem Prinzip ‚wenn Historiker über sich schreiben, dann schreiben sie Geschichte' schlug er renommierten Kollegen vor, sich ‚selbst darzustellen'. Die *Essais d'-ego-histoire* (Leben mit der Geschichte, 1987, dt. 1989) enthalten Selbstporträts u.a. von Pierre Chaunu, Georges Duby, Jacques Le Goff und Michelle Perrot. Diese ‚Egogeschichten' kommen einer Rehabilitierung der Subjektivität und aller ihrer literarischen Verkleidungen gleich. Mit ihnen bekennt sich die *Nouvelle Histoire* zu ihren Gründervätern und damit zu ihrer zeitgeschichtlichen Verankerung. Es liegt nahe, die *Essais d'ego-histoire* als die Krönung der *Lieux de mémoire* zu begreifen. Die Subjektivität des Historikers läßt sich seit den 80er Jahren nicht länger verleugnen, ebensowenig wie die Tatsache, daß es ein für alle Franzosen ‚verbindliches' historisches Gedächtnis nicht mehr gibt. Durchgesetzt hat sich auch die Einsicht, daß das von den Historikern der Pariser Eliteschulen als Ersatz konstruierte Gedächtnis nur ein Angebot unter vielen ist und vor allem die afrikanischen Einwanderer nicht überzeugt. Dem auswärtigen Betrachter verschafft diese doppelte Absetzbewegung der gereiften *Annales* von ihrer Tradition und die gleichzeitige Relativierung ihrer Stellung im öffentlichen Bewußtsein Frankreichs eine große Beruhigung: Nur ein Nationalismus, der gleichermaßen reflexiv wie emotional gebrochen ist, hört auf eine Bedrohung zu sein und bietet Anschlußmöglichkeiten für eine künftige europäische Variante.

13.3 Bibliographie

Texte

Aries, Philippe: Ein Sonntagshistoriker. Philippe Aries über sich. Meisenheim 1990 (frz. 1980).

Bloch, Marc: Apologie der Geschichtswissenschaft oder Der Beruf des Historikers. Stuttgart 2002.

– Aus der Werkstatt des Historikers. Zur Theorie und Praxis der Geschichtswissenschaft. Frankfurt a. M. 2000. *Lesenswerte Anthologie methodologischer Texte.*

Braudel, Fernand: Écrits sur l'histoire. Paris 1969.

Febvre, Lucien: Das Gewissen des Historikers. Frankfurt a. M. 1990.

Certeau, Michel de: Das Schreiben der Geschichte. Frankfurt a. M. 1991 (frz. 1975).

Halbwachs, Maurice: Das kollektive Gedächtnis. Frankfurt a. M. 1985 (frz. 1950).

LaCapra, Dominick: Geschichte und Kritik. Frankfurt a. M. 1987. *Wichtige Aufsatzsammlung zur rhetorischen Dimension der Geschichtsschreibung.*

Le Roy Ladurie, Emmanuel: Le territoire de l'historien. Paris 1973.

Middell, Matthias u. Sammler, Steffen (Hrsg.): Alles Gewordene hat Geschichte. Die Schule der *Annales* in ihren Texten. Leipzig 1994.

Nora, Pierre (Hrsg.): Les lieux de mémoire. 3 Bde. Paris 1997 (La République 1984. La Nation 1986. Les France 1992).

– (Hrsg.): Pierre Chanu. Georges Duby. Jacques Le Goff. Michelle Perrot. Leben mit der Geschichte. Vier Selbstbeschreibungen. Frankfurt a. M. 1989.

– (Hrsg.): Erinnerungsorte Frankreichs. München 2005. *Auswahl aus den ersten zwei Teilen der* Lieux de mémoire.

Veyne, Paul: Comment on écrit l'histoire. Texte intégral. Paris 1971.

– Geschichtsschreibung – Und was sie nicht ist. Frankfurt a. M. 1990. *Gekürzte dt. Fassung.*

– Foucault: Die Revolutionierung der Geschichte. Frankfurt a. M. 1992 (frz. 1978).

Vovelle, Michel: Idéologies et mentalités. Paris 1985.

Einführende Literatur

Bédarida, François (Hrsg.): L'histoire et le métier d'historien en France 1945. Paris 1995. *Fast eine Selbstdarstellung der* Annales-Schule *mit nützlichen Bibliographien.*

Burke, Peter: The French Historical Revolution: The *Annales* School 1929–1989. Cambridge 1990.

Delacroix, Christian, Dosse, François u. Garcia, Patrick (Hrsg.): Les courants historiques en France. 19e–20e siècle. Paris 1999.

Iggers, Georg G.: Historiography in the Twentieth Century. From Scientific Objectivity to the Postmodern Challenge. Hanover/London 1997.

Noiriel, Gérard: Sur la „crise“ de l'histoire. Paris 1996. *Ansatz zu einer kritischen Geschichte der* Annales.

Raphael, Lutz: Die Erben von Bloch und Febvre. *Annales*-Geschichtsschreibung und N*ouvelle histoire* in Frankreich 1945–1980. Stuttgart 1994.

Spezielle Probleme

Aguirre Rojas, Carlos A.: Fernand Braudel und die modernen Sozialwissenschaften. Leipzig 1999.

Ahearne, Jeremy: Michel de Certeau. Interpretation and its other. Stanford 1995.

Carrard, Philippe: Poetics of the New History. French Historical Discourse from Braudel to Chartier. Baltimore/London 1992.

Compagnon, Antoine: La réhabilitation de la rhétorique au XXe siècle. In: Fumaroli, Marc (Hrsg.): Histoire de la rhétorique dans l'Europe moderne 1450–1950. Paris 1999. S. 1261–1282.

Daix, Pierre: Braudel. Paris 1995.

Harth, Dietrich: Die Geschichte ist ein Text. Versuch über die Metamorphosen des historischen Diskurses. In: Koselleck, Reinhart [u.a.] (Hrsg.): Formen der Geschichtsschreibung (Theorie der Geschichte, 4). München 1982, S. 452–479.

Hexter, Jack H.: The Rhetoric of History. In: History and Theory 6 (1967). S. 3–13.

Hunt, Lynn: French History in the Last Twenty Years. The Rise and Fall of the Annales Paradigm. In: Clark, Stuart (Hrsg.): The *Annales* School. Critical Assessments. 4 Bde. London 1999. Bd. 1. S. 24–38. *Wichtiger Aufsatz in informativer Anthologie.*

Hutton, Patrick H.: Philippe Ariès and the Politics of French Cultural History. Amherst /Mass. 2004.

Iser, Wolfgang: Prospecting. From Reader Response to Literary Anthropology. Baltimore 1989.

Megill, Allan u. McCloskey, Donald N.: The Rhetoric of History. In: Nelson, John S. [u.a.] (Hrsg.): The Rhetoric of Human Sciences. Madison/Wisconsin 1987. S. 211–238.

Popkin, Jeremy D.: Ego-histoire and Beyond. Contemporary French Historian-Autobiographers. In: French Historical Studies 19 (1996), S. 1139–1167.

Revel, Jacques (Hrsg.): Jeux d'échelles. La mycro-analyse à l'expérience. Paris 1996.

13.4 Die neue Universalgeschichte: das Ganze und seine Teile

Global History und die Probleme der Geschichtsphilosophie

Im letzten Jahrzehnt des 20. Jh. läßt sich ein deutlicher Anstieg der Produktion universalhistorischer Werke beobachten. Es wäre voreilig, dieses Wachstum ausschließlich auf die sogenannte ‚Globalisierung', d.h. die weltweite Vernetzung von Wirtschaft, Politik und Kultur durch die grenzüberschreitenden Handels-, Finanz-, Tourismus- und Migrationsströme und auf die sie begleitenden strukturellen Veränderungen in Ausgangs- und Zielgesellschaften zurückzuführen. Die Globalisierung der dritten Jahrtausendwende ist nur die letzte in einer Reihe weltweiter Integrationsphasen und vielleicht nur die am intensivsten ‚gefühlte'. Diese Einsicht sollte dazu ermutigen, auch die gegenwärtige Universalgeschichtsschreibung (*Global History*) an die älteren Versuche auf diesem Gebiet und an deren methodische Voraussetzungen anzuschließen. Nach Form und logischem Gehalt sieht sie dann nicht mehr ganz neu aus, aber auch die Enttäuschung über die Probleme, mit denen sie behaftet ist und über ihre begrenzte Leistungsfähigkeit nimmt in dem Maße ab, in dem man sie der historischen Reflexion unterwirft. Hierzu nun eine knappe Skizze.

Im Jahre 1566 publizierte der französische Staatsrechtler Jean Bodin (1530–1596) seine *Methodus ad facilem historiarum cognitionem* (Anweisung zur leichteren Erkenntnis der historischen Erzählungen). In diesem Werk greift er eine ältere, vor allem im Hl. Römischen Reich Deutscher Nation von Philipp Melanchthon (1497–1560) vertretene universalhistorische Konzeption an. Sie fußt auf dem zweiten Kapitel des alttestamentarischen Buches *Daniel*. Hier deutet der Prophet ein Standbild aus Gold, Silber, Eisen und Ton, das König Nebukadnezar im Traum erschienen war, als eine Abfolge von vier Reichen bis zum Jüngsten Gericht. Melanchthon identifiziert das letzte Danielreich mit dem Römischen Reich. Dieses jüngste Weltreich werde als Hl. Römisches Reich Deutscher Nation weiterbestehen. Unter dem Einfluß der älteren biblischen Chronologie konstruierte Melanchthon eine endliche Geschichtszeit von der Schöpfung bis zum Weltende. Sie schließt die Zukunft ein und weist einen klar erzählbaren Verlauf auf, der bei jedem historischen Ereignis die Deutung als Akt der göttlichen Vorsehung ermöglicht. Bodin zerstörte diese Konstruktion, indem er dem ‚Reich der Deutschen' als zu klein und schwach den Charakter einer Weltmonarchie absprach, die *Translatio imperii*, die Idee der göttlich gelenkten Abfolge, leugnete und eine neue, rein chronologische Universalgeschichte ankündigte. Zu diesem Zweck zog er alle ihm damals vorliegenden Chronologien aus profanen wie religiösen Texten zusammen und synthetisierte aus ihnen eine neue Zeitordnung.

Bei Melanchthon ist die Geschichtsordnung von Gott vorausgewollt, bei Bodin nachträglich vom Historiker konstruiert. Bodin kann die zahlreichen historischen Diskurse, auf die er bei der Lektüre stößt, nur zeitlich, nicht aber kausal anordnen. Bei Melanchthon dagegen ist die Zeitfolge Gottes Wille, der auf jedes Einzelereignis abstrahlt und damit sinnvoll macht. Anders als Melanchthon kann Bodin zwar aus einer Vielzahl lokaler Geschichtszeiten eine alle übergreifende ableiten, aber den ‚Sinn' dieser Erzählungen muß er weiterhin autonom für sich weiterbestehen lassen. Anders als Melanchthon kann er in seiner Gesamtgeschichte nur schwache Gesetzmäßigkeiten wahrnehmen, die keinerlei Vorhersagen gestatten.

Diese Diskussion zwischen einem Juristen und einem Theologen des 16. Jh. trägt bereits die Strukturprobleme der Universalgeschichte in sich, die sich von Augustinus' *Civitas Dei* (413–426) über den *Essai sur les Moeurs* (1756-69) von Voltaire und dem *Untergang des Abendlandes* (1918–22) von Oswald Spengler bis zu Arnold Toynbees *Study of History* (1934–61) oder William McNeills *The Rise of the West* (1963) durch die ganze Gattung ziehen.

Jede Universalgeschichte muß sich sowohl mit logischen wie mit technischen Problemen auseinandersetzen. Die technischen Probleme bestehen darin, über alles relevante Wissen verfügen zu müssen, denn bereits kleine Details können zu bedeutenden Erkenntnissen führen. Zweitens ist das in diesem Sinn relevante Wissen auch auf viele Disziplinen außerhalb der Geschichtswissenschaft verteilt: Der Universalhistoriker ist heute zur Interdisziplinarität in ihrem vollen Umfang aufgerufen. Ohne Kenntnisse der Evolutionstheorie, Ökonomie, Epidemologie oder Biologie der Nutzpflanzen kann ein Historiker heute keine universalen Ansätze mehr entfalten. Universalgeschichte scheint daher nur noch im Kollektiv zu verwirklichen zu sein, ist dann aber nicht mehr erzählbar, d.h. rhetorisch umsetzbar. Sie droht unanschaulich und zu einer bloßen Gedankenfigur zu werden, verliert also den Anschluß an die im Alltag spürbare Globalisierung.

Die logischen Probleme der Universalgeschichte erweisen sich zum großen Teil als Erblasten der Geschichtsphilosophie des 18. und 19. Jh. Deren Wurzeln reichen ihrerseits in die Geschichtstheologie der Frühen Neuzeit zurück: Um eine Geschichte erzählen zu können, muß man ihren

Anfang und ihr Ende kennen. Melanchthon wußte beide. Bodin akzeptierte immerhin ein exaktes Schöpfungsdatum gut 4000 v. Chr. Ein moderner Universalhistoriker weiß dagegen nicht, wann die Menschheitsgeschichte begonnen hat und selbstverständlich auch nicht, wann sie enden wird. Sobald er eine Stadienfolge vorschlägt, von der man nicht abweichen kann, riskiert er, dem Determinismus zu verfallen und die menschliche Freiheit aufzuheben. Hält er umgekehrt an der Freiheit fest, gerade der zum Mißlingen, dann läuft er Gefahr, den Entwicklungsgang in autonome Abschnitte zu zerreißen und überhaupt jeden Richtungssinn zu verlieren. Und auch den religiösen Folgelasten der Geschichtsphilosophie entgeht ein Globalhistoriker nicht: Irgend jemand muß die Verantwortung für die bis heute begangenen ungeheueren Verbrechen der Menschheit übernehmen. Hier kehrt die alte und lästige Frage nach dem ‚Subjekt in der Geschichte' zurück. Wenn weder ‚Gott' noch der ‚Mensch' oder klar definierbare Gruppen Verursacher von Ereignissen sind, sondern die ‚Natur', ‚Strukturen' oder etwas anderes, dann führt die Universalgeschichte zur Naturalisierung oder Enthumanisierung von Geschichte. In beiden Fällen führt sie aber zu einem ‚Ende von Geschichte', denn die traditionelle Geschichte verwandelt sich angesichts einer Universalhistorie ohne Agenten in eine Art ‚Vorgeschichte', in der die Menschen noch der naiven Auffassung waren, selbst das Subjekt ihrer Geschichte gewesen zu sein.

Wie wenig Spielraum die konstitutiven Widersprüche von Universalgeschichte und Geschichtsphilosophie der zeitgenössischen Globalhistorie lassen, wird deutlich, sobald man deren Programmatik konsequent historisiert. Dies sei am Beispiel der vier Thesen zur *Globalisierung als Ende und Anfang von Geschichte* (2003) demonstriert, die der amerikanische Historiker und Anthropologe Arif Dirlik (*1940) aufgestellt hat.

1. Die Theorie der Globalisierung habe die bislang vorherrschende Modernisierungstheorie abgelöst. ‚Modernisierung' bedeutete bislang nicht nur die Optimierung wirtschaftlicher, militärischer und diplomatischer Verfahren. Sie beruhte auf der Erwartung, daß sich die westliche Rationalität durchsetzten werde, einschließlich ihrer historisch gewachsenen Voraussetzungen: d.h. Toleranz, Eigentum und individuelle Menschenrechte. Die alte Modernisierungsthese war integral: Fortschritt konnte nur ungeteilt gedacht werden und selbstverständlich unter Einschluß der historischen Forschungs-Methoden des Westens als unverzichtbarem Wesensbestandteil der Moderne.

Zu Beginn des dritten Jahrtausends ist unübersehbar, daß der Westen die Ergebnisse seiner Geschichte universal ausgebreitet hat, nicht aber die

Voraussetzungen ihrer Erarbeitung. Sichtbar geworden ist eine Teilverwestlichung und damit auch Teilrationalisierung, die ihrerseits zu einer Revitalisierung der vormodernen Traditionen der industrialisierten Schwellenländer geführt hat. ‚Globalisierung' bedeutet technologisch-ökonomische Uniformität bei wachsender kultureller Differenz. Sie läuft darum auf das Scheitern des in der Aufklärung formulierten Gedankens hinaus, wahre Rationalität müsse zu einer restlosen Befreiung von Individuum und Gesellschaft von allen lediglich historisch legitimierten kulturellen und religiösen Normen führen. Gescheitert ist dieser Ansatz vor allem daran, daß seine zentrale Forderung nach einem historischen Denken, das seine eigenen Voraussetzungen reflektiert, sich nicht beliebig in andere Kulturen exportieren ließ. Gerade deshalb muß der Globalhistoriker die Frage beantworten können, wer denn auf welche Weise den weltweiten Integrationsprozeß bisher betrieben hat.

2. Dirlik meint, es gebe einen historischen Globalisierungsprozeß, der weitgehend mit der Geschichte des Kapitalismus zusammenfalle. Er zitiert dazu das *Kommunistische Manifest* (1848) von Marx und Engels. Diese sahen in der europäischen Bourgeoisie den historische Agenten, der eine permanente Revolutionierung aller Produktionsmittel bewirke, um sie in jedem Lebensbereich durchzusetzen und in jedem Winkel der Welt zu verbreiten. Mit dieser These geht der berechtigte Wunsch heutiger Globalhistoriker einher, den eurozentrischen ‚Realprozeß' der historischen Globalisierung nicht auch noch durch eine eurozentrisch verfaßte Historiographie fortzusetzen und damit unfreiwillig zu legitimieren. Und selbstverständlich wollen dies auch die Historiker Afrikas, Asiens und Lateinamerikas nicht.

Bedauerlicherweise kann freilich weder die vollzogene Geschichte euroamerikanischer Globalisierung ungeschehen gemacht werden, noch sind mit ihrer Leugnung die Widersprüche (Aporien) der Universalgeschichte und Geschichtstheorie einfach beseitigt. Eine ‚anti-eurozentrische' Geschichtssicht kann bislang noch nicht auf die europäische historische Methode verzichten. Versucht sie es, so bleibt die ‚europäische' Methode zumindest als Feindbild präsent. Auch geraten die eurozentrischen Historiker, sobald sie ihre kritische Verantwortung niederlegen, in die gleiche Aporie, weil die Zulassung der ‚Völker ohne Geschichte' von ihnen selbst veranlaßt ist und diese den Gebrauch der historischen Methode keineswegs einschränkt. Immer noch sind die Euro-Amerikaner die Agenten dieses Prozesses, d.h. das historische Subjekt des Globalisierungsvorganges, den sie mit der Integration von Völkern ‚ohne Schrift' oder ‚ohne Gedächtnis' nur noch mehr ausweiten. Es bleibt bei dem Paradoxon: Bislang muß sich Globalgeschichte selbst verleugnen, wenn sie ihre eurozentrische Struktur aufgeben will.

3. Es ist nur folgerichtig, daß ein Globalhistoriker Dirliks nächste These, Globalisierung habe nicht nur weltweite Integration, sondern auch neue Formen der Entzweiung (kulturelle Differenzen) zur Folge, nur eurozentrisch beantworten kann. Dirliks These beruht auf dem Eingeständnis, daß Nordamerika und Europa nicht dazu in der Lage seien, eine homogene Modernisierung der gesamten Weltbevölkerung durchzusetzen. Der aufgeklärt-rationalistische Einheitsgedanke bringt seiner Meinung bringt weltweit immer neue Unterschiede hervor. Die Folge sei eine Umkehrung des bisher in der Universalgeschichte bevorzugten Verhältnisses von Zeit und Raum. Der europäische Entwicklungsgedanke beruhte auf einer zeitlichen Organisation von Qualitätsunterschieden: Nachher war besser als vorher. Unterlegen war, wer sich in einer räumlichen Distanz zu Europa befand, vor allem aber auch alles, was zeitlich vor der Moderne stattgefunden hatte. Dieses Schema hat im Zeitalter der Globalisierung seine Prägekraft eingebüßt: das jeweils andere, die kulturelle Differenz, läßt sich inzwischen an jedem beliebigen Ort und in jeder Zeit aufspüren.

Eine eurozentrische Antwort auf diese Herausforderung könnte darin liegen, diese zu akzeptieren und sie auch auf Europa zu übertragen. Auch in Europa hat sich der Modernisierungsprozeß keineswegs ganz durchgesetzt; auch Europa birgt in sich selbst Kulturen, die sich nur in Teilen rationalisiert haben; auch Europa besteht aus nachhaltigen Differenzen. Europa ist und war also nicht nur Subjekt, sondern auch Objekt des von ihm ausgehenden Globalisierungsprozesses. Schon aus diesem Grund steht die zunehmende Fragmentierung der Moderne der europäischen Geschichtsauffassung nicht entgegen, sondern ist von Anfang an in sie integriert.

4. Ausgerüstet mit diesem Wissen läßt sich auch Dirliks Schlußthese, die Globalgeschichte führe entweder zu einer Krise der Erzählbarkeit von Geschichte oder sogar an ihr Ende, mit einem Verweis auf die Wissenschaftsgeschichte entschärfen. Die zentrale Aussage von Dirliks These lautet nämlich: Indem der Globalhistoriker die Stimmen (*suppressed voices*) einer Vielzahl bislang unterdrückter Teilnehmer an der Menschheitsgeschichte erstmals ‚hörbar' mache, laufe er Gefahr, seine Geschichte mit unzähligen gleichwertigen Ansprüchen zu überfüllen. Im Verlauf dieser Studie sind bereits mehrere Relativierungsprozesse beobachtet worden: die Fragmentierung der Ergebnisse der Sozialwissenschaften, die isolierten Diskurse (wissenschaftliche und soziale Arbeitsteilung) im Feld des Wissens bei Michel Foucault oder die sozial und kognitiv begrenzte Be-

obachterperspektive in den modernen Naturwissenschaften. Für die Geschichtsschreibung würde eine konsequente globale Fragmentierung bedeuten, daß nicht nur prinzipiell alle Gruppen in eine Erzählung aufgenommen werden müßten, sondern auch alle ihre Sichtweisen oder Erlebnisformen von Vergangenheit. Weltgeschichte wäre dann nicht mehr möglich. Die Forderung nach einer derart rücksichtslosen Fragmentierung in globalisierender Absicht käme einer Dekonstruktion, d.h. der Beseitigung all der Verfahren gleich, mittels derer ‚ein Ganzes' noch entwickelt werden könnte. Universalgeschichte läßt sich eben nicht beliebig pluralisieren, d.h., sie kann Vorschläge, die die eine Welt und die eine Menschheit konzeptuell ausschließen nur registrieren, nicht aber als gleichberechtigt akzeptieren.

Wie soll man sich die Zukunft der Globalgeschichte angesichts der widersprüchlichen Forderung nach Einheit auf der einen und Fragmentierung auf der anderen Seite vorstellen? An dieser Stelle sei daran erinnert, daß die Historiker von jeher berechtigt sind, die Theorieangebote ihrer Nachbardisziplinen zu Rate zu ziehen. Eine interdisziplinär ausgerichtete Universalgeschichte kann beispielsweise bei dem deutschen Soziologen Niklas Luhmann (1927–1998) Antwort auf manche Fragen finden. Schon 1978 ist er in seinem Aufsatz über *Geschichte als Prozeß und die Theorie soziokultureller Evolution* über viele Probleme der heutigen Globalgeschichte souverän hinweggeschritten. Eine Rückbesinnung auf seine Vorschläge zeigt, was mit ihnen für die universalhistorische Theorie zu gewinnen wäre.

Luhmann ersetzt den ‚historischen Prozeß', das Rückgrat bisheriger Globalgeschichte, durch den Systembegriff und die Evolution. Historische Prozesse weisen gewöhnlich einen Anfang und ein Ende auf, dazwischen einen kontinuierlichen Verlauf, über den klar benennbare Akteure oder Faktoren die Kontrolle ausüben. Nicht immer sind alle Folgen eines Prozesses für den Schreibenden absehbar, aber das hängt mit zweiten oder dritten Prozessen zusammen, die sich mit ihm überschneiden. Was am Ende des Prozesses steht, mag ungeplant sein, aber man kann es als ‚Heterogonie der Zwecke' (nichtbeabsichtigte Fernwirkungen) begrifflich festlegen. Was die Vorstellung vom historischen Prozeß nicht vermag, das ist die Klärung der Frage, wie er überhaupt in Gang kommt, wie er sich in Strukturen stabilisiert, warum er sich verändert, welche Ziele er ansteuern kann und vor allem, wie dies alles ohne bevollmächtigtes historisches Subjekt, d.h. ohne intentionales Handeln erklärt werden kann.

Luhmanns Systembegriff weist den großen Vorteil auf, Strukturen mit ihrer ‚Umwelt' verbinden zu können. Die Umwelt ist offen und unbegrenzt, wirkt aber auf das System zurück, so wie umgekehrt auch das System auf die Umwelt einwirkt. Universalgeschichtlich formuliert bedeutet das, daß z.B. zwischen dem ‚System' Europa-Amerika und der ‚Umwelt', d.h. also der ‚übrigen' Welt, Wechselwirkungen bestehen, die aber keineswegs deterministisch beschaffen sind und deren Effekte vom jeweiligen Gesellschaftstyp abhängig sind. Mit diesem Modell lassen sich globale Beziehungen definieren, ohne auf vereinfachende Antagonismen wie Subjekt und Objekt, Macht und Ohnmacht zu verfallen. Im System können die Protagonisten Amerika und Europa historisch gesehen in Bestandteilen ihrer Umwelt selbst enthalten sein. Die Frage nach dem ‚Zentrum' einer so gestalteten Universalgeschichte stellt sich nicht. Sie kann durch die Analyse von Relationen ersetzt werden, Folglich muß keinem historischen Akteur erst nachträglich Bedeutung oder ‚Würde' eingeräumt werden, denn jeder war immer schon Teil dieses Beziehungsgeflechtes, das ohne ihn nicht so funktioniert hätte.

Der zeitlichen Dimension von Systemen nähert sich Luhmann mit dem Begriff ‚Evolution'. Evolution weist bei ihm Eigenschaften auf wie: speziell, nichtlinear, nichtkontinuierlich, nichtnotwendig und sowohl endogen als auch exogen. Damit sind genau die Merkmale genannt, auf die sich die Universalhistoriker nach langen Auseinandersetzungen inzwischen für die globale Entwicklung geeinigt haben: Sie vollzieht sich nicht in einer einheitlichen Bewegung, sondern in vielen Varianten, nicht geradlinig, sondern mit großen Abweichungen und auch Unterbrechungen, nicht durchgängig kausal bestimmt und nicht nur von Systemeigenschaften abhängig, sondern auch von solchen der Umwelt. Veränderungen kann Luhmann mit einer Variante der Evolutionstheorie erklären, die auf soziale System anwendbar ist und folgende Elemente aufweist: 1. Variation, 2. Selektion und 3. Stabilisierung oder Retention. Vereinfacht ausgedrückt heißt das: Merkmale müssen ausdifferenziert werden, dann als Systembestandteile akzeptiert und schließlich auf Dauer in die Beziehung System – Umwelt eingefügt werden. Bei allen diesen Vorgängen sind die sprachliche Kommunikation, ihre Medien und auch ihr sozialer Erfolg von größter Bedeutung.

Schließlich erreicht die Evolution, die sich wesentlich durch sprachliche Kommunikation vollzieht, auch noch eine dauerhafte historische Dimension. Was aus dem System ausscheidet, das bleibt in ihm als Kontur erhalten. Was vorher war, das wirkt in einem Selektionsmechanismus weiter, den es zuvor mitgeprägt hatte, bestimmt also Zukunft mit. Wie sich ein System fortentwickelt, hat mit seiner inneren Zeitorganisation, d.h. mit den Abständen zwischen verschiedenen Zuständen und der Frage zu tun, ob sie Kontinuität oder Diskontinuität bewirken. Systeme können unmittelbar aneinander anschließen (Kontiguität), oder sie können weiträumig anschließen, wozu dann gewisse Gedächtnistechniken (Genealogien, etc.) beitragen. Mit der funktionalen Differenzierung von Gesellschaften geht gewöhnlich eine Steigerung von Gedächtnisleistungen einher, und die selektive Bedeutung von weit zurückliegenden Vorgängen nimmt ebenfalls zu. Auf diese Weise kann, wie Luhmann es ausdrückt, das ‚kombinatorische Potential' eines Prozesses wachsen, d.h., durch historisches Bewußtsein vergrößern sich die evolutionären Chancen eines Systems: „Von ‚historischen Prozessen' kann man sprechen, wenn die immanente Historizität eines Prozesses *bewußt* genutzt wird, um Fernverbindungen unter den selektiven Ereignissen herzustellen –, sei es zu ihrer Entscheidung, sei es zu ihrer Interpretation." (Luhmann, *Geschichte als Prozeß*, S. 431).

Wer sich universalhistorisch orientieren will, dem ermöglicht es Luhmanns Systemdenken, die als ‚Rückseite der Globalisierung' zu beobachtende Fragmentierung zu beschreiben, ohne sie in einer chaotischen ‚Sinnlosigkeit' enden zu lassen. Fragmentierung ist bei Luhmann nämlich sowohl systemintern evolutionär als auch direkt historisch erklärbar. Ein produktiver Nebeneffekt bei ihm ist, daß der Universalhistoriker seine Aufgabe bereits mit den gegenwärtig vorhandenen Mitteln erfüllen kann: Wer im System handeln soll, der benötigt dazu kein Bewußtsein vom gesamten Prozeß und muß auch nicht alle zwischen den Prozeßereignissen möglichen Beziehungen kennen. Ein Historiker kann dagegen die Gesamtansicht anstreben, d.h. sich ein schärferes Selektionsbewußtsein verschaffen als die bloß im System Handelnden. Damit werden, und das ist nicht das unbedeutendste Ergebnis von Luhmanns Ansatz, nicht nur der Soziologe und die Soziologie, sondern auch der Historiker und die Geschichtsschreibung in die Beziehung zwischen System – Umwelt ‚hineingeschrieben'. Die heute gängigen universalhistorischen Entwürfe sind diesem Modell in der Regel unterlegen. Man wird sie aber als Bausteine für eine künftige Globalgeschichte nicht vernachlässigen dürfen.

13.5 Modelle gegenwärtiger Universalgeschichtsschreibung

Der Druck auf die Historiker, die traditionellen Grenzen zwischen ihren Fächern und Disziplinen, aber auch zwischen Räumen und Zeiten zugunsten der Geschichte ‚einer Welt' aufzugeben, nimmt seit dem Beginn des 20. Jh. zwar beständig zu, hat aber bisher nicht zu allgemein anerkannten Ergebnissen geführt. Dies wird auch so bleiben, solange Historiker sich noch mit ausgewählten sozialen, nationalen, kulturellen und religiösen

Gruppen identifizieren und ihre Tätigkeit in den Traditionen von ‚scientific communities' ausüben, die weder finanziell noch ideologisch von einer ‚Weltregierung' abhängen. Erschwerend kommt dazu, daß der methodische und inhaltliche Kern einer ‚Geschichte der Welt' (*World History*) bislang noch nicht verbindlich formuliert wurde. Nur auf negative Abgrenzungen konnten sich die zeitgenössischen Historiker bislang einigen: *World History*, das bedeutet keine Geschichtsphilosophie, keine Geschichte von Zivilisationen, keine eurozentrische Triumphgeschichte, keine Geschichte ohne Frauen, kein monokausales, z.B. politisches Entwicklungsschema. Umstritten sind grundlegende Ansätze wie der historische Vergleich und die Periodisierung. **André Gunder Frank** (1929–2005), einer der Vordenker historischer Globalität, verwies mit Recht darauf (*The World System*, 1992), daß autonome Zivilisationen, Gesellschaften und Kulturen nichts anderes als willkürliche Begriffsschöpfungen seien. Man solle also nicht vergleichen, sondern ‚Verbindungen' aufsuchen. Den gleichen radikalen Zweifel äußerte Frank an der Periodisierung. Klar abgegrenzte ‚Perioden' seien eine Fehlkonstruktion, die das Erkennen von gleitenden, oft auch rückläufigen Bewegungen zwischen komplexen Zuständen unnötig erschwere.

Trotz inhaltlicher wie systematischer Unentschiedenheit stellen die vorliegenden Entwürfe zu einer Weltgeschichte vor allem die Beantwortung von zwei methodischen Vorüberlegungen dar: Welche anthropologisch-historische Bestimmungsgröße soll im Mittelpunkt der Universalgeschichte stehen? Wie soll das Verhältnis von Zentrum und Peripherie im Entwicklungsgang geregelt werden? Ob die betreffenden Vorentscheidungen bewußt getroffen wurden, läßt sich oft nicht mit letzter Gewißheit sagen. Zumindest eine schematische Übersicht über das 20. Jh. ist aber möglich.

Der älteren philosophischen Tradition der Universalhistorie gehört der britische Historiker **Arnold J. Toynbee** (1889–1975) an. Nachdem er als Student Oswald Spenglers (1880–1936) *Untergang des Abendlandes* (1918–1922) gelesen hatte, begrub er zunächst die eigenen Pläne zu einer Weltgeschichte. Mit seiner zwölfbändigen *Study of History* (1934–1961) sollte er ihn aber als Universalhistoriker klar in den Schatten stellen. Toynbee verabschiedete sich in diesem Werk als einer der ersten vom Eurozentrismus und wandte sich dem Modell einer Abfolge organischer Zivilisationen zu, die im Rhythmus von ‚Herausforderung und Antwort' (*challenge and response*) wachsen und vergehen. In den letzten Bänden betont Toynbee die Rolle der Religionen als dominante Antriebskräfte. Toynbees Ansicht zufolge waren sie das einzig wirksame Instrument, um Gesellschaften sowohl sozial mit sich selbst als auch mit den sie umgebenden Zivilisationen (Toynbee spricht vom „internen und externen Proletariat") zu ‚versöhnen'. Dieser Auffassung konnte 1960 als hoffnungslos veraltet gelten, 45 Jahre später drängt sie sich zur Diskussion förmlich auf. Als Historiker, der im Auftrag von Regierungen Geschichte für strategische Nachkriegsordnungen aufbereiten sollte und später auch als religiöser Denker hat Toynbee noch heute gültige Maßstäbe für die Universalgeschichte gesetzt.

William H. McNeill (*1917), Biograph und Mitarbeiter des späten Toynbee, vollzog als Historiker eine entscheidende Wende weg von den Zivilisationen, die Toynbee beschäftigt hatten, hin zu historischen Prozessen, die zum Kulturkontakt und zur Ausbreitung von Technologien führen. In *The Rise of the West: a History of the Human Community* (1963) spielte er das Thema des Eurozentrismus, d.h. der vermeintlichen Überlegenheit des Westens, so konsequent durch, daß man seither mit diesem Ansatz auch andere ‚Weltzentren' bequem ‚dekonstruieren' kann. McNeil war auch einer der ersten, der bewußt ‚welthaltige', d.h. im Weltmaßstab wirksame Phänomene konsequent anhand der Diffusionstheorie behandelte. Die wichtigen kulturellen Merkmale entwickeln sich hier nicht innerhalb einer autonomen Evolution, sondern wandern von einem Zentrum in die umliegenden Zonen ein. Vor allem seine Studie *Plagues and Peoples* (1976), die die Formation von Großreichen mit der Epidemologie (Lehre von der Verbreitung von Krankheiten) verknüpfte, außerordentlich erfolgreich. Forschungen zur Ausbreitung der Militärtechnologie (1982) und der Kommunikationsmittel (2003) schlossen sich an.

Der Durchbruch zur heutigen Globalgeschichte gelang erst mit der Radikalisierung der diffusionistischen Position McNeills. Dafür haben vor allem der Wirtschaftshistoriker **Immanuel Wallerstein** (*1930) und der Anthropologe Eric Wolf (1923–1999) gesorgt. Wallersteins dreibändiges *The Modern Worldsystem* (1974–1989) revolutionierte das bisher die Weltgeschichte dominierende Raumkonzept. Aus der klar unterscheidbaren Sequenz von Zentrum und Peripherie wird bei ihm ein mehrdimensionaler globaler Raum mit fließenden und diskontinuierlichen ‚Subräumen'. Dabei ist es die internationale Arbeitsteilung, welche die Räume organisiert. Wallerstein nimmt bereits die Fragmentierung durch die Globalisierungstheorie vorweg: Der ökonomische Austausch ist weder auf eine gemeinsame politische Struktur noch auf eine gemeinsame Kultur angewiesen. Statt dessen begnügt er sich mit zwei Systemgrößen: ‚Minisystemen' und ‚Weltsystem'. Im ‚Minisystem' (als Beispiel nennt Wallerstein die Jäger und Sammlergesellschaft) herrscht strikte Arbeitsteilung. Diese ‚Minisysteme' wurden langfristig vom ,Weltsystem' verdrängt. Als übergreifendes System regelt es auf der einen Seite die weltweite Arbeitsteilung, während es auf der anderen Seite aus vielen kulturellen Systemen zusammengesetzt ist.

Eric Wolf hat in seinem Buch *Europe and the People without History* (1982) diesen Ansatz auf die Peripherie, d.h. auf lokale Kultur, Produktionsweise und gesteigerte Relationierung ausgedehnt. Er stellt die heute so wichtige Frage nach der ,Identität' von Personen und Gruppen, die er sich als Konstrukte von Wirtschaft und Macht denkt. Ihm geht es darum, die kulturellen Zeichensysteme aus ihrer durch den Strukturalismus begünstigten Isolation herauszulösen und statt dessen als ,Repertoire' kultureller Einstellungen und Praktiken zu begreifen, die nach den Vorgaben von konkreten ,historischen Situationen' angewendet werden können.

Mit Wallerstein und Wolf ist das Terrain für die heutige Globalgeschichte abgesteckt: *World History* wird gedacht als ein Weltsystem aus zusammenhängenden, oft aber asymmetrischen und diskontinuierlichen Räumen, deren Bedeutungen nicht gegeneinander ausgespielt werden können. Der kulturellen Ebene im weltweiten Austausch gilt dabei die größte Aufmerksamkeit. Es handelt sich insgesamt um ein höchst flexibles Programm, für das es kein vorgeschriebenes literarisches Modell der Darstellung und keine alles überwölbende Großtheorie gibt. Deshalb ist es ungeheuer anstrengend und zugleich riskant, ,Globalgeschichte' zu schreiben. Mittlerweile haben sich zwei Kompromißformen herausgebildet, mit denen man globale Ansprüche aufrechterhalten und gleichzeitig eine größere Quellennähe erreichen kann: die *Area-Studies* und die ,transnationale Geschichte'.

Sucht man nach den institutionellen Ursprüngen der *Area Studies*, dann findet man sie in der Zeit nach dem ersten und zweiten Weltkrieg im Umfeld der internationalen Agenturen der alliierten Siegermächte. Britische und amerikanische Versuche weltweiter Einflußnahme setzten sowohl regionales als auch interkulturelles Wissen in ganz neuen Dimensionen voraus. So entstand, oft mit gezielten Förderprogrammen, eine Reihe von interdisziplinären Forschungsfeldern: *Middle East, Atlantic, Caribbean, Latin America, Indean Ocean, Pacific, African* und *Asian Studies*. Europäische Forscher haben diesen Ansatz durch eigene Projekte ergänzt, so z.B. durch Mittelmeer- und Ostseestudien.

Das große Verdienst der *Area Studies* ist es, vergessene oder verdrängte Funktionszusammenhänge aufzudecken. So führt die *Atlantic History* dazu, eine Bevölkerungsgeschichte der USA zu schreiben, die die Hochebenen Schottlands ebenso wie Mitteleuropa oder die Küsten Angolas einbezieht. Mit demographischem Wissen ausgerüstet, ist es dem amerikanischen Historiker **Bernard Bailyn** (*1922) z.B. gelungen, der Amerikanischen Revolution der Jahre 1774 bis 1783 in seinem Werk *The Peopling of British North America* (1986) eine neue politische Deutung zu geben. Es wäre allerdings naiv, anzunehmen, daß die *Area Studies* nicht auch ideologische Kampfplätze seien. Lange Zeit war die *Atlantic History* nur eine Fortsetzung der Geschichte der britisch-amerikanischen Beziehungen. Sie privilegiert zunächst den ‚Nordatlantik'. Erst seit wenigen Jahren ist auch der ‚Südatlantik' zwischen Afrika und Brasilien in den *Area Studies* nicht nur eine demographische, sondern auch eine kulturelle und ökonomische Größe.

Area Studies haben sich in zweifacher Weise, räumlich wie zeitlich, als ein Gegengewicht zur eurozentrischen Globalgeschichte erwiesen. Einen exemplarischen Versuch auf diesem Gebiet stellt **Janet L. Abu-Lughods** (*1928) *Before European Hegemony: The World System AD 1250–1350* (1989) dar. Abu-Lughod beschreibt für das späte Mittelalter eine Zone aus sieben einander überschneidenden kommerziellen und kulturellen Kreisen von Brügge bis Kanton. Das Zentrum dieses frühen Welthandelssystems lag im Mittleren Osten, während sich sein nach Ostasien führender Transitraum im Bereich der innerasiatischen Steppe lokalisieren läßt. Die Teilökonomien dieses Handelssystems hatten ihre Produktionsweise z.T. bereits auf einen ‚Weltmarkt' eingestellt. Zum Zusammenbruch dieses Weltsystems führten um 1350 die Pest in Europa, die Schließung der Steppenstraßen und der politische Wiederaufstieg Chinas in der Mingzeit. Abu-Lughods kontinentale Geschichte provoziert den Westen mit zwei Thesen: Erstens, daß es bereits vor der europäischen Kolonisation ein ‚Weltsystem' gab, das freilich dezentral und ohne Machtmißbrauch agierte; zweitens, daß dem ‚Aufstieg des Westens' bereits ein ‚Fall des Ostens' vorausgegangen war, die europäischen Eroberer im Indischen Ozean somit keiner militärischen, ökonomischen und intellektuellen Überlegenheit bedurften, um sich dort durchzusetzen.

Damit ist der Boden bereitet, auf dem die *Area Studies* des Indischen Ozeans einen Raum untersuchen, der nur einem schwachen europäischen Einfluß unterworfen gewesen ist. Durch die malaiischen Wanderungen wurde dieses Meer zu einer ethnischen Einheit zusammengeschlossen, durch den Islam zu einer religiösen, durch Indiens Einflüsse zu einer kulturellen. Auch das ‚Modell Indischer Ozean' orientiert sich an einander überschneidenden Großregionen, die vor allem dem maritimen Handel und der Diffusion kultureller Merkmale dienen. Indem sie ihren ‚Raum' dergestalt rekonstruieren, beweisen die *Area Studies*, daß ihr Hauptinteresse darin liegt, weiche und fließende Relationen aufzudecken. In Bezeichnungen wie ‚littoral society' (Küstengesellschaft) in **Kenneth McPhersons** *The Indian Ocean. A History of People and the Sea* (1993) oder **Arjun Appadurais** *Ethnoscapes* (Landschaften von Ethnien) kommt dies deutlich zum Ausdruck.

Kulturelle und emotionale Bedürfnisse, die aus einer immer noch national verfaßten Staatengemeinschaft erwachsen, lassen sich mit den *Area Studies* kaum erfüllen. Es sei denn die von weltweit verstreuten Migrantengruppen, die zwar ihre Nationalität, nicht aber die kulturelle Identität gewechselt haben. Diesem Ansatz folgt z.B. **Paul Gilroy** (*1956) in seiner Studie *Black Atlantic. Modernity and Double-Consciousness* (1993), die die Ursprünge schwarzen politischen Denkens aus der Perspektive der afrikanischen Diaspora analysiert. Um weiterhin vertraute Identifikationsmuster nutzen zu können, hat sich in einer neuerlichen Redimensionierung des globalen Ansatzes die ‚Transnationale Geschichte' herausgebildet, um beschränkte Beziehungsnetze mit einer verfeinerten Methode aufdecken zu können. Ihr Rückgrat ist die Erforschung des Kulturtransfers, ohne dabei dem Diffusionismus und der traditionellen Komparatistik zu verfallen. Kulturelle Elemente wandern diesem Ansatz zufolge nicht von einem Zentrum weg, sondern bedürfen starker Agenten, die sie vermitteln und nicht selten eine produktive Aneignung in ihre Ankunftsmilieu anregen. Das Ergebnis, der Transfer, wird nicht mehr mit einem Ausgangszustand verglichen, sondern als Teil eines Funktionssystems beschrieben, das mit anderen vielfältig verbunden ist (Konnektivität). Die ‚Transnationale Geschichte' erzielt im Grunde ein paradoxes Ergebnis: Sie identifiziert bereits identifizierte Gegenstände (z.B. Nationen) nochmals, indem sie ihr Interesse auf die ‚Umwelt' eines Systems richtet, wird also zur Metageschichte des bereits Bekannten. So gerät bei **Sebastian Conrad** und **Jürgen Osterhammel** das Bismarckreich zum *Kaiserreich transnational* (2004), während **Thomas Bender** in *Rethinking American History in a Global Age* (2002) eine vernetzte Version der amerikanischen Geschichte entwirft.

Globalgeschichte, *Area Studies* und Transnationale Geschichte dürfen sich durchaus als zukunftsfähige Modelle von Geschichtsschreibung betrachten. Man sollte jedoch nicht übersehen, daß die Begrenztheit der Informationsvermittlung die Grenzen des historiographischen Genres definiert. Jeder Versuch, Globalität in striktem Sinn herauszuarbeiten oder ‚Welthaltigkeit' bei einem Thema wie Migration (beispielsweise Menschen, Pflanzen, Tiere, Produktionsweisen) auch faktisch nachzuweisen, ist so ungeheuer aufwendig, daß anderen Entwicklungsfaktoren kaum noch Aufmerksamkeit gezollt werden kann. Gleichzeitig ist die Kritik, die der italienische Philosoph und Historiker Benedetto Croce (1866–1952) bereits 1916 an den damaligen universalhistorischen Entwürfen übte, immer noch beachtenswert: „... die Universalgeschichte zu leugnen heißt nicht, die Kenntnis des Universalen in der Geschichte zu leugnen" (*Teoria e storia della storiografia*, S. 66). Um den Teil zu erkennen, benötige man die Erkenntnis des Ganzen. Wer also mit ehrgeizigen Methoden einen kleinen Baustein der Humangeschichte erforscht, der kann zuweilen als Universalist durchgehen. Es ist dazu nicht einmal nötig, einem Lokalereignis welthistorische Bedeutung beizumessen, wie dies die südafrikanische Historikerin Isabel Hofmeyr 2004 mit der Rezeption des puritanischen Klassikers *The Pilgrim's Progress* (John Bunyan, 1675–1678) getan hat. Durch die protestantischen Mission seit dem 17. Jahrhundert wurde dieses Erbauungsbuch tatsächlich weltweit verbreitet. Ein Großreich, in diesem Fall das britische Empire, kann also eine individuelle Bekehrungsgeschichte als tragende Säule haben. Oft aber genügt es schon, um Universalhistoriker zu sein, eine *Microstoria* mit dem gesamten heute verfügbaren historischen Methodenrepertoire zu schreiben. Hier kann man sich auf engstem Raum bewähren und zeigen, daß es zu kurz gedacht ist, Universalität allein aus den Kategorien ‚größter Raum', ‚größte Zahl' und ‚längste Dauer' abzuleiten. Auch aus der ganz ‚kleinen Geschichte' läßt sich ein anthropologischer Horizont gewinnen, der alles zeigt, was ein Leser nur erwarten kann.

Big History *oder die Wiederkehr der Naturgeschichte*

Im Antikenkapitel dieser Einführung (vgl. Kap. 3.1) wurde darauf hingewiesen, daß die Bedeutung des griechischen Wortes, ἱστορία, als ‚Forschung', sich auch auf die Erforschung der Natur erstreckte. Diese naturkundliche Ausrichtung von ‚Geschichte' hatte in der Antike ihren wichtigsten Vertreter in Aristoteles selbst. In der Renaissance lebte dann der naturkundliche Aspekt nochmals auf, und so konnte seit dem 16. Jahrhundert alle durch die Sinne gewonnene Erkenntnis der Einzeldinge ein ‚historisches Wissen' heißen. Die Naturgeschichte war aber ausdrücklich eine Geschichte gleichzeitiger Phänomene, denn das Wissen über sie war an den Sinnesapparat des Forschers gebunden, und dieser Sinnesapparat erzeugte ausschließlich ‚direkte Daten', d.h. Daten ‚ohne Vergangenheit'. Neben diesem Bedeutungsstrang blieb die zweite Bedeutung von ἱστορία als Begriff für das menschliche historische Ereignis und zugleich seine Darstellung (Erzählung) beständig in Kraft. Die ‚Geschichte der Natur' oder *historia naturalis*, die auf eine Beschreibung und Systematisierung von Daten aus dem Bereich von Physik, Chemie und Biologie hinauslief, erreichte ihrem letzten Höhepunkt im späten 18. Jahrhundert. Erst Charles Darwin (1809–1882) versetzte ihr mit seinem Konzept der evolutionären Entwicklung der Arten den Todesstoß. Seither hat die Natur ihre eigene Geschichte, d.h., sie verfügt über extrem lange Zeitmaße und über viele ungleichzeitige Phänomene. An der Schwelle zum dritten Jahrtausend sind einige Welthistoriker bereit, die Humangeschichte erneut mit der ‚naturkundlichen Ausrichtung' zu verbinden, wobei die Rolle der alten *historia naturalis* nunmehr der modernen Naturwissenschaft zufällt. Diese Gruppe von Historikern nennt ihr Projekt kurz und prägnant ‚Große Geschichte'. **David Christian** (*1946) hat in seinem Buch *Maps of Time. An Introduction to Big History* (2004), ihrem Ansatz deutliche Konturen verliehen.

Die *Big History* entwirft erstmals eine Geschichte, die nichts mehr ausschließt, kein zeitliches oder auch räumliches Phänomene. So verlängert Christian die Zeitachse der ‚Humangeschichte' von der Antike zurück in die Steinzeit, von dieser zur Evolution der Arten, von ihr zur Entstehung des Lebens und von dort weiter zum ‚Urknall' (*big bang*), mit dem der Kosmos begonnen haben soll. Im historischen Vergleich findet damit eine Rückkehr zum Zeitwissen der biblischen Chronisten statt. Diese bezifferten in der Fassung der *Vulgata* die Zeit von Christi Geburt bis zum Schöpfungstag auf 3951 Jahre. Christian tut das gleiche, allerdings im Maßstab von Milliarden Jahren. Man kann seine Zeitkonzeption aber auch auf die Naturforschung der Gegenwart beziehen. Diese bewegt sich inzwischen auf drei Zeitebenen: der ‚Makrozeit', die seit der Entstehung des Kosmos abgelaufen ist, und der ‚Mikrozeit', dem Anfangsmoment des Kosmos selbst. Dazwischen liegt die mittlere oder ‚Mesozeit', die mit den historischen Zeitmaßen des Menschen übereinstimmt und auf Alltagsbeobachtungen beruht, die er mit seiner beschränkten physiologischen Sinnesausstattung vornimmt. Von dieser ‚Mesozeit' und ihrer ‚kognitiven Nische' haben sich viele Naturwissenschaftler längst verabschiedet (vgl. Vollmer, *Mesokosmos und objektive Erkenntnis*, S. 77–85). Christian ist einer der ersten Historiker, der sie auf ihrem Weg in diese neuen, völlig unanschaulichen Zeitdimensionen begleitet hat.

Kritiker des Ansatzes wenden ein, daß der Mega-Maßstab entweder zu leeren Verallgemeinerungen oder einem Überfluß an Informationen führe. Auch sei die geforderte Interdisziplinarität für den Historiker nicht beherrschbar. Bei Christian macht die *Big History* dagegen die Zeit- und Raummaßstäbe von den Fragen abhängig, die ein Historiker zu stellen wagt. Interdisziplinarität könne dann als rational geplante Arbeitsteilung erfolgreich sein. Als historisch ‚sinnvolle Fragen' läßt er alle Anfangsfragen zu, d.h. auch die Frage nach dem Anfang der Geschichte bzw. nach den zivilisatorischen Anfängen in der Geschichte. Sie waren seit der Aufklärung aus der Historiographie ausgeklammert worden. Was zuerst in den alten Schöpfungsmythen bearbeitet worden sei, die Geschichte der menschlichen Art, ihr Platz im Universum etc., meint Christian, könne heute auf einer neuen Faktengrundlage ‚wissenschaftlich' beantwortet werden.

Die Einsichten der *Big History* entstammen weitgehend ihren der Naturwissenschaft entlehnten Zeitvorstellungen, vor allem der Ausdehnung der historischen Zeit (Mesozeit von etwa 10 000 Jahren) zur kosmischen bzw. evolutionären Totalzeit. Als methodisches Beispiel kann die Verbindung von ‚Wirtschaftswachstum' und ‚Demographie', also Phänomenen der Mesozeit, mit der sehr viel längeren Zeit des Homo sapiens gelten. Ein 5000jähriges Wirtschaftswachstum, korreliert mit einem Alter des Homo sapiens von vielleicht 200 000 Jahren, erstreckt sich gerade einmal auf 2,5 % der Dauer seiner physischen Existenz. Von diesen 200 000 Jahren hat der Homo sapiens unter Umständen 150 000 Jahre ganz ohne Werkzeuge, also ‚Kulturentwicklung' im strikten Sinn, zugebracht. Gleichzeitig endet der zunächst kaum bemerkbare Anstieg der Weltbevölkerung, über 190 000 Jahre hinweg auf zehn Millionen, in den darauffolgenden 10 000 Jahren bei der gewaltigen Zahl von fünf Milliarden Menschen. Dafür werden aber nur 5 % der Gesamtzeit benötigt. Schließlich vollzieht sich der Hauptanstieg von einer Milliarde auf fünf in der knappen Zeitspanne von nur 200 Jahren, also gerade 0,1 % der Periode des Homo Sapiens.

Chancen und Probleme der *Big History* treten angesichts dieser Zahlen deutlich hervor. Der rasante Bevölkerungszuwachs der jüngsten Zeit läßt sich als Indiz dafür interpretieren, daß der Gleichgewichtszustand zwischen Mensch und Umwelt zusammengebrochen ist. Daraus folgt: Diesem demographischen Zustand scheint eine epidemologische Beschreibung angemessen zu sein. Auch drängt sich unmittelbar die Frage auf, in welcher Zeitzone der Grund für die Bevölkerungsexplosion gesucht werden muß: in der ‚naturhistorischen' Makrozeit oder in der geschichtlichen Mesozeit? Schnell stellt sich heraus, daß die Hauptgründe, nämlich der der Medizin zu verdankende Rückgang der Mortalität sowie die kontinuierliche Ausweitung der Nahrungsbasis durch soziale und technologische Neuerungen, nur in der Geschichtszeit gefunden werden können. Die Antwort auf die ‚demographische Frage' ist also eine ‚historische', die freilich durch den Vergleich mit der Makrozeit der *Big History* in ihrer Bedeutung verändert wird. Diesem Vergleich zufolge scheint nämlich das Konzept einer ‚Geschichtszeit' grundsätzlich auf die Aufhebung von Gleichgewichtslagen zwischen Mensch und Natur hinauszulaufen. Gibt es also nur ein Entweder-Oder bei den ‚Agenten' von Veränderung, d.h. entweder Mensch oder Natur? Die *Big History* entschärft diesen Gegensatz teilweise, indem sie der kurzen menschengesteuerten Geschichtszeit eine zweite vorschaltet, nämlich die lange ‚natürliche Geschichtszeit' mit der Natur als Hauptagenten (*historical player*). Zu dieser Zeit gehört z.B. die ausgedehnte Sammler- und Jägerphase mit ihrem ‚natürlichen Gleichgewicht' von Mensch und Umwelt, auf die eine Geschichtszeit als Phase des aufgehobenen Gleichgewichts folgt.

Mit dem Instrument der ‚längeren Dauer' ausgerüstet, kann die *Big History* also viele Fragen stellen, die neues Licht auf die vom Menschen beherrschte Geschichtszeit werfen: Weisen andere Arten ähnliche demographische Wachstumsschübe (*take offs*) auf? Welchen Einfluß hat die menschliche Geschichte bisher auf die Geschichte des Planeten Erde gehabt? Funktionsfähig ist dieses Modell allerdings nur, solange die Überschneidungsebenen von sehr langen und sehr kurzen Prozessen exakt definiert werden. Menschliches Handeln könnte so am Ende doch mit den langen Zeiträumen korreliert werden, in denen sich die Natur verändert. Außerdem sollte sich die *Big History* nicht das Ziel setzen, auf der Basis der längsten Trends Voraussagen für die Menschengeschichte zu treffen. Dies hieße, sich ausschließlich der Natur als globalem Agenten zu unterwerfen und damit ein willkürliches Ende der Geschichte herbeizuführen. Der vielversprechende Ansatz der *Big History* gründet aber gerade darin, Zonen und Kontaktpunkte zu definieren, die sich für historische Untersuchungen der Interaktion zwischen Mensch und Natur eignen. Erst durch solche Untersuchungen wird Universalgeschichte echte Globalgeschichte.

13.6 Bibliographie

Einführende Literatur

Baechler, Jean: Esquisse d'une histoire universelle. Paris 2002. *Anspruchsvoller Versuch einer modernen Universalgeschichte.*

Chakrabarty, Dipesh: Provincialising Europe. Postcolonial Thought and Historical Difference. Princeton 2000.

David, Christian: Maps of Time. An Introduction to Big History. Berkeley 2004 . *Interessanter Versuch einer ‚längsten Geschichte'.*

Edelmayer, Friedrich: Globalgeschichte 1450–1620. Wien 2002.

Geyer, Michael u. Bright, Charles: World History in a Global Age. In: American Historical Review 100 (1995). S. 1034–1060.
Grandner, Margarete u. Komlosy, Andrea (Hrsg.): Vom Weltgeist beseelt. Globalgeschichte 1700–1815. Wien 2004.
Luhmann, Niklas: Geschichte als Prozeß und die Theorie sozio-kultureller Evolution. In: Faber, Karl-Georg u. Meier, Christian (Hrsg.): Historische Prozesse (Theorie der Geschichte, 2). München 1978. S. 413–440.
– Inklusion und Exklusion. In: Berding, Helmut (Hrsg.): Nationales Bewußtsein und kollektive Identität. Studien zur Entwicklung des kollektiven Bewußtseins in der Neuzeit. Bd. 2. Frankfurt a. M. 1994. S. 15–45.
Manning, Patrick: Navigating World History. Historians Create a Global Past. New York 2003.
Mazlish, Bruce (Hrsg.): Conceptualizing Global History. Boulder 1993.
Osterhammel, Jürgen: Geschichtswissenschaft jenseits des Nationalstaats. Studien zur Beziehungsgeschichte und Zivilisationsvergleich. Göttingen 2003[2].
Schulin, Ernst: Universalgeschichtsschreibung im zwanzigsten Jahrhundert. In: Ders.: Traditionskritik und Rekonstruktionsversuch. Göttingen 1979. S. 163–202.
Stuchtey, Benedikt u. Fuchs, Eckhardt (Hrsg.): Writing World History 1800–2000. Oxford 2003.
Vollmer, Gerhard: Mesokosmos und objektive Erkenntnis. In: Ders.: Was können wir wissen? Bd. 1. Stuttgart 1988[2]. S. 57–115.

Globalisierung

Arrighi, Giovanni: The Long Twentieth Century. Money, Power, and the Origins of our Time. London/New York 1994.
Curtin, Philip: Cross-Cultural-Trade in World History. Cambridge 1984.
Dirlik, Arif: History without a Center? Reflections on Eurocentrism. In: Fuchs, Eckhardt u. Stuchtey, Benedikt (Hrsg.): Across Cultural Borders. Historiography in Global Perspective. Lanham, Boulder u.a. 2002. S. 247–284.
Elliot, John H.: The Old World and the New. Cambridge 1970 (dt. 1992).
Frank, André Gunder: Orientierung im Weltsystem. Von der Neuen Welt zum Reich der Mitte. Wien 2005.
Gungwu, Wang (Hrsg.): Global History and Migrations. Boulder 1997.
Hobsbawm, Eric: The Age of Extremes. A History of the World. 1914–1991. New York 1994 (dt. 1995).
Lynn, John A.: Clio in Arms. The Role of the Military Variable in Shaping History. In: Journal of Military History 55 (1991). S. 83–95.
Mattingly, Garrett: Renaissance Diplomacy. New York 1988.

Nandy, Ashis: History's forgotten Doubles. In: History and Theory 34 (1995). S. 44–62.
The Nation and Beyond. Transnational Perspectives on United States History (The Journal of American History 86. Nr. 3/1999).
Osterhammel, Jürgen u. Petersen, Niels P.: Geschichte der Globalisierung. Dimensionen, Prozesse, Epochen. München 2004[2].
Parker, Geoffrey: Europe and the wider World. 1500–1750. The Military Balance. In: Tracy, James D. (Hrsg.): Political Economy of Merchant Empires. Cambridge 1991. S. 161–195.
Stearns, Peter N.: Consumerism in World History. London. 2001.
Weaver, John C.: The Great Land Rush and the Making of the Modern World. 1650–1900. Montreal 2004.

Area-Studies

Bailyn, Bernard: Atlantic History. Concept and Contours. Cambridge Mass./ London 2005.
Blomkvist, Nils: The Discovery of the Baltic. The Reception of a Catholic World-System in the European North. Leiden 2005.
Borofski, Robert (Hrsg.): Remembrance of Pacific Pasts. An Invitation to Remake History. Honolulu 2000.
Chaudhuri, Kirti N.: Asia before Europe. Economy and Civilisation in the Indian Ocean from the Rise of Islam to 1750. Cambridge 1990.
Hall, Richard: Empires of the Monsoon. A History of the Indian Ocean and its Intruders. London 1996.
Lattimore, Owen: Inner Asian Frontiers of Asia. Oxford 1989.
McPherson, Kenneth: The Indian Ocean. A History of People and the Sea. Delhi 1993.
Osterhammel, Jürgen: Sklaverei und die Zivilisation des Westens. München 2000.
Horden, Peregrine u. Purcell, Nicholas: The Corrupting Sea. A Study of Mediterranean History. Oxford 2000.
Pietschmann, Horst (Hrsg.): Atlantic History. History of the Atlantic System 1580–1830. Göttingen 2002.
Reid, Anthony: Southeast Asia in the Age of Commerce. 1450–1680. Yale 1988.
Samuels, Richard J. u. Weiner, Morton (Hrsg.): The Political Culture of Foreign Area and International Studies. New York 1992.
Higman, B.W. (Hrsg.): Methodology and Historiography of the Caribbean. London 1999 (Bd. 6 von: UNESCO/Paris [Hrsg.]: General History of the Caribbean. 6 Bde. London 1997–2003).

13.7 Afrika: Zukunft oder Ende herkömmlicher Geschichtsschreibung?

Die vier Traditionen afrikanischer Geschichtsschreibung

Es ist kein Zufall, daß diese Einführung in die Geschichte der Historiographie mit Afrika endet. In Afrika stellen sich die Probleme des Zusammenhangs von vorhandenem historischem Wissen und zukünftiger Geschichtsschreibung in verschärfter Form, und auch die Position der Geschichtsschreibung zwischen Wissenschaft und Literatur gewinnt auf dem schwarzen Kontinent nochmals kräftige Konturen. Afrika wird in Zukunft eine immer größer werdende historiographische Herausforderung sein, und zwar nicht nur für die Afrikaner selbst oder ihre ehemaligen europäischen Kolonialherren, sondern für alle historischen Kulturen und ihre ‚scientific communities'.

Man sollte die Untersuchung mit einigen Grundfragen beginnen: Wo beginnt Afrika geographisch und wo endet es? Gehört z.B. das ‚weiße Nordafrika' dazu mit seinem Einfluß im Mittelmeerraum und in Vorderasien? Welche Ethnien gehören zu diesem Kontinent, nur die Ureinwohner oder auch die Europäer, Inder und sogar die Chinesen? Wann beginnt die afrikanische Geschichte? Beginnt sie erst mit den Skelettfunden des Homo sapiens (ca. 200.000 v. Chr.) oder schon mit den Fossilien früher Hominiden im Ostafrikanischen Graben vor 6 Millionen Jahren? Räumt Afrikas unbestreitbare Rolle als ‚Wiege der Menschheit' ihm nicht nur einen Ehrenplatz in der Prähistorie ein, sondern zieht sie auch konkrete Folgen für seine Position in der Zeitgeschichte nach sich? Mit der endgültigen Beantwortung dieser Fragen wäre für die Einschätzung der Rolle Afrikas in der Weltgeschichte und zugleich auch seiner inneren Struktur viel gewonnen. Deshalb zögert man aber auch bisher mit den Antworten. Noch weiß z.B. niemand, wie das Verhältnis Innerafrikas zum islamischen Norden sich entwickeln wird, wo die Grenzen liegen werden oder ob es überhaupt welche geben kann.

Das zweite Problem betrifft die Quellen, die der historischen Forschung und Geschichtsschreibung auf dem schwarzen Kontinent zur Verfügung stehen. Fast alle Historiker Afrikas haben generalisierende oder sogar Allaussagen gewagt, die in Unkenntnis der verfügbaren Quellen getroffen wurden. An dieser Situation hat sich auch heute nur wenig geändert. Selbst an der Wende zum 3. Jahrtausend ist keineswegs klar, über welche Geschichtsquellen Afrika tatsächlich verfügt. Derzeit weiß man lediglich, daß es wahrscheinlich sehr viel mehr und sehr viel bessere sind, als das 19. Jh. und die erste Hälfte des 20. Jh. vermutete. Die ältere Geschichtsschreibung über Afrika beruht dieser Erkenntnis nach ausnahmslos auf einer zu schmalen Quellengrundlage. Das entwertet sie nicht gänzlich, reduziert ihre Rolle aber auf die eines Monumentes vergangener Wissenschaftskultur oder Weltanschauung. Nur die Reiseberichte, Forschungstagebücher, Briefe und Akten über Afrika entgehen diesem Verdikt, freilich nur um den Preis, selbst als Quellen benutzt zu werden.

Eine dritte Frage ist hingegen mit dem gegenwärtigen Kenntnissen durchaus zu beantworten: Gibt es ein Element von Identität, ein ‚Moment von Einheit', das sich in jeder Variante afrikanischer Historiographie nachweisen läßt? Eine solche Einheit kann derzeit nicht mehr als eine ideologische Forderung sein. Vorerst bleibt keine andere Wahl, als sich an die vier großen Traditionen afrikanischer Historiographie zu halten, die bereits nachhaltig erforscht worden sind. Vielleicht wird es später einmal möglich sein, diese vier Kreise in einer gemeinsamen ‚afrikanischen Zone' zu überschneiden und das ‚Afrikanische an Afrika' deutlicher zu erkennen. Als etablierte Forschungsgebiete dürfen bisher vier Historiographien gelten: 1. die altchristlich-orientalische Literatur mit dem Kaiserreich Äthiopien als Zentrum; 2. die arabische Literatur Westafrikas mit dem Nigerfluß als Achse; 3. die Literatur in afrikanischen Sprachen, wobei die mündliche Tradition die geschriebenen Quellen in arabischer, westlicher oder einheimischer Schrift an Quantität bei weitem übertrifft; 4. die Historiographie und Ethnologie der europäischen Entdeckungs- und Kolonialzeit, die in der ersten Hälfte des 15. Jh. einsetzt.

1. Die Kultur des äthiopischen Hochlands wird bis heute von einer spezifischen Ausprägung des orientalischen Christentums dominiert, das sich hier trotz langer Phasen der Isolation von Europa und Byzanz erhalten konnte. Seit der Spätantike wurde die Literatur Äthiopiens kontinuierlich von griechischen, syrischen, ägyptisch-koptischen und jemenitischen Traditionen beeinflußt. Die äthiopische Geschichtsschreibung sollte deshalb als Teil eines Repertoires altchristlicher Literaturgenera begriffen werden, das Heiligenleben, Predigten, Bibelübersetzungen, christliche Epen und Romane, aber auch theologische Kommentare umfaßt. Am Anfang der historiographischen Überlieferung stehen die „Felsinschriften" des ersten christlichen Königs Ezànà (ca. 350 n.Chr.). Die Thronbesteigung der Salomonidendynastie 1270 n.Chr. gibt den Zeitpunkt an, von dem aus eine ununterbrochene Folge von königlichen Chroniken bis in die Gegenwart führt. Noch Kaiser Haile Sillasie (1892/1930–1974) verfaßte im Londoner

Exil (1936–1941) eine apologetische Staatschronik seiner ersten Regierungsjahre. Die frühen Geschichtswerke sind in Ge'ez, einer semitischen Sprache verfaßt, die seit dem 9. oder 10 Jh. nicht mehr gesprochen wurde, sich aber als Literatursprache gegen die ‚Volkssprache', das Amharische, noch bis ins 19. Jh. behauptete. Hauptthema der äthiopischen Chronistik ist der Kampf gegen die benachbarten muslimischen Fürstentümer, so im „Feldzugsbericht" König Amda Seyons (1314–1344) aus dem Jahr 1332, der auch in deutscher Übersetzung vorliegt.

Als in den dreißiger Jahren des 16. Jh. das Osmanische Reich mit den Portugiesen um die Herrschaft im Roten Meeres rang, wurde Äthiopien zum Schauplatz eines konzertierten somalisch-türkischen Angriffs auf seine Kernprovinzen. Mit portugiesischer Hilfe wurde 1543 der Feind besiegt. In der Folge entwickelte sich Äthiopien zu einem historiographischen Ausnahmefall in Afrika, denn seine Geschichte wurde seither von drei verschiedenen Parteien überliefert: durch die einheimische Chronistik, von arabischen Autoren, die z.B. den *Futuh al-habasa* (Die Eroberung Äthiopiens) verfaßten, und von den Chronisten Portugals bzw. der christlichen Missionsorden wie dem spanischem Jesuiten Pedro Paez (1564–1622) mit seiner *Historia Aethiopiae.* Auf der anderen Seite berichten äthiopische Chronisten auch über ihre nichtchristlichen afrikanischen Nachbarn, so im Jahr 1593 über den großen Einfall der Oromo (Galla) in das zentrale Hochland. Für das historische Bewußtsein dieser Völker ist es nicht unproblematisch, daß zentrale Teile ihrer schriftlichen Überlieferung von ihren damaligen ‚Gegnern', d.h. den christlichen Afrikanern stammen.

Die äthiopische Geschichtsliteratur geht aber weit über die Staatschronistik hinaus: Kathedral-, Kirchen- und Richterarchive, die sich heute in Familienbesitz befinden, gestatten tiefe Einblicke in die Sozial- und Rechtsgeschichte der Eliten des Landes. Methoden der europäischen Mediävistik lassen sich z.T. mühelos auf diese Quellenschicht übertragen.

2. Wie die äthiopische Geschichtsschreibung nur in engster Abstimmung mit den außerafrikanischen Kulturen erforscht werden kann, ist auch die arabischsprachige südlich der Sahara entstandene Historiographie nur im Verbund der gesamten arabischen Literatur zu erforschen, die ihrerseits von Spanien bis nach Zentralasien ausstrahlt. Bis vor 50 Jahren war nur sehr wenig über den Reichtum an arabischen Manuskripten in den Städten des Nigertales, Timbuktu und Djenne bekannt. Die zwei berühmtesten ostsudanischen Chroniken, *Tarīkh al-fattash* für die Geschichte des

Songhay-Reiches und seine reichere Fortsetzung *Tarīkh al-Sudan*, galten bislang als Einzelfälle. Inzwischen hat sich herausgestellt, daß diese Arbeiten nur einen kleinen Ausschnitt aus der privaten und öffentlichen Gelehrsamkeit in Timbuktu darstellen. Bis zum Ende des 15. Jh. hatte sich diese Stadt zu dem intellektuellen Zentrum südlich der Sahara entwickelt. Sie verfügte über große Moscheeschulen, Privatbibliotheken und engste Beziehungen zum Buchmarkt in Marokko, der sogar Manuskripte aus dem einstmals arabischen Spanien liefern konnte. Die Arbeiten Ibn Khaldūns (vgl. Kap. 5.2) waren hier zugänglich. In Timbuktu war es möglich, die Historiographie in Verbindung mit allen weiteren Literaturgattungen der islamischen Gelehrsamkeit zu pflegen. Einen repräsentativen Ausschnitt dieser Gelehrsamkeit bietet die Privatbibliothek der wahrscheinlich aus Spanien eingewanderten ‚Kati-Familie'. Drei Mitglieder dieser Familie verfaßten den *Tarikh al-fattash* und nutzten gleichzeitig die Margen ihrer Handschriften, um lokale Ereignisse aufzuzeichnen. Freilich handelt es sich hier nur um die Spitze eines Eisberges. Inzwischen hat ein internationales Projekt zur ‚Arabischen Literatur in Afrika' (ALA, 1994ff) sechs große Bände aus diesen Bibliotheken ediert. Viele Manuskripte in Senegal, Ghana, Nigeria und Kamerun sind aber noch heute nicht wissenschaftlich inventarisiert.

Für den Raum des mittleren Nils gibt es mit den *Fontes Historiae Nubiorum* (1994–2000) ein vergleichbares Projekt. Sie ziehen die älteren Quellen in Demotisch, Meroitisch, Koptisch, Griechisch und Lateinisch für den Zentralsudan zusammen. Beide Unternehmungen, das west- wie das ostsudanische, weisen leider eine klare Beschränkung der Perspektive auf: Sie geben nur ‚nördliche' Sichtweisen auf das Schwarze Afrika wieder. Dessen Stimme ist hier nur in schwachen Echos hörbar. Um sie deutlicher wahrnehmen zu können, muß man sich der Historiographie in afrikanischen Sprachen und vor allem der mündlichen Überlieferung zuwenden.

3. Im Süden Westafrikas beauftragten die einheimischen Könige oft arabische Schreiber damit, Chroniken ihrer Reiche zu verfassen, wie den *Kitab al-Ghunja* (Geschichte des Königreiches Gonja). Neben diesen arabischen Texten haben sich solche in den Sprachen der Haussa, Dyula und Fulfulde erhalten. Sie überliefern viele wichtige Traditionen, stehen aber bereits in einem Komplementärverhältnis zu der vor allem im zentralen und südlichen Afrika starken Mündlichkeit. Dieses bis heute in Familienverbänden weitergegebene gesungene, getanzte und in Rituale integrierte historische Wissen ist vor allem in der Zeit nach der Unabhängigkeit (1960) zur eigentlichen Quelle des afrikanischen Geschichtsbewußtseins geworden.

Oral History dürfte inzwischen der methodisch am stärksten entwickelte Zweig afrikanischer Geschichtsforschung sein.

Die mündlicher Überlieferung erfüllt soziale Funktionen: Sie tradiert zahlreiche Genealogien, Königslisten, Dynastiegeschichten, Privilegien, Landrechte und Rechtsformen, die ihrerseits Wasserrechte, Bäume, Tiere und ‚Fremdlinge' (Außenseiter) betreffen. Private Überlieferungen beziehen sich auf Familien, Kultbereiche, Zünfte, etc. Oft wirken sie als Korrektive zur offiziellen schriftlichen Überlieferung. Die meisten afrikanischen Historiker billigen den mündlichen Traditionen ihrer Völker inzwischen ‚Reflexionsfähigkeit' zu und sehen in ihnen auch Widersprüche und abweichende Meinungen gespeichert. Viele Traditionen sind von Spezialisten geformt, zirkulieren nur in wenigen Kreisen und sind sonst geheim. Großer Wert wird auf die Kontrolle des Traditionsprozesses gelegt: Er ist der ständigen Beobachtung ausgesetzt und darf sich nur innerhalb gewisser ‚literarischer Genres' bewegen. Erforscht man mündliche Überlieferungen, dann ist es nicht nur nötig, ihre sozialen Rahmenbedingungen zu kennen, man muß auch die Faktoren analysieren, die die Aussage ‚modellieren'. So ist es wichtig, Muster und Stereotypen aufzudecken, an denen eine Botschaft ausgerichtet ist, man muß wissen, daß Genealogien nicht selten von unliebsamen Personen ‚gereinigt' werden. Man sollte weiterhin nach den Kategorien des sozialen Handelns fragen und nach den besonderen Zeitvorstellungen einer Bevölkerung, die als Einteilungsform oft eine Abfolge von ‚vier Generationen' bevorzugt. Die Kenntnis all dieser gestaltenden Faktoren erlaube es, so behaupten manche Vertreter afrikanischer *Oral History*, die Gültigkeit einer Überlieferung so exakt zu bestimmen, daß sie schriftlichen Quellen gleichkomme.

Wenngleich sich die Hoffnung, aus der mündlichen eine schriftliche Tradition machen zu können, gewiß niemals erfüllen wird, so sind doch in den letzten Jahrzehnten hunderte mündliche Überlieferungen gesammelt, ausgewertet und für moderne Fragestellungen herangezogen worden. Afrikanische Geschichte, so lautet das Programm, werde so erstmals von ‚innen', d.h. so sichtbar, wie es nur den Afrikanern in Kenntnis ihrer eigenen Lebenswelt möglich sei. Damit biegt die afrikanische Geschichtsschreibung allerdings auf die Straße der hermeneutischen und diskursiven Methode ein und übernimmt in vollem Umfang deren ungelöste Probleme, allen voran die schwer kontrollierbare ‚Horizontverschmelzung' von gegenwärtigem und vergangenem historischen Wissen.

4. Im Jahr 1540 erschien eine gedruckte portugiesische Ausgabe der ursprünglich arabisch geschriebenen „Chronik der Sultane von Kilwa". Diese

Sultane herrschten seit dem 9. Jh. über eine berühmte Handelsniederlassung an der Küste des heutigen Tansania. Erst 300 Jahre später kam es zu einer arabischen Redaktion des *Kitāb as Sulwa fī Akhbar Kilwa* (Geschichte Kilwas) durch einen somalischen Gelehrten im Auftrag des Sultans Said bin Bargash (1870–1888). Diese kleine Episode zeigt, daß die europäischen Kolonialmächte seit Beginn ihrer Expansion im 15. Jh. nicht nur selbst historische Informationen sammelten, sondern in teilweise atemberaubender Schnelligkeit vorhandene Historiographie ausbeuteten, wozu schon früh die mündliche Überlieferung gehörte. Diese Geschichtsschreibung von Eroberern, Kaufleuten, Sklavenhändlern und Missionaren ist seit der Dekolonisation bei den afrikanischen Historikern in tiefe Ungnade gefallen. In ihr findet man tatsächlich alle Vorurteile des weißen Mannes gesammelt, unter denen der Kontinent bis heute leidet. Doch selbst mit einem so großen Makel behaftet, ist diese Historiographie und Ethnologie unersetzlich und wird es auch bleiben. Das gilt nicht nur für ihren Status als Quellen für die europäische Durchdringung Afrikas, es gilt auch für das Wissen von den anthropologischen Konzeptionen der Eroberer und vom Kontext der Weltwirtschaft, in die sie viele einheimische Bevölkerungen integrierten. Auf dem Gebiet der frühen globalen Integration eröffnet die portugiesische, niederländische, französische und englische Geschichtsschreibung Perspektiven, denen vom innerafrikanischen Standpunkt aus jede Parallele fehlt.

Am ältesten und informativsten ist die portugiesische Historiographie. Sie hat den afrikanischen Kontinent von Marokko um das Kap der Guten Hoffnung herum bis zum Golf von Aden buchstäblich umkreist und berichtet auch über das militärischen Vorgehen der Portugiesen in Kongo/Angola, in Mozambique und in Äthiopien. Unter ihren Autoren finden sich berühmte Literaten und offizielle Historiographen Indiens wie Damião de Góis (1502–74) oder Luís Vaz de Camões (1525–80), aber auch namenlose Seeleute und muslimische Renegaten.

Portugal wollte sich in der Regel nur Küstenstützpunkte sichern. Nur in Angola breitete es, zur Kontrolle des Nachschubs für den brasilianischen Sklavenmarkt, seinen Einfluß auf Dauer in das Landesinnere aus. Die damit verbundenen Konflikte beschreibt António de Oliveira de Cadornega in der *Historia Geral das Guerras Angolanas* (Allgemeinen Geschichte der Kriege in Angola, 1680–1681). Sein ganzes Potential entfaltet dieses Werk aber erst, wenn man es zusammen mit der zeitgleichen Historiographie zum Kongo und Nordbrasilien liest, wo die Portugiesen einen ‚Dreißigjährigen Krieg‘ (1624–54) gegen die Holländer führten. Auch auf die ‚schwarze Seite‘ dieses Krieges fällt in dieser Erzählung Licht, d.h.

auf die parallelen Rückzugsbewegungen schwarzer Sklaven und Krieger in den kongolesischen wie brasilianischen Urwald. Dort entwickelten sie die eigentümliche nomadische Gesellschaftsform der Quilombos oder Macombos. Die europäische Kolonialgeschichtsschreibung mag also wenig Rücksicht auf die Selbsteinschätzung der Afrikaner genommen haben, zu ihrer Integration in eine *World History* hat sie trotzdem beigetragen.

Die aktuelle afrikanische Historiographie zwischen Literatur (Mythos) und Wissenschaft

Jede der vier älteren historiographischen Traditionen in Afrika versagt, wenn es darum geht, die gegenwärtige Sehnsucht der Schwarzafrikaner nach historischer Identität zu stillen. Die äthiopische Kultur gilt zwar als afrikanisch, aber als regionaler Ausnahmefall; die arabische Historiographie rückt den Islam und seine nördlichen Protagonisten in den Mittelpunkt; die Erzählungen und Beschreibungen der Europäer gelten als rassistische Verneinung des historischen und dynamischen Charakters des schwarzen Kontinents. Die einheimische mündliche Überlieferung schließlich erweist sich als Produkt von Gruppen, Institutionen und Traditionen, mit denen sich die gegenwärtigen Eliten nur selten identifizieren können. Sie fügen sich nicht in den Rahmen der jungen Nationalstaaten und sie ermöglichen keine gesamtafrikanischen Perspektiven (Panafrikanismus). Zusätzlich belastet wird die Entwicklung einer neuen afrikanischen Geschichtsschreibung durch den schwelenden Verdacht, die europäische ‚historische Methode', wie sie bislang angewendet wurde, sei nicht ergebnisneutral, sondern ein Werkzeug von Rassismus und ökonomisch-intellektueller Unterdrückung. Diese Einschätzungen führen nicht selten zu paradoxen Resultaten. So wurde die Kritik am historischen Eurozentrismus von den Europäern selbst zu einer Theorie fortentwickelt; gleichzeitig können führende afrikanische Historiker aggressiv antiwestliche Werke oft nur in Europa veröffentlichen, und zwar zumeist im Pariser Verlagshaus *Présence africaine.*

Seit der Erlangung der Unabhängigkeit nach 1960 schwankt die schwarzafrikanische Historiographie zwischen offener Negation der eurozentrischen Norm, Versuchen, unbestreitbare Resultate der euro-amerikanischen Methode umzuwerten und Anstrengungen, im Anschluß an die eurozentrischen Verfahren, sich ein hermeneutisches Monopol zu sichern. Insgesamt geht es bei diesen Bemühungen darum, in das historiographische Feld, das sich zwischen Wissenschaft und Literatur (Mythos) erstreckt, eine unverwechselbar ‚afrikanische Konstellation' hineinzuschreiben. Die Umwertung der Resultate, die mit der euro-amerikanischen Methode erzielt worden sind, erfolgte bislang vor allem auf dem Gebiet der Wissenschaft. Für die Europäer war Afrika zwar ein ‚alter', aber dennoch geschichtsloser Kontinent, der über eine permanente Völkerwanderung nicht hinauskam, dessen kulturelle Entwicklung nur von außen angestoßen wurde und die entscheidenden Kriterien für ‚historische Gesellschaften', nämlich Staatlichkeit und Schriftlichkeit, nicht erfüllte! Bislang ist die Abwehr dieses Modells auf zwei Ebenen versucht worden.

Cheikh Anta Diop (1923–1986), ein senegalesischer Historiker und Politiker, ‚entdeckte' im Ägypten der Pharaonen die exemplarische ‚schwarze Gesellschaft' schlechthin. Erstens sei Ägypten die Wiege der Philosophie und Technologie für die gesamte Menschheit gewesen und zweitens das zivilisatorische Modell für ganz Afrika, bevor dessen Einheit von den Kolonisatoren zerstört wurde. Diop behauptet auf diese Weise, etwa in seiner *Antériorité des civilisations négres* (1967), zugleich die Dominanz Afrikas in der Weltgeschichte mit seiner zivilisatorischen Homogenität. Innerhalb einer ‚Geschichte des historischen Denkens' handelt es sich hier um die Aneignung der vor allem im Frankreich des 18. Jh. entwickelte These von Ägypten als ‚ältester Kultur' für panafrikanische Zwecke.

Der zweite Versuch einer Abwehr des europäischen Verdikts von Geschichtslosigkeit und fehlender zivilisatorischer Dynamik beruft sich auf die Ergebnisse der modernen Archäologie und Paläoanthropologie. Afrika wird in dieser Perspektive zum Laboratorium für die intellektuellen Anfänge der Menschheit. Hält man an dem alteuropäischen Geschichtstheorem fest, daß der ‚Anfang' in der Geschichte stets das Wichtigste ist, das Ur- immer zugleich auch das wichtigste Kulturvolk, dann begreift man die damit verbundene Aufwertung Afrikas. Erste ‚mathematische Kalenderfragmente', die aus dem 25zigsten Jahrtausend vor unserer Zeitrechnung stammen sollen, meint man bei Ishango in Ost-Zentralafrika gefunden zu haben. Die Anfänge der Metallurgie, der Keramik, Bautechnik und Medizin lassen sich angeblich in Westafrika aufspüren. Nicht weniger als sieben verschiedene Schriften seien in Afrika erfunden worden. Während Diops These besonders in ihrer nochmaligen Zuspitzung in der Studie *Black Athena* (1989) von Martin Bernal (*1937) viel Kritik erfahren hat, kann seine Suche nach ‚afrikanischen Anfängen' im Rahmen einer *Big History* durchaus an Bedeutung gewinnen. Afrika beschafft ihr den dringend benötigten größeren Zeitrahmen. Ein Zuwachs an historischer Bedeutung Afrikas ist also auch dann für die Zukunft zu erwarten, wenn man über einen weniger naturalistischen Geschichtsbegriff verfügt, d.h. weniger

‚primordial' (anfangsbezogen) sondern eher evolutionär denkt und damit plötzliche und unvorhersehbare Faktoren betont, angesichts derer sich die Bedeutung von Anfängen stets abschwächt.

Gerade in der Umkehr der Resultate der eurozentrischen historischen Methode ist die afrikanische Geschichtswissenschaft ebendieser Methode verhaftet geblieben. Dies ist vielen schwarzafrikanischen Historikern bewußt geworden, seitdem sie sich verstärkt in den postkolonialen und transnationalen Methodendiskurs eingeschaltet haben. Indische Geschichtsdenker wie Ashis Nandy (*1937) sind Vorbilder für diese Reflexion (*The Illegitimacy of Nationalism*, 1994). In Indien wie in den meisten Regionen Afrikas scheint der Nationalstaat seine Versprechen, die er anfangs gegeben hatte, bis heute nicht einzulösen. Er zeigt sich an der Wende zum 3. Jahrtausend nicht mehr als die Zukunftsvision, auf die hin Geschichte geschrieben werden müßte. Das europäische Geschichtsmodell mit seiner Entwicklungstheorie scheint unfähig zu sein, die komplexe historische Realität der nichteuropäischen Länder beschreiben zu können. Als aggressiv und destruktiv gelten den Skeptikern des postkolonialen Diskurses der lineare Zeit- und Entwicklungsbegriff sowie die Selektionsmechanismen, mit denen die Nationalgeschichte alles aussortiere, was sie zur Erzeugung einer konsonanten Identität nicht benötige. Dieser eurozentrische Ansatz zähme das nichtlineare, dissonante und chaotische Gedächtnis der ‚Anderen'. Europas Geschichtsmodell führe notwendig dazu, daß sich die anderen Gesellschaften selbst mißverstünden und erneut, indem sie sich dem ‚historischen Diskurs' unterwürfen, ihre Selbständigkeit aufgäben.

Wie ihre indischen Kollegen erwägen auch manche afrikanische Historiker die Idee einer reflektierten Rückkehr zum Mythos. Mit der Konzentration auf den Mythos ließe sich nicht nur die Epoche europäischer Fremdbestimmung zu einer Episode degradieren, sondern auch das importierte Geschichtsmodell abstreifen. Die Nachteile, die zunächst vor allem die mündlichen Überlieferung mit sich zu bringen schien, schlügen in Vorteile um: Der Abschied von einer strikter Chronologie, die Akzeptanz multipler und nicht eindeutiger Darstellungen von Vergangenem und ihrer Verbindungen zu Legenden und Mythen erscheinen bisweilen in einem positiven Licht. Allein durch das Wiedereintauchen in diese Welt könnten die Afrikaner zu den Ursprüngen zurückkehren und die Kontinuität ihres historischen Bewußtseins wiederherstellen.

Gegenwärtig sieht es so aus, als wäre die Rehabilitation der vorkolonialen Strukturen historischen Bewußtseins in Indien wie in Afrika nicht mehr als das theoretische Fundament für eine ‚wirklich andere Identität'. In der Praxis, so müssen die heutigen Historiker Schwarzafrikas einräumen, befördert die diskursive Wiederbelebung des Mythos nur die Fragmentierung des globalen historischen Feldes. Damit scheint Afrika freilich endgültig in der heutigen Welt einer Geschichtsschreibung angekommen, deren Hauptbestreben es ist, sich immer weiter nach Methoden und Interessen zu differenzieren und die sich inzwischen daran gewöhnt hat, bereits den Gedanken an Kohärenz, ja bloße Logik, mit einem Terror- und Machtdiskurs gleichzusetzen.

In der Zwischenzeit haben sich jedoch viele schwarzafrikanische Historiker und darunter vor allem die der afrikanischen Diaspora vom dem Erstaunen darüber erholt, „daß diese [von ihnen oft beklagte] Verschiedenheit der Erzählungen Ausdruck der konstitutiven Segmente der afrikanischen Gesellschaft sein könnte" (Mamadou Diouf, 1999). Diese Historiker haben sich sowohl vom Nationalstaat als auch vom panafrikanischen Gedanken mit seinem Exzeptionalismus distanziert und arbeiten an neuen Formen eines gesamtafrikanischen Geschichtsbildes. Sie scheuen nicht vor transkolonialen Bezügen zurück, etwa wenn sie die Steppenlandschaft der Mali- und Songhayreiche mit dem Lebensraum der amerikanischen Plainsindianer vergleichen. Ebenso scheint es ihnen nicht unvereinbar mit einer afrikanischen Identität, vom Sklavenhandel ausgehend einen *Black Atlantic* zu konstruieren, in dem Afrikaner als Subjekte wie als Objekte die Fundamente des modernen Kapitalismus legen. Sie akzeptieren zwar den Einwand, daß Afrika zu groß sein könnte, um als Ganzes mit einem einzigen historischen Ansatz erfaßt zu werden, aber sie akzeptieren keine Weltgeschichte mehr, die Afrika auf irgendeiner Stufe ihrer Entwicklung ausklammert.

Es mag sein, daß die Historiker Afrikas in der weltweiten Gemeinschaft der Geschichtsschreiber diejenigen sind, die vor den größten Herausforderungen stehen. Vielleicht ist der Druck, eine anwendbare Geschichte (*usable past*) zum unmittelbaren Gebrauch des Kollektivs zu schaffen, nirgendwo so stark wie auf dem schwarzen Kontinent. Hinzu kommt, daß das Schreiben der Geschichte den afrikanischen Historiker vor zwei heute noch kaum lösbare Probleme stellt: Er darf der historischen Methode nicht entsagen, muß sie aber von allen explizit eurozentrischen Bestandteilen reinigen und das in Konkurrenz zu seinen euroamerikanischen Kollegen, die das gleiche zu ihren Bedingungen betreiben. Er verfügt weiterhin in der Regel noch über keinen deutlichen hermeneutischen Horizont, weil er noch nicht weiß, für welches historische Subjekt er überhaupt tätig sein will. Soll er beispielsweise für ‚Nigeria' schreiben oder die dort lebenden Fulbe oder Haussa, für die christlichen oder islamischen Gruppen, für eine westafrikanische kulturelle Großregion oder für ‚ganz Afrika'? Europäer, Amerikaner, aber auch viele nichteuropäische Gesellschaften, allen voran China und Japan, verfügen jedoch über solche alten hermeneutischen Horizonte, mit deren Hilfe sie ein historisches Selbstbild fokussieren können. Diese Schwierigkeiten würden vielleicht unüberwindbar erscheinen, wenn man für die Arbeit an der afrikanischen Geschichte nicht eine lange Dauer (*longue durée*) und ihren Anschluß an neue *Area Studies,* an transnationale und interdisziplinäre Forschungen erwarten dürfte. Für die afrikanische Historiographie könnte es sich als großer Vorteil erweisen, ihren Standpunkt im Spannungsfeld von Wissenschaft und Literatur noch nicht endgültig festgelegt zu haben.

13.8 Bibliographie

Texte

Adu Boahen, Albert (Hrsg.): ‚The History of Ashanti Kings and the Whole Country Itself' and Other Writings, by Agyeman Prempeh (Fontes Historiae Africanae. New Series, 6). Oxford 2003. *Die erste auf Englisch geschriebene Geschichte eines afrikanischen Herrschers.*

Barros, João de: Décadas da Asia. 4 Bde. Lissabon 1552–1553. 1563 u. 1613. *Enthält die* Kilwa Chronik.

Bernal, Martin: Black Athena. The Afroasiatic Roots of Classical Civilization. Bd. 1. New Brunswick 1987. Bd. 2 London 1991 (dt. 1992).

Cadornega, Antonio de Oliveira de: Historia Geral das Guerras Angolanas. 3 Bde. Lissabon 1680–81. *Neue Edition. Lissabon 1972.*

Harding, Leonhard u. Reinwald, Brigitte (Hrsg.): Afrika. Mutter und Modell der europäischen Zivilisation? Die Rehabilitierung des schwarzen Kontinents durch Cheikh Anta Diop. Berlin 1990. *Textauszüge aus den wichtigsten Schriften Diops.*

Hunwick, John (Hrsg. u. Übersetzer): Timbuktu and the Songhay Empire. Al-Sa dī s Ta rīkh al-sūdān down to 1613 and other Contemporary Documents. Leiden 1999.

Kropp, Manfred (Hrsg. u. Übersetzer): Der siegreiche Feldzug des Königs Amda-Seyon gegen die Muslime in Adal im Jahre 1332 n.Chr. (Corpus Scriptorum Christianorum Orientalium, 539. Scriptores Aethiopici, 99/100). Löwen 1994.

Leo Africanus: De totius Africae descriptione, Libri IX. Antwerpen 1556.

– Johannes Leo der Afrikaner und seine Beschreibung des Raumes zwischen Nil und Niger nach dem Urtext. Hrsg. u. übersetzt v. Dietrich Rauchenberger (Orientalia biblica et christiana, 13). Wiesbaden 1999.

Römer, Ludwig Ferdinand: Nachrichten von der Küste Guineas. Kopenhagen/Leipzig 1769.
– A Reliable Account of the Coast of Guinea (1760). Hrsg. u. übersetzt von Winses Axelrod, Selena (Fontes Historiae Africanae New Series. Sources of African History, 3). Oxford 2000.
Strong, Arthur (Hrsg.): The History of Kilwa. In: Journal of the Royal Asiatic Society. London April 1895.
Wilks, Ivor [u.a.] (Hrsg): Chronicles from Gonja. A Tradition of West African Historiography. Cambridge 1986.

Einführende Literatur

Deutsch, Jan-Georg u. Wirz, Albert (Hrsg.): Geschichte in Afrika. Eine Einführung in Probleme und Debatten. Berlin 1997.
Diouf, Mamadou: Des historiens et des histoires, pourquoi faire? L'historiographie africaine entre l'État et les Communautés. In: Revue Africaine de Sociologie 2 (1999). S. 99–128.
Disney, Anthony (Hrsg.): Historiography of Europeans in Africa and Asia, 1450–1800 (An Expanding World. The European Impact on World History, 4). Aldershot 1995.
Harding, Leonhard: Einführung in das Studium der Afrikanischen Geschichte. Hamburg 1994².
– Geschichte Afrikas im 19. und 20. Jahrhundert (Oldenbourg Grundriß der Geschichte, 27). München 1997.
Henze, Paul B.: Layers of Time. A History of Ethiopia. New York 2000.
Ki-Zerbo, Joseph (Hrsg.): Methodology and African Prehistory (General History of Africa, 1). Berkeley 1990.
Marx, Christoph: Geschichte Afrikas. Von 1800 bis zur Gegenwart. Paderborn/München 2004.
Milhou, Alain: Afrika. In: Die Geschichte des Christentums, Bd. 8. Das Zeitalter der Konfessionen (1530–1620/1630). Freiburg i. Brg. 1992. S. 740–771.
Northrup, David: Africa's Discovery of Europe 1450–1850. Oxford 2002.
Oliver, Roland u. Atmore, Anthony: Medieval Africa 1250–1800. Cambridge 2001.
Pankhurst, Richard K.: The Ethiopian Royal Chronicles. Addis Abeba/Oxford 1967.
Ranger, Terence O. u. Kimambo, Isaria N. (Hrsg.): The Historical Study of African Religion. London/Berkeley 1972.
Reinhard, Wolfgang: Geschichte der europäischen Expansion. Bd. 4. Dritte Welt. Afrika. Stuttgart 1990.
White, Louise: African Words, African Voices. Critical Practices in Oral History. Indiana 2002.

Studien zu speziellen Problemen

Bergenthum, Hartmut: Geschichtswissenschaft in Kenia in der 2. Hälfte des 20. Jahrhunderts (Studien zur Afrikanischen Geschichte, 31). Münster 2004.

Chanaiwa, David: Historiographical Traditions of Southern Africa. In: Journal of Southern African Affairs 3 (1978). S. 175–193.

Eckert, Andreas: Historiography on a „Continent without History". Anglophone West Africa, 1880–1940. In: Fuchs, Eckhardt u. Stuchtey, Benedikt (Hrsg.): Across Cultural Borders. Historiography in Global Perspective. Lanham/Boulder 2002. S. 99–118.

Heintze, Beatrix: Studien zur Geschichte Angolas im 16. und 17. Jahrhundert. Ein Lesebuch. Köln 1996. *Methodisch gelungene Einführung in die ‚frühneuzeitliche Geschichte' von Kongo und Angola.*

Howe, Stephen: Afrocentrism. Mythical Past und Imagined Homes. London 1998.

Kaese, Wolfgang: Akademische Geschichtsschreibung in Nigeria. Historiographische Entwicklung und politisch-soziale Hintergründe, ca. 1955– ca. 1995 (Studien zur Afrikanischen Geschichte, 25). Münster 2000.

Lienhard, Martin: Le discours des esclaves de l'Afrique à l'America latine. Kongo, Angola, Brésil, Caraïbes. Paris 2001. *Faszinierende Studie zum ‚schwarzen Südatlantik'.*

Marx, Christoph: Völker ohne Schrift und Geschichte. Zur historischen Erfassung des vorkolonialen Schwarzafrika in der deutschen Forschung des 19. und 20. Jahrhunderts (Beiträge zur Kolonial- und Überseegeschichte, 43). Stuttgart 1988.

Neale, Caroline: Writing Independent History. African Historiography from 1960–1980. Westport 1986.

Schmitz, Thomas: Ex Africa lux? Black Athena and the Debate about Afrocentrism. In: Göttinger Forum für Altertumswissenschaft 2 (1999). S. 17–76.

Saad, Elias: Kilwa Dynastic Historiography. A Critical Study. In: History in Africa 6 (1979). S. 177–209.

Weber, Peter: Ritual und Identität. Vorkoloniale Geschichte in Unyakyusa von ca. 1600 bis 1897 (Studien zur Afrikanischen Geschichte, 21). Münster 1997.

Personenregister

Begriffsregister

Die besonders wichtigen Abschnitte sind **fett** ausgezeichnet.